[MIRROR]
理想国译丛

016

imaginist

想象另一种可能

理
想
国

imaginist

理想国译丛序

“如果没有翻译，”批评家乔治·斯坦纳（George Steiner）曾写道，“我们无异于住在彼此沉默、言语不通的省份。”而作家安东尼·伯吉斯（Anthony Burgess）回应说：“翻译不仅仅是言词之事，它让整个文化变得可以理解。”

这两句话或许比任何复杂的阐述都更清晰地定义了理想国译丛的初衷。

自从严复与林琴南缔造中国近代翻译传统以来，译介就被两种趋势支配。

它是开放的，中国必须向外部学习，它又有某种封闭性，被一种强烈的功利主义所影响。严复期望赫伯特·斯宾塞、孟德斯鸠的思想能帮助中国获得富强之道，林琴南则希望茶花女的故事能改变国人的情感世界。他人的思想与故事，必须以我们期待的视角来呈现。

在很大程度上，这套译丛仍延续着这个传统。此刻的中国与一个世纪前不同，但她仍面临诸多崭新的挑战，我们迫切需要他人的经验来帮助我们应对难题，保持思想的开放性是面对复杂与高速变化的时代的唯一方案。但更重要的是，我们希望保持一种非功利的兴趣：对世界的丰富性、复杂性本身充满兴趣，真诚地渴望理解他人的经验。

本译丛获理想国文化发展基金会赞助支持

[美]弗朗西斯·福山 著　　郭 华 译

信任

社会美德与创造经济繁荣

FRANCIS FUKUYAMA

TRUST: THE SOCIAL VIRTUES AND THE CREATION OF PROSPERITY

广西师范大学出版社
·桂林·

TRUST: The Social Virtues and the Creation of Prosperity
by Francis Fukuyama

图书在版编目(CIP)数据

信任：社会美德与创造经济繁荣 / (美) 福山著；郭华译.
—桂林：广西师范大学出版社，2016.3（2019.4 重印）
书名原文：Trust: The Social Virtues and the Creation of Prosperity
ISBN 978-7-5495-7853-5
Ⅰ. ①信… Ⅱ. ①福… ②郭… Ⅲ. ①经济学－研究 Ⅳ. ①F0
中国版本图书馆CIP数据核字(2016)第016349号

广西师范大学出版社出版发行
广西桂林市五里店路9号　邮政编码：541004
网址：www.bbtpress.com

出 版 人：张艺兵
全国新华书店经销
发行热线：010-64284815
山东临沂新华印刷物流集团有限责任公司
临沂高新技术产业开发区新华路　邮政编码：276017

开本：635mm×965mm　1/16
印张：28.5　字数：375千字
2016年3月第1版　2019年4月第4次印刷
定价：78.00元

导 读

福山的慧眼：社会资本的积累与自发社会的力量

郭于华

出版于1995年的《信任——社会美德与创造经济繁荣》让弗朗西斯·福山再一次向世界展示出他睿智的眼光和深邃的思考。按照福山自己的说明，这是“接着我自己的《历史的终结与最后的人》写一本关于经济方面的书”。出版二十年来，这本《信任》没有像《历史的终结》那样誉谤交加，或许因为这是一本更具专业性的学术著作，或许本书的标题不像前本那样带有较强的判断性质，亦或许读者难以仅凭书名就快速贴上意识形态的标签。

全书分为五个部分，共31章，可谓厚重之作。开篇的第一部分即明确道出主题：信任作为文化理念在经济社会塑造中的作用。这是福山立足于“历史终结处的人类处境”所进行的探究，与终结或许多人认为尚未终结的历史有着内在的接续性。历史终结处，人类仍面临愈发复杂的现代生活和社会问题：“各国体制都趋向民主资本主义这一模式，但这并不意味着社会将不再面临各种挑战。在这个特定的体制构架中，有些社会富裕，有些则陷于贫困，民众对于社会生活和精神生活的满意度也有高有低。”（见本书第8页）以“美国的问题”为例，福山认为困境“源于美国人对自身社会以及其长期以来的共同体倾向缺乏正确的认知”（第 16 页），其实这也是人类已经或即将面临的根本性问题。这些问题需要从社会结构中寻找解决之道，所以福山从经济活动入手，进而渐次推进到社会、文化、制度，并将诸结构性要素加以通盘考量。

人们发现，信任与产业结构和大规模组织的创建密切相关，而后者对经济繁荣和竞争力至关重要。探讨信任对经济发展的作用，即信任程度与经济绩效的关系，福山是通过对不同国家的比较研究进行的，其中低信任文化的代表国家是中国、意大利南部、法国；高信任文化的代表国家则包括日本、德国和美国；而无论哪一类国家，又都同中有异，无不具有各自的历史、文化、制度和经济的特点以及这些因素相互作用的错综复杂过程。

信任，是经济的更是社会与文化的主题

福山指出，虽然“今天所有的政治问题都围绕着经济问题”，但“经济立于社会生活中，若要理解经济，则必须要了解现代社会如何进行自我组织这一更为宏观的问题，二者不可分离”（序言第 1 页）。在本书的第二、三、四部分，福山讨论并比较分析了四个低信任社会即家族式的社会——中国、法国、意大利和韩国，两个有高度信任的社会——日本和德国，以及在信任谱系中较难定位的美国社会。通过一些重要变量，比如家族色彩、企业规模、信任范围、管理权特点、转型过程及企业竞争力等的分析，作者提出人类社会性的两大桥梁——家庭和非亲属关系的共同体，决定了信任的范围和程度，也极大地影响了企业运作的成本和竞争力乃至经济活动的特点。

具体而言，像日本和德国这样有着高度信任和社会资本的社会，能够在没有国家支持的情况下创建大型机构；美国和德国私有企业的规模要远大于意大利和法国。虽然中国人、韩国人和意大利人都

重视家庭、家族，但日本和韩国拥有大型企业和高度集中的产业，相形之下台湾和香港的企业规模就要小许多。这当中，高度信任的社会（例如德国、日本和美国），与丰富的社会资本——也就是创建大型私有商业机构的能力——之间有着相关性。相反，在相对低信任的社会，如台湾和香港地区、法国以及意大利，一般来说充斥的都是家族企业。进而，企业规模的确会影响到一个国家具体能够参与全球经济的哪些部分，并且从长远来看会影响一个国家的整体竞争力。此外，大型公司对于创建大品牌背后的市场营销公司也是必需的，不难发现，世界上最著名的品牌名无一例外都来自能够组建大型组织的国家，反之，人们很难找出一个小型中国企业创建的品牌。可以说，企业规模、著名品牌、结构位置和整体竞争力，都是信任程度的体现和文化传统的表征。

人的经济活动嵌入于社会关系，是社会科学经久不衰的重要命题。经济人类学家卡尔·波兰尼（Karl Polanyi）早在对19世纪英国史的考察中就提出"能动社会"（Active Society）的概念。他指出，人类的经济生活原是嵌入于非经济的制度和社会关系之中的。当市场逻辑全面渗透于人类生活时，与市场扩张相抗衡的则是社会的自我保护运动：面对市场的侵蚀，社会本身展开动员，产生出各种社会规范和制度安排，诸如工会、合作社、争取减少工作时间的工人运动组织、争取扩大政治权利的宪章运动，以及政党的初步发展等，以此来抵御和规制市场。这种对市场过程做出积极回应的社会就是"能动社会"。[1] 能动社会的概念并不是要否定市场经济，而是反对市场化、商品化渗透到社会的方方面面，成为人类生活唯一的组织原则。福山对经济活动的理解正是从现代社会如何进行自我组织这一角度展开的，不难判断：比较健全的法治和比较健康的社会是市场经济得以正常运行的基础与条件。

---

[1] 波兰尼，《大转型：我们时代的政治与经济起源》，浙江人民出版社，2007年。

人类自组织的共同体是信任生成的园地，而与此不可分离的是更为内在的市场关系中信任的文化基础，也就是福山同时要探讨的信任基于什么理念。他指出：经济行为是社会生活中至关重要的一环，它由各种习俗、规则、道德义务以及其他各种习惯连缀在一起，塑造着社会（第 11 页）。亚当·斯密对此体悟甚深，经济生活是社会生活中密不可分的一部分，要理解经济行为，就不可能将其与习俗、道德观和社会习惯分割开来。简而言之，它不能与文化脱节（第 17 页）。

在福山所分析各国案例中，都表现出“经济参与者互相支持，是因为他们相信，彼此之间已经构建出一个基于相互信任的共同体”。而“每一个案例中的共同体都是文化共同体，基于每一个共同体成员内心中的道德习惯和道义回报”（第 13 页）。

相反的案例则表明：信任的匮乏则会使经济徘徊不前，还会引发其他社会问题。由此，福山引出社会学家詹姆斯·科尔曼（James Coleman）的“社会资本”概念：即群体或组织内部的人们为了某些共同目标而合作的能力。这类结社的能力取决于共同体内规范和价值共享的程度，并且它能让个人利益服从全体利益，进而价值共享缔造信任，而信任则具有巨大的且可衡量的经济价值（第 14—15 页）。如果“社会资本”匮乏，则导致相反的过程：信任关系难以建立，经济运作成本上升，市场活力严重不足。对于为什么资本主义与民主制度有如此紧密的联系，社会资本的概念也给出了清楚的解释：在一个健康的资本主义经济中，应该有足够的社会资本支撑整个社会，使企业、公司、网络组织等等能够自行组织起来。这种自我组织习性也正是使民主政治体制顺利运转的必要条件。只有建立在民众自治之上的法律，才能将自由制度转化为有序的自由（第 334 页）。

福山概括说：“社会资本根植于文化，它是信任的熔炉，是一个经济体健康与否的关键”。（第 35 页）而“社会资本的积累是一个极其复杂甚至可以说是神秘莫测的文化过程”（第 15 页）。福山进一步阐释，他所定义的文化有着文化和社会结构两方面的含义，文化是传承下来的伦理习惯。文化或许可以用排除法来理解。它不是理性选择，选择受文化影响，且来源于习惯（第 36 页）。这一定义令人想起哈耶克所言："观念的转变和人类意志的力量，塑造了今天的世界。"[1] 文化、观念在社会科学中似乎总是最含糊暧昧难以捉摸的，从经济过程到文化过程也是从硬到软，从实在走向微妙，其实经济、社会、文化之间本来是互嵌互动、难解难分的，应该说它们共同塑造了今日的世界。

不同社会文化中的人在经济活动中的表现会很不相同。福山发现，华人文化的社会中大型、科层制、公共持有、专业管理的法人团体（公司）不存在，他们难以信任自己家族和亲属群体之外的人。华人无法想象信任一个陌生人而不是与自己有关系的人；他们也会觉得德国人、日本人的遵规守约近乎机械刻板；而德国人、日本人也无法理解并且鄙视中国式的一盘散沙和窝里斗；"鹰隼不群"（个人主义至上）的美国人学不来日本人基于普遍社会信任的精益生产（just-in-time）模式。这样的差异不胜枚举。我亲身经历的一次小小事件也颇耐人寻味：许多年前有一次在伦敦街头一个不起眼的路边小店为打道回府而购买物品，在英伦友人的陪伴下选中一个 Nike 牌的双肩背包，付过钱后，我几乎是无意识地问了一句：这是真 Nike 还是假 Nike？友人和店主对这个问题都大惑不解，深表惊诧，睁大眼睛问："为什么要造假的、卖假的？那不是等于自寻死路吗？"这时我才意识到我习惯性地问了一个非常中国式的问题——身处山寨产品盛行的"市场"文化中再普通不过的问题，而西方的经营者和消费者对这种问题却完全没法理解。原因在于我们的社会信任结构与他们的全然不同，我们与他们处在非常不同的市场环境和制度背景下。

[1]　哈耶克，《通往奴役之路》，中国社会科学出版社，2013 年。

信任，源于良性的政治生态（制度环境）

福山的论述在传统信任和现代信任的区别与转换上着力甚多，他比较了各类国家传统社会关系与文化观念的特点、信任的不同范围与程度，以及传统社会组织转变为现代法人团体的过程，这些特点与过程决定了各国经济组织、规模和成就的迥然有别。

简而言之，传统信任与现代信任的区别体现为人际信任和系统信任。不难理解，现代社会的信任主要来自系统信任。系统信任是指陌生人之间能够建立起的信任，通常来自对权威的信任，即对有合法性的公权力的信任；对专业体系的信任，即对有专业知识和规范的专家系统的信任；对规则的信任，即对法律、正式规则、制度的信任。系统信任中，对法律、制度的信任最为重要。福山指出："依韦伯之见，现代经济世界的形成与契约的兴起同样有密切的关系。产权法、契约和稳定的商业法体系等制度的发展，是西方崛起的关键所在。如果说规则和契约对现代商业来说普遍重要，那么同样显而易见的是，在现代工厂，规则和契约离不开对信任的需要。"（第206页）

不仅在经济领域，系统信任对政治生活与社会生活能否正常运行同样不可或缺。在共同体规模不断扩展乃至日趋全球化的今日世界，经济、政治、社会生活都变得愈加多元和复杂，人际信任向系统信任的转变势在必行。"那些坚持人人生而平等的国家必须使更多不同信仰、不同道德标准的人走到一起。代替道德共同体的是法律，代替自发性信任的则是正式的平等和合法诉讼程序。"（第234页）

系统信任的崩解会导致整个社会生态的恶化。这种乱象横生的状况，我们非但不陌生，而且感同身受。从五花八门的造假术，到层出不穷的诈骗案；从有毒有害的农产品，到含三聚氰胺的婴幼儿奶粉；从贪腐程度不断打破纪录的"大老虎"，到摔倒病倒街头无人敢扶的老头老太……这样的社会信任跌落已经达到何种程度？人人做事都提心吊胆，人人自危，把任何对方都看成不怀好意的骗子，稍不留神就会上当吃亏，而且也确实不断地上当吃亏。系统信任的失败也可波及传统人际信任：即使是熟人、朋友甚至亲属也难以信任，传销中的“杀熟”之举已经屡见不鲜。人们惊异，难道我们成了一个相互提防甚至相互加害的社会吗？

人人都必须“精明”之极才能生存得好一点，恰恰反映了制度层面的问题。没有运行良好的制度与规则的保证就只能依靠个人的精明和算计，这样的市场环境、生存环境会让生活于其中的人们不堪其累，而且风险颇高，社会各阶层都会感觉不安全；原因在于基本的信任结构出了问题，交易成本高得惊人。试想一旦该由制度和规则承担的设计、筹划、安排和计算都得由个人承担了，这个社会的运行将会多么艰涩，多么别扭。谁都承认中国人绝顶聪明，老谋深算,甚至称得上诡计多端,善于“打擦边球”,钻制度和政策的空子。但是别忘记，绝对理性的个人加在一起完全有可能成为非理性的社会。当人人都被迫成为“精明人”的时候，整个社会的理性和智力便会衰落。一个丧失了智慧只会取巧的社会必定是小人得志的社会。我们不妨想一想在这种情况下我们得到了什么，失去的又是什么？究竟是得到的更重要，还是失去的更有价值？

任何体制的社会都存在各种各样的风险，风险来自经济活动、社会交换中的种种不确定性，也来自人性的各种弱点。法律、规则的设立基于“人是靠不住的”、人是有弱点的，而好的制度则会最大限度地抑制人性中的恶,引导人性向善向上。长此以往,久而久之，习惯成自然，人们对契约、信用和应有的行为方式达成共识，认为理应如此，不再感到规则的束缚。反之，制度、文化与人性若进入恶性循环，信任的垮塌就加速进行。不远的例子可举出郭美美与红十字会事件，一个社会中，人们失去对商品、市场的信任不足为奇，他们认为资本的本性就是牟取利润；人们失去对官方的信任也不难理解，不受制约的权力必然作恶；然而人们一旦失去对慈善机构的信任，就说明社会信任的溃败已经到底了。

一个信任结构崩塌的社会，必然是恶人当道，小人得志，没有诚信，不讲声誉，缺少敬畏，泯灭信仰，而人人都要为道德沦丧埋单的社会。谋利型权力（争夺利益，放弃责任）所形成的制度条件，造成了制度、文化与人性的恶性互动，致使整个社会相互欺骗、相互“投毒”——商家、厂家欺骗消费者，教师欺骗学生，官员欺骗百姓，所有人欺骗所有人。于是从官员到民众，从精英到平民，从上层到底层竞相沉沦，加速度地堕落。这种平庸而普遍的恶是如何形成的？有人归结为人性，有人归结为信仰（文化），有人归结为制度。三者虽是互动互构的关系，但破解恶性循环还须从制度入手，好制度造就好德行、善人性，道德的自觉基于自由。我们需要探讨如何以公平正义为基础，建立一个能够激励人性中的善、抑制平庸之恶，使社会成员能够免于在警惕、怀疑和恐惧中生活的制度。简而言之，重构道德的社会基础和制度基础才是解决之道。

福山的研究从制度层面提供了建立系统信任的政治资源，其政治理念与《历史的终结》紧密衔接。福山指出：“政治经济体制的极大趋同已然在世界范围内发生。本世纪初，各国因为意识形态的鸿沟而对立。今天，几乎所有的发达国家已经或准备采用自由民主的政治制度，与此同时，世界大部分国家转向市场导向的经济，并融入资本主义的全球性分工。他们都坚信自由主义政治经济体制的活力源于健康且多样化的公民社会。历史终结处人类制度的万法归一让我们可以断定，在后工业社会，通过野心勃勃的社会工程实现更进一步的改善是不可能的了。今天，几乎所有严肃的观察家都不再寄望于社会工程，他们都坚信自由主义政治经济体制的活力源于健康且多样化的公民社会。”（第 8—9 页）

基于各国的历史与现实，特别是经济生活与经济发达水平的比较，福山此书的核心观点，正如他在《历史的终结与最后的人》一书中指出并在此强调的：“我论述了人类的历史进程可以理解为两大力量的共同推动。第一种力量是理性的欲望，在这种欲望下，人类企图通过财富的积累来满足自己的物质需要。第二种力量也是历史进程中同样重要的动力，即黑格尔所谓的‘寻求承认的斗争’，也就是说，所有人都希望自己从根本上作为自由的、道德的存在而被其他人承认。……只有他们得到恰如其分的评价时，才会感到由衷的自豪。这种寻求承认的欲望是人类精神中异常强大的部分。”（第 336 页）这种对“承认”的追求是人区别于动物的根本属性。每个人类个体都寻求他人承认自己的尊严，的确，这一驱动力是如此之根深蒂固，如此之不可或缺，以至于成为整个人类历史进程的引擎（第 11 页）。

经由比较，福山认为：资本主义与自由民主之间相互依存的重要关系变得更加明晰。现代自由民主国家为了满足人们寻求承认的欲望，将政治秩序建基于普遍且平等的承认原则之上。但是在实践中，自由民主之所以能够运转，是因为寻求承认的斗争以前是在军事、宗教或民族主义的平台上展开，而如今则是在经济层面上展开。正是在达到一种相对稳定的社会均衡的意义上，它构成了历史的终结。相比于包括了奴隶制、君主制、贵族制、法西斯体制等等在内的历史上的各种其他制度，一个既包含“自由”也包含“民主”的制度，由于具有纠错改善机制，能够达成权力制衡而延续至今，并且成为世界上大多数国家最终的选择。

关于信任的建立与制度本质的关系，福山也留下了一个有待探究的问题。他认为，成功的资本主义经济显然是稳定的自由民主制度非常重要的支柱；当然，资本主义经济也有可能与威权政治体制共存，譬如从前的德国、日本、韩国、台湾地区和西班牙。这一共存现象促使我们进一步思考：市场经济可与威权政体共存，这在实践中已经存在；但是所谓市场资本主义能否与极权政体共存？二者之间是否为水火不相容的相悖关系？若能共存，其内在机制和逻辑又是什么？相互纠缠中它们各自又发生了什么变化？这样的社会其未来走向如何？

无论如何理解历史是否终结，无论如何想象信任何以存在，福山的思考都没有停止。他的目力仍在时间与空间中伸展，纵横捭阖，通达透彻。“今日世界，经济增长、社会变革与自由民主制意识形态的支配力量大致互为表里。而且，在此刻，尚未有讲得通的意识形态浮现，足堪与民主思想相匹敌。这固然并非意味着突尼斯、埃及或利比亚正走在通往良好民主制的坦途之上，却也暗示着政治自由及政治参与绝非欧美文化的独特癖好。”[1] 亦如福山前不久在多伦多大学演讲时所指出的：“西方民主整体处于低潮和衰退之中。但是，有民主的替代品吗？”“即便你相信现在上面坐着个好皇帝，但是你这个体制有什么办法防止出现坏皇帝、或者说能一直保障好皇帝的供应呢？根本没有办法，这一点是这种体制最致命的问题。”

回到信任的问题上，无论从理论上还是从实践中，我们都不难理解，系统信任是对制度的信任，而强权之下没有真正的信任。人们对于权力的迷恋、依附、崇拜、惧怕，都不是信任。

信任的扩展有赖于社会资本的积累与社会的生长

福山认为，任何一种经济行为，从开干洗店到生产大型集成电路，无一不涉及人与人的社会合作，自由主义政治经济体制的活力源于健康且多样化的公民社会。众所周知，现代社会是信用社会，现代经济是信用经济，带有普遍性而不仅仅是系于特殊关系的信任是现代社会生活的基本纽带。然而，在福山看来，历史终结处所诞生的自由民主制并非完全是一个“现代”产物。“倘若民主和资本主义体制要想顺风得水，必然要和某些前现代的文化习俗和睦相处。

[1] 福山，《历史的未来——自由民主制能否在中产阶级的衰微中幸存？》，载《东方历史评论》第1期。

法律、合同和经济理性是后工业社会稳定和繁荣的必要而非充分条件；它们必须和互惠、道德义务、共同体责任以及信任一起孕育发酵，而这些因素往往根植于习惯而非理性计算。对于现代社会而言，这些因素绝非明日黄花，而是其成功的先决条件。”（第 16 页）

信任与自发社会性的关系的讨论可由一个似乎存在悖论的问题引出，福山以美国为例：以权利为基础的自由主义持续发展，权利得以全面扩张以对抗几乎全部现存共同体的权威性，而最终，个体化发展的结论也就不言自明。美国社会在很多方面都变得愈发个体化，美国人也必然感受到价值共享和共同体精神的匮乏。这种社会的多元化弱化了内部信任，给相互合作添加了新的障碍，因此美国各类组织之间建立合作会变得愈发艰难。

对于这样似乎矛盾的民族性格，福山给予的解释是，美国人有着结社生活的习性，这对强有力的个人主义倾向构成了某种平衡；美国的民主和经济之所以取得如此成功，原因不是依靠单纯的个人主义或共同体主义，而是因为这两种对立倾向的互补。“鹰隼不群”的美国人却又能够“循道合群”。

与市场经济、民主政治鼎足而立的公民社会，其重要意义由此而凸显。与此形成对照的是：“极权工程所设想的，是对独立的民间社会的完全破坏，并另创造一个完全围绕着国家的新社会。”（第 338 页）这个所谓新社会与福山所说的自发社会和社会学意义上的公民社会有着本质的区别，其根本不同在于被组织还是自组织。

事实上，社会资本与自发社会不仅对经济而且对政治都是不可缺少的。“社会性是对自治政治体制的重要支持。”（第 305 页）“与企业一样，民主政治体制的有效运转同样基于信任，社会信任的降低将需要更多的政治干预，以及制定更多法规来规范社会关系。意识形态和体制之争已经落下帷幕，从今以后，社会资本的保存和积累将成为关注的焦点。”（第 339 页）

市场、社会、权力之间的互动与制衡关系将成为不能不面对的重要议题：自由主义政治经济体制的活力源于健康且多样化的公民社会；一个蓬勃发展的公民社会根植于民众的习惯、习俗和道德品行。而这些特征只能通过有意识的政治行动来间接改变，抑或是通过提高文化意识和对文化的尊重来滋养。在其中，信任，成为支撑共同体的基础和共识，缺少了相互信任，共同体不可能自发形成。三足鼎立的市场、社会、权力关系能否达到相对均衡相互制衡，影响到社会信任能否持续，决定着社会生态的优劣。这是每个社会都不得不面对的。中国社会现阶段的信任危机已经非常明显：人与人之间、不同的社会群体之间各存戒备，体制内外互不信任，官民之间尤为猜忌，整个社会的信用链条相当脆弱。当一个社会中最基本的信任结构都崩解之时，社会活动的交易成本就会高得惊人，社会运转会异常艰涩，矛盾冲突也会频频发生。这些都是上述三者关系严重失衡的后果。

信任与组织创新是福山探讨的又一重要话题。他指出，人类必须学会如何相互协作，之后才能创造财富，如果还想要有进一步发展，则必须创建新的组织结构。自工业革命以来，组织创新一直扮演着极为重要的角色，正如道格拉斯·诺斯（Douglass North）等所言："高效的经济组织是增长的关键；西欧高效的经济组织的发展成就了西方的崛起。"这样的组织不仅包括各种企业、公司、跨洋商贸、生产运营模式、"经连会网络"等经济组织，也泛指丰富多样的社会与文化群体、公民社团，在今日还应加上互联网时代的网络社区。

自发社会与组织创新的关键在于自发、自主、自治的主体性。简而言之，自发社会形成的根本在于社会主体性的培育，尤其是自组织的社会生活的培育与公民的成长。社会的形成不应是权力主导的过程，也不是权力或市场对社会的占领；也不能简单地归结为促进各种社会事业的发展、社会管理机构的强化和社区建设的实施；而是充分发挥社会自身的主体性，即自治意义上的公民社会和能动社会的建设。社会的自主与自治实际上是形成合作与社会有序运行的重要机制和途径。

让我们还是着眼于社会。自发社会是信任生长的土壤，这种生长的力量不可能永远被阻挡。社会资本的积累与自发社会力量的形成是一个生长的过程，这一动态过程将不仅带来经济的活力，也会带来政治的活力，并将抑制因静止固化而导致的腐败，而其自身也会在这一过程中获得蓬勃的生命力。生长，不断地生长，这可能是我们走出信任困境的真正出路，这也是人类的希望所在。

2016 年 1 月 5 日

献给劳拉，我的唯一

一群乌合之众竟然组成了一个社会，一个杂乱无章的国家竟然要去寻求界限和限制，这在社会学家看来简直是一种骇人听闻的事情。……更有甚者，国家与个人的距离也变得越来越远，两者之间的关系也越来越流于表面，越来越时断时续，国家已经无法切入到个人的意识深处，无法把他们结合在一起。……如果在政府与个人之间没有一系列次级群体存在，那么国家也就不可能存在下去。如果这些次级群体与个人的联系非常紧密，那么它们就会强劲地把个人吸收进群体里，并以此把个人纳入到社会生活的主流中。……职业群体是适合扮演这个角色的，而且所有一切都在促使它去完成这一角色。

——埃米尔·涂尔干《社会分工论》

于是，结社的技艺就成了我在前面所说的行动之母，所有人都要学习它、应用它。

——阿列克西·德·托克维尔《论美国的民主》

目 录

第三部分　高信任社会与延续社会性的挑战

第四部分　美国社会与信任危机

第五部分　丰富信任

序 言

20 世纪最杰出的黑格尔阐释者亚历山大 · 科耶夫（Alexander Kojève，1902—1968）在世纪中叶总结道，黑格尔宣称历史已经终结的观点基本上是正确的，而他也坚信像他自己这样的哲学家将不再有任何有意义的工作可做。他把理论研究放到周末，然后成为新成立的欧共体的一名全职官员，在那里一直待到 1968 年去世。倘若遵循他的进路，似乎我也应该接着我自己的《历史的终结与最后的人》写一本关于经济方面的书。

在我看来，对经济的强调几乎是不可避免的。当然，共产主义崩溃之后动乱四起，到处都充斥着不稳定，欧洲大陆关于自身政治前途的情绪要悲观得多。但是，几乎今天所有的政治问题都围绕着经济问题；安全问题本身是由脆弱的公民社会引发的各种问题所致。但经济也不是我们以为的那样；经济立于社会生活中，若要理解经济，则必须要了解现代社会如何进行自我组织这一更为宏观的问题，二者不可分离。这是一个舞台，上演着寻求承认的现代斗争。本书不是一本“竞争力”流派的指导书，这类书往往意在解释如何创建成功的经济体，或美国人应该如何模仿日本或德国。本书旨在讲述

一个经济生活如何反映、塑造和支撑现代生活本身的故事。 xiv

一项以经济表现来对比不同文化的研究，简直就是公然向每一个被论及的文化挑衅。在本书中，我的讨论涵盖面极为广阔，我相信，对所涉及的特定社会，比我更了解它的人能提出无数的反对意见、例外和质疑我的证据，以辩驳我在书中大而泛的论述。若有人觉得我误解了他们的文化，或者更糟糕的是，有所轻视或贬低，我提前就此表示道歉。

我要对许多人表示感谢。三位编辑对本书的影响甚大：欧文·格莱克斯（Erwin Glikes），他在 1994 年英年早逝之前签下本书；自由出版社的亚当·贝娄（Adam Bellow）负责本书的出版过程；彼得·多尔蒂（Peter Dougherty），他花费大量时间终于将我的手稿变成今天的模样。我还要感谢许多人一路上对我的帮助，他们是：迈克尔·诺瓦克（Michael Novak），彼得·伯格（Peter Berger），西摩·马丁·李普塞特（Seymour Martin Lipset），阿米泰·艾兹奥尼（Amitai Etzioni），傅高义（Ezra Vogel），清家笃（Atsushi Seike），中根千枝（Chie Nakane），石田武志（Takeshi Ishida），小林规威（Noritake Kobayashi），城山三郎（Saburo Shiroyama），史蒂芬·罗兹（Steven Rhoads），木下令子（Reiko Kinoshita），曼瑟尔·奥尔森（Mancur Olson），迈克尔·肯尼迪·亨利·罗文（Michael Kennedy Henry S. Rowen），克莱尔·沃尔福威茨（Clare Wolfowitz），罗伯特·帕特南（Robert D. Putnam），乔治·霍姆格伦（George Holmgren），劳伦斯·哈里森（Lawrence Harrison），大卫·黑尔（David Hale），陈锦江（Wellington K. K. Chan），吴孔丹（Kongdan Oh），理查德·罗斯克兰斯（Richard Rosecrance），布鲁斯·波特·马克·考德沃（Bruce Porter Mark Cordover），乔纳森·波拉克（Jonathan Pollack），迈克尔·史文（Michael Swaine），亚伦·弗里德伯格（Aaron Friedberg），塔玛拉·哈文（Tamara Hareven），迈克尔·望月（Michael Mochizuki）。亚伯

兰 · 舒尔基（Abram Shulsky）一如既往地对于本书概念的成型有莫大的帮助。

我要再次感谢詹姆斯 · 汤姆森（James Thomson）和兰德公司（RAND Corporation），感谢他们容忍我在写书期间的叨扰。我要感谢我长期的出版代理人，伊斯尔 · 纽伯格（Esther Newberg）和希瑟 · 施罗德（Heather Schroder），没有他们，本书和我之前的书都不可能出版。倘若不是我的研究助理，丹尼斯 · 奎格利（Denise Quigley），顶果丹增（Tenzing Donyo），尤其是克里斯·斯文森（Chris Swenson），本书所涉及的大部分材料可能永远不会引起我的注意，他们在这项研究的各个阶段的辛勤工作是无价的。

我把本书献给我的妻子劳拉，她一直是一个细心的读者和评论者，并对我帮助极大。她是我完成本书的所有努力的源泉。

我的父亲福山喜雄（Yoshia Fukuyama）是一名宗教社会学家，几年前他把自己社会科学的经典藏书都传给了我。多年以来我一直不接受他的宗教社会学观点，现在我则能更全面地理解他在这上面的兴趣了。他阅读了本书的手稿并给予评论，遗憾的是在本书出版 xv
前离开了人世。我希望他明白，他自己毕生的倾注很多都反映在眼下这本书里了。

如今不再需要感谢打字员了，但我必须感谢所有那些充满好奇心和创造性的能工巧匠和设计师，他们中许多人也是移民，他们让本书所依赖的软件、电脑、网络设备成为可能。

第一部分

信任之理念

论文化在经济社会塑造中的巨大力量

第1章 3

历史终结处的人类处境

当我们迈向 21 世纪时，政治经济体制的极大趋同已然在世界范围内发生。本世纪初，各国因为意识形态的鸿沟而对立。为了争夺政治范畴的至上地位，君主制、法西斯、自由民主以及共产主义展开了激烈竞争，而不同的国家亦选择了截然不同的经济走向：保护主义、社团主义、自由市场、社会主义计划经济，不一而足。今天，几乎所有的发达国家已经或准备采用自由民主的政治制度，与此同时，世界大部分国家转向市场导向的经济，并融入资本主义的全球性分工。

我在其他地方也提到过，这一走向构成了“历史的终结”，这里的历史指的是马克思—黑格尔意义上大写的历史，即人类社会向着同一最终目标演进的宏大趋势。[1] 随着现代科技的发展，这一趋势以一种一以贯之的方式塑造着各国经济体，并将它们连缀在巨大的全球经济中。与此同时，现代生活变得愈发复杂，包裹着越来越 4
密集的信息，而这一切都使得中央计划经济愈发困难。反之，技术驱动下的资本主义创造出空前繁荣，进而孵化出倡导普世与平等权利的自由主义，而为争取人类尊严的“寻求承认的斗争”也达到顶峰。尽管许多国家在创建民主与自由市场体制的过程中遭遇困难，其他一些国家，尤其是前社会主义国家，又纷纷后退到法西斯主义或无政府状态，但这些国家只能借鉴世界发达国家的民主资本主义制度，以作为它们的政治经济组织模式。除此以外，别无选择。

虽然各国体制都趋向民主资本主义这一模式，但这并不意味着社会将不再面临各种挑战。在这个特定的体制构架中，有些社会富裕，有些则陷于贫困，民众对于社会生活和精神生活的满意度也有高有低。尽管如此，历史终结处人类制度的万法归一让我们可以断定，在后工业社会，通过野心勃勃的社会工程实现更进一步的改善是不可能的了。我们不再寄希望于通过宏大的社会工程来创造出一个“伟大的社会”。例如，克林顿政府在 1994 年推行医疗改革时举步维艰，政府希望规模化管理民众经济生活的这一重要环节，而美国民众对于这一做法的可行性持怀疑态度。在欧洲，已经没有人会认为通过扩大社会福利可以解决高失业率或移民等当代社会的重大问题。相反，即便社会发展方案涉及福利问题，也是通过削减福利来提高欧洲工业的国际竞争力。虽然在大萧条之后，凯恩斯主义的赤字消费在民主工业国家大行其道，现如今大多数经济学家都认为，从长远来看，这一理论是漏洞百出、不攻自破的。目前，“不添乱”(do no harm）成为大多数政府在宏观经济政策上的最高目标，这一目标的实现方式包括确保稳定的货币流通以及控制庞大的财政赤字。

今天，几乎所有严肃的观察家都不再寄望于社会工程，他们都坚信自由主义政治经济体制的活力源于健康且多样化的公民社会。[2]“公民社会”是一个繁杂的中间体制，它融合了各色商业、自发结社、教育机构、俱乐部、工会、媒体、慈善机构以及教会等等，并构建在家庭这一基础结构之上。之所以说家庭是基础结构，是因
为人们通常通过家庭来完成社会化，以融入他们所在的文化，习得 5
在更广大的社会中生存所必需的技能，而社会的价值和知识也通过家庭得以在一代又一代人中间传承。

我们无法像政府组建中央银行或者军队那样，通过立法手段来

打造坚固稳定的家庭结构和持久不衰的社会体制。一个蓬勃发展的公民社会根植于民众的习惯、习俗和道德品行。而这些特征只能通过有意识的政治行动来间接改变，抑或是通过提高文化意识和对文化的尊重来滋养。

文化的重要性日益提高，并且超越了特定的民族界限，延伸到了全球经济和国际秩序的领域。冷战结束后，世界人民反而越来越能感受到各文化之间的巨大差异，这的确是对体制趋同化的一种讽刺。例如，在过去十年中，美国愈发感觉到，作为之前冷战时期自由世界一员的日本，因其不同于美国的自身文化习俗，践行了不一样的民主制度和资本主义。这些文化差异不时引发摩擦，尤其是当日本商业网络中的成员，所谓的“经连会”（keiretsu），选择在成员之间相互做生意，而不选择能够提供廉价优质的海外公司的时候。对于他们而言，美国文化的一些特征让亚洲人很不安，例如好打官司，又如美国人随时把个人利益凌驾于群体利益之上的姿态。亚洲人愈发推崇自己文化遗产某些方面的优越性，例如服从上级、重视教育以及家庭价值等对于社会活力的重要性。[3]

文化在全球秩序中的地位愈发凸显，因此塞缪尔·亨廷顿（Samuel Huntington）认为，世界正在进入一个“文明冲突”的时代。与冷战时期不同，在这样的时代，人与人之间最显著的区别不再是意识形态，而是文化。[4] 于是，法西斯主义、社会主义和民主体制之间冲突的可能性越来越小；冲突可能会发生在世界的主要文化群体之间，例如西方文化、伊斯兰文化、儒家文化、日本文化、印度文化等等。

亨廷顿认为，文化间的差异会愈发棘手，所有的社会都不得不对文化多加关注，因为它们不再仅仅面对内部矛盾，更要面对整个外部世界。这些观点显然正确无误，不过当亨廷顿说文化差异必然
导致冲突，则就不那么有说服力了。恰恰相反，文化之间互动所产 6
生的竞争对立常常孕育创造性的改变，这样跨文化启迪的例子不胜

枚举。1853 年，美国海军准将佩里（Commodore Perry）率领“黑色舰队”（Black Ships）登陆日本，于是日本和西方文化有了正面交锋，而正是这一交锋，为明治维新和日本后来的工业化铺平了道路。近如，在过去几十年中，像精益化生产之类的技术从日本引入美国，取消生产过程中的缓冲措施，加快了生产车间的反馈速度，美国的工业发展因此受益。无论文化的交锋会导致冲突、适应还是进步，我们都应该对文化的独特性和功能性有更深入的了解，因为国际竞争、政治以及经济领域的关键问题，都愈发与文化问题挂钩。

作为现代生活最为重要的一环，经济领域可以说是承受了文化对于国内安康和国际秩序最为直接的影响。虽然经济行为与社会政治生活不可避免地联系在一起，但当代经济论述衍生出一个错误的认识倾向，认为经济作为生活的一部分，有其专属的规则，因而和社会的其他部分区隔开来。倘若如上所说，那么所谓经济，不过是一群人聚在一起，企图满足自己的私欲和需求，之后便又纷纷回到各自“真正”的社会生活当中去。然而在任何现代社会中，经济是人类社会交往最为基本最为多元的场域。任何一种经济行为，从开干洗店到生产大型集成电路，无一不涉及人与人的社会合作。即便人们到某一机构中工作是为了满足个人需求，工作场所也不免把人们从私生活中牵引出来，让他们与更为广阔的社交世界产生联系。这样的联系并不只是获取薪水的手段，而是人类生活的一部分。人固然有私欲，人性另一部分则渴望成为更广大的共同体（community）* 的一员。当没有规范和规则来连缀个体的时候，人类会感到强烈的不安，也就是社会学家埃米尔 · 涂尔干（Emile

* 编者按：community，中文一般翻译为“共同体”、“社区”、“社群”，该词来源于德语 Gemeinschaft，指一种内部联系更为紧密，基于亲戚关系、乡村规约、行会规范等传统礼俗而结合在一起的人群，成员之间更为人情化，相互依存的程度更高，有别于基于法律和其他正式规则而形成的现代社会关系。本书原则上将该词译为“共同体”，但有些地方，出于行文以及语义更为恰切的需要，也会适当选择“群体”、“社群”、“社区”等意义相近的词来对应翻译，提请读者注意。

Durkheim）所谓的“失范”（anomie），而现代社会的工作场合则缓解或消除这样的不安。[5]

我们在工作场合与他人产生相互联系，并从中获得满足。这样的满足感源于人类寻求承认的基本渴望。我在《历史的终结与最后的人》一书中指出，每个人类个体都寻求他人承认自己的尊严（例如，对他 / 她的价值进行恰当评估）。的确，这一驱动力是如此之 7
根深蒂固，如此之不可或缺，以至于成为整个人类历史进程的引擎。在早先时代，这种寻求承认的欲望主要体现在军事战场上，王侯贵胄为争权夺位而展开血腥的厮杀。在现代社会，寻求承认的斗争从军事转向经济领域，因此产生的良性社会效应是创造而非摧毁财富。超越物质层面，经济行为往往是为争取承认，而非仅仅为满足物质需要。[6] 正如亚当 · 斯密（Adam Smith）所说，物质需要无外乎若干种，且容易满足。工作和金钱作为身份、地位以及尊严的基础要重要得多，这一点对于媒体帝国的缔造者抑或是新晋升的工头都有同样的意义。这样的承认是无法通过个体获得，它必须要置于一个社会环境之中。

由此可见，经济行为是社会生活中至关重要的一环，它由各种习俗、规则、道德义务以及其他各种习惯连缀在一起，塑造着社会。本书将会证明，一个国家的繁盛和竞争力是由某一普遍性的文化特征所决定的，即社会本身所固有的信任程度。这是我们从经济生活的考察中所获得的宝贵一课。

读者不妨参考以下 20 世纪经济生活的一些花絮：

· 在 20 世纪 70 年代初的石油危机中，世界两端的汽车生产厂家，马自达（Mazda）和戴姆勒—奔驰（Daimler-Benz，梅赛德斯—奔驰豪华车的生产厂家），双双受到销售业绩下滑的重创，濒临破产，而这两家公司也都由它们长期合作的公司组成的联合机构所拯救。这样的联合机构均由大银行牵头，住友信托（Sumitomo Trust）拯救了马自达，德意志银行（Deutsche Bank）拯救了奔驰。在这两个案例中，协助方都选择牺牲短期盈利而一意拯救企业——德国的案例中，协助方意在阻止阿拉伯投资人对于奔驰的收购。

- 1983—1984 年的不景气席卷了美国工业腹地，受到重创的企业包括纽柯钢铁公司（Nucor Corporation）。当时纽柯刚刚进入钢铁生产业，公司引进新兴的德国连续锻造技术。锻造厂建在了印第安纳州克劳福德兹维尔（Crawfordsville）等地，都非传统的钢铁生产地带，雇用的工人没有加入工会，大多是农民出身。为了应对收入锐减，纽柯的所有员工， 8
上到首席执行官下到维修工，每个人的工作时间都缩短到每周两到三天，并依此领取相应薪水。公司没有解雇任何人。当美国经济复苏时，公司里洋溢着巨大的集体荣誉感，纽柯因此一举成为美国钢铁行业的翘楚。[7]
- 丰田汽车（Toyota Motor）公司的高冈汽配厂里有数千名流水线工人，他们任何一个人只要拉动工作台上的一根绳子，都可以把整个工厂的流水作业叫停。但他们很少这么做。对比而言，伟大的福特公司（Ford）的汽配厂例如高地公园（Highland Park）或红河谷（River Rouge），从未给予工人如此高的信任，虽然这些汽配厂在过去三代人的时间里都是现代工业生产的范本。而今天，福特的工人采用日本的技术，也同时给予相似的权力，他们对于工作车间和机器有了更大的控制权。
- 在德国，工厂生产车间的工头对于他们所管理员工的工作了如指掌，在必要时也常常顶替手下员工。工头可以调动工人的工作，工作评估也都是通过面对面的沟通来完成。晋升过程非常灵活：蓝领工人无须上大学，只需要通过进修公司内部的专门课程就可以获得工程师资格。

这四个案例看似毫不相关，但是它们有一个共同之处。在每个案例中，经济参与者互相支持，是因为他们相信，彼此之间已经构建出一个基于相互信任的共同体。参与拯救马自达和奔驰的银行和供应商认为他们在道义上有义务那么做，因为这两家公司在过去曾经对他们施与援手，在将来也同样会那么做。在德国的案例中，另有一种国家主义的情绪，像梅赛德斯—奔驰如此重要的德国品牌绝不能落入他国之手。纽柯公司的员工心甘情愿接受每周工资的锐减，因为他们深知，作此决定的经理们和他们一样收入锐减，而这一切都是为了不让他们下岗。丰田汽配厂的工人被赋予叫停流水线的权力，是因为管理层相信他们不会滥用这一权力，而员工则用提高流水线的整体产量来回报这一信任。最后一个案例中，德国的工作车 9
间制度灵活且公平，是因为工人对于经理人员和同事的信任度高于欧洲其他国家。

每一个案例中的共同体都是文化共同体，他们并非基于剥削性质的规则条例之上，而是基于每一个共同体成员内心中的道德习惯和道义回报。这些规则或习惯是共同体成员之间相互信任的基础。人们之所以决定支持共同体，往往不是以经济私利为出发点。纽柯的管理层本可以一边给高管发奖金，一边辞退工人，况且许多美国公司当时就是这么做的。而对于住友信托和德意志银行来说，它们也本可以通过出售两大汽车公司的劣质资产而大赚一笔。处于危机中的经济共同体内部如果能够团结，经过长期努力战胜困难，就能够否极泰来。经济不景气结束之后，纽柯公司的工人自然全力以赴回报公司，晋升为工程师的德国工厂工头也必然会为公司倾其全力。但是这些经济参与者之所以那么做，并不尽然是因为他们提前打好了经济算盘；相反，共同体内部的团结成为最高原则。每一个成员都深受高于个体利益的某种力量所鼓舞。下文中还将谈到，在所有成功的经济体中，这样的共同体都因为信任而团结在一起。

对比而言，信任的匮乏则会让经济徘徊不前，还会引发其他社会问题。读者可以参考以下案例：

- 20 世纪 50 年代，在意大利南部的一个小站，爱德华·班菲尔德（Edward Banfield）发现，富有的公民不愿意共同出钱捐助学校或者医院，虽然一方面人们急需教育和医疗，而另一方面，资本和人工也毫不匮乏。富人认为这些建设工程都该是政府的分内事。
- 对比德国的案例，法国商店的工头和下属工人之间的关系受巴黎某个部门所颁发的条例严格规范。这一规则的制定是因为法国人信不过自己上级能公正地评估他们的工作成绩。正规条例使得工头无权调动工人工作，进而阻碍了工厂的团结，也使得引进例如日式精益生产这样的创新技术无比困难。
- 美国腹地城市的小商行很少为非裔美国人所经营；它们往 10
往是其他少数族裔的天下，本世纪（指 20 世纪）早期是犹太人，而如今是韩国人。这一现象背后的一个原因是，在“社会底层”的非裔美国人当中，缺乏坚固的共同体和相互信任。韩国商行多是围绕着稳定的家族组织构建，并且受益于更广大的族裔共同体内部的信贷合会；而同城市的非裔美国家族之间联系松散，信贷合会几乎不存在。

这三个例子说明，倘若没有结成共同体的习性，人们便无法利用唾手可得的经济机会。问题根源是社会学家詹姆斯·科尔曼（James Coleman）所说的“社会资本”的匮乏：即群体或组织内部的人们为了某些共同目标而合作的能力。[8] 人力资本的概念早已常见于经济学家的论述，这一概念的提出是因为时至今日，资本已经不再只关乎土地、工厂、机器，而是关乎人的知识和技能。[9] 科尔曼认为，除了技能和知识之外，人力资本很特别的一部分是人们构建相互联系的能力，这一点不仅对于经济生活至关重要，而且与社会存在的其他方面都息息相关。结社的能力取决于共同体内规范和价值共享的程度，并且它能让个人利益服从全体利益。价值共享缔造信任，而信任则具有巨大的且可衡量的经济价值。

就如上所述的自发形成共同体的能力而言，美国与日本和德国极为相似，而与香港和台湾之类的大中华区社会，抑或是意大利和法国社会都相去甚远。美国和日本及德国一样，社会内部长期以来一直有着高度的信任和团体倾向，虽然美国人常常自认为他们是坚定的个人主义者。

但就结社技艺而言，美国在过去几代的发展中已经发生了翻天覆地的变化。美国社会在很多方面都变得愈发个体化，正如美国人一直以来所自认为的那样：以权利为基础的自由主义持续发展，权利得以全面扩张以对抗几乎全部现存共同体的权威性，而最终，个体化发展的结论也就不言自明。美国社会内部信任和社会性的滑坡
在若干方面最是明显：暴力犯罪和民事诉讼的飙升；家庭结构的解 11
体；社会中间结构，例如邻里、教会、工会、俱乐部和慈善机构的全面衰落；以及美国人所感受到的价值共享和共同体精神的匮乏。

社会性的衰落对美国的民主制度有深刻的影响，甚至超过其对经济的影响。美国社会给警力部门开出的薪资已然超过任何一个工业化国家，超过百分之一的人口被关押在监狱中。对比日本和欧洲，美国所支付的律师费用也高得惊人，因为其民众之间互相讼诉。这两项开销占了美国年度国内生产总值中相当大的份额，也同时揭示出美国社会信任解体的高额代价。在未来，其在经济层面的影响可能更加深远；美国社会的多元化弱化了内部信任，给相互合作添加了新的障碍，因此美国各类组织之间建立合作会变得愈发艰难。美国不仅在大肆消耗物质资本，也在吃空社会资本。因为存款比率一直在低位徘徊，美国无法展开基础建设的更新工作。同理而言，美国的社会资本近年来同样低迷不振。社会资本的积累是一个极其复

杂甚至可以说是神秘莫测的文化过程。政府尽可以出台消耗社会资本的政策，但若是说到重构社会资本，则恐怕就毫无头绪了。

历史终结处所诞生的自由民主制并非完全是一个“现代”产物。倘若民主和资本主义体制要想顺风得水，必然要和某些前现代的文化习俗和睦相处。法律、合同和经济理性是后工业社会稳定和繁荣的必要而非充分条件；它们必须和互惠、道德义务、共同体责任以及信任一起孕育发酵，而这些因素往往根植于习惯而非理性计算。对于现代社会而言，这些因素绝非明日黄花，而是其成功的先决条件。

美国的问题源于美国人对自身社会以及其长期以来的共同体倾向缺乏正确的认知。本书的第一部分就将讨论这一缺陷。我将先探究为什么某些思想家未能论及经济生活中的文化面相这一重要命题。我在剩余部分将深入讨论文化、信任和社会资本的真正内涵。 12
这将详细说明为什么信任与产业结构和大规模组织的创建密切相关，后者对经济繁荣和竞争力至关重要。

本书的第二部分和第三部分将分别讨论社会性的两大桥梁，家庭和非亲属关系的共同体。第二部分的讨论将涉及四个家族式的社会：中国、法国、意大利和韩国。在这四个社会中，家族构成了经济组织的基本单元；在创建超越家族的大型组织过程中，这四个社会都遭遇了困难，而无一例外的是，国家机构最后不得不介入，以推广持久型的、有国际竞争力的大企业。第三部分将考察日本和德国，它们都有高度信任的社会，并且对比第二部分所谈及的家族式社会，这两国在组建非亲属关系的大型公司过程中要顺利许多。这样的社会不仅得以轻松地过渡到现代职业管理模式，而且在工作环境中构建出更加高效和舒适的工作关系。丰田公司发明的精益生产技术，便是这类高度信任社会中组织创新的一个例证。

本书第四部分将讨论美国在信任谱系中的定位，即美国到底是高信任还是低信任社会。这一部分将特别关注美国结社技巧的渊源和这一传统式微的原因。最后，我将总结全球化社会未来的发展，以及经济生活在广泛的人类活动中所扮演的角色。

第2章 13

“百分之二十”解决方案

在过去的一代，经济学思想界是新古典主义或自由市场派经济学家的天下，代表人物例如弥尔顿·弗里德曼（Milton Friedman），加里·贝克（Gary Becker）以及乔治·斯丁格（George Stigler）。对比本世纪初大行其道的马克思主义和凯恩斯主义，新古典主义流派的兴起代表了经济学的巨大进步。我们可以认为新古典主义经济学派说对了百分之八十：它揭示了关于金钱和市场的重要真相，因为其以理性、自私的人类行为作为理论基础，而这一假设在百分之八十的情况是对的。但是还有百分之二十的人类行为，古典经济学家无法做出令人满意的解释。亚当·斯密对此体悟甚深，经济生活是社会生活中紧密不可分的一部分，要理解经济行为，就不可能将其与习俗、道德观和社会习惯分割开来。简而言之，它不能与文化脱节。[1]

我们长期以来受到不计文化因素的当代经济争论的误导。例如，
在美国，自由市场派的经济学家和所谓新重商主义流派在过去十年 14
间进行了一场大辩论。后一流派的代表人物，例如詹姆斯·法洛斯（James Fallows），克莱德·普雷斯托维茨（Clyde Prestowitz），

约翰·齐斯曼(John Zysman),卡尔·凡·沃夫仁(Karl van Wolferen),艾丽斯·阿姆斯登(Alice Amsden),以及劳拉·泰森(Laura Tyson)等人,都认为东亚经济体的成功并不是因为它们遵循了新古典主义经济学的规则,而是颠覆了这些规则。[2] 新重商主义流派认为,这些飞速发展的亚洲经济体之所以能够创造如此惊人的发展速度,并非是自由市场的功劳,而是因为在每一个案例中,政府通过产业政策来促进发展。虽然这一流派的经济学家意识到了亚洲的特殊性,但他们的结论却和新古典主义流派殊途同归。他们认为,亚洲的特别之处并不在于文化,而是亚洲这些企图追赶欧美的"后发国家"选择了另外一套经济体制。这一论点忽视了创建某些体制并使之高效运转的能力归根结底是与文化相挂钩的。

詹姆斯·法洛斯 在《直视太阳》(*Looking at the Sun*)一书中对新古典主义经济学做了最彻底的批判。[3] 他认为,盎格鲁—美利坚传统过分热衷市场导向的经济,这让美国人既看不到政府扮演的重要角色,也不了解美国之外的世界所遵循的经济原则与新古典主义大有区别。亚洲政府通过多种手段来保护本国产业,例如制定高关税、限制外国投资、通过低利率或补贴来促进出口、给政府属意的公司颁发执照,组织同业联盟来降低研发费用和分配市场份额以及直接资助研发。[4] 查莫斯·约翰逊(Chalmers Johnson)最早提出,引导日本战后经济超高速发展的力量不是市场,而是日本政府的通产省(MITI)。几乎所有新重商主义派经济学家都认为,美国之所以会在与日本和其他亚洲国家的经济竞争中落了下风,是因为自由市场主义的倾向使得历届美国政府放任本国重要的产业屈服于
外国竞争者。他们认为应该在美国政府内部组建像通产省这样的机 15
构,来补贴、协调抑或推动美国高科技产业的全球竞争力,并且建议在贸易上采取更加"强硬"的政策,以保护受到国外竞争者威胁的美国产业。

新重商主义引发的辩论一直都围绕着两个问题,即产业政策是

不是亚洲经济高度发展的动力，以及政府是否比市场更能主导经济发展。[5] 然而新重商主义忽略了文化在产业政策制定中的角色。即便我们同意技术官僚的明智引导是亚洲腾飞的原因，各国在制定和执行产业政策时也必然有着国家能力上的巨大差距。这些差别既是文化影响的结果，也受各国政治体制的本质和历史发展进程的制约。法国和日本都有很长的国家主义传统，而美国有着同样长的反国家主义传统，进入这几个国家官僚体制的人选无论在训练还是资质上都有巨大的差别。因此，政策和管理上高低有别也就不足为奇了。

此外，腐败的本质和盛行程度也有着明显的文化差别。对于任何一个产业政策而言，都面临着可能导致公共部门官员腐败这一重大问题，腐败则可能导致政策失效。当然，在有着诚信传统和高效公务员体制的社会，政策的执行要顺利许多。虽然日本政客的腐败已然是全国性的丑闻，但是对于通产省或大藏省的官员却少有指控。而这一点对于拉丁美洲是几乎没有可能的，更不要说其他第三世界国家了。

其他文化上的考量也有可能影响到一个产业政策的成败。在亚洲，对于权威的服从态度使国家得以执行产业政策，而这一现象在世界其他地方是不太可能出现的。例如国家支持朝阳产业还是夕阳产业这一问题。理论上可能的情况是，非技术前沿国家的技术官僚在理论上选择产业或部门的升级，但是政治因素往往会加以阻挠，使政策朝相反的方向发展。严格意义上来说，朝阳企业还不存在，自然没有利益集团愿意支持。对比而言，夕阳产业通常是大雇
主，有声援者和强大的政治靠山。许多亚洲政府所执行的产业政策 16
有一个显著的特点，它们通常可以让雇员庞大的过时产业有序地解体。比如在日本，纺织业的雇员总数从 20 世纪 60 年代初的 120 万人下降到 1981 年的 65.5 万人，而煤炭业的雇员总数从 1950 年 40.7 万人萎缩到 1980 年的 3.1 万人，航运业在 20 世纪 70 年代也遭遇了类似的大裁员。[6] 在以上每个案例中，政府干预的目的不是要

增加这些行业的就业，而是为了加速它们的消亡。台湾当局和韩国政府也同样对各自的劳动密集型产业进行过类似的大裁员。

对比而言，在欧洲和拉丁美洲，政府绝无可能突破政治阻力以实现夕阳产业的解体。欧洲各国政府无法加速这些产业的衰败，于是转而将例如煤炭、钢铁和汽车等下滑产业国有化，幻想国家补贴能够提高这些产业的国际竞争力。虽然欧洲政府为了将资源转向更为现代的产业费劲口舌，但其政体的民主性最终使它们向政治压力低头，转而以向老旧产业提供政府补贴，这一巨大的支出最后通常是纳税人买单。毫无疑问，如果是政府触及“竞争”补贴的发放，美国的情况也不外乎如此。国会鉴于利益集团的压力，十有八九会声明鞋业和纺织业而非航空和半导体是关乎国家“战略”的，因而值得政府补贴。即便是在高科技行业，旧有技术也可能比新兴技术更有政治影响力。因此，对于美国产业政策最严厉的批评往往不是针对经济，而是关乎美国民主体制的特点。

本书将揭示，政府部门的重要性因为文化的不同而相去甚远。在中国和意大利这样的家族式社会，国家干涉或许是建设大型产业的唯一途径，而如果一个国家想要在国际竞争中崭露头角，国家干涉就尤为重要。对比而言，像日本和德国这样有着高度信任和社会资本的社会，能够在没有国家支持的情况下创建大型机构。换句话说，经济学家在计算比较优势的时候，不仅要考虑传统意义的资本和资源，还必须要考虑社会资本的相对储备。如果社会资本有亏空，国家可以扭亏为盈，这和国家通过建设更多的学校和大学来填补人 17
力资源赤字是一个道理。至于是否需要国家介入往往取决于母体社会的文化和结构。

当今产业政策辩论的另外一极为新古典主义经济学家所把持着，他们今天统治着经济学这一行业。新古典主义经济学是远比新重商主义更为严肃和扎实的思想体系（intellectual enterprise）。大量实证研究证实，市场的确是高效的资源配置者，而给私利松绑可以推动经济增长。再次重申，自由市场经济学有百分之八十的准确性，但这对于社会科学来说已经不错了，就用作公共政策的理论基础而言，它比其他学派要强出许多。

但近年来，自由市场经济学在知识领域的完胜让人觉得这一流派愈发目中无人。许多新古典主义经济学家不满足于自己的桂冠，他们觉得自己所发现的经济学工具可以用来构建关于人类的普世性科学。他们认为经济学原则到处都适用：它们在俄罗斯和在美国、日本、布隆迪抑或新几内亚群岛一样行得通，在搬用经济学原则时，他们丝毫不考虑文化差异的重要影响。这些经济学家认为他们在更加深层次的认识论上也是对的：通过经济学方法论，他们解开了人类本性的最终之谜，因此得以解释人类行为中几乎所有的方方面面。当代新古典主义经济学家当中最有名望的两位，芝加哥大学的加里 · 贝克和乔治梅森大学的詹姆斯 · 布坎南（James Buchanan），都致力于将经济学理论推广到传统意义上非经济学的领域中，例如政治、官僚体制、种族主义、家庭以及生育率。[7] 今天许多名牌大学的政治学系里，到处可见所谓的理性选择理论的追随者，这一理论企图用经济学为核心的方法论来解释政治。[8]

新古典主义经济学的问题在于它忽略了古典经济学的基础。虽然亚当 · 斯密，古典经济学的鼻祖，认为人是被“改善生存条件”这一私欲所驱动的，但他绝对不会同意经济活动可以简化为功利最大化的理性计算。事实上，除了《国富论》之外，他在另一本名著《道 18
德情操论》中指出，经济动因是高度复杂的，并且根植于更加广泛的社会习惯等因素中。而 18 世纪到 19 世纪间这一学科从“政治经济学”改名为“经济学”，恰好反映了其学科内核中人类行为模式的萎缩。如今的经济学话语应该回归古典主义的丰富性，以批判的视角将文化对于人类所有行为的影响纳入经济学的知识版图，这当然包括经济行为，而不应该遵循新古典主义这一套。新古典主义那套非但不足以解释政治生活以及支配它的情感模式，例如愤怒、自豪和羞耻，也不足以解释经济生活的全部。[9] 并非所有的经济行为都源自传统认为的经济动因。

当代新古典主义经济学的整体构架基于一个相当简单的人性假设：人是“追求理性功利最大化的个体”。也就是说，人类企图最大量地获取他们觉得对自己有用的东西，他们以理性的方式行事，他们先以个体的形式计算如何实现自我利益最大化，然后才会考虑他们所在群体的利益。简而言之，新古典主义经济学认为人本质上是理性、自私、追求物质舒适最大化的个体。[10] 对比哲学家、诗人、牧师或政客，经济学家更加竭尽全力地推崇对于狭隘个人利益的追求，因为他们相信，要让整个社会受益，必须先通过市场手段让个体谋取利益。在一项社会实验中，大学里的一个群体收到一些券，他们可以选择将券换成自己所得的钱，或者群体所有但可以分享的钱。实验结果是，参与实验的人当中有大约百分之五十到百分之六十选择换取能够使群体受益的钱。唯一的例外是一群即将入学的经济学研究生。[11] 用一个经济学家的话来说，“经济学的第一原则是每一个施动者都只为私利所驱动”。[12]

新古典主义经济学的厉害之处在于，其人性假设模式在大多数时候是正确的：人们确实会更多地追求个人利益而非某种公共利益。
谋求私利的理性算计是超越文化界限的。每一个经济学新生都会读 19
到这样的研究，当小麦的价格高于玉米价格时，农民就会从种植玉米转向种植小麦，无论他们是生活在中国、法国、印度或伊朗。

但是，新古典主义经济学关于人性的假设，即人是理性功利最大化的个体，它的每一个词都需要认真限定或找出例外。[13] 就拿人类追求功利这个论断为例。19 世纪功利主义的奠基人杰里米 · 边沁（Jeremy Bentham）给出了功利最狭隘的定义：功利是追求愉悦或避免苦痛。这一定义简单明了，并且与人们常识中对经济动机的理解相呼应：人们希望能够最大程度地享用人生中的美好事物。但在很多时候，人们追求目标而非功利。[14] 他们会冲进着火的房子营救他人，战死沙场，抑或放弃令人垂涎的职位到大山深处去与自然亲密交流。人们并不仅仅根据他们的钱袋投票：他们知道哪些事情是正义的，哪些是非正义的，并因此做出重要决定。[15] 倘若仅仅是经济原因的话，就不会有那么多的战争；不幸的是，这些战争往往涉及许多与功利无关的目标，例如承认、宗教、正义、特权和荣耀。

有些经济学家想要通过拓宽功利的定义来绕开这个问题，功利可以是超越愉悦或金钱的，可以涵盖其他动因，例如“做好事”而带来的“心理愉悦”，抑或是从他人消遣中所获得的“愉悦”。[16] 经济学家认为，人们只有经过选择显示某物有用，才能确知什么是对他们有用的——于是就有了“显示偏好”这一概念。[17] 废奴主义者拼死废除奴隶制度，或者投行经理估算利率，都可以算作是追求“功利”，唯一的区别是废奴主义者所追求的功利是心理层面的。在最极端的定义中，“功利”成为一种大而全的概念，指代人类所追求的所有目的和偏好。但是这类功利的定义将经济学的基本假设太过简化，认为人类不过是将他们想最大化的一切都最大化，这样的同义反复会使经济学模型变得毫无意思和说服力。相对而言，强调人对于个人物欲追求超过其他类型的利益，是关于人性更加有力的论点。

人并不总是在追求功利，这一点不言而喻，不管我们怎么用“理
性”的方式来定义，即便是指在考量众多可能性后选择长期而言功 20
利最大化者。可以说，从这一角度看来人并不是理性的。[18] 中国人、韩国人和意大利人重视家庭，日本人对于领养非亲属的态度，法国人不愿意构建面对面交流的关系，德国人对于训练的重视，美国人社交生活的宗派品性：这一切都不是来源于理性计算而是继承的道德习惯。

大多数新古典主义经济学家或许会说，这些案例都不是非理性行为，而是信息不完整所致。关于相对价格和产品质量的信息往往难以获得，抑或耗时耗力才能取得。人们做出看起来非理性的选择，

是因为获取更好信息的代价超过了人们可以从中获取的利益。要在人生的每一个场合都做出“理性”决定，这本身就是不理性的，人的一生就会消耗在决定一些鸡毛蒜皮的小事上。[19] 在传统文化中的人群会遵循其传统的指示，其行事也自然与工业社会的人群大为不同，但这是因为传统文化包含的行为规则对其文化本身而言是理性的。[20]

虽然习惯可能在经济层面是理性的，或者有理性的缘起，但很多习惯并非如此，甚至在不适用的情形下依然故我。它过去可能是理性的，例如在中国传统农民社会中，人们希望多生儿子，因为儿子是老人唯一的生活依靠。但为什么当中国人移民到了美国或加拿大，有了国家支持的社会养老体系的庇护，这一习惯却依旧延续着？法国对于中央官僚权威的偏好可以看做是对中央集权的一种合理反应，但是为什么现代中央政府在刻意下放权力之后，法国人仍然在构建自我组织的道路上步履艰难？对于领取社会保障金的母亲来说，考虑到社会保障体制所构建的经济动因，不和自己孩子父亲结婚是一个理性的选择，但为什么在保障金取消之后，即便单亲家庭的长期经济前景黯淡，而这一趋势没有改变？我们无法说所有文化内在的规则都有其特定的理性。这个世界所存在的文化各有千秋，对于相似的经济情况却有各种各样的文化反应，这足以说明并非所有文化的理性程度都是一样的。

最后，人的行事准则是否更倾向于作为功利最大化的个体，胜 21
过作为更大的社会群体一员，这一点我保持怀疑态度。用马克·格兰诺维特（Mark Granovetter）的话来说，人类是捆绑在各种不同的社会群体当中的——家族、邻里、社交网络、商务、教会和民族——他们必须平衡自我与群体的利益。[21] 人对于家族的责任感并不出于成本利润的算计，即便是这个家族在做生意；反倒是生意的本质往往由家族关系所决定。工人在公司的组织结构表当中不仅仅是人头数而已；他们所发展出来的团结、忠诚和憎恶都会影响经济行为的本质。换句话说，社会行为，也就是道德行为，在多个层面上和自利、功利最大化的行为共存。最高效的经济发展不一定是通过理性自利的个体来实现的，而是由个人组成的群体来实现的，因为他们本就是一个道德共同体，从而相互合作起来更有效率。

人性中有重要的一部分并不受新古典经济学的理性功利主义所支配，当然这一点并不完全颠覆古典经济学的基本构架。也就是说，人们常常按照自利个体身份行事，其几率大到足以用经济学的“法则”来作为预测和公共政策制定的重要参考。在质疑新古典经济学模式的同时，我们也没有必要向马克思的经济模式靠拢，认为人是“类存在物”，因此必然将社会利益放在个人利益之上。折中来看，人们行事常常为了非功利的目标且以非理性的、群体主义的方式，这足以说明新古典主义模型无法为我们描画人性的全部。

自由市场派和新重商主义派经济学家长久以来争论不休，辩论政府是否应该以及如何干预市场，但这一争论忽略了一个重要的议题。宏观经济政策固然重要，但它必须贯彻到某一特定的政治、历史和文化的环境中。某些正对特定问题的处方政策并不见得可以通用到他处：某个产业政策可能在拉丁美洲会导致灾难性后果，但在例如亚洲之类的地方可能行之有效，或者起码不会出乱子。某些社会可以保护它们的技术官僚免受日复一日的公众压力困扰，他们可以高效地工作，让某个工厂保持运转，或是给某一行业提供补贴。[22]究其本质，这之中最为重要的变量不是产业政策，而是文化。

第3章 23

规模与信任

20世纪90年代早期涌现出一大批图书，主题都是关于信息革命以及信息高速路会带给每家每户深刻变化。信息时代未来学家最为一致、最津津乐道的一个议题是，技术革命将为各种等级制度敲响丧钟——无论是政治的，经济的，还是社会的。依他们所言，信息就是力量，所有传统等级制度的上层通过控制信息渠道来维系他们的统治。现代的通讯科技——电话、传真机、复印机、卡带和录像带，以及最为核心最为重要的网络化个人计算机——已经将信息的枷锁冲破。按照这些信息时代高人的说法，例如阿尔文和海蒂·托夫勒（Alvin and Heidi Toffler），乔治·基尔德（George Gilder），副总统阿尔·戈尔（Al Gore），白宫发言人纽特·金里奇（Newt Gingrich）等人，这一切的结果将是权力向下转移到人民手中，将所有人从他们所工作过的集权化、专制式机构的束缚中解放 24
出来。[1]

信息科技在过去一代人时间里的确对去集权化和民主化趋势有所贡献。众所周知，电子媒体加速了专制政权的倒台，其中包括菲律宾的马科斯（Marcos）独裁、东德的共产主义政权以及苏联。[2]

但是信息时代理论家认为，技术对于所有形式的等级制度都是致命的，其中包括雇用了大批美国人的巨型企业。20 世纪 80 年代，IBM 从计算机神坛跌落，而太阳计算机系统和康柏电脑等新星冉冉升起，这一场兴衰更替被视作一场道德剧，小型、灵活、富有创新精神的小企业挑战大型、集权化的官僚传统，而且常常收获颇丰。各路作家都认为，因为通讯革命，我们所有人未来都将在小型的、联网的“虚拟”企业工作。也就是说，公司都将无情地裁员，直到他们把所有非“核心竞争力”的活动全部剥离，而通过光纤电话线将业务外包给其他小型公司，从供应商和原材料到会计和市场服务，不一而足。[3] 有些人认为，在横扫一切的电子科技驱动下，小型企业网络而非大型等级制企业或混乱的市场，代表着未来的趋势。倘若社会从大型企业的集权化权威中，从联邦政府、IBM 和美国电话电报公司（AT&T）中解放出来，自发型共同体将会出现，而不会出现混乱和无政府状态。有了科技支持的通讯手段，优质信息会驱逐劣质信息，诚实和勤勉将替换欺诈和寄生，人们将为了共同的目标而自发地聚集在一起。[4]

当然信息革命将会带来广泛的改变，但庞大的、等级制的组织还远远没有寿终正寝。虽然计算机产业的确容易让许多小型、灵活的公司受益，许多信息时代未来学家对于这一产业得出的结论过于笼统。从飞机和汽车制造到硅晶圆生产，经济生活的许多领域需要越来越大的资本、科技和人力资源才能驾驭。即便是在通讯行业，光纤传输更青睐单一、巨型的远程公司。我们再看美国电话电报公司的例子也就不觉得意外了，该公司到 1995 年的时候已经恢复到
它在 1984 年的规模，当时该公司百分之八十五的业务都投在了本 25
地电话公司。[5] 信息技术能够协助小公司更好地完成大项目，却没有办法消除行业对于规模的需求。

更重要的是，当信息时代最为热忱的倡导者欢庆等级制和权威的垮台时，他们忽略了一个重要的文化因素：信任，以及支撑它的

共同道德准则。共同体是基于互相信任之上的，缺了信任，共同体不可能自发形成。等级制是必要的，因为在每一个共同体内部，并不是所有人都会墨守道德准则。小部分人有明显的反社会性，他们意在通过欺诈和破坏来削弱或剥削群体。而更大一部分人则是搭便车者，作为群体的一员，他们一方面乐于从中获取利益，一方面又只为共同目标做出极小贡献。等级制是必要的，因为不能信任所有人可以一直按照内在的道德标准行事并且做出他们应有的贡献。倘若成员没有能够达到共同道德标准的要求，他们最终要通过具体的规则和奖惩来进行规范。这一点在经济领域是如此，在更广泛的社会中也是一样：要把货物或服务外包给不甚熟悉或者难以信任的人，代价是非常昂贵的，这也就是大型企业成立的原因。因此，公司往往愿意把承包商带入到自己的企业中来以方便直接监管，这一做法也更加经济。

信任并不驻扎在集成电路或是光纤电缆当中。虽然信任涉及信息交换，但它不能等同于信息。一个“虚拟”公司可以通过网线而获取大量关于它的供应商和承包商的信息。但是如果这些公司都是假冒或者骗子的话，与他们做生意依旧是代价昂贵的，这会涉及复杂的合同和耗时的强制执行。倘若没有信任，人们会强烈要求这些安排在公司内部完成，并且要求重建旧有的等级制度。

因此，信息革命是否让大型等级制企业成为明日黄花，又或者当等级制消亡后，自发性共同体将取而代之，这些趋势都尚未明了。因为共同体基于信任而生，而信任又受文化制约，以此推论，不同的文化中会出现不同程度的自发组织。换句话说，公司是否能够从等级制向灵活的网络化小公司转换，其成功几率将取决于信任的程度，以及更为广泛的社会范畴内社会资本的积累。像日本这样的高 26
信任社会，在信息革命提速之前就已经建立这样的公司网络；低信任的社会或许永远没有办法从信息科技所带来的高效率当中获益。

在一个有规律的、诚信的、相互合作的共同体内部，成员会基于共同认可的准则，对于其他成员有所期望，这一期望便是信任。[6]这些准则可能是关乎上帝的本质或者正义之类深层次的“价值观”，但也可以是关于职业标准或行为规范之类的俗世准则。换句话说，我们信任一个医生不会刻意伤害我们，是因为我们期望他们会恪守希波克拉底誓词以及医学职业的标准。

社会资本是一种能力，它源自某一社会或某特定社会部分中所盛行的信任。它可以根植于社会中最小的基本单位——家庭，也可以是最大的群体——国家，以及二者之间的所有群体。社会资本与其他形式的人力资本不同，是因为它往往由宗教、传统或历史习惯等所创造和传递。经济学家往往会说，社会群体的构建可以通过个体之间的自愿契约来解释，这些个体通过理性计算之后认为，合作将有利于他们的长远利益。依照这一说法，信任对于合作并不是必需的:开明的私利，加上契约之类的法律机制，足以弥补信任的缺失，并且创建出一个为了共同目标而努力的机构。基于私利，人们随时可以构建一个群体，而且群体构建并不依赖文化。

虽然契约和私利是联盟的重要基础，但是最有效的组织是基于有共同道德价值观的共同体。这些共同体不需要广泛的契约和法律条文来约定他们的关系，因为既有的道德共识为群体成员提供了相互信任的基础。

构建这一类型的道德共同体所需要的社会资本是无法通过理性投资决策而获取的，这一点和其他类型的人力资本不同。也就是说，个人可以选择“投资”传统意义的人力资本，例如大学教育，或者接受培训成为机械师或者电脑程序员，这些只需要到相应的学校上学就可以了。然而，社会资本的获取需要适应一个共同体的道德准
则，并且在这一共同体情境中培养各种美德，例如忠诚、诚信和可 27
信赖。此外，群体必须以整体的形式接受某些共同准则在先，之后才能将信任贯彻到所有成员当中。换句话说，每个人各自行事是无法产生社会资本的。它基于社会美德的普及，而非个体美德。比起

其他形式的人力资本，社会性倾向的获取要困难得多，而且因为它是基于道德习惯之上的，于是更难调整或摧毁。

在本书我会一再用到的另一个术语是“自发社会性”，它属于社会资本的一个子目。在任何现代社会里，各种组织都不断地被创造、摧毁和调整。最有用的社会资本，往往不是在某一传统共同体或群体的权威之下进行运作的能力，而是创造新的联盟以及在新创立的共识条款之下展开合作的能力。这一类群体由工业社会繁杂的社会分工所孵化，但又基于共享的价值而非契约，它们可以算作是涂尔干所称的“有机团结”。[7] 再者，自发社会性指的是各种类型的中间级共同体，它们有别于家庭或者政府刻意组建的机构。当社会缺乏自发社会性时，政府往往需要介入民间，以促进共同体建设。但国家介入往往带来极大的风险，因为它可以轻易摧毁公民社会中的自发性共同体。

对于塑造着社会的工业经济的本质，社会资本有着深刻的影响。如果在同一行当中工作的人们因为共同遵守的道德准则体系而互相信任的话，那么商业成本就会降低。这样的社会更能够在组织结构上实现创新，因为高度信任使各种社会关系得以形成。因此，高度社会化的美国人在 19 世纪末 20 世纪初引领了现代公司的发展，而日本人在 20 世纪探索了网络化组织的种种可能。

对比而言，彼此不信任的人群最终只能通过正式的规则和规范进行合作，即必须通过谈判、同意、诉讼、强制执行，有时候还需要强迫手段。这一套法律装备不过是信任的替代品，而经济学家称之为“交易成本”。换句话说，一个社会中的普遍不信任给各种经 28
济行为横加了另一种税，而高度信任的社会则无须支付这一税款。

社会资本在各个社会之间的分配并不是统一的。某些社会比其他社会展现出更强的结社倾向，所青睐的结社形式也大有不同。在某些社会，家庭和亲属关系构建了结社的基础模式；而在其他社会，志愿性结社要坚固得多，而且会把人们从家庭关系中摆脱出来。例如在美国，改换宗教信仰常常会导致人们离开家庭以追随新的宗教派系，至少会给信众施加新的责任，让他们无法履行家庭责任。对比而言，在中国，佛教的传教徒想要诱导孩子离开家庭就困难得多，还常常因此遭到谴责。纵观历史发展，同一个社会可能获得社会资本，也可能失去社会资本。中世纪末期的法国拥有密集的公民结社网络，但法国人的自发社会性在 16 世纪和 17 世纪被中央集权的王室完全摧毁。

传统上认为，法国和日本是群体倾向的社会。这两国社会都鼓励对权威的服从，并奉行莱斯特·瑟罗（Lester Thurow）所谓的“共产主义式资本主义”（communitarian capitalism）。[8] 过去十年左右关于竞争力的大部分文献也做出了相似的假设：日本是一个“群体倾向”的社会；美国作为一个个人主义的社会则是另一个极端，人们不愿意相互合作或彼此支持。按照日本学家罗纳德·道尔（Ronald Dore）的说法，在以英美为代表的个人主义的盎格鲁—撒克逊国家和以日本为代表的群体主义国家之间，所有社会都可以在这条社会倾向的连贯线上找到自己的位置。[9]

然而，这样的划分完全曲解了社会资本的全球分布情况，而且是对日本、特别是对美国极深的误解。的确有一些极端个人主义的社会，民众之间无法结社。在这一类社会中，家族和自发结社都非常弱；而且通常最强大的组织是犯罪团伙。俄罗斯和其他前社会主义国家就符合这一情况，而美国的某些市内街区也是如此。

比当代俄罗斯更高一层的社会化结构是家庭社会，在其中最主要的（也可能是唯一的）社会化渠道是家庭和更广泛的亲属，例如氏族和部落。家庭社会的自发结社往往比较弱，这是因为非亲非故的人之间没有相互信任的基础。例如台湾、香港和中国大陆这样的 29
华人社会就是如此；中华儒家文化的核心就是把家庭联系置于其他各种社会忠诚之上。但是法国和意大利的某些地区也有这个特征。虽然家族主义在这两个国家没有那么明显，但是非亲属之间也很难有相互信任，因此自发性共同体也非常薄弱。

与家庭社会形成对比的是有普遍高度信任的社会，也是有高度自发社会性倾向的社会。日本和德国的确就属于这一类。但是从建国以来，美国一直就不是个体化的社会，这一点和大多数美国人的想法大相径庭；相反，美国一直有着高度网络化的自发结社和共同体结构，这些机构的存在使得人们愿意把私利放在次要位置。当然，对比德国人和日本人，美国人一直以来都是更加反对国家主义，但强有力的共同体可以在没有强大国家的情况下形成。

社会资本和自发社会性倾向有着深远的经济影响。如果我们看一下众多国家经济体中最大公司的规模（除了国家所有或大幅补贴的企业，或海外跨国企业），我们可以看到非常有意思的结果。[10] 在欧洲和北美，美国和德国私有企业的规模要远大于意大利和法国。在亚洲的对比更加突出，日本和韩国有着大型企业和高度集中的产业，而台湾和香港的企业规模要小许多。

我们也许会认为，建构大型企业的能力无非是取决于一个国家经济体的绝对规模。很明显，在安道尔和列支敦士登是不可能诞生出壳牌和通用汽车这样大型跨国公司的。但换个角度，在工业化国家中，绝对国内生产总值和大型企业之间没有必然的联系。欧洲最小的三个经济体——荷兰、瑞典和瑞士——都有巨型的私有企业；用各种指标衡量，荷兰都是全世界工业化最集中的国家。在亚洲，台湾地区和韩国的经济体在过去一代都是不相上下的，但是韩国的
企业规模要比台湾地区大得多。虽然许多因素都会影响企业规模， 30
例如税收政策、不信任以及其他各种规范性法律条款，但是高度信任的社会（例如德国、日本和美国），与丰富的社会资本——也就是创建大型私有商业机构的能力——之间有着相关性。[11] 这三个社会最早——无论是绝对时间轴上还是对比他们自身的发展史——发展出大型、现代、专业化管理的等级制度企业。相反，在相对来说低信任的社会，如台湾和香港地区、法国以及意大利，一般来说充

斥的都是家族企业。在这些国家或地区，非亲属之间彼此达成信任存在着阻力，这延误甚至在某些情形下阻碍了现代化的、实行专业管理的公司的出现。

如果低信任、家庭式社会希望有规模的商业，国家必须以补贴、指导甚至完全国有化的方式介入。这一结果将是马鞍状的企业分布，一头是大量的小型公司，一头是少量的大型国有企业，而中型企业则寥寥无几。国有资助形式使法国这样的国家得以发展大规模、资本集中型产业部门，但代价高昂：对比私营机构，国有公司不免显得效率低下，管理不善。

信任的盛行不仅仅能够协助大规模组织的成长；如果大型等级制公司能够通过现代信息科技而演化成小型公司网络，信任也将使这一过程更加顺利地展开。随着科技和市场的变化，社会资本储备丰厚的社会能够更加积极地采用新的组织结构。

起码在经济发展的早期，企业大小和规模对于一个国家的发展和繁荣没有深刻的影响。虽然社会中信任缺失会使人们更加青睐小型企业，也会给经济行为带来更高的成本，但这些缺陷都能从小型企业常有的优势中找到补偿。小型企业不仅容易组建、灵活，而且面对市场变化时能够比大型企业更快做出反应。事实上，那些相对而言公司平均规模较小的国家或地区——例如欧洲范围内的意大利，和亚洲的台湾和香港——在近两年的增长都超过了拥有大型企业的邻近国家或地区。

但是企业规模的确会影响到一个国家具体能够参与全球经济的 31
哪些部分，并且在长远来看会影响一个国家的整体竞争力。小型企业的构建往往基于劳动密集型商品，并且面向局部且变化迅速的市场，例如成衣、纺织品、塑料、电子配件和家具。大型企业需要掌控复杂的生产程序，例如航空、半导体和汽车，这些都需要大笔资金支持。大型公司对于创建大品牌背后的市场营销公司也是必需的，所以世界最著名的品牌名——柯达、福特、西门子、AEG、三菱、日立——无一例外都来自善于组建大型组织的国家。对比而言，人们很难找出一个小型中国企业创建的品牌。

在古典自由贸易理论中，全球化的劳动分工是由比较优势所决定的，后者往往通过不同国家的相对资本、劳动力和自然资源储备来衡量。本书中所列举的证据将说明，社会资本也必须纳入到国家的资源储备中。社会资本储量的不同将对全球劳动力分工产生深刻的影响。例如，中华儒家思想的本质意味着中国永远无法复制日本的发展道路，并将持续参与到完全不同的经济环节中去。

缺乏创建大型组织的能力对未来经济到底有多大的影响，将取决于许多不可知的因素，例如科技和市场的未来走向。但在某些情况下，这一约束可能会严重伤及到中国和意大利这样的国家的长期增长潜力。

此外，强烈的社会性倾向还会带来其他益处，且不见得限于经济领域。高度信任的社会能够以更加灵活和群体倾向的模式来组织其工厂，将更多的责任授权给低级别的组织。相比而言，低信任的社会必须将工人用一系列的官僚体制规则圈住且相互分隔开。如果工人受到成人应有的对待，被寄予信任对其所在共同体做出贡献，而不似他人设计的大型产业机器中的小齿轮，那么工人会对自己的工厂更加满意。丰田的精益化生产体系就是一个共同体组织工厂的系统化设计，它同时带来工作效率的极大提高，这证明共同体和效率是可以兼得的。我们可以从中所学到的是，现代资本主义虽为科
技所塑造，但并不表明只有一种每个人必须遵循的产业组织结构。 32
经理人员在经营中需要考虑到人性的社会层面，这其中就有很大的自由。换句话说，共同体和效率之间不见得是此消彼长的关系；关注共同体的公司可能会成为最有效率的公司。

第4章 33

善与恶的语言

社会资本根植于文化，它是信任的熔炉，是一个经济体健康与否的关键。若不细想，要说文化和经济效能之间有所关联，确实有些荒谬，毕竟文化在其实质和传播模式上都是非理性的。作为学术研究的课题，文化显得漫无边际。经济学家自觉是社会科学家中最实际一群，他们最不喜欢把玩文化这一概念：文化缺乏简单明了的定义，若是把人类当做“理性功利最大化者”，文化则无法作为解释人类行为的模型基础。在一本常用的人类学课本中，作者提供了不下11种文化定义。[1] 另一位作者调查了160种文化的定义，分别为人类学家、社会学家、心理学家等使用。[2] 文化人类学家认为，所有的社会中没有一个共同的文化部分。[3] 因此，文化因素无
法被系统化成普遍真理；他们只能通过克利福德·格尔茨（Clifford 34
Greetz）所谓的“深描”（thick description）来解读；这是民族志的研究方法，用来记录某一个体文化的多样性和复杂性。在很多经济学家看来，文化成了一个摸彩袋或杂项，所有用人类行为的综合性理论无法解释的现象都可以往文化这个筐里头装。然而文化可有它自身深刻的适应性理性，即便这一点很难一眼看清。但首先我先

要定义一下我所谓的文化。

文化人类学家和社会学家严格区分文化和他们所谓的社会结构。按照这个思路，文化仅限于意义、符号、价值、观念，并包含例如宗教和意识形态之类的现象。格尔茨所定义的文化是“体现在符号上的、有历史渊源的意义模式，由传承而来的概念所组成的体系，通过符号形式来表达，人类借此来交流、延续以及探索关于人生的知识和态度”。[4] 对比而言，社会结构关注的是实体的社会组织，例如家庭、氏族、法律体系或民族。按照这个思路，儒家思想中关于父子关系的部分隶属于文化；而现实中的父系嫡传的中国家庭则隶属于社会结构。

在本书中，我不会使用这一文化和社会结构之间的区别，因为很多时候二者难以区分；价值和理念塑造了实体的社会关系，反之亦然。中国家庭大体上有着父系嫡传的结构正是因为儒家思想重视男性成员，并且教育子女敬重父亲。反之，对于在中国家庭长大的人来说，儒家思想是合情合理的。

在严格意义上来说，我所定义的文化有着文化和社会结构两方面的含义，可能和大众所理解的文化靠得更近一些：文化是*传承下来的伦理习惯*。伦理习惯由理念或价值观构成，例如猪肉不洁净或母牛为圣物之类的价值观，抑或由实际的社会关系构成，例如传统日本社会中长子继承父亲所有资产的做法。

按照这个思路，文化或许可以用排除法来理解。它不是理性选择，不是经济学家所用的人类行为基本模式中的理性功利最大化逻辑。所谓“理性选择”，我所指的是理性的手段而非理性的目的——换句话说，我指的是考量所有为达到特定目的而使用的手段，并且基于可用信息而选择最佳方案。选择受文化影响，且来源于习惯。 35
中国人用筷子吃饭，并不是在对比西餐的刀叉之后发现筷子更适合中餐，而是因为筷子是所有中国人最常用的餐具。印度教中对于母牛的崇拜也毫无理性选择的成分可言，这一崇拜保护了相当于印度半数人口的没有生产效用的牲口。但印度人依旧笃信不疑。[5]

文化中最为重要的部分和人们吃饭或梳妆的习惯无关，而是关于社会用以规范其成员行为的伦理准则——也就是哲学家尼采所谓的一个人群的“善与恶的语言”。无论文化怎么变化多样，所有的文化都企图通过建立不成文的道德规则来限制人性中赤裸的自私性。虽然和其他可能的选择对比，伦理准则可以视作一种精心考量的理性选择，但是世界上的绝大多数人不会那么做的。相反，他们所受的教育引导他们通过培养习惯来遵守所在社会的道德规范——例如在家庭生活中，从他们的朋友和邻里身上，或者在学校里。

美国电视上的一则汽车广告描绘了这样一个场景，一个年轻女孩坐在一间气氛压抑的教室里，一个刻板的老师用单调乏味的声音一遍一遍告诉她“画在两道线内”。场景突然切换到女孩长大之后——此时广告从黑白换成了彩色——她开着敞篷车，风扬起她的秀发。她不仅没有保持在高速路的两条线内行驶，而且之后驶离道路开向广阔的原野。虽然广告设计者没有加入这个细节，但是她驾驶的车上很有可能贴着“质疑权威”的贴纸。同样的广告如果是在亚洲制作，很有可能是描述一个富有耐心的老师教导女生如何在线内作画。这个女生在经过耐心地练习之后，可以精准地画在线内。到那时，她会收到一辆新车作为奖励，车上贴着“尊重权威”的贴纸。

优秀品德和习惯之间的紧密关系尤其体现在品格这一概念上。在智力层面知道什么是正确的选择并不困难，但只有具备“品格”的人才知道如何在不同的情况下做正确的选择。亚里士多德解释道， 36
对比优秀智商，“优秀品德（希腊文 ēthikē）在很大程度上是习惯（希腊文 ethos）的产物，因此二者有相同的词根，不过是略微的格式变化罢了”。他接着说道，“我们的伦理品质是通过一系列相互对应的行为来构建的……所以我们从孩提时候开始接受的各种习惯培训并非小事；相反，这些培训有着极其大的甚至可以说是超越一切的重要性”。[6]

传统宗教或者伦理体系（例如儒家思想）构成了主要的制度化资源，让人的行为受到文化的界定。伦理体系创造出道德共同体，是因为共同体内通用的善恶语言给予其成员共同的道德生活。在一定程度上说，任何道德共同体，不论其涉及的具体伦理准则是什么，都将在成员中构建出一定程度的信任。某些伦理准则会扩大信任的半径，通过强调诚信、慈善和对于共同体的兼爱之心等等责任，而这些准则其他文化则未必有。这一点，按照马克斯·韦伯（Max Weber）的说法，是清教徒追求救赎的重要成果之一，这一教条鼓励更高标准的可信赖的行为，超越家庭的范畴。在他看来，信任对于经济生活有着极其重要的作用，从历史角度看，信任往往来源于宗教习惯而非理性计算。

将文化与习惯而非理性选择挂钩，并不是说文化都是非理性的：它们只不过在决策方式上是无理性可言的。在某些情况下，文化其实是高度理性的。例如，在演讲中使用礼貌和敬语能够向听众传达关于自己社会身份的信息。的确，若不是因为文化，或者这些理解为无理性的习惯行为，我们的日常生活就无法进行。没有人有时间或心思对每天繁杂的决定一一做出理性的选择——例如，在餐馆就餐完毕之后是偷偷溜走还是乖乖买单，是否礼貌对待陌生人，是否打开误投到你信箱的邻居邮件去看里头有没有装着现金。大多数人会习惯性地保持一定程度的诚实。收集信息和考虑多重选择本身就是一个昂贵且耗时的过程，人们完全可以通过习俗和习惯来走捷径。[7] 正如已故的阿伦·威尔达夫斯基（Aaron Wildavsky）指出的，当生活在先进社会中的受教育群体做出看起来极为复杂的政治决策的时候，他们也往往依惯例行事。人们形成风险应对的态度——例如，以下哪一个更危险：核能量或者接触艾滋病人——并不是基于 37
对两个选项所真正涉及的风险进行理性分析，而取决于他们所持态度是偏自由还是偏保守。[8]

现代经济学家往往认为，所谓理性目标即功利最大化，后者被广泛理解为最大可能的消费者福利。从这个角度来看，许多传统文化（包括西方世界的传统文化）在最终目标上都是无理性或者完全非理性的，因为在这里经济富足远不及其他目标重要。例如，一个虔诚的佛教徒认为人生的最终目标不是物质财富的积累，而是恰好相反：消除物欲，并将个体融入万物虚空中。一个人若是认为只有狭义的经济目标才是理性的，则此人不过是恃才傲物之徒。西方传统的大部分，例如深厚的宗教、伦理和哲学底蕴，照理也是非理性的。

许多西方人会认为非西方的文化都是非理性的。西方对于伊朗的评价就是如此，这个国家在1978年的革命之后就与西方断绝关系，并且走上宗教扩张的道路。如果我们仔细考查，伊朗在这一时期的转变，从手段到目标，都是理性和寻求功利最大化的。对于西方人来说，伊朗不理性的原因是它的许多目标是宗教而非经济的。

反之，无理性的文化传统，不管是习惯所致还是修来世福德之用，依旧有可能指向狭隘物质层面的功利最大化。这就是马克斯·韦伯《新教伦理与资本主义精神》（*The Protestant Ethics and the Spirit of Capitalism*）一书的核心观点。书中指出，早期的清教徒力求为主带来荣耀，而放弃以追求物质财富为终极目标，进而培养出例如诚信、勤勉等极有利于资本积累的优秀品德。[9] 本书中的一个核心观点与韦伯的观点相似：对于组织创新进而创造财富来说，伦理习惯是至关重要的，例如自由结社的能力。不同类型的伦理习惯有利于其他形式的经济组织的发展，进而促进经济结构的多样化。换句话说，功利最大化者并不一定是理性的；人们以无理性的方式奉行某些传统道德和社会美德，他们常常追求完全非经济的目标，38
而这一切并非像现代经济学家所认为是落后或者没头脑的。

若将文化定义为伦理或者道德习惯，衡量文化变量就变得困难起来。社会学家最常用的手段是观念调查；通过调查某一个特定人群中的代表样本对于一系列问题的反应，研究者提炼出关于潜在价值观的一些信息。除了方法论常见的问题（例如样本调查的效度，和受访者是否说了些他们认为调查者想听到的信息），这一方法的问题还在于它将意见和习惯混为一谈。例如，许多调查结果显示，美国靠福利生活的贫困人群对于工作、勤勉和依赖的态度和中产阶级相似。[10] 但是在态度上认为辛勤工作很重要，和有工作伦理是两码事，后者包括例如习惯早起去作一份枯燥或令人生厌的工作，以及为了长远的富足而推迟消费。靠福利养活的人们无疑是想要离开福利的，但关于他们是否有这些习惯来让他们走出困境，实证调查没有给出明确的答案。美国过去一代的贫困债务引发以下的争论：美国城市里的底层人群，他们贫困的原因到底是缺乏经济机会，还是因为所谓的“文化贫困”——例如青少年怀孕和吸毒等社会不良习惯——在即便有经济机会的情况下依然存在。[11]

如果我们把文化定义为习惯，尤其是伦理习惯的话，理性选择和文化之间的分界线也不一定绝对清晰。有些举措开始是理性选择，时间一长就成了文化产物。比如，美国人对民主和自由市场的青睐往往被认为是意识形态而非文化的缘故。许多美国人可以对为什么民主制度优于独裁，为什么私有部门能够比“大政府”更有效等问题给出合理的解释，这一切要么基于他们自身的体会，要么基于他们成长过程中所接受的外界政治和经济意识形态的灌输。

从另一方面来说，美国人的确是不假思索地接受了这些态度，并且传递给他们的子女，这一切就像教小孩上厕所一样。虽然美国的立国是高度自治和理性的，后世美国人接受立国的原则，并不是
因为他们像国父们一样对于这些原则进行了清晰的思考，仅仅是因 39
为他们的观念传统。所以，当人们用“民主”或“自由市场”文化来描述美国生活，他们指的是美国人普遍倾向于不信任大政府和权威，鼓励个人主义，且对于平等抱着稀松平常的态度——托克维尔（Tocqueville）的《论美国的民主》（*Democracy in America*）对这些国民特征都有细致入微的描述。他们如此不假思索地行事，丝毫不考虑他们为什么那么做，也不管是否有其他理解和行为的模

式。所以美国人有着民主的意识形态并且在意识形态的驱动下行事，但他们还有着从意识形态（以及其他因素）中发展出来的平均主义文化。

我们常常可以看到这样的例子，某些举措开始是政治行为，最终有了鲜明的文化特征。例如在 16 世纪和 17 世纪，英格兰和法国经历了一系列战争，包括王室和多个贵族间的战争，独立城市之间的战争，以及王权分裂下个各教派之间的战争。在英格兰，王室战败并且最终被迫接受一系列针对王权的宪章约束，最终在英格兰诞生了现代国会民主制度。在法国，王室取得胜利，并开始了长期的中央集权以达到对国家的完全控制。对于英格兰王室的战败和法国王室的胜利，我不觉得这里头有什么历史深处的原因；把两国情况对调也不是什么很难想象的事情。[12] 但历史最终的发展轨迹对两国的政治文化有着深远的影响。法国的政治权威集权化削弱了自由结社的独立性，使法国在后世更加依靠中央化的权威，不论这一权威是王室还是共和国。相比之下，在英格兰，社会变得更加有组织自发性，因为人们不再依靠中央化的权威来裁定他们的争执，这一习惯最终由英国移民者带到了新大陆。[13]

更复杂的是，有些时候某些决策看上去是政治性质的，但其实有着文化的根源。法国对政治集权的青睐最开始是政治行为，久而久之就成了文化特征，进而影响了之后的政治决策。因此，戴高乐的第五共和国在 1958 年采用了中央集权、过度总统制的宪章以应 40
对阿尔及利亚危机，这实质上是与法国的政治文化传统一脉相承的。这是一个颇具法国特征的应对第四共和国政治乱局的解决之策，这一策略在法国历史上有不少先例。

因为文化实际上是伦理习惯，因此它的变化十分缓慢——比观念的变化慢得多。在 1989 到 1990 年间，柏林墙被拆除，共产主义分崩离析，东欧和苏联的最高意识形态在一夜间从马克思列宁主义换到了市场和民主。与之类似，在拉丁美洲国家，国家主义或民族主义的经济意识形态，例如进口替代，在十年之间因为新总统或财政部长的上台而消除殆尽。但文化的改变不可能那么迅速。许多前社会主义国家的经验证明，社会主义制造出了很多习惯——例如对于国家的过度依赖导致了创业精神的匮乏、不懂得妥协、不愿意在公司或党派之类的群体中进行自发性合作——这都大大制约了民主和市场经济的稳步发展。这些国家的人民或许投票给了“民主”改革派，因而在思想层面上支持用民主和资本主义替换共产主义，但他们缺乏能够使前二者顺利运转的社会习惯。

从另一个角度看，人们有时会错误地做出相反的假设：文化是无法改变的，也不会受政治措施的影响。事实上，我们常常可以看到文化变革的证据。例如，天主教常常被认为是对资本主义和民主体制持敌对态度的。韦伯在《新教伦理与资本主义精神》提出，宗教改革可以说是工业革命的一个前提条件。即便在改革之后，天主教会常常批评资本主义所构建的经济世界，而对比新教国家，所有天主教国家的工业化进程都要慢好几拍。[14] 在 20 世纪上半叶，在独裁和民主对峙的时候，例如西班牙内战，王权和教权便紧紧团结在一起。

但到了 20 世纪下半叶末期，天主教文化发生了巨大的转变。教廷公开与民主制度握手言和，其对现代资本主义的态度也发生了有条件的转变。[15] 在 1974—1989 年间出现的新兴民主国家绝大多数是天主教社会，并且在若干国家中，天主教会在对抗独裁中扮演了关键的角色。[16] 其次，在 20 世纪 60、70 和 80 年代间，西班牙、 41
葡萄牙、意大利、智利和阿根廷等天主教国家的经济增长都超过了英美等新教国家。天主教文化和民主或资本主义的融合还远未完成，但天主教文化的“新教化”使得今日新教社会和天主教社会之间的区别远没有过去那么明显了。[17]

毫无疑问，人类正如经济学家所言，在本质上是自私的，他们以理性的手段追求私利。但他们同样有着道德的一面，他们对其他人负有责任，这一面常常与他们的私利本能相冲突。[18] 正如“文化”这个词所揭示的，人们所奉行的更高级发展阶段的伦理规则是通过重复、传统和范例来滋养的。这些规则折射出更深层的适应理性；它们也可以服务于经济理性目标；在少数案例中，它们可能是理性共识的产物。但它们在代际之间是作为无理性习惯来传承的。这些习惯同时也保证人类永远不会如经济学家所描述的那般完全自私功利地行事。

第5章 43

社会美德

人们在比较不同文化的时候，常常羞于作价值评判，但从经济学的角度来说，有些伦理习惯无疑是美德，而其他则是恶习。并非所有算作美德的文化习惯都能够促进社会资本的形成。有些美德可以被个人单独实践，而另一些美德——尤其是相互信任——只会在社会语境下出现。社会美德，例如诚实、可靠、合作和对他人的责任感，对于培养个人美德有着至关重要的作用，但是在这一话题讨论中，却往往没有受到足够重视。这就是我要在这里着重讨论社会美德的一个重要原因。

关于文化对经济生活影响的文献汗牛充栋，而其中许多都围绕着一本著作，即马克斯·韦伯出版于1905年的《新教伦理与资本主义精神》。韦伯反对卡尔·马克思的观点，他针锋相对地提出，
并非经济力量创造了宗教和意识形态等文化产物，而是文化创造了 44
某些形式的经济行为。资本主义在欧洲的诞生并不仅仅因为其工业条件上万事俱备；某种“精神”，或者灵魂的某种状态，使工业变革得以发生。这种精神是清教徒或原教旨主义新教徒的产物，它将世俗行为神圣化并且强调人们可以直接获得救赎，而不需通过例如

天主教会之类的传统等级制的中间结构。[1]

时至今日，韦伯的这部作品依旧引发争议，一部分人认为他的假设毫无疑问有其事实基础，另一部分人则质疑这部作品中的每一个论点。[2] 有许多实证反例质疑了新教教义和资本主义之间的关联——例如，在 14 世纪和 15 世纪，意大利北部的天主教城邦有着繁荣的商业发展，又例如，信奉加尔文教的阿非利卡人（Afrikaner，南非白人）一直到 20 世纪的最后二十几年才发展出繁荣的资本主义文化。[3]

从一个角度来看，新教教义和资本主义之间的关联强到没有人敢断言二者之间没有任何因果联系。[4] 再者，对比新教教会，天主教很明显在教义层面上对于现代资本主义怀着更强的敌对态度，这一态度一直持续到 20 世纪最后几十年。[5] 许多学者因此提出一个折中的论点。他们一方面同意韦伯对于资本主义与新教教义之间的关联方式有可能理解错误，而且把一些实证事实搞错了；但是另一方面，根据当代的一个理论，虽然天主教义中并没有像韦伯所说的那样有着制约经济现代化的传统，但是新教崛起所引发的反宗教改革运动，确实在天主教获胜的国家扼杀了创新的可能性。[6]

在韦伯成书之后发生的实例大体证实了他的整体假设框架。最有意味的研究发现来自拉丁美洲，北美新教徒在那里传道已经有两代人的时间了。许多传统的天主教拉美国家已经有了很大一部分新教人口，这为衡量文化改变的结果提供了一个实验空间。从美国输出到拉丁美洲的新教教派主要是五旬节派（Pentecostal），社会学家大卫 · 马丁（David Martin）认为这一教派代表了原教旨主义复兴的第三次浪潮（其余两次分别是清教徒的宗教改革，以及 18 世纪到 19 世纪卫理公会 [Methodist] 复兴）。巴西人口的百分之二十 45
是新教徒，其中超过 1 200 万是福音教派（Evangelical）。智利的新教人口据估计是在总人口数的百分之十五到百分之二十之间；在危地马拉，这一比例是百分之三十，而尼加拉瓜则有五分之一的人口改信新教。[7] 大部分关注这一问题的社会学实证研究，包括马丁本人的全面研究，都倾向于韦伯的假设。也就是说，拉丁美洲的新教化与许多大幅度的社会进步相关，例如卫生、储蓄、教育发展，以及最终实现的人均收入提高。[8]

所谓“工作伦理”，无论对新教徒还是对其他人来说，不过是个误称，其所指的是在后韦伯时代文献中挂在它名下的一些相互关联的个性特征。如果我们所称的“工作伦理”指的是工作人群早起并且进行长时间繁重的脑力或体力工作，那么这一伦理本身是不足以创造出现代资本主义世界的。[9]15 世纪中国的普通农民可能要比底特律或名古屋的现代流水线工人更加努力且工作更长时间。[10] 但是农民的工作效率远远无法和现代工人相比，这是因为现代财富是基于人力资本（知识和教育）、科技、创新、组织和其他与质量而非工作时长相关的诸多因素。[11]

韦伯所谓的资本主义精神并不是狭义上的工作伦理，而是其他相关的美德，例如节俭（习惯节省）、对待问题的理性方法，以及鼓励个体通过创新和劳作来征服环境的务实态度。这些特征往往在企业家和资本家身上可以找到，而并非他们所雇用的工人。

然后，这些与企业家相关的特质，即“资本主义精神”，有着实际的意义，尤其是对处在经济发展早期的社会来说。在前工业国家做过调查的发展经济学家对于这一意义有透彻的了解。倘若没有“现代化”的思维习惯，国际货币基金组织最有理论依据的稳定计划也不会有什么效果。[12] 在很多前工业社会中，你不能想当然地认为商人会准时出席会议、收入不会被马上抽走或被家人朋友花掉而是去做二次投资、抑或国家基础建设基金不会被负责分配的官员中 46
饱私囊。

辛勤工作、节俭、理性、创新和敢于冒险的精神都是企业家的美德，但这些都是属于个人特质，鲁滨逊在那个著名的荒岛上也可以发展这些品质。但还有一系列的社会美德，例如诚实、可靠、合作以及对他人的责任感,这些美德在本质上都是社会性的。虽然《新教伦理》一书关注的是个人美德，但韦伯在另一篇不那么为人所知的论文中单独讨论了社会美德，文章的标题是《新教派系与资本主义》。[13] 在那篇作品中，他提出新教主义——或者更准确地说，是在英格兰和德国部分地区以及美国全境的新教派系——的另一个重要作用，即其强化了信众在新的共同体里和睦相处的能力。

宗教派系共同体是一种小型的、联系紧密的群体，例如浸信会教徒、卫理会教徒、贵格会教徒等，成员通过对于共同价值观的承诺而互相联系在一起，例如诚实和宗教仪式。这一和睦令他们在商界如鱼得水，因为商业交易在很大程度上取决于信任。在穿越美国的旅途中，韦伯发现很多商人都会介绍自己是某个宗教的信徒，以此来建立自己的诚信。有一次：

> 在穿越当时还是印第安人领地的长途火车上，本书作者坐在一个兜售“殡仪事务器具”（墓碑上的铁质铭文）的旅行推销员旁，很随意地和这个推销员说到当时依旧很强烈的教会观念。于是，这个推销员说道：“先生，依我看来，每个人信不信教完全是个人喜好；但我若是碰到一个不属于任何教会的农户或商人,我是连半毛钱的生意都不会跟他做。他若是什么都不信的话，凭什么会付给我钱？”[14]

韦伯还注意到，小型的教派共同体构建出了自发型网络，通过这些网络，商人可以完成招聘雇员、招揽客户、获得最高贷款额度等类似事宜。正是因为他们隶属于一个自发性教会而非已有教会，新教教派的信徒对于他们的宗教价值观和彼此之间的纽带有着更深层次的承诺。他们将教派的价值观内在化，而不是被迫遵守。

新教教派形式的重要性，以及它对于自发社会性和经济生活
的重大影响，都可以在加拿大和美国之间的区别中找到证据。大多 47

数美国人都没有办法找出他们自己和北边邻居之间的重要社会区别（然而，反之则不然）。但是两国在社会精神上区别之大，有时会令人惊讶不已。加拿大有着两个中央化的教会（一个天主教，一个新教），二者都受到国家的大力支持。虽然加拿大在很多地方和美国相似，但是比起南边的邻居，加拿大社会却一直更像是一个有教会传统的欧洲国家。许多观察家经过多年研究后发现，加拿大的商业不及美国那么积极。甚至于弗里德里希·恩格斯（Friedrich Engels），公认的经济决定论者，在访问加拿大之后都承认“可以想象自己又在欧洲了……这里你可以看到，对于快速建设一个新国家，美国人焦躁的投机主义特性是多么必需”。[15] 西摩·马丁·李普塞特（Seymour Martin Lipset）注意到，以英语为母语的加拿大人和美国人在处理经济生活时有着显著不同，这跟加拿大境内新教徒和天主教徒之间的对比如出一辙。加拿大人更愿意躲避风险；他们更少将资产投资在股票上；他们青睐人文通识教育而非实用商业教育；他们比起美国人来更不喜欢债权融资。[16] 虽然美国和加拿大在经济结构上的不同能够帮助解释这些区别，但是李普塞特更热衷于将这些经济趋势和美国的新教教派特征联系起来。

自发社会性对于经济生活至关重要，原因是基本上所有的经济活动都是由群体而非个人来完成的。人类必须学会如何相互协作，之后才能创造财富，如果还想要有进一步发展，则必须创建新的组织结构。虽然我们一般将经济增长和科技进步联系起来，但从工业革命之初以来，组织创新就一直扮演着起码相同重要的角色，如果不是更加重要的话。经济史学家道格拉斯·诺斯（Douglass North）和罗伯特·托马斯（Robert Thomas）直截了当地指出：“高效的经济组织是增长的关键；西欧高效的经济组织的发展成就了西方的崛起。”[17]

15 世纪跨洋商贸的发展基于大帆船的发明，它可以在海岸线以外的深水域行驶。但其发展同样基于股份有限公司的出现，通过这

一公司形式，个人可以将他们的资源汇总，并且分担大型海运的资
金风险。19 世纪中期，美国大陆州际的铁路线发展需要大型等级制 48
公司以及分散于各地的经理人员。这一类的商业在之前都是由家族所有和运营的。但是家族企业不仅无法保证火车准点运行，而且不能保证运行到同一轨道的火车不发生相撞，例如在 1841 年马萨诸塞和纽约之间那场声名狼藉的事故。[18] 在 20 世纪初，亨利 · 福特将汽车底盘放在移动的传送带上，然后将组装工作分割成简单、重复性的步骤，这一举措使得汽车的大规模生产成为可能。复杂如汽车的机械不再需要专业技师，而可以由几乎完全没有受过教育和训练的工人来组装完成。在过去一代人时间里，丰田一反福特的工厂制度，而将流水线运营的责任更多地交给了生产车间的工人，从而在全球汽车业竞争中成为国际品牌。在 20 世纪 90 年代，美国经济以“裁员”和“重组”为名实现了大规模改变。企业发现，他们可以更少的雇员来生产同样数量的产品，这一变化和科技没有什么关系，其关键是雇员间的合作形式的改变。

关于工作伦理和与之相关的个人美德，在诸多文献中已经详细讨论过了，与之相比，还未有研究系统地调查过促进社会自发性和组织创新的社会美德对于经济生活的影响。[19] 可以很肯定地说，社会美德是发扬个人美德的前提，例如工作伦理，因为后者在强有力的群体中能够得到最好的培养——家庭、学校、工厂——这些群体都是在有着高度社会团结的社会中孵化出来的。

大多数经济学家认为群体的形成不依赖于伦理习惯，而是在例如产权和合同法之类的司法体制成立之后即可自然形成。要验证这一观点正确与否，我们需要在最大程度上保证经济体制和环境因素恒定的情况下，对比不同文化群体之间的自发社会性倾向。

第6章 49

世界各地的结社之道

一个国家的产业结构是理解该国文化最引人入胜的途径。家庭强盛而普通民众间信任低下的社会，将由小规模的家庭所有并经营的商业所主导。而有着大量生机勃勃的非营利性私人组织——例如学校、医院、教会和慈善机构——的国家，则更有可能发展出超越家庭层面的强大的私有经济机构。

一般人认为，日本是群体和国家倾向的“共同体主义”社会的典范，而美国则是个人主义社会的缩影。大量关于竞争力的文献一直都认为，美国的生活依照的是盎格鲁—撒克逊自由主义的原则，人们追求自我目标而不愿在大型共同体中合作。因此，美国成了社会性标尺中与日本相对的另外一极。

但如果我们考察日本和美国的产业结构，会发现若干有趣的
相似点。两国的经济都由大型企业主导，极少数为国家持有或者补 50
贴。在两国，家族商业都在发展前期已经进化成专业管理和理性组织的法人团体——美国企业是在 18 世纪 30 年代，日本企业是在 19 世纪最后几十年。虽然日本和美国都保留了重要的小商业部门，其多由家庭经营，但今天绝大部分的就业机会是由大型、公开交易、

所有权分散的公司所提供的。日美两国产业结构的相似度，要远远超过同属中华社会的台湾和香港，也超过法国、意大利和西班牙之间的。

如果日本和美国代表了共同体倾向的南北两极，那么为什么它们的产业结构会如此相似，且又与其他发展水平相当的工业化国家相去甚远？原因在于，日美两国的两极论是错误的。美国远没有一般人认为的那么个体化，而日本也没有那么中央集权。竞争力文献太过于关注产业政策与自由市场的对峙，而忽略了一个对于经济与社会强盛甚为重要的因素。

以美国为例。虽然美国人常常认为他们自己是个人主义的，大多数严肃的社会观察者在过去都注意到，美国在历史上一直有许多强盛的、重要的社团机构，它们给公民社会注入活力和适应性。对比许多其他西方社会，美国有着更紧密、更复杂的自发组织网络：教会、专业团体、慈善机构、私立学校、大学、医院，自然也包括私有企业部门。这一复杂的关联性生活模式最早由法国旅行者托克维尔在 19 世纪 30 年代的美国之旅中观察到。[1] 美国社会的这一层面同样被社会学家马克斯·韦伯在其 19 世纪末的美国之旅后所记录：“从过去到今日，美国民主最为独有的一个特点是，它并不是个人构成的一堆散沙，而是由严格选择但又自发性的结社所构建的一个喧闹的复杂体。”[2]

的确，美国人有着强烈的反国家主义传统，例如对比几乎所有 51
欧洲国家，美国公共部门都要小[3]，而且在所有民意调查中，美国人对于政府的信任度和认可度，都要比其他工业国家的公民明显低很多。[4] 但是反国家主义和敌视共同体是两码事。相同的美国人会反对国家的管制、税收、失察和对生产性资源的占有，也会在他们的公司、自发性结社、教会、报纸、大学等环境中表现出强烈的合作性和社会性。美国人号称对于“大政府”有着强烈的不信任，但是他们却善于创建和维护非常大型、有凝聚力的私有机构；他们领先发展出了现代等级制（之后演化成跨国的）企业，以及由此而生的大型工会。[5]

美国人喜欢加入自发性组织这一倾向延续到了今天，但在过去几代间，这一倾向在许多关键层面弱化了。家庭生活是最小的最基本形式的结社，但是从 20 世纪 60 年代以来，这一结社出现了明显的恶化，离婚率和单亲家庭数都出现大幅增长。在家庭以外，其他既有共同体也逐渐瓦解，例如邻里、教会和工厂。与此同时，正如美国民众对于本国其他公民保持着警惕态度所昭示的，普遍不信任的程度大幅度上升，这一警惕态度源于犯罪率的上升以及使用诉讼来解决纠纷手段的大幅上升。近年来，国家假以法庭之手，支持了个人权利的迅速扩张，并且同时削弱了大型共同体为其成员设定行为标准的能力。因此，今天的美国展现出来的是一副矛盾的图景，一方面，社会靠着早年积累的社会资本支撑，这一资本给予社会丰富且有活力的社团生活，与此同时，社会表现出极度的不信任和反社会的个人主义，这一切企图将其成员孤立和分化。这一类的个人主义过去一直以某种潜在的形式存在着，但在美国历史上一直有强大的社群传统对其进行抵制。[6]

传统分析不仅错误地将美国社会描绘成完全个人主义的，更将日本误读为国家干预式的共同体主义社会的另一极端。多年来，一些著名学者一直强调政府在日本发展中的作用，其中包括经济史学家亚历山大·格申克龙（Alexander Gerschenkron）和日本学家查 52
莫斯·约翰逊。[7]

正如认为美国是个人主义的观点，认为日本是国家主义社会的论断是基于一些核心事实，但是同样忽略了日本社会重要的一面。毫无疑问，对比美国，日本政府在其社会中所扮演的角色要重要得多，且纵观两国历史，这一对比一直如此。在日本，最优秀最聪明的年轻人都期望成为官僚，而非商人，官僚职位的竞争非常激烈。日本政府制约经济和社会的程度远胜于美国，而且日本的企业和个人对于权威的服从要比美国积极得多。从 1868 年明治维新以来，日本政府在日本的经济发展中扮演了重要角色，例如发放信贷、保护本国企业不受国际竞争的威胁、资助研究开发等等。通产省（MITI）作为日本战后经济发展的主要智囊而闻名世界。而美国却从未有过明确的产业政策。[8] 在美国,人们对政客有着强烈的敌意，并且普遍认为政府能够做的事情，私有部门能够做得更好。

但是对比高度国家干预的社会，例如法国、墨西哥或者巴西（更不用说社会主义国家），日本政府在经济中的直接作用一直是有限的。的确，对比例如台湾（其公营企业占全民生产总值的三分之一）或韩国（更加公开地通过政府干预来打造日本式的集团企业）等其他快速发展的亚洲国家或地区，日本的政府显得没有那么积极。[9] 时至今日，日本政府依旧很少直接干预经济；日本的公共部门在全民生产中所占的比例多年以来一直是经济合作与发展组织中最低的，甚至低于美国。[10]

当然，那些以国家干预来解读日本经济发展的人会提出，日本政府控制经济并不是通过直接干预，而是通过政府和大企业之间微妙互动来实现的——“日本公司”这一术语描述的正是这种特殊关系。日本的公共机构和私有企业之间的关联程度是远胜于美国的， 53
甚至于很难分清楚什么是公共，什么是私有。常常有人提出，西方国家缺少日本经济生活中的民族主义成分。当一个日本的企业高管去工作的时候，他不仅为自己、家庭和他所在的公司辛劳，更是为了日本民族的荣耀。[11]

因为政府与商界的紧密关联以及民族主义的思维惯性，在日本很难在公共和私有之间划清界限，于是很多人就草率地得出日本没有公私之分这一结论。日本社会的晦涩难懂使得许多局外人更是为这样的阴谋论煽风点火。但是日本经济的重要动力——战前的财阀，即产业巨头，战后的跨国公司和经经连会网络，以及日本经济强盛的第二梯队中一直未受重视的小型企业群——无一不是私有企业。[12]

虽然日本企业家认为他们的利益和国家的利益是并驾齐驱的，但他们确实带来了创建现代经济所必需的资本积累、技术创新和组织技能。日本经济史学家威廉 · 洛克伍德（William Lockwood）调查了日本工业化早期历史之后指出：“上述观察……全都对关于日本案例的这个论题提出质疑，即认为政府是‘日本经济发展的首要因素’或‘政客是主导角色’……推动日本工业化腾飞的活力、技能和雄心壮志是如此无处不在，如此多元，因而无法用这么笼统的程式来解释。”[13] 在战后阶段，越来越多的证据表明，日本政府和私有部门常常发生冲突，但经济增长并不源自通产省，反倒是忽略其干预而得以实现的。不管如何，将日本的私有部门仅仅看做公有部门的外延抹杀了日本社会显著的自由组织特性。

和美国一样，日本社会推崇密集的自发组织网络。这其中很多是日本人所谓的“家元式”（iemoto）组织，它们围绕着某一个传统艺术或技艺，例如歌舞伎表演、插花和古典茶道。这些群体有着家庭一般的等级制度，师父和学徒之间有着严格的上下关系，但它们并不是基于亲属关系，而是在自愿的基础上加入组织的。“家元式”组织在中国并不存在，但在日本却极为繁盛，它们超越传统艺 54
术而涵盖了宗教、政治和职业组织。日本人会显示出高度的宗教虔诚，这点与中国人不同，而与美国人相似。[14] 他们皈依某一神道、佛教甚至基督教会或宗派，通过切实的贡献来支持密集的宗教组织网络。相对中国，日本宗教生活的宗派特征与美国更加相似。纵观日本历史，缔造宗教狂热的僧侣和传教士都传承有序，他们常常与政治领袖发生冲突，或者互相攻击。还有，日本是唯一一个有着强大的私立大学制度的亚洲国家——诸如早稻田大学、庆应大学、上智大学和同志社大学，都是由富有商人或者宗教组织所创立的，这和哈佛、耶鲁、斯坦福等美国私立大学如出一辙。

更准确地说，日本人有着群体倾向而非国家倾向的文化。[15] 虽然大多数战后出生的日本人都对国家抱有敬意，但他们的首要情感依托——这种能让他们在办公室里待到夜里十点或者错过与家人度周末的忠诚——是针对雇用他们的私有公司、企业或者大学。在第二次世界大战前有一段时间，国家的确成为忠诚的首要对象，个体公民也很清楚他们希望承担的国家责任，但战争的失败令这种民族主义颜面扫地，除了对极端右翼分子之外。

对比美国，日本人表以忠心的团队要更强大，更有凝聚力，当然毫无疑问，日本政府比美国政府更有侵扰性。但是日本和美国一样都有着在中间层——即在家庭和国家两端之间——主动创造强大社会群体的能力。如果我们拿美国和日本与社会主义国家、拉丁天主教国家和中华社会相对比，这一能力的重要性就愈发凸显了。

正如在苏联和东欧的经验表明，对公民社会的破坏，阻碍了有效的市场经济和稳定的民主体制的产生。列宁主义政府蓄意摧毁了
其政权的所有竞争者，从“经济制高点”到数之不尽的农场、小商行、 55
工会、教会、报社、志愿结社等等，一直到家庭。

苏联对公民社会的摧毁也许是最为彻底的。在布尔什维克革命前，俄罗斯就经历了长达几个世纪专制统治，因而它的公民社会非常脆弱。既有的公民社会，例如小型的私有部门和农民公社等社会结构，都悉数被清除。到了斯大林在 20 世纪 30 年代末期巩固政权时，苏联出现了“缺失的中层”——强大、有凝聚力和耐久的中层结社变得彻底稀缺。换句话说，苏联政府权力强大，个体和家庭则处于原子化状态，中间几乎不存在任何社会群体。对于这一本想消除人性自私的教条，最大的讽刺莫过于人们变得愈发自私了。例如，到以色列定居的苏联犹太难民，比其他资本主义国家的犹太人要更加唯物质是重且更少公共精神。在苏联几乎每一个人谈起公共精神都变得冷嘲热讽，这一切都是因为政府反复威吓和教唆民众“自愿”为了古巴或越南人民或者其他原因放弃周末休息。

但并不是只有社会主义社会才会出现脆弱的中层结社。许多拉

丁天主教国家，例如法国、西班牙、意大利和一些拉丁美洲国家，都有马鞍状的组织分布格局，家庭强大，国家强大，而二者之间空空如也。这些社会与社会主义社会在很多层面都有显著的区别，尤其是对于家庭的尊重。但是与社会主义社会相似的是，在家庭与国家和教会等大的集权组织之间，一些拉丁天主教国家一直都存在着中层社会组织的缺失。

例如，对于法国的研究一直都指出其家庭和国家之间集体组织的缺失。托克维尔《旧制度与大革命》中有一个著名的段落，“当大革命开始的时候，在法国的大部分地区，即便十个人演出音乐会或是维护他们的兴趣，都找不出不向中央政权寻求帮助的”，对 56
比美国人彼此结社的倾向，法国社会这一特征在他看来是十分不可取的。[16] 无独有偶，爱德华·班菲尔德在《落后社会的道德基础》（*The Moral Basis of a Backward Society*）一书介绍了“无道德家庭主义”这一概念，指的是第二次世界大战之后意大利南部的农民团体。班菲尔德发现那里的社会联系和道德责任仅限于核心家庭；在此之外，个人不会彼此信任，也因此没有任何集体责任感，不管这个集体是邻里、村庄、教会还是国家。[17] 这些发现大多已被证实，例如罗伯特·帕特南（Robert Putnam）对意大利公民传统的研究，证明了至少在意大利南部情况是如此。按照劳伦斯·哈里森（Lawrence Harrison）的说法，在西班牙，过度的个人主义，即“狭小范围的信任、家庭核心和排斥大社会”，一直以来都甚为明显。

家庭和国家之间“缺失的中层”并不仅限于拉丁天主教文化。事实上，它在中华社会中找到了更加纯粹的表达形式——在台湾、香港、新加坡和中国大陆。在以下几个章节中我们可以看到，中华儒家文化的核心是家庭主义。通过道德教育和提升家庭地位至其他社会关系之上，儒家文化大力推崇家庭联系的强化。从这个角度看，华人家庭比日本家庭更加强大和有凝聚力。正如在拉丁天主教社会一样，家庭关联的强大就意味着非亲属关系个体之间关系薄弱，在中华社会中，家庭圈以外的信任关系就相对较低。所以，台湾或者香港等中华社会中的组织分布格局和法国相似。中华社会的产业结构与拉丁天主教国家也惊人地相似：商业大多数为家庭所有和运营，因此规模一般都很小。他们不愿意聘用专业经理人，因为这样需要超越家族界限而进入低信任区。因此支持大规模机构所必需的非个人关系的公司结构一直发展缓慢。这些家族生意往往有活力且盈利，但倘若它们想要摆脱对创始家族成员健康和能力的依赖，且通过制度化而演变成永久性企业，则会遇到重重困难。

在拉丁天主教和中华社会的案例中，不依赖于家庭的大型经济体往往在很大程度上依赖政府干涉和海外投资。法国和意大利的公 57
共部门一直以来都是整个欧洲最为庞大的。在中国大陆，几乎所有的大型企业还是属于国有，完全是正统共产主义的做法。在台湾，许多制造业公司——有若干涉足武器和国防——都属公有。而在香港，因为有不干涉主义的英国政府在，所以在经济领域少有政府干预，也因此很少有大型公司。

论及社会群体分部，日本和中华文化有着显著的不同。日本和中国都是儒家文化社会，有着很多相同的文化根源；对比欧洲和美国，中国人和日本人在彼此的社会中会更加自在。而在另一个方面，两国在社会生活的所有层面有着惊人的区别。当对比中层结社薄弱的中华文化和拉丁天主教文化，日本和美国之间的相似性就不难理解了。因此，美国、日本和德国最早发展出大型、现代、理性组织、专业管理的公司绝非偶然。这三国的文化各有的特征，使得商业组织能够迅速摆脱家庭格局，进而创建各式各样新型且不依赖于亲属关系的志愿社团。之后我们会谈到，他们之所以可能做到这一点，是因为在这三个社会中，非亲属关系的个人之间有着高度的信任关系，也就有了社会资本的坚实基础。

第二部分

低信任社会与家庭价值观的悖论

第7章 61

通往社会性的坦途和弯路

1992 年美国总统大选期间，副总统丹 · 奎尔（Dan Quayle）在家庭价值观上攻击民主党，他声称文化左派通过《墨菲 · 布朗》（*Murphy Brown*）这样的电视形象来美化单亲家庭。家庭生活的问题突然变得政治化了，左派指责共和党头脑狭隘地抨击同性恋和敌视单身母亲，而右派反驳说女权主义、同性恋权利以及福利体制都使美国家庭的力量和稳定急剧下降。

在大选的硝烟散尽之后，很明显美国家庭受到诸多问题的严重困扰，民主党的总统比尔 · 克林顿（Bill Clinton）多次提及这些问题。在 20 世纪 60 年代末期，整个工业化社会的核心家庭开始解体，尤其在美国发生了最为巨大的变化。[1] 到 20 世纪 90 年代中期，白人社群中的单亲家庭比例已近 30%，而非裔美国社群在 20 世纪 62
60 年代已经达到这一比例，后者让丹尼尔 · 帕特里克 · 莫伊尼汉（Daniel Patrick Moynihan）当时甚为焦急。而在许多内城邻里街区中，黑人单亲家庭的比例已高到近 70%。根据美国人口普查部门的详细记载，随着单亲家庭数量在 20 世纪 70 年代和 80 年代的增加，贫困问题和贫困所滋生的社会问题也显著恶化。[2] 与这一趋势相反的是，一些移民群体在美国似乎发展得很好，他们保留了母体文化中强大的家庭结构，而这一结构并没有受到美国主流生活分裂化的影响。[3] 目前在美国，人们对于家庭作为个体社会化的有效机制有着普遍的正面评价，家庭无法被更大范围的共同体取代，更不用说政府项目了。

让我们且将当代美国的家庭价值观辩论放在一边，一个似乎悖论的发现是，家庭在促进经济增长中并不一直起到积极的作用。早年的社会学家认为家庭是经济发展的障碍，这一观点并不全错。在一些文化中，例如在中国和意大利的部分地区，家庭比其他形式的联系要庞大得多。这一点对于产业生活有着惊人的影响。正如近年来中国经济和意大利经济的飞速发展所示，倘若其他文化价值观没有问题，家庭主义本身对于工业化和快速增长都不构成障碍。但是家庭主义的确影响着增长的性质——可能出现的经济组织类型，以及该社会在全球经济体中具体参与的环节。家庭制社会在创建大型经济机构的时候会遇到更大的困难，而这一规模上的约束转而限制其产业在全球经济中可以参与的幅度。

通往社会性有三条大道：第一是基于家庭和亲属关系，第二是基于家庭之外的志愿结社，例如学校、俱乐部以及专业团体，第三则是政府。与之相对应的有三种经济组织模式：家族生意，专业管理的公司，和国有或国家支持的企业。第一条和第三条道路其实是有紧密联系的：倘若在一个文化中家庭和亲属关系是通往社会性的首要渠道，那么其在创建大型可持续的经济机构时会遇到极大困难，
因此指望国家牵头并予以支持。对比而言，倾向于志愿结社的文化 63
体能够主动创建大型经济组织，而无需政府支持。

在本书的第二部分，我们将调查四个社会样本——中国、意大利、法国和韩国——在这些社会中，家庭都扮演着中心的角色，而志愿结社则相对薄弱。第三部分将调查另外两个社会样本，日本和德国，这两个社会中超越家庭的志愿结社都非常强盛。

几乎所有的经济创举都以家庭生意的形式开始，即由家庭所有且管理的生意。社会凝聚的基本单位也同样是经济规划的基本单位：分工在夫妻、子女、姻亲以及延伸到（取决于文化）更大范围的亲属圈完成。[4] 家庭生意在前工业的农业社会中多以农户形式普遍存在，而在近代它们则构成了英格兰和美国第一次工业革命的中坚力量。

成熟经济体中的新业务通常以小型家族生意开始，之后才开始采用更加不涉个人关系的公司结构。因为它们的凝聚力是基于既有社会团体的道德和情感联系，家族企业可以在没有商业法或稳定的产权结构情况下发展兴盛。

但是家庭生意仅仅是经济组织发展的起点。一些社会早早就已经跨越家庭搭建了通往其他经济组织形式的桥梁。从 16 世纪开始，英格兰和荷兰建立了允许在大型团体里拥有投资所有权的法律协议，例如合资企业、股份公司和有限责任合作关系。除了能使业主获取他们投资的社会回报之外，这些法律协议还使得毫不相关的人可以一起合作开创业务。通过法律体系而执行的合同，以及合同所规定的义务和惩罚，能够填补社会缺乏家庭式信任这一空白。尤其是股份有限公司，它通过汇聚大量投资者的资本，而使公司的增长得以超越单一家庭的规模。

经济发展史学家道德拉斯 · 诺斯和罗伯特 · 托马斯认为，稳定的产权体制的创立，是开启工业化进程的关键一步。[5] 在一些国家，如美国，产权体系早就确立起来，即便是家庭生意，通常也合并成
法人实体。但在其他地方，例如中国，因为几乎没有产权保障可言， 64
家庭商业是在没有法律保障的基础上发展壮大。

虽然像股份公司或有限责任合作关系等法律协议让没有关联的人可以一起合作业务，但是这些协议不见得能直接实现这一目标，或者宣告家庭生意的灭亡。在很多情形下，家庭生意在这类法律下组成公司，并且享受了法律对它们产权的保护，但在其他方面上它

们的运作和之前并无区别。19 世纪 30 年代之前，美国几乎所有的业务都是家庭经营，虽然商业法和股票市场都已经发展健全。家庭所有业务可以发展到极大规模，雇用上万名员工，使用最先进的科技。的确，当代许多为美国消费者所熟悉的大型企业依旧是家庭所有，例如金宝汤公司（Campbell Soup Company）。[6]

但是随着业务的扩大，随之增长的企业规模将超越单一家庭的运作能力。首先跟不上的是家庭管理：一个单一家庭，不管具有怎样的规模、能力和受教育程度，其有能力的儿子、女儿、配偶和兄弟姐妹的人数总是有限的，却要照顾到快速扩张的企业的方方面面。家族所有制常常能够持续更久，但同时，其增长需要的资本却也非单个家庭可以提供。家庭控制首先由于银行借贷而被稀释，导致部分话语权转移到债权人手中，其次由于公开募股。许多情况下，创始家庭离开或者被排挤出局，因为业务已经被非家族投资人收购。有时候家族因为嫉妒、内讧或无能而解体——这样的例子常见于爱尔兰酒吧、意大利餐馆和华人洗衣店。

在这个节骨眼上，家族生意面临着关键性抉择：究竟是设法在家族范围内维持对企业的控制，这常常意味着保持既有的小规模，还是放弃控制而实际上成为被动的股东？如果选择后者，家族生意则让步给现代公司组织形式。职业经理人取代创始家族的成员，前者的选择并不基于血缘而是他们在某方面的管理特长。企业变得制度化，超越任何个体的控制而拥有了自己的生命力。家庭企业常常 65
照旧行事的决策结构，让位给有着结构化职权阶梯的正规组织模式。人们无须再直接向公司创始人汇报，因为新建立的中层管理人员的等级制度将顶层决策者与超负荷的底层信息相互隔绝。最终，运营大型业务所必需的复杂度，要求公司发展出由独立部门分担责任的去中央化的决策形式，管理高层可以将其作为独立的利润中心来看待。[7]

公司的组织形式直到 19 世纪中叶才出现，最早在美国，稍晚在德国。但到 20 世纪前几十年的时候，它已经发展成了美国经济组织的主导模式。阿道夫·伯利（Adoph Berle）和加德纳·米恩斯（Gardner Means）在 1932 年出版的《现代股份公司与私有财产》（*The Modern Corporation and Private Property*）一书中，对美国商界中管理主义的崛起做出了经典的描述。他们发现，随着新的公司组织形式的出现，所有权和管理权之间出现了分离，释放出了所有者和专业经理人之间可能的利益冲突。[8] 商业史学家阿尔弗雷德·钱德勒（Alfred Chandler）以详尽的笔触追述了现代多部门等级制度企业在美国和其他地区的崛起。[9] 许多美国现代知名企业，例如杜邦（du Ponts）、柯达（Kodak）、西尔斯（Sears）、罗巴克（Roebuck）、必能宝（Pitney-Bowes）、凯洛格（Kellogg）等都是从 19 世纪的家庭商业模式起家的。

几十年年来，社会科学家坚信，从基于传统互惠道德观的家庭商业，发展到以合同和产权的现代化、不受个人影响的、专业管理的法人团体（公司），这其间有一条自然发展的途径。因此，许多社会学家辩称，过于强调家庭纽带而牺牲了其他形式的社会关系——即所谓的“家庭主义”——会阻碍经济发展。马克斯·韦伯在《中国的宗教》一书中辩称强大的中国家庭构成了他所谓的“亲缘关系的束缚”（约束过强的家庭关系），因此约束了现代经济组织所必需的普世价值和超越私人关系的社会的发展。

在西方，许多观察家坚信，如果经济要进步，则家庭纽带必须弱化。以下这段引文选自战后早期现代化学派关于工业发展的作品，66
即表达了这一扩展式家庭崩溃的观点：

> [扩展式家庭]为它所有的成员都提供了庇护和食物，而无论他们的个体贡献，因此贫困者和懒惰者都为一种“社会保障”体制所照顾。工作的成员要将他们的所得分配给所有人；不提倡个人存款。长辈紧密关注其成员的行为和事业（包括婚姻）。

> 家庭忠诚和责任感高于其他忠诚和责任。因此。扩展式家庭淡化个人工作、节俭和投资的意愿。[10]

不仅西方社会科学家和管理学专家对家庭在经济生活的角色持有消极态度。中国的共产主义者也对此坚信不疑，他们希望通过提倡其他类型的忠诚——如对公社、党和政府——来打破传统中国家庭的约束。[11]

虽然家庭主义被认为是经济发展的障碍，社会科学家同样倾向于认为社会经济的变革必然导致家庭主义的衰败。一个普遍的看法认为，在前现代农业社会，某种形式的扩展式家庭是标准，而这些家庭由于工业化而被核心家庭所取代。虽然在工业革命之前，家庭结构多种多样，但人们发展出了一个共识，假以时日，这些区别都将被消除，各种文化都将采用在北美和欧洲非常普遍的核心家庭结构。

晚近一段时间以来，经济发展只有一条道路，所有社会在现代化过程中都必须遵循它，这种观点逐渐变得没有那么受欢迎了。经济史学家亚历山大·格申克龙发现，德国和日本等后期现代化国家选择了和英格兰和美国等早期现代化国家极为不同的道路，前者的政府在推动发展中扮演了更为积极的角色。[12] 从公司组织的演进来看，钱德勒所描述的大型的、垂直发展的公司并不是应对规模问题的唯一解决方案。日本的经连会（keiretsu）体制提供了另一种样式的公司组织模式，它基于网络而非等级制度，实际上是以更加灵活的组织形式达成了纵向整合的规模经济。一个处于先进工业国家或 67
地区的经济能够依旧以家庭生意为主导模式，后面台湾和意大利的案例足以证明这一点。手工业传统和小规模生产没有消亡，而是与大规模批量生产设备并行发展。[13]

家庭史的最新研究表明，“现代”家庭从扩展式家庭发展到核心家庭这一线性表述不准确。历史研究表明，核心家庭在前工业社会的普及程度超过我们之前的想象，而在某些案例中，扩展式亲属群体一开始解体了，但是随着工业化进程，它们之后又重新构建起来。[14] 从文化的出发点最重要的是，因果关系并不是单行道：正如经济变革会影响家庭的本质，家庭结构也对工业化的本质有重大影响。我们接下来会讨论到，中国和日本的经济在结构上区别很大，而这些区别最终可以追溯到家庭结构的不同。

在过去几十年间的美国，认为家庭是发展障碍的尖锐观点已经变得缓和多了，取而代之的是更为积极的评价家庭生活在经济福祉上的作用——正如丹·奎尔的家庭价值观辩论所示。回顾来看，现代化理论学家在 20 世纪 50 年代和 60 年代间的看法是错误的，他们认为家庭结构的解体会以核心家庭为终点，因为他们想当然地认可这一结构的稳定性和凝聚力。实际情况是，核心家庭开始以令人担忧的速度解体成为单亲家庭，这一过程的后果远不及几代之前扩展式家庭解体为核心家庭的后果那么温和。

因此，家庭价值观对于经济生活的影响是一幅复杂且互相矛盾的图景：在某些社会，家庭可以强大到足以阻碍现代经济组织的形成，而在其他社会，他们可以薄弱到无法行使基本的社会化功能。这一切是何缘故，我们将在接下来的章节中继续讨论。

第8章 69

一盘散沙

位于马萨诸塞州洛厄尔的王安实验室（Wang Laboratories）是以家庭生意开始的。到1984年为止，王安以电脑设备制造商的身份坐拥22.8亿美元收入，并一度雇用了24 800名员工，最终成为波士顿最大的雇主之一。[1] 王安在1951年创立王安实验室，他出生于上海，十二岁时移民美国。王安实验室在20世纪50年代末上市，在下一代间成为一个伟大的美国高科技创业的成功故事。但当王安在20世纪80年中期准备退休的时候，他坚持让在美国出生的儿子王烈（Fred Wang）来接手公司。王烈的提升越过了若干业绩卓越的高级经理，其中包括约翰·康宁汉（John Cunningham），后者在公司内部大多数人看来是王安最为合理的接班人。王安之子提升背后令人瞠目的裙带关系让一批美国经理人感到被排挤，他们迅速离开了公司。[2]

即便是作为一个变化无常的电脑产业公司，王安实验室之后的 70
衰败也让人惊讶不已。在王烈接手一年后，公司公布了有史以来第一次亏损。公司90%的市值在四年之内蒸发，1992年公司宣布破产。王安最终承认自己儿子不够资格担任经理角色，并且被迫将他解雇。

这一为美国人所熟悉的华人品牌是否能够熬过 20 世纪 90 年代的最后几年还是个未知数。

王安实验室的故事，虽然远离中国本土，依旧揭示出华人商业的一个基本规律：虽然华人产业过去二十年间在全球范围扩张，以及许多华人公司有着高科技、现代化一面，华人产业还持续着其基于家庭纽带的套路。华人家庭提供开创新商业所需要的社会资本，但它同时制造了对于这些企业最重要的结构性限制，这一限制令它们无法演化成可持续的大型企业。

王安实验室的惨败展现出华人文化的另一些层面。有一些观察家注意到，在王烈接手后出现的许多问题其实是其父管理方式所导致的。王安一直是一个专制的公司总裁，不愿意将权力下放。1972 年，公司已经有 2 000 员工，其中 136 人直接向他汇报。[3] 王安本人精力充沛、能力卓越，能够将这一个极具华人特色的辐射式的管理体制盘活，在某些层面上甚至提振了全公司上下的士气。但是在王安退休之后，这一管理体系就愈发难以制度化，并且加快了公司的衰败。这样的管理手段在全球的华人商业中依旧持续着。他们的家庭根源强壮且根深蒂固。

华人构成了这个世界上最大的种族、语言和文化群体。他们分布广泛，生活在各式各样的国家中，其中包括依旧由共产党执政的中国大陆，寄居大量海外华侨的东南亚，还包括美国、加拿大和英国在内的工业民主国家。

虽然有着这些政治环境的多样化，我们依旧可以看到一个相对趋同的华人经济文化。其最为纯粹的形式体现在台湾、香港和新加坡，因为那里的华人是多数民族，且政府没有像在中国大陆那样推
行由意识形态所决定的经济发展模式。但这一文化也同样可见于马 71
来西亚、泰国、印度尼西亚等国家的华人少数民族领地。邓小平在 20 世纪 70 年代推行经济改革之后，中国大陆出现的开放型私有经济体中也出现了这样的文化。此外，正如王安的例子所昭示的那样，

这一文化甚至在美国也清晰可见，虽然在美国趋于主流文化的融合度要高于东南亚地区。每当政府允许华人群体自行组织行事，类似的经济行为就会出现，这一点说明这一经济文化是中华文化的自然性外延。

台湾、香港和新加坡等华人社会的产业结构最为显著的特色是企业的小型化。[4] 在西方、日本和韩国，随着经济发展，我们看到的更多是企业规模的迅速扩张，而非企业数量的增加。而在华人文化中，情况正好相反。比如在台湾，1971 年之前成立的 44 054 家制造企业中，68% 是小型企业，其余 23% 被列为中型企业，其雇员都在 50 人以内。[5] 这一类公司在 1966 到 1976 年间的增长率是 150%，然而通过员工总数所衡量的公司平均规模不过增长了 29%。而韩国复制了日本和美国的增长模式，于是情况截然相反：制造业的公司总数同期只增长了 10%，然而企业的员工总平均数增长了 176%。[6] 虽然台湾有一些大型企业，但规模是远远无法与韩国企业相提并论的。这一区别很明显不能用发展阶段论来解释，因为韩国的发展略微落后于台湾。台湾在 1983 年最大的企业台塑销售额为 16 亿美元，员工总数为 31 221 人，而韩国的大型企业例如现代和三星，二者同期的销售额分别为 80 亿美元和 59 亿美元，员工总数分别为 137 000 人和 97 384 人。1976 年，台湾公司的平均规模只有韩国企业平均规模的一半。[7]

小型企业在香港更是王道，香港因其微小企业所构建的极富有竞争力的市场而享有盛名。的确，香港公司的平均规模事实上已经萎缩了：1947 年，香港拥有 961 家公司，一共雇佣了 47 356 名员工，
平均每家公司雇佣 49.3 人，而到了 1984 年，香港共有 48 992 家公司，72
总共雇用了 904 709 名员工，平均每家公司雇佣 18.4 人。[8] 甚至在观塘这样的工业区，虽然建立的初衷就是为了鼓励大型企业的发展，72% 的公司只有 50 名以下的雇员，只有 7% 的企业雇佣了 200 名以上的员工。[9] 这一企业规模的萎缩，部分是因为中国大陆的广东

省在 20 世纪 80 年代对香港开放贸易；许多较大型的制造企业都移植到内地以利用当地的廉价劳动力。另一方面，资本从大陆倒流涌进香港，并用以在那里打造若干大型企业。海外华人群体的数据也显示出相类似的模式。例如在菲律宾，华人公司的资产是非华人公司的三分之一。[10] 在 1990 年《财富》杂志所调查的环太平洋最大的 150 家企业中，只有一家台湾“国有”的石油公司是华人企业。[11]

台湾产业的小规模化与台湾发展的另一个独特之处相关：大部分的制造业是在大型城市区之外完成的。晚至 20 世纪 60 年末，台湾制造业过半的劳动力都是在七个最大的城市和九个最大的城镇区域之外工作。[12] 家庭手工业中大部分的制造业由兼职农户完成，中国大陆在去集体化之后也出现了同样的情况。这些公司通常完全由家庭储蓄来支撑，使用家庭劳动力来生产科技含量低的塑料部件、纸质产品等。[13]

在台湾一直也存在着大型的“国有”企业，尤其是在石油化工、轮船制造、钢铁、铝业，更近期则是半导体和航空业。这些企业中有的在日本殖民时期就已经成立了，1945 年当国民党控制台湾之后，这些企业被收为“国有”。爱丽丝·埃姆斯登（Alice Amsden）认为，台湾的“国有”部门在许多关于台湾发展的讨论中被忽略了，而这些企业在台湾早期的工业化中扮演了重要的角色。[14] 但是这些大型“国有”企业过去一直是台湾经济最缺乏活力的部分，其在 GDP 中所占的比例逐年下降。它们中许多都在亏损经营，由政府以“国家安全”的名义维系生产，抑或“国有制”是这类社会中发展大型企业的唯一途径。[15] 从 20 世纪 50 年开始推动台湾经济高速发展的， 73
是以小型企业为主的私有商业部分。

而在其他亚洲社会中，还有另一种个体商业之外的经济组织结构，或可统称为“网络组织”。[16] 规模最大、最有名望的莫过于日本的经连会（keiretsu，在二战前被称为 zaibatsu，即财阀），例如住友和三菱集团：都是公司联盟，通常以某一银行为中心，互相持股并且以彼此作为优先合作伙伴。韩国的网络组织被称为财阀（chaebol），其中最有名的莫过于三星和现代。这些网络组织在经济规模和领域上达到了西方行业领军企业的水平，但是对比规模相当的垂直结构的美国公司，这些组织在结构上更为松散，拥有更大的灵活性。

台湾也拥有网络组织，但性质却大不相同。首先，它们对比日本和韩国的组织来说在结构上要小许多：日本最大的六家经连会平均有 31 家企业，[17] 韩国的财阀平均有 11 家，而台湾的网络组织平均只有 7 家。台湾商业组织中的平均企业规模也要更小，而它们在经济体中的角色也小得多。日本和韩国的网络组织囊括了各自经济体中最庞大也最重要的企业，然而台湾的组织则更边缘化：台湾规模最大的 500 家制造商中只有 40% 属于商业集团。[18] 和日本财团不同的是，这些商业组织并不以一家银行或者金融机构为中心。大多数的台湾公司和若干不同的银行打交道，而后者一律都属“国有”。[19] 最后，将这些台湾组织成员连结起来的纽带性质亦不同：它们大多数以家庭为基础。从这个角度来看，它们更接近韩国的财阀，其纽带也是亲属关系，而日本经连会则是通过相互持股而彼此连结的公共企业。[20]

华人社会的企业之所以小规模化，是因为几乎所有的私有部门商业都是家庭所有和管理的。[21] 虽然找到精确的所有权数据比较困难，但是有证据显示，支配着香港、台湾和新加坡经济生活的小型商业绝大多数是由单一家庭所有的。[22] 在日本和美国占主导地位的 74
大型、科层制、公共持有、专业管理的法人团体（公司），出于各种实际目的，在华人文化的社会中不存在。

这并不意味着在中国大陆、台湾、香港和新加坡不存在大型企业或者职业经理人。包玉刚爵士名下的“香港环球航运集团有限公司”一度是亚洲最大的航运公司，在世界各地都有分部。[23] 李嘉诚的庞大帝国同样将总部设在香港，也成功地雇用了一大批职业经理人。在台湾，有十余个亿万家族控制了大型商业，在香港也是如此。香港股票市场上 54% 的资本由十个家族所控制（七个华人家族，一个英国犹太家族，两个英国家族）。[24]

从外表看来，这些机构很像是现代法人团体，远在旧金山、伦敦、纽约和其他地方设有分部。但这些大型公司依旧是家族式管理，各区域分部往往由坐镇香港或台北的创始人的兄弟、表亲或女婿来主管。[25] 在公司的高层，家族所有权和家族管理制度的分化要比日本和美国的公司缓慢得多。李嘉诚的帝国现在由他斯坦福大学毕业的两个儿子接管。包氏帝国分给了四个女婿来管理。在包玉刚去世前夕，他的帝国也依照家族的这些分支一分为四。[26]

虽然许多大型企业在它们当地的股票市场上挂牌，但这并不意味着它们所受的家族控制要小于其他私有企业。家族往往不希望它们持股的比率低于 35% 到 40%——这一比率足以保证它们在公司中的支配地位。[27] 再者，许多公开发行的股票依旧为同一家族控股的银行或金融机构所持有。[28] 这些扑朔迷离的持有关系往往掩盖了单一家族控制的真相。

家族生意并不是华人社会独有的现象；几乎所有的西方公司都是以家族企业的模式开始的，之后才采用了法人团体（公司）的结构。正如王安实验室的例子所示，华人社会工业化过程中最让人惊讶的一点是：**华人家庭企业在从家庭管理转向专业管理过程中面临巨大的困难**，而这恰恰是企业走向制度化和超越创始家庭生命线的必要 75
步骤。

华人在走向专业化管理中所遇到的困难是与华人家庭主义的本质密切相关的。[29] 华人非常倾向于信任与自己有关系的人，反之也同样非常不信任自己家族和亲属群体之外的人。[30] 戈登 · 雷丁（Gordon Redding）关于香港商业的研究表明：

一个重要特征是，人们对家庭绝对相信，也相信已经建立

> 起相互依赖且彼此互相留有余地的朋友和熟人。至于其他人，人们绝不会假设他们存有什么好意。人们大可以期望自己被人以礼相待，但过此界限，人们必须假设，所有人都跟自己一样，首先考虑的总是自身（如家庭）的最大利益。对于华人而言最重要的是，彻底弄清自己的动机，就是对于他人的动机时刻保持警惕。[31]

在家庭之外的信任匮乏，致使不相关的人很难组建群体或者组织，例如商业企业。与日本最为突出的对比是，华人社会不是群体取向的。这一区别为林语堂所捕捉到，他将日本社会比作一块花岗岩，而传统华人社会则是一盘散沙，每一粒就是一个家庭。[32] 这就是为什么在西方观察者看来，中国社会常常看上去极度个体化。

在传统的华人经济生活中，没有类似日本的番头（banto）之类的角色，即从外面请来管理家庭商业事务的专业经理人。[33] 华人社会中即便是小型的商业也常常需要雇用非家庭成员，但是这些雇员与家庭老板或经理的关系非常疏远。他们没有日本人将企业或公司当做代理家庭的概念。非家庭成员的雇员不愿意为他人打工，不希望一辈子都在一家公司工作，他们希望获得自由身，创办自己的公司。[34] 比较管理学研究发现，华人经理和雇员保持更加疏远的关系。[35] 日本经理在晚上和手下员工一起出去喝酒时表现出的那种自
发平等的友爱关系，在华人文化中甚为罕见。日本风格的公司活动 76
中，往往一个办公室的人，包括经理和手下员工，会离开东京或名古屋到乡下去度假几天，而这一习惯对于华人和西方社会来说都是格格不入的。在香港或台北，静修或度假都常常限于家庭成员，偶尔会由更大规模的亲属团体参与。[36] 华人公司中非家庭成员的经理人不会获得大笔的企业股权，并且常常抱怨与老板交涉时缺乏开诚布公的感觉。再者，他们经常在升迁的时候碰到发展瓶颈，因为重要职位往往会授予家庭成员。

正如韦伯和其他人所言，裙带关系是现代化的一大绊脚石，虽然华人社会有了惊人的经济增长，但在华人经济生活中，裙带关系还未完全消失。在某种程度上，它似乎变得更加紧密，因为对华人来说，家庭的地位要比在其他文化中更加居于中心，而华人也找到了围绕家庭发展的方法。为了解决接班人良莠不齐的问题，许多大型现代华人企业的创始人加强对子女的教育，他们会被送往斯坦福、耶鲁或麻省理工的商学院或工程学院。另外一种方法是通过嫁女将管理精英引入公司。家庭的责任是双向的：在美国研读医学或科学的儿子被召回家接手家业，这样的例子很多。但是这样的策略是有其局限性的，尤其是当公司规模扩大而家族却人丁不旺时。

看重家庭的价值观有着巨大的影响，它造就了在许多华人消费者中不寻常的困境，而这些困境在其他文化中则没有出现。以下是对香港购物的一段描述：

> 零售商照理要给予近亲更低的价格，而近亲照理也不可太挑三拣四……有一个老妇人小心翼翼地避开她妹妹的儿子所经营的一家杂货店，因为她会觉得每次她到店里去就有义务买点东西。倘若她要买个蓝色的物件，而店里只有红色的，她则不得不买红色的。因此她去非亲戚经营的店铺，在那里她可以仔细挑选合她心意的物件，如果找不到就不买，找到了也能拼命砍价。[37]

华人社会中对于外围人的强烈不信任以及对于家庭管理制度的
偏好，导致了华人生意中特有的三阶段周期律。[38] 在第一阶段，某 77
个企业家创立了生意，他通常是一个大家长的角色，将自己的亲戚安排在重要的管理职位上，并且以专断独行的方式管理公司。华人家庭的团结并不意味着其内部没有强烈的冲突，但在外部世界看来，这样的家庭表现出统一战线，而纷争也最终会由创始人来调解好。

因为许多华人企业家都是一穷二白起家，因此整个家庭都愿意全心投入让生意成功。虽然生意可能雇用非家庭成员，但是公司的财务和家庭的财务基本是一体的。

在第一代企业家兼经理的管理下，即使生意兴隆并扩张，也不会朝着现代管理体制发展，变成有劳动分工、等级管理、去中心化的、多部门的组织结构。公司沿用高度中心化的轴辐式体制，整个组织的所有分支都向创始人直接汇报。[39] 华人管理风格常常被人称作“人治”——也就是说，人事决定往往不取决于客观的业务指标，而是基于老板与下属的私人关系，即便他们之间没有亲属关系。[40]

倘若该家庭公司成功的话，进化的第二阶段发生于创始人去世之后。中国文化的均分原则影响深远，即家庭里所有的男性继承人都继承相同等份的财产，因此创始人的所有儿子都获得相同等份的公司股份。[41] 虽然所有的儿子都承担着管理公司的压力，但并不是所有人都心甘情愿。和其他文化一样，服从的压力会转化成叛逆，于是我们常常听到这样的故事，被送去美国或者加拿大学习商科的儿子，决定转到艺术或其他与父亲的商业世界毫不相关的专业。这些儿子合作管理公司的伙伴关系又和继承权争斗搅和在一起。虽然他们开始都持有相同的股份，但对于管理公司，并非所有人都有着相同的能力或兴趣。公司想要延续下去，最大的可能是由一个儿子承担起领导责任，把权威重新集中到他手中。如果事情没有照此发展下去，那么权威便会在兄弟间分裂。这一结果常常导致纷争，有 78
时不得不通过正式的、合同化的权威来解决。如果责任的分担没能和睦地解决好，那么继承人会展开对于公司绝对控制权的争斗，有时候这将导致公司的分裂。

当公司的控制权传到创始人的孙辈，第三阶段开始了。这样企业持续了如此长的时间，往往会分化得更加厉害。因为子辈的子女数目各不相同，那么孙辈获得的股份也就大小不等了。倘若家庭生意非常成功，那么孙辈往往在富足的环境中成长。和家族企业创始人不同，孙辈往往认为他们的财富来得理所当然，而更不愿意为了保持家族企业的竞争力而做出牺牲，抑或他们对其他事物产生了兴趣。

从第一代到第三代之间企业家精神的逐渐衰落并不是华人文化中特有的现象。它存在于所有的社会中，被称为“布登勃洛克”（Buddenbrooks）现象。而爱尔兰俗语“富不过三代”（Shirtsleeves to shirtsleeves in three generations）描述的就是家族兴衰。在美国，依照小型企业管理处的估计，百分之八的美国企业是家族持有的，而只有三分之一的家族企业延续到了第二代。[42] 许多伟大的美国家族企业都经历过类似的衰落——例如杜邦、洛克菲勒（Rockefellers）和卡耐基（Carnegies）。子辈和孙辈可能在例如艺术或政治领域有超凡表现（例如尼尔森 · 洛克菲勒和杰伊 · 洛克菲勒），但他们在管理父辈的企业方面少有上佳表现。

然后，美国和华人企业家庭的显著区别在于，当发展到第三代的时候，很少有华人企业成功地完成制度化发展。美国家族企业则会迅速引进职业经理人，尤其是在公司创始人过世之后，当发展到第三代的时候，公司往往已经完全移交给职业经理人去打理。孙辈或许依旧作为大股东持有公司的股份，但是他们中很少有人会积极地参与公司的管理。

对比而言，在华人文化中，对于外围人的不信任往往使公司无法制度化。家族企业持有人往往不愿意让职业经理人来接手公司管
理，而更愿意在公司的分化中默许新的发展，抑或让公司完全解体。 79
这方面最好的例子是中国清末时期的盛宣怀，他早年飞黄腾达，但却不愿意把企业盈利所得再投资，转而将其资产的百分之六十放到了用以资助子辈和孙辈的基金当中。在他去世后的十年内，这一基金就被挥霍一空。[43] 我们必须考虑到盛宣怀所在年代种种不利的政治因素，但他的例子似乎说明，一个原本可以成为中国的住友集团的企业，其资本被挥霍一空仅仅是因为华人对于家族的态度。

华人企业难以完成制度化，以及华人的遗产均分原则，解释了为什么华人家族企业总是难以壮大。这也赋予整个经济体一个大为不同的特征：公司不断地组建，兴起，然后破产。在美国、西欧和日本，许多产业（尤其是资本密集型产业）都是垄断性组织，由若干产业巨头分割市场。而在台湾、香港和新加坡，情况正好相反，那里的市场正如新古典主义经济学所期望的那般充满完美竞争，有着成百上千的小型企业激烈竞争以求生存。如果卡特尔式的日本经济结构显得反竞争的话，那么华人家族企业万花筒般的变化无常则显得竞争过度了。

华人企业小规模的另一个后果是华人品牌的消亡。[44] 在美国和欧洲，19 世纪晚期，烟草、食品、成衣以及其他消费商品行业中开始涌现出品牌化和包装化的货物，这一现象的原因是，制造商想要控制对他们货物开放的新兴大众市场，于是他们开始产销一体化。品牌的建立必须基于公司对于市场广度和深度的开发能力。品牌公司必须足够大，并且发展时间足够长，才能让消费者对于他们产品的质量和独特性有认知。例如柯达、必能宝、柯特尼（Courtney's）和西尔斯等品牌都起源于 19 世纪。三洋、松下和资生堂等日本品牌的历史稍短，但均是由庞大的制度化企业所创造的。

而在华人企业世界中，几乎没有什么品牌。对于美国人而言，
唯一熟悉的品牌是王安电脑，但这一例外同样证明了普遍规律。在 80
香港和台湾，华人企业生产的布料供应给例如斯波尔丁（Spaulding）、鳄鱼（Lacoste）、阿迪达斯（Adidas）、耐克（Nike）和阿诺帕玛（Arnold Palmer），但却很少有华人企业创出自己的品牌。这背后的原因，我们从华人企业的周期律已经略知一二。因为他们不愿意发展出职业化管理，而且他们在产销一体化方面面临多重困境，尤其是进入到不熟悉的海外市场——这往往需要雇用有市场营销能力的本地人。华人家族企业很难壮大到能够大规模生产有特色的产品，少有企业能够维系到创建消费者口碑的那一天。因此，华人企业往

往与西方企业合作来开发市场，而非像大型日本企业一样创立自己的市场部门。这样的合作对于西方企业来说是个好差事，因为华人企业不太会像日本企业那样在一个行业内主导市场营销。[45] 在其他的案例中，例如喇叭男孩（Bugle Boy）系列服装，市场营销是由一个熟悉美国企业的美国华人来完成的。

华人企业保持小型以及家庭经营的特色不见得总是一个劣势，在某些市场中它有可能成为一个优势。华人企业在劳动密集型产业和其他变化迅速、高度分散的小型市场中表现最为出色，例如纺织、成衣、贸易、木材、电脑组装和配件、皮革品、小型金属器材、家具、塑料、玩具、纸制品以及银行业。小型的、家族管理的企业高度灵活，能够迅速决策。比较而言，大型的、等级制度的日本公司有着繁杂的共识决策机制，而小型华人企业能够更加迅速地对瞬息万变的市场做出反应。但华人企业在资本密集型的行业，以及在因制造过程繁杂而规模收益庞大的行业中就表现欠佳——例如半导体、航空、汽车、石油化工等。私立的台湾企业根本无法与英特尔（Intel）和摩托罗拉（Motorola）在生产最新一代的微处理器上竞争，而日立和 NEC 等日本公司就完全可以做到。[46] 但他们在个人电脑的消
费末端有着很强的竞争力，在那里数之不尽的非品牌商家纷纷开设 81
小型流水组装线。

对于华人社会来说，有三条途径可以改变其无法创建大型企业的不足。第一是通过网络组织。也就是说，华人企业可以通过家庭或个体的关系与其他小型华人企业建立联络，构建相等规模的大型经济。今天的环太平洋地区，有着大量的彼此交叠且不时呈网状向外扩张的华人企业网络。在中国的福建和广东地区兴建暖房的多是以香港为基地的家族企业网络，扩散到邻近的大陆区域。家庭对于网络组织和家庭企业来说都是重要的，或许对于前者而言重要性要小一些。许多网络都利用了家庭以外的亲属关系，例如在中国南方的大型宗族组织。（在另一方面，一些网络关系完全不是基于亲属，

而仅仅是基于个人信任和合同。)

第二种构建大规模产业的方法是吸引海外直接投资。在是否允许外国人扮演如此重要的经济角色这个问题上，华人社会一直很谨慎。在台湾地区和中国大陆，这一举措一直受到严格监管。

华人社会构建大型经济体的第三个方法是通过国家主导或者持有企业。在中国，小型的、竞争激烈的私有企业市场并非新兴现象；在农村或城市，这一系统在几个世纪以来一直是中国经济生活的特征。此外，传统中国在前现代时期（对比同时代的欧洲）就有着非常纯熟的生产能力和高超的技术水平，但这些都属于国家控制。比如，景德镇的陶瓷中心有着数十万居民，据说每一件瓷器在制造过程中要经过七十甚至更多人的双手。当时那里的陶瓷生产业一直以来都是国家产业，且没有规模相当的私人企业的记录。[47] 同样，晚清政府——中国最后一个帝国王朝——开办了若干“官督商办”的企业，以垄断包括盐业和被认为对于国家安全至关重要的大量军工
生产。在这些例子中，朝廷指派监督官员，但把生产的权力卖给民 82
间商人，并对他们课税。[48] 中国共产党在 1949 年赢得内战后，迅速按照马克思主义的原则将中国工业国有化。按照社会主义的标准，中国拥有若干巨型（且效率十分低下）的国有企业。但国民党同样在台湾地区从日本人那里接手了若干大型“国有”企业，直到最近还没有将其私有化。如果台湾希望在航空业和半导体生产业扮演重要角色，那么政府赞助可能是唯一的途径。

在华人经济生活中普遍存在的家庭主义扎根于华人文化的深处。我们接下来将要了解其特性。

第9章 83

“布登勃洛克”现象

中国共产党人在1949年掌权后坚决要打破家庭主义对社会的控制。他们错误地认为中国传统的父系家庭对于经济现代化是一个威胁。但他们更加清楚地认识到，家庭是政治上的一个竞争对手，它会削弱意识形态和民族主义对这个国家的控制。于是他们采取一系列措施以摧毁传统家庭：制定“现代”家庭法，取缔一夫多妻，以保障妇女权利；通过农业集体化将农村家庭解体；将家族企业收归国营或者干脆没收；儿童从小就被告知党是最高权威的来源，而不是家庭。计划生育措施中的独生子女政策意在限制中国爆炸式的人口增长，而这一政策是对传统儒家思想最为正面的攻击，因为这 84
个传承千年的思想一直崇尚多子多福。[1]

但是共产党大大低估了儒家文化和中国家庭残存的影响力，后者经历了半个世纪的政治运动而变得愈发强大。只有充分理解了中国文化中家庭的角色，我们才能看清中国经济社会以及今天世界其他家庭式社会的本质。

在过去的两千五百年间，对比佛教和道教，儒家思想更加深刻地定义了中国社会关系的特质。它包含一系列对于社会平稳运作至关重要的伦理原则。[2] 这一社会的监管不是通过源于社会的宪法或法律体系来完成，而是通过社会化过程让这些伦理原则在个体身上实现内化。这些伦理原则定义各种各样社会关系的本质，其中最为核心的五种关系包括君臣、父子、夫妻、兄弟和朋友。

已有很多论著讨论了杜维明所谓的“政治儒家”（political Confucianism），“政治儒家”指的是它对等级制社会关系的推崇，将君王放在最高位，其下是一个由士大夫阶层构建的精微而集权的官僚系统。这一政治结构被认为是整体中国人的“超级家庭”，而君王和子民的关系就如同父亲对子女。在这一体制中，通过各级科举考试实现选贤与能，借此让优秀人才进入官僚系统，但社会期望考生达成的理想状态是精通儒家经典的士大夫形象。君子知礼，即懂得遵照一套繁复而精致的礼仪规则行事[3]，而这一形象与现代企业家相去甚远。君子向往安逸而非辛苦工作，靠抽租取得收入，视自己为儒家传统的卫道士而不去做创新的工作。在传统的等级制的儒家社会中，商人是不受尊敬的。如果一个商人的家庭发迹，那么儿子们不会期望接手父亲的生意，而是要通过科举考试步入仕途。许多商人不会再投资，而是将商业所得投入田产，因为后者会给他们带来更高的社会地位。[4]

在 20 世纪上半叶，关于儒家思想对经济的影响出现了大量的 85
负面评价，这些评价部分源于这一正统思想的政治内涵被认为是整个文化的核心。不过，现在已完全不见儒家政治的踪影了。中国最后一个王朝在 1911 年被推翻，帝国官僚体制被废除。虽然后来各路军阀和政治人物被拿来与君王做比，但帝国体制已然入土，毫无死灰复燃的可能。政治儒家所支持的社会等级也同样被清除。在中国大陆，旧有的社会阶层在革命完成之后被武力瓦解，而在台湾地区，则是被成功的经济发展所蚕食。在其他海外华人群体中，传统的中国政治体制无法通过本就非常同质的商人和小商业主群体而得以移植。[5] 例如，在新加坡等华人社会，企图通过恢复某种儒家政治，来将它所特有的“柔性威权”（soft authoritarianism）合法化，但这些努力都太嫌牵强了。

不管如何，中国儒家思想的真正内涵从来不是政治性的，而是杜维明所谓的“儒家个人伦理”。这一伦理教育的核心是，将家庭神化为所有社会关系中的最高者。对于家庭的责任高过其他责任，高过对君王、上天以及其他任何现世或神圣权威的义务。

在儒家所谓的“五常”（五种主要的社会关系）中，父子关系最为关键，因为它确立了“孝”这一道德义务，是儒家思想的核心德目。[6] 儿童在所有文化中都被教导服从父母权威，但在传统中国，这一点被推行到极致。即便成年之后，儿子对于父母的愿望都有义务服从，在他们年老时给予经济支持，在他们死后祭奠他们的魂灵，此外，还有义务延续家族血脉，令列祖列宗的香火不至断绝。在西方，父亲的权威需要与其他若干角色竞争，包括教师、雇主、政府，最后是神。[7] 在例如美国这样的国家，挑战父亲的权威作为一种成年礼已然制度化了。在传统中国，这是不可想象的。在那里，没有
类似犹太教及基督教概念中的神权或更高法律来允许个体反抗家庭 86
强权。在中国社会，对于父母权威的服从类乎神圣行为，而且没有任何个体良知之类的概念来促使个体发起反抗。

是忠于家庭还是忠于更高政治权威，这两者发生冲突的时候，传统中国文化中的家庭中心观就显现出来了。当然，按照正统儒家思想的信条，这样的冲突是绝对不该出现的；在一个井然有序的社会里，所有的社会关系都应该是和谐的。但冲突必然出现，尤其是父亲因犯罪被官府通缉的时候。许多中国古典戏剧都表现了儿子在忠于国家还是忠于家庭之间做选择时的痛苦，但最后都是家庭胜出：儿子是不能将父亲交给官府的。有一则典故，提到孔子和邻国国君，“国君向孔子吹嘘道，他的国家道德水准非常之高，倘若父亲犯法，儿子会将犯人及其罪行报于官府。孔子回答道，在他的家国道德水准更高，因为儿子是绝不会如此对待父亲的”。[8] 共产党清楚地认

识到家庭权威对它自身的权威是一个威胁，因而不遗余力地让家庭屈服于国家：对他们而言，儿子符合道德的做法是向警方揭发犯罪的父亲。然而，事实证明，压制家庭的做法并未取得成功。家庭高于国家，甚至高于任何其他社会关系，这让正统中国儒家思想与其日本支派迥然有异，并且对经济结构产生了深远影响。

家庭之间的竞争让人觉得中国似乎是一个个人主义的社会，但在个体与其家庭之间又不存在西方意义上的竞争关系。个人的自我在更大程度上由其家庭所定义。根据人类学家马热丽·沃尔夫（Margery Wolf）对台湾农村的研究：

> 一个人倘若不在亲属网络中，他就无法获得完全的信任，因为人们无法与他进行正常的沟通。如果他行为不妥，人们无法找他的兄长理论或者请他父母纠正。如果有人想和他谈一些难于启齿的事情，也无法通过他的叔伯居中传话。财富无法弥补这一不足，就像无法弥补缺失的四肢一样。金钱没有过去， 87
> 没有未来，没有义务。但是亲戚有。[9]

在传统中国，人们对家庭以外的人缺乏责任感和义务感，这一点尤其体现在农业家庭的自给自足上。[10] 农民通常不愿意依赖他们的邻居，虽然在农忙时节可能会有一些集体劳作。在欧洲中世纪的领地体系中，农民与领主紧密相连，并且依靠他们的土地、信贷、种子和其他类型的服务。对比而言，中国的农民通常拥有自己的土地，除了纳税，他们尽量不和社会上层联系。农户是生产和消费的独立单位。在农村基本没有劳动分工；农业家庭自己生产每日所需的非农业货物，而非到市场去采购。中国大陆鼓励农村地区的家庭手工业，同时在台湾也自动发展出这种生产方式，这是有着深厚中国文化背景的。[11]

士绅家庭自给的程度要低一些，不过自给自足却一直是传统中国的社会理想。富裕的家庭有足够的剩余来养活一大家人以及更多的女人。家庭成员不事劳作而只做管理，他们依赖雇用的非家庭成员的劳动力。科举制度是在家庭外获得向上社会流动的途径。士绅家庭通常居住在城市里，那里有更多的机会来构建家庭外关系。无论如何，中国的贵族家庭比起欧洲贵族来说要更加自给自足。[12]

如果从历史的维度来看中国的家庭主义，其背后有着高度的经济理性。传统中国没有完善的产权制度。历朝历代税收可谓毫无定法；国家指派地方官员或地主向农户收税，后者可以依据当地人口的承受度来自由设定税收的额度。[13] 农户也可以被随意指派去服兵役或者劳役。政府很少提供与税收对等的社会服务。在欧洲庄园制度下，领主和农户之间存在着家长式的义务关系，尽管往往名不副实甚至迹近虚伪，但类似的关系在中国是不存在的。传统中国长期面临人口过剩和资源（例如土地）匮乏，家庭之间竞争一直很激烈。 88
没有正式的社会保障体系，这一点直到今天在很多儒家社会中依旧如此。

在这样的环境中，强大的家庭制度被视为一种基本的防御机制，用以与险恶多变的环境相抗争。一个农民唯一能信任的就是他自己家庭的成员，因为所有外围人——差吏、官僚、府衙和士绅——对他不抱有任何回报性的义务，也因此可以强盗般对待他。大多数农民家庭长期生活在饥饿边缘，根本没有富余来资助朋友和邻居。他们不得不多生儿子，趁着妻子还能生育多多益善，因为没有儿子，老了就无人赡养。[14] 在这样严酷的条件下，自给自足的家庭成了唯一理性的庇护和合作的来源。

传统中国没有发展出集中性财富用以作为近代工业发展所需的资本，因为男性继承人财产均分制度在中国根深蒂固。[15] 中国的家庭制度严格遵循父系血统；财产只在男性中传承，并且在所有儿子间平分。随着人口的增长，土地经过代际传承后越分越小，以至于一个农民所拥有的土地不足以养活一家人。这一现象一直延续到20世纪。[16]

即便是在富有家庭中，财产的平均分配也意味着大笔财富会在一两代人时间挥霍一空。其后果是，在中国没有像欧洲那样的大型贵族家族或地产——在欧洲，大型的家族建筑供历代贵族家庭居住。在中国，富有家庭的房子是拥挤的单层建筑，围绕着一个庭院而建，供儿子们的家庭居住。在英格兰和日本这样有着长子继承权的社会，大批的次子幼子因为没有家产可以继承，转而向商业、艺术或者军事等领域寻求财富，中国则完全不存在这种情况。因此对比有长子继承权的国家，中国农村的劳动力要更加富余。

儿子的重要性在于他既是财产继承者，又是一种社会保障。但倘若一个人没有子嗣或者儿子早夭或无能，他很难从外面领养孩子成为家庭成员。[17] 虽然在理论上，传统中国文化允许领养一个与家 89
族没有血缘关系的男孩（通常让他和户主的女儿成婚），但这不是主流的继承方式。领养的儿子对于家族的责任感永远不会像亲生儿子那样，而从父亲的角度来看，领养的儿子随时可能因为分到的财产过少而把他的子女带走。由于存在着不忠的风险，婴儿领养是更可行的方式，而领养者则要忍受痛苦，把被领养者的身份作为家族秘密一直保守下去。如果有可能，领养通常在家族内部完成。[18] 到家族外领养是很不寻常的事情，那样做等于是对领养者绝后的公开羞辱。[19] 在中国文化中，家族内外的界限划分得很清楚。然而，在日本，领养的习俗却大相径庭。

强烈的家庭主义、男性继承人财产均分、族外领养机制的缺失，以及对非亲属的不信任，这一系列的原因催生出了传统中国的经济行为模式，这一模式足以解释当代台湾和香港地区商业文化的许多方面。乡村没有大型的田产，只有随着代际而逐渐萎缩的小规模土地持有。家族不断兴起和衰落：勤勉、节俭、有能力的家庭能够积累财富，并且升到更高的社会地位。[20] 但家庭的财产——不仅是土地，还包括家族住所和家用之物——都会在第二代因为均分而消失。代际传承的能力和道德历来没有保障，所以家庭最终都会重新坠入贫困的境地。人类学家休 · 贝克（Hugh Baker）对中国农村生活有以下的记录：“在我们村子里，没有一个家庭能够历经三四代而持有相同数量的土地。”[21] 长时间以来，农民社会反复经历着家庭的兴衰：“家庭财富的消长，使这个社会仿佛一口沸腾的热锅，一个个家族上升，然后破裂，最后又沉到锅底。当破裂的时候，它们的田产也随之消失，而反复的田产分化和聚集所产生的百纳布地貌是中国大地上所特有的景观。”[22] 家庭无法太富有，起码就传统中国的农业技术条件而言；也不会太过贫穷，因为到了某一贫困线以下，男性就没钱娶妻生子。[23] 打破这一循环的唯一机会是某个儿子 90
科举高中，但此类事情很少发生，并且即便成真也往往只会影响个别家庭。

到目前为止，我使用“家庭”这个词的方式似乎暗示，中国的家庭和西方的家庭是完全相同的。事实不是这样。[24] 中国家庭通常要比西方家庭规模大，这在工业化前后都是如此，因此它们能够支撑稍微更大一些的经济单元。理想化的儒家家庭是五世同堂，曾孙和曾祖父同住。很明显，这种扩展式的家庭不很实用；更常见的是所谓的联合家庭，即父亲、母亲（有可能还有父亲兄弟的家庭）和成年儿子的家庭合住。[25] 关于中国家庭的历史研究表明，即便这一类联合家庭也是过于理想化的。核心家庭在中国的普遍性是超出中国人自己的想象的，即便是在农村地区的传统农民中。[26] 从许多方面来说，大型的联合式家庭都是富人的特权：只有富人才养得起许多儿子和媳妇，并且支撑住在同一屋檐下的一大家人。富有家庭有着循环式的演进，从核心家庭到主干家庭（按：父母和一对已婚子女生活在一起的家庭），再到联合家庭，最后又回到核心家庭，随着子女长大，父母过世，新的家庭又建立起来。

倘若认为传统中国家庭是和谐统一的整体，就大错特错了。“家”

里面充满了争夺财产继承的火药味。家既是父系制又是家长制：女性嫁入男方家庭就要和自己的家庭切断关联，转而完全地服从自己的婆婆（更不用说家庭内的男性成员），直到她自己从媳妇熬成婆婆。[27] 在传统中国，富有的男性会按照他的财力娶多个妻妾。[28] 在穷人家庭中，妇女所承担的责任要比在富人家庭中重，因此她们在家庭事务中也有更多的筹码。其结果是，家庭内部出现更多的摩擦。传统中国家庭的力量和稳定是通过控制和压迫女性来实现的；当这种控制弱化的时候，家庭就会分裂。

此外，兄弟间的平等地位也会导致相当大的冲突，妯娌之间的冲突和嫉妒也屡见不鲜。的确，富有的联合家庭的居住习惯——一 91
大家兄弟同住一个屋檐下，或者围绕着一个庭院居住——往往会导致摩擦，因为无法应对摩擦，许多这样的家庭都分解成为核心家庭。因此，尽管五代同堂的模式是理想状态，但现实的巨大压力会让大家庭分解为更小的单元。[29]

在“家”（不论是核心家庭还是联合家庭）以外，还另有同轴的亲属圈，这些圈子有着重要的经济意义。其中最重要是宗族，所谓宗族就是“遵循统一仪规并由同一祖先繁衍下来的宗亲团体”。[30] 换句话说，我们也可以认为其是所有祖先相同的家庭构成的大家庭。[31] 宗族在中国南方沿海省份尤其常见，例如广东和福建，而在北方则要罕见许多。中国人的宗族，有时也被称为氏族，一个宗族可以覆盖整个村落，家家同姓。在宗族之外，还有所谓的“大宗祠”（higher-order lineage），是将远亲通过共同的远古祖先而凝聚成一个巨型的宗族。比如，在香港的新界，有若干村落的宗族都是邓姓，所有人都可以追溯到一千年前定居此地的同一位祖上。[32] 宗族往往占有共同的财产，例如用于祭祀的祠堂，有些祠堂保持着复杂的仪式规则和几个世纪的家谱记录。[33]

在经济层面上来说，宗族的作用在于它扩大了亲属的范围，也同时增加了可信任的人的总数。对于宗族成员的责任要低于对于家庭成员。同一个宗族可能包括了非常富有的家庭和极度贫困的家庭，而富有成员对于贫困成员不负有什么责任。[34] 宗族有时可能是虚拟的：同样姓张或姓李的人会认为他们属于同一宗族，但实际上他们之间可能没有任何血缘关系。[35] 无论如何，亲属关系不管多疏远，都构建了一定程度的信任和责任基础，并且大大增加了可以参与家庭产业的人的数量，这一点在陌生人之间是无法做到的。[36]

宗族关联对于理解当代中国经济发展的本质至关重要。许多在
环太平洋发达地区的海外华人，或者南洋华人——新加坡、马来西 92
亚、香港、台湾——都是来自福建和广东这两个中国南方省份。虽然他们的迁徙是两三代人以前的事情，但是海外华人一直保持着和故土亲人的联系。在过去十年间，福建和广东两省的经济发展很大程度上依赖于通过家庭或宗族网络而注入的海外华人资本。在香港及其新界地区尤为如此，这一地区地理上与广东省接壤，而宗族也同样有重叠。很多时候，海外华商都会因为宗族关系而受到故乡当地政府的欢迎，不管这样的关系是真是假。这样的亲属关系的存在给予海外华人在中国投资的信心，即便是在没有清晰产权或稳定政治环境的情况下。这也同样解释了海外华人比日本、美国或欧洲等其他境外投资者捷足先登的原因。

在中国文化中，家庭的优先性，以及稍弱一些的宗族优先性，给予民族主义和公民身份完全不同的意义。多年以来许多观察家发现，对比越南或日本这些邻国，中国人的民族认同、公民身份和公共精神都要更弱。当然，中国人有着高度发达的、由古老悠久文化所支撑的民族认同。正如我们所看到，在传统中国，民族认同由政治化的儒家所规范，涵盖了对于整个政治权威等级的责任，皇帝位于这一等级序列的顶点。在 19 世纪末 20 世纪初，中国受到外来侵略，先是欧洲殖民列强后是日本，催生了消极的、排外的民族认同。在 20 世纪，中国共产党试图代替过去统治者的位置，通过在与日本侵略者的抗争中所扮演的角色争取民族代言人的地位。

但在共产党1949年当权之前的若干朝代间，个体中国人的首要忠诚对象不是当权的政治权威，而是他们的家庭。对于中国人来说，“中国”这个概念从来没有像“日本”对于“日本人”一样富有情感含义，代表了一个有着共同价值、利益和经验的共同体。中国儒家思想中不存在基督教那种对于全人类的道德责任感。[37] 从 93
以家庭为中心的同心轴往外，责任感依次递减。[38] 用巴林顿·摩尔（Barrington Moore）的话来说，“作为中国乡村社会基本细胞的中国村落，对比印度、日本和欧洲许多地方的村落，很明显缺乏统一性。同村的人们很少有机会共同参与到旨在促成习惯和团结气氛的活动中去。中国村落更像是一个几户农家的聚集地，而不是一个有活力的功能共同体”。[39] 在中国大陆、新加坡和台湾地区的华人社会，公民身份要通过政权力量来强制落实，这与它们补贴大型企业的方式如出一辙。正如许多华人所注意到的，他们的“自发性”公民意识太过薄弱。这一点表现在许多方面，例如任意糟蹋公共空间、缺乏慈善兴趣、不注意保持公共卫生、不愿为公共利益团体做义工，更别提为国捐躯了。[40]

然而社会经济变化的洪流同样改变了传统华人家庭和宗族，这不仅在中国境内是如此，在许多海外华人中也是一样。[41] 城市化和地域流动弱化了宗族组织，因为宗族的成员无法再像祖先那样居住在同一个村落里。在城市环境中，大型联合家庭或扩展家庭都难以维系，于是逐渐被夫妇家庭所取代。[42] 女性受教育程度越来越高，也愈发不愿意接受传统家庭中的受支配的地位。[43] 家庭化的小农生产和刚起步的乡村工业都即将接近生产力增加的极限。进一步的经济增长需要中国的农民人口进入城市，或者在农村创造出某种新的经济组织形式，结束自给自足的小农模式。许多这样的变化已经在台湾和香港等非共产主义的华人社会中发生。

无论如何，现在来讨论“家”的衰落或死亡，都言之过早。越来越多的证据表明，在中国家庭模式的变化没有之前预计的那么剧烈。[44] 在现代化的城市环境中，家庭关系事实上已经完成了自我重建。在与传统家庭的竞争中，共产主义已经落败。澳大利亚汉学家詹纳（W. J. F. Jenner）指出，在 20 世纪中国历史的废墟中，比其他组织都更加坚固耸立的是中国父系家庭。[45] 后者一直是反复无常 94
的政治生活外的避风港，中国农民始终明白，最终他们能够信任的只有自己的近亲。20 世纪的政治历史加强了这一感受：两次革命、军阀主义、外强入侵、集体化、“文化大革命”的疯狂以及毛去世后的去集体化，都告诫中国农民在政治环境中没有什么是确定的。今天的掌权者可能是明天的阶下囚。对比来说，家庭至少提供了些许确定性：在养老方面，与其信任法律或走马灯般的政治权威，还不如信任自己的儿子。

自 20 世纪 70 年代末邓小平的改革以来，中国经济已经大体完成了市场化，而中国也发生了翻天覆地的变化。但换一个角度看，改革只不过是重建了中国旧有的社会关系。人们发现，共产主义并没有消灭自给自足的农民家庭，在联产承包责任制带来的新机遇下，它又迅速地卷土重来。人类学家倪志伟（Victor Nee）有些懊恼地承认，他之前企图证明共产主义的人民公社制度所建立的社会关系存续下来，并且在经历二十年的土地集体化之后变得更加强大。但他（以及其他许多学者）却发现唯一存活下来的是小农家庭的单干主义。[46] 詹纳指出，许多共产党官员，尽管抱持马克思主义的意识形态，但在过去十年间却纷纷在海外银行开立账户，并且把子女送到海外接受教育，这一切都是为自己一旦失势做准备。家庭的意义之于他们，和之于卑微的农民是一样的，都是他们唯一安全的避风港。[47]

在前一章中我提到过，中国经济规模较小且多是由家庭所有和管理。小规模经济长期存在的原因追根究底，并不是当代中国社会发展水平或者现代法律或金融机构的缺失所导致的。其他处于更低发展水平以及机构更不健全的社会，都已经不再以家庭经济作为商业组织的主导模式。

另一方面，现代中国商业结构很有可能扎根于中国文化中家庭
的独特地位。经济生活的范式在传统中国和现代中国如出一辙。原
子化的家庭式企业不断升起或陨落；这些企业无力制度化或延续两 95
到三代；对于陌生人普遍不信任且不愿将外人引入家庭圈中；在战
后工业化之前的台湾、香港、新加坡和中国大陆的华人社会中都存
在的继承习俗，阻碍了大规模的资本积累。

第10章 97

意大利的儒家主义

在过去十五年间，商学院和管理学专家研究了一个饶有趣味的新兴经济现象，那就是意大利中部的小型工业。意大利较晚完成工业化，一直被认为是西欧经济发展的末流，但在 20 世纪 70 至 80 年代，意大利的一些地区却井喷般出现了品类繁多的小商业网络，从生产布料到生产名牌服装、机床、工业机器人，应有尽有。一直热衷于小规模工业化的人认为，意大利模式代表了一种全新的工业生产范式，这一范式可以移植到其他国家。社会资本和文化能够帮助我们深刻了解这一小型经济复兴背后的原因。

虽然将意大利跟香港和台湾的儒家文化作对比有些牵强，但是社会资本的本质在某些层面上是相似的。意大利的一些地方和华人社会一样，家庭关系要比其他非亲属的社会关系紧密得多，而国家 98
和个人之间的中间组织数量都相对少，影响力低，这反映出人们对于家庭以外成员的普遍不信任。这些对于工业结构的影响都是类似的：私有部门企业大多规模较小且由家庭所有，而大型企业需要国家的资助才能维持。对于华人社会和拉丁天主教社会而言，导致这一自发社会性缺失的原因是相似的：在历史发展前期中央集权化和专断的政府占据支配地位，并刻意切除中间组织以控制结社生活。这些笼统的描述和所有抽象表达一样，都需要依据不同的时间和地点来逐一验证，但是它们的相似性的确让人惊讶。

我们注意到，在华人社会中的个体是紧密服从于家庭的，他们脱离了家庭就毫无身份可言。家庭之间有着激励竞争，这也反映出社会中普遍信任的缺失，因此在家庭或血缘关系之外的合作性集体活动是非常有限的。在此我们可以参照爱德华·班菲尔德的经典研究《落后社会的道德基础》中对意大利南部“蒙蒂格拉诺”（Montegrano）小镇的描述：

> 若要描述蒙蒂格拉诺的社会文化特质，就不得不从个体对于家庭的依附说起。事实上，撇开家庭，一个成人几乎谈不上还有个体性：没有所谓的“自我”，只有“家长”的身份……
>
> 在蒙蒂格拉诺人的心目中，对他人施以恩惠必然是自己家庭的损失。因此，没有人愿意负担起慷慨的慈善而让他人得到多余的好处，甚至也不愿让他人得到应得的好处，连公正都不顾。在这样的世道，所有在小小的家庭圈外的人都是潜在的竞争者，也因此成为潜在的敌人。对于非家庭成员，怀疑是非常合理的态度。一家之主明白，其他家庭会嫉妒和恐惧自己家庭的成功，他们会想方设法搞破坏。他必须提防他们，随时准备着打击他们，以削弱他们能够打击自己和家庭的力量。[1]

20 世纪 50 年代，班菲尔德在这个破败的蒙蒂格拉诺小镇住了很长一段时间，发现这个小镇最突出的特点是这里几乎没有任何结 99
社。班菲尔德之前刚刚完成了对于犹他州圣乔治镇的研究，那里充满了密集的结社网络，因此，对这个意大利小镇呈现出的巨大反差，他感到非常讶异。蒙蒂格拉诺小镇居民能够感受到的唯一道德义务是对于他们小型家庭的成员负责。家庭是一个人唯一的社会保障来源；因此，倘若父亲不幸早逝，那么一家人就会有天塌地陷般的危机感。蒙蒂格拉诺人完全没有办法合作举办学校、医院、商业、慈善以及其他一切活动。因此，小镇上所有的组织活动都仰赖两个外在的中央化的权威来指导：教会和意大利政府。班菲尔德对于蒙蒂格拉诺的道德准则做出总结："将核心家庭的物质、短期优势最大化；同时认为其他人也会这样做。"他把建立在家庭基础上的自我孤立称为"无道德家庭主义"，这一术语后来被收录进社会科学词典中。[2]这个术语稍加修正，同样可以用于华人社会。

班菲尔德最为感兴趣的是无道德家庭主义的政治影响，而非经济影响。例如，他指出在这样的社会中，人们对于政府充满恐惧和不信任，但他们同时又坚信要有一个强大的政府来控制其他同胞。如在非共产主义的华人社会中，公民身份和制度认同就比较弱。不过，无道德家庭主义的经济后果也同样是明显的："缺乏（超越家庭的）结社组织是世界绝大部分地区经济发展的制约因素。除非人们可以创立并且维系公司组织，否则不会产生现代经济。"[3]蒙蒂格拉诺的大部分居民是处于温饱阶段的农民；此类社群中的工业雇佣必须由外部来组织，极有可能是国有公司。虽然这个地区的许多大地主能够建立盈利的工厂，但他们却从不主动，因为他们认为国家有义务来承担风险。[4]

我们对班菲尔德的观点必须在若干角度加以限定和更新。最为重要的说明是蒙蒂格拉诺的原子化个人主义并不是整个意大利的共性，而是专属于南部区域。班菲尔德自己也发现了意大利北部和南部的巨大反差；北部地区有着更为密集的中间社会组织网络以及公民共同体的传统，因而更加接近中欧而与意大利南部相去甚远。在 100
过去的十五年间，观察家将意大利分为三个地区，而不只是南和北：贫困的南部地区，包括西西里和撒丁岛；由米兰、热那亚以及北部的都灵所构成的工业三角区；以及被冠以"第三个意大利"的中部地区，包括艾米利亚—罗马涅、托斯卡纳、翁布里亚、马尔凯以及东北部的威尼托、弗留利和特伦蒂诺。第三个意大利区域有着鲜明的特征，将其与传统的两个意大利地区区分开来。

罗伯特·帕特南（Robert Putnam）通过测量“公民共同体”（civic community）将班菲尔德的研究发现扩展到整个意大利：所谓“公民共同体”指的是人们建立非亲属关系组织的倾向，即是自发社会性。帕特南发现在意大利南部公民共同体极度匮乏，反映在测量指数上，则是极少数的结社，例如文学会、体育和狩猎俱乐部、地方报社、音乐团体、工会等等。[5] 意大利的南方人对比其他地区居民更不愿意阅读报纸、加入工会、投票以及参与本社区的其他政治活动。[6] 此外，南部居民对于同地区其他居民抱有较低的社会信任，对于其他人是否会遵纪守法也没有信心。[7] 帕特南认为，意大利天主教思想与公民社会意识有负相关性：越往南，人们参加弥撒、举办宗教婚礼、反对离婚等行为指数就越高，同时公民共同体意识也越弱。[8]

帕特南发现，虽然随着意大利战后经济发展，出于生计的社会竞争压力已经减轻，但是班菲尔德提出的无道德家庭主义在南部依旧盛行。他认为，南部家庭之间所存在的这种孤立与不信任已经有几代人的历史，并且一直延续至今。一份 1863 年的报告写道，在卡拉布里亚区（Calabria），“没有结社，没有互相援助；一切都是孤立的。社会单单由公民和宗教联系所维系；但是在经济层面却不存在任何结社，家庭之间、个体之间以及个体与政府之间都毫无团结可言”。[9] 另一位意大利历史学家指出，在世纪之交，“农民阶层内部的战争要比它们与农村社会其他阶层的冲突频繁得多……这种态度的盛行，只有置于一个充满不信任的社会环境里才能解释清楚”。[10] 这些特征描述与中国农民生活的情况甚为相似。

在意大利南部，我们还注意到另外一个常见于中间社会组织 101
羸弱的核心化社会里的现象：最有力的社团组织是“犯罪共同体”，它们往往不受普遍道德律法的约束。[11] 在意大利，这样的组织有例如黑手党、光荣会、卡莫拉之类臭名昭著的犯罪团伙。和中国的堂会一样，意大利的犯罪团伙类似家庭，但并不是严格意义上的家庭。在家庭外缺乏信任关系的社会里，黑手党成员的歃血盟誓相当于一种亲属关系的替代，让他们在背叛诱惑极大的环境里可以相互信任。[12] 高度组织化的犯罪团体也常见于其他中间团体羸弱的低信任社会，例如后共产主义时代的俄罗斯和美国的城市中心。当然，在意大利南部地区，政治和商业精英的腐败也比北方地区普遍得多。

对比而言，意大利社会资本最雄厚的区域均在北部（皮埃蒙特、伦巴第大区、特伦蒂诺），尤其是在例如托斯卡纳和艾米利亚—罗马涅这样的第三意大利地区。[13]

依照本书的大主题，即社会资本对于经济组织的活力和规模有着重要的影响，我们可以假设，在意大利不同区域间经济组织有着显著不同的特征。的确，南北部的数据对比凸显了这一趋势。意大利的大型企业数量要小于其他与之绝对国民生产总值对等的欧洲国家，例如英格兰和德国；而国民生产总值只有意大利五分之一到四分之一的国家，例如瑞典、荷兰和瑞士，也拥有和意大利规模相当的企业。[14] 如果把国有公司排除的话，意大利跟其他国家和地区之间的差距更为显著。意大利和台湾、香港一样，几乎没有大型、公共控股且实施专业管理的跨国公司。为数不多的例如阿涅利（Agnelli）家族名下的菲亚特集团（FIAT）或者奥利维蒂（Olivetti），都集中于北部的工业三角区。对比而言，意大利南部是类似于台湾的标准马鞍状分布。私有企业弱小并且由家庭持有，迫使国家介入，通过补贴大型、低效率的国有公司来维持就业水平。

许多人认为意大利政府羸弱不堪，甚至根本不存在，但是这是
将羸弱和低效混为一谈。就其正式实力而言，意大利政府和法国政
府不相上下，前者是在统一之后按照法国路线特意打造的。在 20 102
世纪 70 年代的一系列去中央化的政策颁布之前，各地区的政策均
是由罗马统一制定的。比法国政府更胜一筹的是，意大利政府还直

接经营若干大型企业，包括芬梅卡尼卡（Finmeccania）、意大利国家电力公司（Enel）、意大利国家劳工银行（the Banca Nazionale Del Lavoro）、意大利商业银行（the Banca Commericale Italina）以及埃尼化学公司（Enichem）。1994 年 4 月，短命的贝卢斯科尼（Silvio Berlusconi）右翼政府上台之后，曾经有过将意大利一大部分国有企业私有化的讨论，而在法国，巴拉迪尔（Édouard Balladur）的保守党政府上台之后，也有过类似的讨论。这两个国家是否能够完成私有化，目前看来还是未知数。

意大利在过去一代间最富有经济活力的区域，是位于中部的“第三意大利”，这里有着社会资本的最大谜题，也同样是与台湾和香港最为类似的区域。早期关注第三意大利的社会学家注意到，这一区域的产业机构基本上由小型、家庭所有、家庭管理的公司构成。[15] 在贫困的南方地区，农民家庭主义依旧是主要特征，而第三意大利的家庭企业则是创新性、出口导向的，并且大多数是高科技公司。例如，这个地区是意大利机床产业重镇，有着大量的小型数控机床（例如电脑控制的机床）生产厂家。这些厂商的生产量在 20 世纪 70 年代末已经使意大利一跃成为欧洲第二大机床生产地（仅次于德国）。[16] 不少意大利产的机床甚至在德国汽车制造业都占有一席之地。尽管有着相当高的总产量，艾米利亚地区的机床产业的流水线生产往往非常缓慢，通常只相当于一台客户定制机器在运转。[17]

第三意大利的其他有着高度竞争力的产品包括布料、服装、家具、农场机械以及其他高端资本产品，例如制鞋设备、工业机器人、高品质瓷器以及瓷砖。这证明，在小规模产业和技术落后之间没有必然的联系。意大利是当今世界工业机器人的第三大出产地，然后这一产业产量的三分之一是由雇员不到 50 人的企业完成的。[18] 在很多方面，意大利都已经成为欧洲时尚产业的中心，20 世纪 60 和 70 年代，很多品牌都从法国搬到这里。1993 年，意大利的布料和
服装创造了高达 180 亿美元的贸易盈余，和食品以及能源的贸易 103

赤字相当。在这一产业中，仅有两家大规模的上市企业，贝纳通（Bnetton）和西敏特（Simint）；68% 的工人都受雇于少于 10 名雇员的公司。[19]

许多关注第三意大利小型家族企业的观察者发现，这些企业喜欢扎堆到某些工业区。阿尔弗雷德·马歇尔（Alfred Marshall）在 19 世纪首次注意到这一趋势，在工业区，这些企业可以充分利用当地集中的手艺和知识。这些区域被认为是意大利版本的加州硅谷或者波士顿 128 号公路。有些案例中，这些工业区是当地政府特意扶持的，例如提供培训、融资等服务。而在其他案例中，小型家庭企业和其他志同道合的公司构建出了自发型网络，并且将供给和市场服务承包给其他小型企业。这些网络与亚洲的网络组织相似，但对比日本的财阀组织，它们在规模上更类似于台湾和其他华人地区的家庭网络。意大利的网络似乎行使着某种与亚洲网络相似的经济功能，它们一方面构成了规模庞大的经济体和纵向整合，另一方面又保持了小型持有者管理企业一贯的灵活性。

第三意大利小型企业的多样性和成功经验受到了广泛的研究关注。这一类工业区往往充斥着小型的工艺导向的高科技公司，这是迈克尔·皮奥里（Michael Piore）和查尔斯·萨贝尔（Charles Sabel）所谓的"灵活专精化"范式的主要特征。[20] 皮奥里和萨贝尔认为，大型企业的大规模生产并不是工业革命的必然结果。基于工艺技能的小规模企业不仅没有被大型企业消灭，而且随着消费市场变得高度细化、复杂和瞬息万变，或许只有小型组织高度的灵活性和适应性才能提供溢价。皮奥里和萨贝尔认为，小型的、以家庭为基础的企业生产商的聚集不仅仅是意大利发展的一个有趣现象，而且代表了一种未来可能在其他国家复制的增长——这样的增长可以避免大规模生产模式最坏的异化特征。我们以下会讨论，这两位学者的看法是否正确，取决于小规模工业化在多大程度上有着文化基础。

许多外围的观察者看到意大利的小规模工业化现象，于是希望
它能够成为可以推而广之的工业发展模式，无论是在欧洲还是在世 104
界其他地方。例如，欧盟委员会在近年将意大利的工业园区作为创造就业机会的小型商业发展的典范。在战后，欧洲的大型企业通过提高效率来稳步削减岗位，中小型企业提供的就业机会的比率出现了增长。[21] 但是小型企业就业机会在欧洲的分布并不均匀，并且就欧洲整体而言增长远没有在美国那么强劲。[22] 许多工业区模式的支持者往往认为，小规模工业本身就是一个好策略，他们也同时强调这一现象的许多方面会受到政策的影响，例如由当地或者区域政府构建教育和技能培训体系。

很明显，在意大利北部和中部地区，大量的社会资本可以用来解释这些地区更加繁荣的经济。罗伯特·帕特南认为经济体不能用来预测一个社会内部的自发社会性（或者用他的说法“公民共同体”），这一点他毫无疑问是正确的；反之，自发社会性却能预测经济成就，甚至优于经济因素。[23] 在 1870 年意大利统一的时候，北部和南部都没有工业化。的确，在北部地区工作人口比例要高一些，但是工业发展在北方迅速展开，而南方在 1871 到 1911 年间的工业化和城市化进程要略微缓慢一些。北部的人均收入一直保持领先，到今天地区间的差异依旧很大。这些区域性的差别无法用政府政策来解释清楚，因为这些政策（绝大部分）在意大利完成国家统一之后由新出现的中央政府统一制定。然而，这些区域差别却与各区域内部的公民共同体或者自发社会性的程度密切相关。[24] 意大利各地都有家庭企业，但是对比在社会信任缺失的南方家庭企业，这些在有着高度社会资本区域的企业一直都更加多样化、更具创新精神、更加富有。

就规模而言，在意大利中部地区的小型家庭企业看上去像是一个极端案例。意大利北部的企业比南部的规模大，这一点不难理解，因为前者的社会资本要更加雄厚，但是为什么在意大利中部，也就

是帕特南认为意大利所有区域中社会资本最为雄厚的地方，却成了 105 小型企业的集聚地？这一地区的社会信任原本可以使制造商超越家庭经济组织，正如其政治生活不似南部那样高度依赖于家庭和私人庇护。

也许除了社会资本之外还有其他外界因素——政治、法律或者经济——促进了大规模组织在北部的发展，并相应阻碍其在中部的发展。在无法找到合适的解释时，我们可以参考两个说法。其一，我们在考察第三意大利产业结构的时候，我们应该更加关注其网络而非个体公司。正如与之类似的亚洲组织，这些意大利网络使得小企业无需变成大型集合化的企业，即能达成规模经济。然后，与华人网络不同的是，意大利的网络并不依赖于家庭，而是非亲属通过职业和功能达成合作关系。按此说法，小型网络化公司是企业家特意的选择，这些企业家有着高度的自发社会性，只要他们愿意，他们就可以选择规模化。

另一方面，也有证据表明，这些企业的小规模和它们的网络结构是无法进行制度化的结果，而不是特意的选择。因此，第二种说法是，在意大利中部，家庭关系依旧强大，并在商业生活中打上了深刻的烙印，但同时又没有破坏在政治领域广泛的公民共同体意识。也就是说，在意大利中部，并没有出现强大家庭和强大自发结社的置换；二者同时都具有凝聚力，就如同在其他社会，二者可能同时都羸弱。

的确有证据支持第二种说法。对比欧洲其他地方，家庭主义在整个意大利有着更强大的影响，无论是北部、南部还是中部，但它在各个区域间还是存在着显著区别。有不少观察家谈到该国各区域间家庭结构的不同。最近的一些研究表明，正如在中国一样，核心家庭模式在整个欧洲的普及率比我们原先所想得要高，起码从 14 世纪开始就是如此。[25] 然而意大利中部却是一个例外，这一地区从中世纪以降，复合家庭关系就一直延续，至今保持着较强的影响力

和凝聚力。[26] 所谓“复合家庭”（complex family）和华人的联合 106
家庭多有相似：父母亲和他们成婚的儿子以及他们各自的家庭居住在一起，或者就近居住。这一扩展家庭的模式到今天依旧如此。在第三意大利，50% 的人口都在复合家庭中生活，而对比之下，在北部三角地区（伦巴第、皮埃蒙特和利古里亚）这个比例是 27%，在南部仅有 20%。相对的，北方三角区核心家庭的比例就高得多（占人口的 64.6%）；并且有趣的是，这个比例在赤贫的南方甚至更高（74.3%）。[27] 最后这个数据支持了班菲尔德的观点，他认为核心家庭是南方主要的亲戚单元，也是人们感觉道德责任的所在。

我们可能会认为，意大利和中国最为相似的是南部地区，因为在那里，社会信任保持在核心家庭内部，而没有亲属关系的人很难达成合作关系。事实上，第三意大利的家庭结构和中国家庭最为相近。[28] 对比典型的中国农民家庭关系或意大利中部的较大型家庭，在班菲尔德所描述的蒙蒂格拉诺小镇，农民家庭不仅规模要分化得多，而且更加孤立。以下是班菲尔德对家庭紧张关系的描述：

> 每当有新家庭成立的时候，它与旧有家庭之间的关系就弱化了。婚礼安排则是新郎新娘和对方家庭成员交恶的好时机。为了保护新家庭不受旧有家庭的强势欺凌，人们不惮恶意相向。然后这同样令家庭成员之间难以达成合作。之所以家庭地产被分割成极小块且分散的小片，就是因为家庭分崩离析。举例而言，布拉托同父异母的姐妹拥有的田产与他相邻。她自己不能耕种，但她不会把田产租借或者出售给他，因而这块田产就荒废了。如果农民和他们的兄弟姐妹关系良好，他们还有可能在分割田产时通过一系列的交换而达成合理分配……即便家庭内没有嫌隙，儿子一旦结婚，他们和父母的关联也就自动瓦解了。一旦他有了自己的妻儿，他便没有义务关注父母的福祉，除非他们就要饿死了。[29]

班菲尔德所描述的社会和中国截然不同，后者有着强烈的家庭责任观。意大利南部的家庭规模如此之小，如此分化、羸弱，以至于它们无法成为经济产业的基础。而华人家庭，也就是说华人家庭 107
企业，可以指望儿子、女儿、叔伯、祖父母甚至血缘组织中更远的亲属来提供商业组织所需的人力。而这恰恰就是第三意大利所拥有的家庭结构：这样的家庭结构是现代意大利家庭企业的支持来源。

一些社会学家还指出，有另外一个因素可以解释意大利中部地区家庭企业的普及：佃农制度。[30] 佃农耕种是基于地主和农民户主之间的长期契约，后者代表家庭其他成员签订合同。为了保证田产被充分利用，地主往往希望他的佃户家庭足够庞大，而佃耕合同让他可以充分控制佃农家庭，例如决定他们是否可以搬走或者结婚。在很多时候，田产规模之大，以至于核心家庭无法独立完成耕种。于是这便成了发展大家庭的经济驱动，这些家庭往往成群居住在他们租种的土地上。对比而言，在意大利南部，农业劳动力最主要的形式是计日工（bracciante），他们在市场上出售自己的劳动力，和他们所工作的土地没有长期协议。计日工通常以个体形式受雇佣，居住在镇上，而不是他们所劳作的土地。在意大利中部的佃农则以家庭单元形式工作，并且共同拥有财产——工具和牲畜。如此所构建出的驱动力是鼓励勤俭和创业，而这样的驱动力在南部地区的劳工身上是不存在的。[31] 如此看来，意大利中部从事佃农耕种的扩展家庭构建了一种有凝聚力的经济单元，这一点与中国农民家庭颇为相似。这一现象出现在工业化之前，并且在此后依然作为家庭企业的自然基础。

为什么意大利各区域间的自发社会性会有如此显著的差别？为什么在南部要比中部和北部低那么多？这大体可以通过各区域有史以来中央政治集权化的程度来进行解释，而这一进程远在工业化开始之前。在南部地区的无道德家庭主义，其根源在于西西里和那不勒斯的诺曼王朝，尤其是在腓特烈二世（Frederick II）时期。这一南方王国建立了早期的王权绝对主义，打破了期望自治的市镇的独立性。在乡村出现了陡直的社会阶层，地主贵族对于迫于生计的农民有着极大的控制权。虽然在一些社会中，宗教可以起到加强中间 108
机构的作用，并促进组织自发性，但是在意大利南部，天主教会只起到加强君主专制的作用。教会被视作是外加的义务和负担，而非由其成员自发加入并且控制的社群。

这一中央集权的权威与北部和中部地区的去中央化形成鲜明的对比，例如威尼斯、热那亚和佛罗伦萨等城邦在中世纪末期已经是独立的共和国。这些商业化的城邦不仅政治上独立，而且不时使用共和制的政府形式，这一形式要求其成员有高度的政治参与。在这样的保护伞下，丰富的联合体得以发展，包括行会、邻里协会、教区组织、兄弟会等等。在北部和中部，教会不过是众多组织中的一个而已。用帕特南的话来说，“到 14 世纪初，意大利催生出了，不是一个，而是两个创新性的治理模式，各自有着其社会和文化特征——广受推崇的南方诺曼封建贵族制度，以及北方富有创造力的公社共和制”。[32] 此后，北方被“再封建化”，重新纳入一系列中央集权的权威统治之下（其中许多是外国势力），但是在文艺复兴时期构造出的共和传统作为北方文化的一部分得以延续下来，在现代成为远高于南方地区的高度自发社会性的源泉。

正如“第三意大利”这个称呼所暗示，这一地区是南北地区所代表的两个极端之外的另一种立场。一方面，它所受到的家庭主义的影响要比南方地区更加发达且强烈。这样的家庭主义理所当然成为家庭企业的经济基石，即便它抑制了家庭企业朝着更大规模发展。另一方面，意大利中部和东北部地区受到北方公社共和精神的影响，于是冲淡了南方地区的高度分化的家庭主义。于是，艾米利亚—罗马涅或者马尔凯地区的网络化家庭企业，位于南方极小规模的农民产业和北方大规模、专业管理企业间的居中位置——既没有完全的原子化，也没有完全融入大型组织。

灵活专精化的支持者喜欢把意大利的小规模工业化描述成工业组织的理想化模式。据此观点，意大利家庭企业融合了非异化的小 109
规模、工艺技术、有效尊重家庭传统、技术精良以及其他往往是大型企业才有拥有的优势。帕特南将这些区域的经济行为描述成公民意识合作的完美典范，商业网络和地方政府契合，为所有人提供满意的工作和富裕的机会。[33] 但是小规模企业的网络化组织是不是未来的趋势？是不是融合了规模经济、小作坊式的亲密关系以及所有权和经营权的重新整合的新时代工业组织模式？[34]

意大利丝毫没有因为其商业的较小规模而付出代价。直到 1992—1994 年的萧条，意大利经济是整个欧洲发展最快的，在很大程度上是因为其小型企业部门的多样化。小规模对于意大利国内生产总值增长未能构成多大制约，这跟台湾和香港的情况大体一致。用一位主流意大利设计师的话来说，服装产业“每半年左右……就要以惊人的速度更新一次”，小规模毫无疑问是一个优势。[35]

但是这一形式的工业化也有许多负面因素。意大利家庭企业通常寿命较短，而且无法采取有效的管理手段，这一点和中国家庭企业如出一辙。在硅谷和 128 号公路有许多小型的、处于创业阶段的公司，但是他们都成长为巨型的、官僚构架的企业，例如英特尔（Intel）和惠普（Hewlett-Packard）；如果这些企业不采用集团组织模式，他们是绝不可能成为行业巨头的。虽然有贝纳通和范思哲（Versace）等特例，意大利的中部家庭企业中很少能够完成类似的转型。迈克尔 · 布林（Michael Blim）深入研究了马尔凯地区的小规模工业化，用他的话来说，

> 圣洛伦佐几乎所有的企业家都拒绝通过搭建管理结构来完成公司的制度化；因而，他们只有靠自身的聪明才智，有时还要靠纯粹敢干，来生存和发展。然而最终，即便是他们当中最善于应付的企业家，也因为疲惫而退休，或者在他们退休前就

> 破产，事实上都算是失败。所幸的是，因为创业的成本低，所
> 以依旧有年轻的企业家带着无可取代的赤子之心来接替他们的
> 位置。然而常常出现的情况是,第二代企业家丢失了勤俭的习惯，
> 而这一习惯是企业积累的基础。很快，公司的盈利就挥霍在奢 110
> 侈浪费和提升社会地位上。[36]

正如台湾的情况一样，这些小型的家庭企业竞争十分激烈，尽管他们有着网络联系，这些企业的分化程度和对于彼此的不信任要远远超过某些国外支持者的估计。家庭企业与员工以及供应商之间的关系最能体现公民意识的发达程度，而在这一点上，这些企业因为种种行径而遭到质疑，例如普遍使用“黑工”，通过一些非法手段拒绝支付额外福利或者谎报收入，以及非法购进货物等等。[37] 在许多时候，意大利中部小企业之所以能够成功，是因为他们的雇员没有像北方工业三角区的雇员那样组建工会，因此获得的薪酬要少很多。[38]

虽然规模大就不一定好，但对于某些行业来说，毫无疑问是大规模有优势，但家庭主义的本质令这些企业无法进入新兴市场，或者利用规模优势。虽然在某些消费者市场已经有产品分化和细化的趋势，但是大规模生产还未退出历史舞台，规模经济也已经活跃于许多行业。正如台湾和香港一样，企业的家庭化倾向既是优势也是制约，而对于意大利的企业来说，这一点制约了它们朝着全球经济中某些需要规模化发展的行业进军。就此而言，意大利家庭企业间兴起的网络并不能代表未来的发展趋势，不过是证明这些企业无力朝着更加高效的规模发展，或者完成开拓新市场和抓住技术机遇所必需的纵向整合。毫无意外的是，这些企业和台湾企业一样，都专于机床、陶瓷、服装等不需要靠大规模来盈利的行业。在另一方面，众多小型家庭企业组成的网络是否就能缔造一个意大利的半导体产业，这非常值得怀疑。

许多观察家将意大利和欧洲大陆对比，但据我所知，还没有人
对比过意大利和中国。虽然这两个国家在历史、宗教和文化的其他
方面都相去甚远，但它们在若干重要方面却十分相似。在这两个国
家，家庭都在社会结构中扮演了核心角色，而在非亲属组织中都有
着相应的弱点，它们的产业结构都包含了相对小型并且通过网络关 111
系相互依存的家庭企业。两国的相似之处还不止这些；因为规模小
和决策机制简单，第三意大利、台湾和香港的企业非常适应快速变
化且高度分化的消费者市场，或者生产例如机床等无需大规模的货
物市场。在两个社会中，小型家庭企业依赖网络来达成规模经济。
另一方面，意大利和中国的家庭企业都因为规模的限制而无法突破
这些产业，从而在全球经济中占有类似的市场份额。因此，就产业
结构而言，意大利的这些地区在本质上都是儒家的，而它们在适应
变化无常的经济环境中所面临的挑战也将是相似的。

第11章 113

法国：面对面

近几十年来，法国政府一直将打造法国在一系列高科技领域的领先地位作为首要任务，例如航空、电子和计算机领域。其措施与过去至少五百年来的政府做法相一致：一群巴黎官员制定促进科技发展的计划，之后再通过保护本土产业、发放津贴、政府采购、（在1981年社会党获胜后）一部分高科技企业的完全国有化（包括整个电子产业）等手段实现这些计划。这种强硬的工业政策（或曰“经济统制”）的确有一些效果：航空工业发展稳健，包括协和超音速飞机、一系列用于出口创汇的军用飞机、一个进行中的航天发射计划以及在其欧盟伙伴的帮助下创建的一个商业航空公司——空客公司。[1]

但法国高科技产业政策的整体表现却差强人意。20世纪60年
代末，法国政府的计算机计划预测，强大的计算能力仅限于数量有 114
限的庞大的分时计算机，而就在微型计算机革命到来前夕，法国政府还在补贴大型机的发展。[2]80年代初，法国的计算机产业开始国有化并获得巨额津贴，但不久这一产业就开始出现巨额亏损，增加了政府的预算赤字，并导致法郎贬值。之后，除了垄断的法国电信

市场外，法国企业从未成为软件或硬件的前沿供应商。政府政策也未能培养出世界级的半导体、生物技术或汽车工业。

法国产业政策的不良记录往往成为自由市场经济学家诟病产业政策的依据。的确，这些记录让我们认识到政府在缔造产业赢家方面能力有限。但是许多批评家没有考虑的是，法国政府之所以一直企图干预经济，正是因为法国的私营经济一直缺乏动力、创造性和创业精神。用皮埃尔 · 德雷福斯（Pierre Dreyfus，前工业部长，雷诺汽车公司的前任总裁）的话来说：“法国的私营企业不愿冒险，它们冷漠、胆怯、畏首畏尾。”[3] 在过去的一百五十年时间中，法国的私营企业从未成为新组织形式的领军人物，也从未因规模庞大或掌握复杂的工业流程而闻名于世。除去国有或者国家扶持的企业外，法国最成功的企业往往是家族型企业，它们所面向的是相对小众、高品质的消费者或特色市场。

如果这一模式听起来耳熟，那么确实如此。将现代法国这样一个复杂而高度发达的社会，与远东小型而新贵的华人社会相比较，虽然看起来相当冒失，但是从构成社会资本的本质方面来看，两者之间确实有着众多的相似性。法国家庭和政府之间的中间社团组织较为薄弱，这让法国私营经济受到限制，难以催生出大规模、强盛、有活力的企业。其结果是，法国的经济生活围绕家族型的企业抑或大型国有公司，而这些国有公司是在政府出手拯救奄奄一息的大型私有企业时成立的。中间组织的缺乏不仅对法国的工业结构产生了显著影响，而且还影响了法国的劳工与管理者之间的关系模式。

在此我们应该先指出法国与儒家社会存在非常重大的差异。说 115
法国跟中国一样在任何方面都是家庭主义的，甚至说法国有类似于意大利中部的家族主义，都是不正确的。除了天主教教会和拉丁民族传统给予家庭的一般约束力外，法国从来没有出现过一个明确的思想体系来赋予家庭特权。法国在中世纪时有着各种各样的中间组织——行业公会、宗教社团、市政组织和俱乐部，几乎都是是建立在血亲关系上的。后来，法国成为“唯才是用”这一理念的首创国，即以业绩为客观标准而非出身或承袭的社会地位。法国家庭，无论社会阶层如何，都从来没有成为自给自足的经济单元，也从来没有中国家庭严格的父系制度。法国贵族阶层和显赫的资产阶级中常常可见的父母亲名字连在一起，这一点足以证明了母系继承的重要性。

此外，至少自早期现代以来，法国国家就有了与中国十分不同的合法性和荣耀感。从理论上讲，儒家意识形态赋予位于中国社会上层的皇帝、朝廷以及帝国官僚机构以合法性。但是，在中国人中间也有着不信任国家的传统，并且会为了对抗国家的掠夺而捍卫自己家族的特权。对比而言，在法国，最优秀和最聪明的人才一直以来都向往为政府工作，他们都希望进入国家行政学院（ENA）或其他高等学院，以保证以后在官僚机构谋得一官半职，或者管理其他大型的国有企业。反观华人世界，尽管人们对从事官僚职业的谨慎心态在改变，不过相对来说，只有少数野心勃勃的人才会选择进入公务机构，多数人还是会通过私人事业来寻求自己和家庭的幸福，这一点无论在中国大陆、台湾、香港还是新加坡，都是如此。

法国家庭的真正重要之处并不是其是否强大或团结，而在于由于在家庭和政府之间缺乏能够缔造个体忠诚的中间组织，家庭遂被推到前台成为社会凝聚的主要模式。这一点没有争议，至少在经济生活中是如此。

20 世纪 40 年代末，经济史学家大卫 · 兰德斯（David Landes）
在一篇重量级论文中指出，与英国、德国或美国相比，法国经济相 116
对滞后的原因在于传统家族企业占据了经济主导地位。[4] 兰德斯认为，典型的法国家族企业家骨子里头是非常保守的，厌恶新生和未知事物，首要关注的是家族企业的生存和独立，因此他不愿意公开募股，或寻找资本来源，生怕削弱他对企业的控制。法国的生产商有着强烈的保护主义意识，远不如德国人那样以出口为导向，他们把自己更多地看作是一个工作人员而非企业家，并且“把政府当作父亲一样，在他的怀抱中，他总能找到庇护和安慰”。[5]

杰西 · 皮茨（Jesse Pitts）将兰德斯的观点进一步扩展，他认为成功的法国资产阶级已经被贵族阶层的风俗和价值观所同化。后者鄙视资本主义，颂扬高贵的个人英雄主义行为，胜过持续、稳定的理性积累过程。[6] 法国资产阶级家庭并不想通过发展和创新来扭转现状，而是向往贵族的安定、拥有地产、食利的生活状态。巨额财富的积累难以实现，部分原因是由于创业家庭不愿意承担太大风险，也是家庭的本质所致。长嗣继承权在法国大革命时期因其不民主而被废除，而法国家庭的母系继承思想往往导致内部摩擦和财产分割。其实，皮茨还可以再加上一点，那就是到了 20 世纪，法国贵族保守的反资本主义思想被另外一种同样反资本主义的思想所取代，出自一批马克思主义知识分子。这一思想影响深远，尤其是影响了法国商人对自己所从事的工商业的合法性的看法。

兰德斯认为法国经济落后有其家庭主义的根源，这种观点之后反复受到抨击。最重要的反驳是，在 20 世纪 50 年代，法国经济开始迅速发展，创造了不逊于德国经济的微型“奇迹”。于是，法国落后或反应迟钝的假设渐渐遭到质疑。[7] 今天，倘若用同等的购买能力而非美元来比较的话，法国是工业化世界中人均收入最高的国家之一。于是，一些学者提出了很多修正观点，他们认为，首先，法国的增长速度从未明显低于英国和德国等那些所谓更先进的国家[8]；其次，家族企业创新和创造新财富的能力并不亚于专业管 117
理型企业。[9] 汽车制造商雷诺公司和发明百货商店这一形式的“优市”（Bon Marché），就是家族企业的规模发展、生机勃勃的实例。[10]

尽管有这些批评，不可否认的是，法国经济的家庭主义组织结构一直到延续到 20 世纪下半叶前。同样不可否认的是，与德国和美国相比，法国的家族企业向专业管理型公司的转化开始得比较晚，而在促进这一转型过程中，法国政府起了巨大作用。德国企业早在

19世纪70年代就开始采用公司形式的组织结构，而此时在法国，家族领导企业的合理性依旧无人质疑，而在两次世界大战期间，家族企业仍然保持了它们的主导地位。[11]20世纪30年代中期，一系列法令出台，削弱家族的控制，其中包括股东的平等投票权，但是法国企业普遍向公司管理制转型则要等到直到二战结束之后才算真正开始。[12]按人均收入来计算，法国的增长速度可以赶上英国，但是经济史学家一致认为，法国在学习新技术方面，尤其是“第二次”工业革命的技术（化工、电子设备、煤炭、钢铁等领域）要比德国或美国慢。法国的贸易协会一直都不如德国发达，而贸易协会在提升行业标准、训练人才、培育市场等方面都有着极其重要的作用。法国的贸易协会尽管已经现代化，但是它们所起的作用多是通过关税和津贴来保护既有经济不受竞争的威胁。[13]而且法国仍有着一种共识，即法国的制造业一直保持着19世纪就有的高品质消费品生产的传统，小规模的家族企业保存得尤其好。[14]

的确，法国经济的许多显著特点都可以归根到法国的家庭主义。
一些观察家认为法国产业受到马尔萨斯式市场组织的牵连而发展缓
慢，这种组织结构使大量小企业卷入“过度”竞争，因而降低它们
自身的营利能力，或者导致它们组成企业联盟来保护市场份额。但
市场结构是企业试图达成规模经济的结果而非原因。[15]如果法国企
业不能有效地做到这一点，那问题很可能不在市场本身，而在于家 118
族企业不愿扩张、不愿削弱其控制的特质上。同样的，有些人认为，
法国有着规模小而数量多的生产传统高品质产品的企业，是因为该
市场小众且细化的特点。的确，阶级区隔和某些贵族传统对法国消
费者的品位有深远的影响，但不可否认的是，大型现代化的营销组
织也有创造了市场需求。法国的大众消费品市场最终成型于二战后，
不过是比美国和德国的市场形成得略微晚些。但这一相对迟缓，归
根结底，恐怕还是缘于法国家族企业萎缩过慢。[16]

传统的法国资产阶级家庭团结、自我中心，并且关心地位和

传统，这些一直是法国文学和社会评论的主题。正如其他家庭主义社会一样，法国社会长久以来在文化上排斥收养，拿破仑执政时期创立收养基本法，在最高行政法院激起强烈争论就恰恰反映了这一点。[17] 但是法国的家庭主义不如中国和意大利中部的家庭主义顽固。那么，为什么法国的家族企业在向专业管理和现代公司结构转化方面如此迟缓呢？

问题的答案还是要归结于法国人中间的低信任，以及他们长久以来无法在群体中达成自发联合。多年来，各路的观察家都发现，法国缺乏在家庭和政府之间的中间组织，其中第一位也是最重要的一位是托克维尔。托克维尔在《旧制度与大革命》一书中阐述道，在大革命前夜，法国社会阶级之间有着巨大的鸿沟，而在每个阶级内部还存在着细微的地位区分，这些区隔阻碍了人们达成合作，即便是当他们之间有共同的重要利益的时候也不例外。

法国社会学家米歇尔 · 克罗齐耶（Michel Crozier）指出，他所研究的二战后行政机构和工业垄断同样具有上述法国社会的特征。每个官僚机构内部都不存在任何形式的社团或小组，没有工作方面或者消遣方面的协会；甚至，员工在组织内很少有朋友关系，他们更愿意依照组织所界定的、正规的、等级分明的准则来相处。[18]
克罗齐耶还引用了他关于法国社会缺乏非正式社团的其他研究：比 119
如一个村的孩子不会形成群体或小集团，而且即使有，也不会发展出延续到成年期的长久关系[19]；又或者成年人在有共同利益的项目中很难合作，因为这会破坏理论上村民间的平等。[20]

换句话说，法国文化的深层结构里不喜欢非正式的、面对面的关系，而这类关系却是新型非正式组织所必需的；法国文化更喜欢法律明确定义的、集权的、等级式的权威。再换句话说，享受平等地位的法国人若是找不到更高一级的、更有力的权威，他们之间的问题就难以解决。[21] 正如克罗齐耶所言：

> 在法国文化中，面对面的依赖关系是让人难以忍受的。法国对于权威的普遍看法仍然是普世主义和专制主义的，仍然保留了 17 世纪政治理论的遗风，即理性与放纵的混合体。这两种态度相互矛盾，但它们却能够在官僚体制中协调起来。这是因为，不发展私人关系的规矩以及中央集权式的结构，恰好对应了奉行绝对权威的观念和铲除最直接的依赖关系，使它们协调不悖。换句话说，要解决法国人对权威的矛盾态度，组织的官僚体制是的完美解决方案。[22]

在法国经济生活的许多方面，都可以看出法国人对直接的、面对面的关系的厌恶。车间工人不愿意自发地组成团队，而更愿意在由中央管理层或由中央管理层与劳工协商统一制定的正式准则的基础上合作。劳雇关系也为同样的形式主义所困扰，工会不会通过与本地的管理层交涉来解决问题，而是将问题转给上一级领导，最后甚至推到巴黎中央政府。

法国人偏好中央集权，与之相对应的则是结社生活的薄弱，这一现象的历史根源可以追溯到 16 至 17 世纪法国王权对贵族阶层斗争所取得的胜利，以及王权对其他权力中心展开的系统性压制和管控。在这一点上，它与中国的皇权制度和意大利南部的诺曼王朝可说是十分相似。[23] 法国中央集权政府的出现最初并不是受经济的刺激，而是迫于政治压力——特别是因为需要调动一支庞大的军队来保护并扩大法国历代王室的财产。[24] 地方行政官被废黜，取而代之 120
的是省督制，省督由巴黎直接委派并受皇家议会的监督，皇家议会享有不断膨胀的职权。根据托克维尔的研究，这种政治集权的后果是：“法国再也没有城镇、自治区、村庄或小村落，无论大小，而医院、工厂、修道院或大学再也无法按照自认为合适的方式管理内部事务，或在管理其财产时不受任何干预。”[25]

在经济事务中，皇权对财政事务的全盘控制开始于查理七世

（1427—1461）统治时，并在 15 世纪末到 16 世纪初，其后的路易十一、路易十二和弗朗西斯一世统治时进一步扩大，这一过程通过或多或少一直在上升的税率可以证明。托克维尔指出，税制最恶劣的一面是它的不平等性，因为它使人们感觉到他们之间的差异，并开始嫉妒他人的特权。[26] 除了税收外，国王又发明了一个生财之道，即卖官鬻爵，于是官僚机构越发庞大。这些买官者往往不行使正式职能，或至少不行使有社会作用的职能，但是他们可以免交各色杂税并且获得用以彰显社会地位的头衔。[27] 跟传统中国的官府一样，法国官僚机构成了一个巨大的黑洞，消耗着所有有志有才之士的能量："法国中产阶级加官晋爵的强烈欲望是举世无双的。他只要发觉自己有了些许积蓄，就会尽快将它花在购买官职上，而不是将它投资在商业中。"[28]

官职的买卖还有一个更恶劣的长期后果，即将法国社会分成若干等级，等级中又再分更细的阶层，于是人们发现彼此处在对官职和王室恩惠的激烈争夺中。托克维尔对此有着生动的描述："每个小群体都因某些微不足道的特权而彼此排斥，毫无诚信甚至成了光荣的标志。它们彼此之间，经常发生谁上谁下的无休止的斗争。他们的争吵声使省督和法官头昏脑涨。"[29]

在现代法国，旧制度的税制和特权政策所造成的地位差异仍然存在，并且对经济生活有着无尽的影响。在很多方面，法国仍是一个阶层色彩浓重的社会。法国大众消费市场的发展相对迟缓，以及他们对小型、奢华、高品质产品市场的顽固坚持，都反映了法国中 121
产阶级消费者贵族式的品位。此外，劳工和管理层之间一直存在着鸿沟。与其他南欧国家一样，法国的工人运动在 19 世纪末 20 世纪初时带有无政府工团主义性质，后来带上了浓重的意识形态色彩并且为法国共产党所主控。在美国，劳资纠纷通常可以通过务实的态度得以解决，但在法国这类纠纷往往带上了政治色彩，通常需要中央政府介入才能解决。斯坦利·霍夫曼（Stanley Hoffmann）指出，贵族价值观甚至进入到了法国工人阶级当中，他们强调在与资产阶级的斗争要展现英雄气概。[30] 在这种敌对的职场气氛下，日本企业中那种模糊科层而强调团队或跨越阶级界线而形成的“公司家庭”等概念，对法国人来说犹如东方夜谭。

法国社会的阶级分明，加上法国人对权威的传统态度，造就了墨守法规、僵化的职业关系体制。研究法国政治体制的观察家指出，对于面对面参与的厌恶会减少重实效的调整机会，而且会导致沟通和反馈受阻。例行式的政治需要人民死板地接受强大的中央集权的官僚权威。实际上，这样的权威是非常脆弱的，当改革的压力造成了突破口，体制里的群众就会走向另一个极端，颠覆并怀疑一切权威。[31] 这种模式在法国的劳雇关系上周而复始地出现，法国的劳雇关系无法循序渐进地进行微调，结果常常是周期性地爆发高度政治化的工人运动危机，旨在达成全国性的运动目标。

在经理阶级（Patronat）中还存在大资产阶级和小资产阶级，或者说法国的两种资本主义，而二者之间的关系一直比较紧张。前者是天主教的、家族型的生产商，后者则是由犹太人和新教徒支配的资本主义，主要涉足金融、银行业和投机领域。[32] 正如英国伦敦的投机商看不起曼彻斯特和利兹等北方城市的制造商一样，在法国，巴黎的金融资本家与外省的制造商之间同样互不信任。在德国和日本，以银行为中心的工业集团高度依赖于金融和生产之间的高度信任，而这种情况在法国产业集团中甚为少见。法国早期曾尝试过建立这样的集团，如信贷银行（Credit Mob），结果在 1867 年以惨败 122
告终。

倘若说旧制度下的官僚体制行使了某种经济功能，则是对于法国经济生活各个层面的控制。行业公会是起源于中世纪的社会组织形式之一，从理论上说它们保留了一定程度的独立，照理应该成为反对政府集权倾向的先锋。但实际上它们已被政府接管，成为政府控制经济生活的工具。在每一种传统行业中，法国政府的调控实际上覆盖了生产过程的每一个环节。根据历史学家道格拉斯·诺斯和罗伯特·托马斯的研究，单单是染衣业，管理条例就有 317 款。行业公会被利用来建立限制市场的标准，设立难以对付的贸易壁垒。用他们的话说："系统性监控和行业公会官员的审查是如此繁冗，以至于在柯尔贝担任法国路易十四时期的财政大臣时，即便普通的衣料也要经过六道审查。"[33] 因此，行业公会并不认为自己应承担保护行业传统不受外来者侵蚀的责任，包括政府的干预。反之，它们却依赖政府来保护它们免受竞争的挑战，将它们的权力合法化，并加强它们对经济生活的控制。

这样的高度集权必然导致法国私营企业高度依赖政府保护和津贴。到 17 世纪，英格兰的法律已然发生变革，允许政府授权的公司保留因革新而产生的大部分收入，而法国政府却把这样的利润归公。即便是路易十四时期赫赫有名的财政大臣柯尔贝，也无力建立一个可以与英国和荷兰的东印度公司比肩的法国集团。他抱怨说："我们的商人无力从事那些他们不熟悉的业务。"[34] 在大革命爆发之前，法国私有经济一直习惯性地依赖于政府的恩惠，托克维尔对此有如下的描述：

> 在法国，政府已然取代了神的眷顾，每一个人只要遇到困
> 难，就会很自然地求助于它。我们看到大量请愿书，尽管请愿
> 者都自称是代表公众，但实际上都是为了满足他们自己的小私
> 欲……他们个个都把自己描述得悲惨之极。我们看到农民为自 123
> 己损失的牛或家园申请补偿；富有的地主则为了他们的庄园而
> 申请信贷帮助；制造商则向省督申请垄断权，使自己免受竞争
> 的威胁。[35]

法国政府习惯性地对经济过度干涉，尤其是代表大规模企业做出干涉，这一传统一直延续至今。私营企业在发展到一定规模

后，总会出于这样或者那样的原因陷入困境，最后被收归国有。回顾历史，这样的公司包括：汽车制造商雷诺公司（Renault）、钢铁制造商于齐诺尔—萨西洛尔（Usinor-Sacilor）、化学公司佩希内（Pechiney）、能源公司埃尔夫（ELF）、里昂信贷银行（Crédit Lyonnais）、高科技航空与电子公司汤姆森电信（Thomson-CSF）、斯奈克玛（Snecma）、法国航空航天公司（Aérospatiale）、布尔电脑公司（Companies des Machines Bull）等。

法国政府对经济生活的统制（dirigisme），既是法国私营经济薄弱和无法独立创建具有竞争力的大规模企业的原因，也是其后果。也就是说，在历史深处，中央集权化的法国政府有意通过税收和特权来削弱私营经济的独立性，以实现对它的政治控制，而政治控制弱化了企业的创新和组织精神。但在后来，创业精神的薄弱反之又成为迫使政府重新进行干预的动因，试图为谨小慎微、缺乏想象力的私营经济注入活力。政府的介入又使私营经济的依赖性得以延续。这个问题在20世纪社会党执政时变得复杂起来，因意识形态的原因，社会党希望将私营企业国有化，即便是当它们完全可以做到自力更生的时候。之后又轮到保守党执政，保守党同样因为意识形态的原因又希望将企业私有化。（这里应该指出的是，真正以市场为导向的保守党政府相对来说还是较新的现象；大部分保守主义者仍非常乐于掌控庞大的国有部门。）

大多数新古典主义经济学家可能会认为，国有企业必然要比私有企业效率低，因为国家没有使企业高效运作的动力。国家无需为破产担忧，因为它可以通过税收收入来保证企业运营，再不行的话，政府还可以印钞票应急。此外，政府还有利用企业达到政治目的的强烈动机，如创造就业机会和拉赞助。过去十年中，公有制的缺陷 124
其实是全球经济朝向私有制发展的根本原因。但是，国有企业或多或少可以达成高效运营，而且为国有化所牺牲的效率代价，最终还须根据该社会私营经济的创业能力来评判。在法国，国有企业往往在经营上允许有较高的自主性，因此在运营上与私有企业并无太大差别。[36]

如果把法国私营经济的薄弱看作一枚硬币的一面，那么另一面则是公有企业官员的才干和实力。自现代化以来，法国政府一直颇有威信（élan），其享有的高声望是其他集权官僚体制难以企及的。托克维尔一度评论道："在法国，中央政府从来不遵循南欧政府的套路，后者希望染指一切事务，但又每每把事情搞糟。法国政府一直展现出高度的智慧，并在完成自设的任务方面时，保持着惊人的干劲。"[37] 托克维尔所说的南欧政府，其中之一无疑就是意大利南部的诺曼王朝。对比而言，中央集权的法国政府成功地实现了现代化，并把法国打造成现代科技强国。跟前社会主义国家或拉丁美洲的国有产业相比，法国的国有产业一直经营得较有效率。例如，社会党在 1981 年开始执政，对钢铁和化学工业进行了重组，改革涉及诸多方面，其中包括因重组使得相当一批工人下岗。虽然工业基础设施的投资耗费了巨额的税款，但在国家的经营管理下，法国的钢铁工业愈发展现出竞争力。[38] 这期间当然也有大败笔，例如国有里昂信贷银行的经营不当，在 20 世纪 90 年代初，该公司累积了巨额坏账，最后不得不由法国财政部接盘。[39]

此外还有一个问题将法国的情况进一步复杂化，即文化变迁。法国人向来无法自发组建社团，因而社会中间组织变得薄弱，这是法国历史几个世纪以来持续不变的状态，旧制度与现代法国不得不"手牵手跨越大革命造成的深渊"。[40] 但是，正如法国社会生活的集权文化是法国特定历史阶段的产物一样，文化本身也受到其他影响而发生了变化。当二战后经济开始复苏时，查尔斯 · 金德尔伯 125
格（Charles Kindleberger）等观察家指出，法国家族企业的文化正在发生的重大变革，它变得越来越倾向于创新和专业型管理。[41] 过去的几代间，随着法国融入更广阔的欧洲共同体，并参与到全球化的世界经济中，它已经在推动文化统一化的进程。当法国企业想在全球舞台上一争高低时，工业现代化的势在必行对法国经济文化的关键方面影响颇深。许多重量级的法国经济学家在美国大学完成了新古典主义经济学的学习。越来越多的法国年轻人就读于美国式商业学校，而且说商业通用语言英语的人也越来越多。对法国人来说，信息革命远非幸事，因为它令法国传统文化越发难以维系。法国人在社团组织方面的弱项已然发生改观：今天法国社会中已经形成了许多自发民间团体，如活跃在第三世界灾区的无国界医生组织（Médecins Sans Frontières）等。

然而，文化本质的变化是非常缓慢的。法国工人之间以及工人与经理之间依然存在着不信任的鸿沟。在社会资本方面，法国仍然与意大利和台湾相似，尽管在其他方面法国与这些地区的差异要大于它与德国、日本或美国的差异，而这一现象对于法国经济的未来有着深远的影响。如果法国仍然希望在规模经济领域占有一席之地的话，那么政府将不得不继续深度干预。尽管近年来法国保守党政府表示要实行自由经济，但在法国文化背景下，私有化的效果远不如在其他某些社会好，而在不久的将来，法国政府可能不得不拯救某些有战略意义的私有工业。

第12章 127

韩国：骨子里的中国式企业

从之前的讨论我们已经看到，信任度低、中间社会组织薄弱以及以家庭为中心的社会有一个共性，即企业呈马鞍型分布。中国的台湾和香港地区、意大利和法国都有许多小型私有企业，它们构成了经济体的企业核心，这形成了马鞍的一侧，而少数大型国有企业则形成了马鞍的另一侧。在这样的社会中，政府在促进大规模企业的形成上扮演了极为重要的角色，它们很难由私有经济自发地创建，即使这意味着以效率为代价。我们可以认为有这样一个规律，任何中间组织薄弱、家庭以外信任度低的社会，其经济体中的企业都呈马鞍型分布。

然而韩国却是一个明显的特例，对此我将进行如下讨论，以维护整体观点的信度。韩国有巨型企业，有高度集中的产业结构，这一点在很大程度上与日本、德国和美国相似。然而在家庭结构上，
韩国又更接近于中国而非日本。与中国的家庭一样，家庭在韩国社 128
会中占据了极其重要的位置，在韩国也同样没有日式的家庭机制，可以让外人加入家族。照理，跟中国的情形一样，这本该导致小型家族企业的普遍出现，而且必将成为公司制度化的阻碍。

要解释这一矛盾，我们必须研究韩国政府的作为。韩国政府在20世纪六七十年代特意将扶助巨型联合企业作为国家发展战略，从而克服了可能出现的中小型企业的文化倾向，这一倾向在台湾便是如此。尽管韩国人成功地创建了大型公司和日本式的财阀，但在实际的企业管理中，无论是管理层的接班还是工厂工作关系等，他们仍然遭遇了许多中国式的困难。尽管如此，韩国的案例足以说明，一个果断而有能力的政府是可以塑造产业结构并克服积久日深的文化癖性的。

韩国的产业结构最重要的特征是其高度的集中性。与其他亚洲经济体一样，韩国经济也有两个级别的组织：个体企业和更大的、连接不同企业实体的网络组织。韩国的网络组织称为财阀（chaebol），和日本的财阀所用的是同样的汉字表达，结构上也是刻意按照日本财阀模式组成的。按照国际标准，韩国公司的规模并不大。80年代中期，韩国最大的汽车制造商现代汽车公司的规模只有通用汽车的三十分之一，而三星电子公司只有日本东芝公司的十分之一。[1] 但是这些统计数据都低估了韩国企业的真正实力，因为这些企业彼此相连，同属一个庞大的网络组织。实际上，所有大公司都是一个财阀网络的一部分。1988年，43个大财阀（指资产超过4 000亿韩元，即5亿美元的联合集团）共集中了672家公司。[2] 如果我们以财阀而不是以单个企业来衡量产业集中度，其结果令人咋舌：1984年，韩国三个最大的财阀（三星、现代和LG）就占国内生产总值的36%。[3] 韩国产业比日本工业更为集中，尤其是制造业；1980年，韩国三大集团所生产的产品占总全国总量的62%，日本的相应数字为56.3%。[4] 韩国产业的集中度在战后一直处于增长 129
中，尤其是在财阀的增长速度远超过整个经济体增长速度时。例如，1973年，韩国20个最大的财阀的产值占国内生产总值的21.8%，1975年为28.9%，1978年为33.2%。[5]

日本对韩国商业组织的影响是巨大的。在1910年日本开始殖民统治时，朝鲜半岛几乎完全是农业社会，而日本人完成了韩国早期的工业基础设施。[6]1940 年，大约有 70 万日本人住在韩国，另有相同数量的韩国人作为强迫劳力生活在日本。在日本占领时期，一些早期的韩国企业是以殖民企业的身份发家的。[7] 战后，两国的许多移民被遣返回国，极大地促进了商业活动、知识和经验的交流。韩国总统朴正熙等人研究了战前日本在韩国的产业政策后，制定了以国家为中心的发展战略。

与日本的经连会一样，韩国财阀中的成员企业互相持有对方的股票，而且往往是不计价格因素地相互合作。然而，在许多重要方面，韩国的财阀与战前的日本财阀或战后的经连会有所区别。首先，也可能是最重要的区别是，韩国的网络组织不像日本的经连会那样以一家私人银行或另一金融机构为中心。[8] 这是因为韩国的商业银行在 70 年代初实行私有化之前均为国有，而且法律禁止韩国产业公司在任何银行拥有超过 8% 的股份。日本大型的城市银行是战后经连会的核心，与大藏省合作密切，当然是通过超额贷款的程序（如提供津贴信贷）；而韩国的财阀在很多方面受到政府更为直接的控制，因为政府把握了银行系统的所有权。因此，在日本网络组织得以自发形成，到了韩国则是政府政策特意而为的结果。

第二个区别是韩国的财阀更像日本不同市场之间的横向经连会，而非纵向企业集团（参见本书第 183—184 页）。也就是说，每一个大型的财阀集团都控制不同领域的企业，从工业、电子工业到纺织、保险及零售业。随着韩国制造商的发展以及向相关行业进军， 130
它们开始将供应商和承包商也纳入其网络。但是这种关系则更像简单的纵向整合，而非把供应商与客户连接在一起的日式关系契约。在韩国没有像丰田公司那样围绕一个母公司的周密的多层供应商网络。[9]

最后，韩国的财阀比日本经连会更为中央集权。因为财阀是以血亲关系为基础的，所以成员公司之间有着天然的团结性，这与日本经连会成员之间关系有所不同。韩国的财阀一般有一个核心决策机构，负责整个组织的工作。这一机构的规模虽然不及前美国国际电话电报公司（ITT）或者海湾西方石油公司（Gulf + Western）等集团的决策机构,但是比日本网络组织的总裁委员会（Presidents' Councils）更制度化。这个核心决策机构为整个组织的资源分配制订计划，并有权决定整个组织的人事安排。此外，某些财阀以一个控股公司为中心，这个控股公司持有网络各成员公司的股份。这些差异造成财阀之间的界线比日本的经连会之间的界线更明显。在日本，往往会看到同一个公司加入两个或更多经连会的总裁委员会的情况。[10] 我还没有在韩国看到类似的情况。因此，对比日本的经连会，韩国的财阀更像等级式组织而不是网络组织。

如果我们研究一下韩国的家庭结构，就会发现它更接近于中国而非日本。传统的韩国家庭与中国家庭一样是绝对的父权主义的，继承权传子不传女，而日本则不是这样。在日本家庭中，父亲、长子的真实角色不一定完全遵照亲属身份。与此相反，韩国家庭没有与日本的养子（mykoyoshi）等同的概念,即无血缘关系的过继之子。过继的儿子必须从亲戚中挑选，大多数选自亲兄弟的儿子。[11]

日本实行的长子继承制大大有助于工业化之前的财富集中，也促使其他儿子不得不走出家门去谋求自己的财富。韩国的继承制不同于日本和中国，但就经济方面的影响而言，则与中国较为相近。在诸子中，继承权各个有份，但不是中国的等分制。总的来说，长 131
子所获的财物是其他儿子的两倍，而且在任何情况下都不少于家产的一半。[12] 实际分配时，具体的数额要根据具体情形做一些调整，如果家庭财产实在太少不足敷分，那么小儿子们将只获得象征性财产。但是与中国一样，由于众多儿子都要分取富有的父亲的财产，财富在两至三代就花尽了。

韩国的家庭一般比中国家庭小，成年儿子成家后很少继续与父母亲住在同一个屋檐下组成联合家庭。相反，跟在日本一样，小儿子都要从家中分离出去，带上他们那份财产开始自己的家庭生活。[13]但与日本不一样的是，长子只有在父亲去世后才能继承一家之主的地位，而不是在父亲退休后即可继承家业。[14]

长久以来，韩国社会比日本更遵从儒家思想，这使韩国在文化上更接近中国。的确，有些人甚至认为韩国比中国更为儒家化。[15]尽管儒家思想在日本的影响可以追溯到公元 7 世纪的大化时代，但是儒学正统的重要性已经大不如从前了。在韩国，李氏王朝时期（1392—1910）把儒学立为国家意识形态，而佛教则受到官方压制，僧侣被驱逐到山区。除了 20 世纪基督教新教的强大影响外，韩国的宗教生活不及日本活跃和多元，这可以从全国佛教寺庙和尼姑庵的数量极为稀少看出来。在韩国，强调儒家之“孝”更甚于强调“忠”，这跟中国的情形类似。这意味着在传统的韩国社会，首要的尽忠对象是家庭而非政治当局。[16]和中国一样，韩国的家庭主义使社会看起来比日本更个人化，尽管人们所理解的个人主义实际上代表家庭或宗族之间的竞争。[17]

韩国的社会结构与中国的相似：君主与臣僚位其上，家庭和宗族居其下，但是几乎没有非亲戚关系的中间组织（如类似于日本的家元集团）。尽管韩国在历史上曾受日本、中国等外来入侵者的困扰，但在新罗王朝统一全国后，韩国一直保持了完整性。它没有如日本 132
德川时期或欧洲中世纪那般真正意义上的封建时期，那种政治权力广泛分散在贵族或军阀中的现象在韩国未出现过。与中国一样，韩国是由士绅阶层（“两班”）而非军人统治。前工业时期，这三个社会有官方认定的等级森严的社会阶层，但是韩国社会阶层之间的界线比日本或中国更严苛。社会最低阶层是“贱民”，实际上就是奴隶，主人可以自由买卖他们；通向政府官职和最高社会地位的文官考试只向贵族阶层（“两班”）的成员开放。[18]总之，现代化之前的韩国社会停滞乏味，内部僵化，对外闭关自守，拒绝外来影响。

与中国南方一样，家庭与政府之间的主要社会结构是基于亲戚关系的宗族。韩国的宗族甚至比中国的还要庞大，人们会追认第三十代或更远的先人为同一个祖先。大的宗族可以多达几十万人。[19]韩国人的姓氏比华人少许多，从这一点就可看出大家族的影响。约有 40% 的韩国人姓金，另外 18% 的人姓朴。[20] 而且韩国的宗族也更为同质化，不像中国南方那样因阶层或者地位不同而出现分化。[21]

此类家庭和社会结构会让人以为，现代韩国的经济结构应该与中国台湾和香港等资本主义华人社会相似，即大多数企业会是规模较小的家族企业，如果要扩大到家庭以外，人员招聘也将尽量基于宗亲或籍贯。韩国与中国一样缺乏简单的非亲收养方法，因而应该会抵制外人（如专业化的经理人）进入家族企业。由于从未出现过大范围的非亲中间社会组织，信任应该只限于亲戚群体内部。于是有人会以为现代韩国引入现代公司机制的过程应该会很缓慢。人人有份的继承制度应该会导致韩国企业的不稳定，以及在一两代后的分裂可能。如果家庭和公司产生利益冲突，有人还会以为韩国人会
选择家庭。换句话说，如果文化非常重要，韩国的工业结构应该与 133
中国台湾和香港的非常相似。

事实真相是，尽管韩国企业规模很大，可是无论从外部看起来还是透过它们的行为，它们确实更像中国企业而非日本公司。在巨型企业（如现代和三星）气势恢宏的外表之下，隐含着家庭主义的底子——在适应专业型管理、公共持股、管理权与所有权的分离非个人化的等级制组织形式上，速度迟缓且不情不愿。

韩国的财阀都是从家族企业起始的，大多数仍属家族所有，其高层管理亦仍由家族把持。像大型的香港公司一样，巨型企业（如大宇和双龙）的规模很显然早就超过任何一个家族所能管理的了，因此，它们聘用大量中层职业经理。但在高层，家族的控制仍很牢固。1978 年的一份调查显示，大型韩国企业的 2 797 名执行官中，有 12% 的人在血缘或婚姻上与创始人有直接关系（这个数字不包括 76 名创始人本人）。[22] 另一份研究表明，在最大的 20 个财阀中，

31% 的执行官是家族成员，40% 从外面聘请，29% 是从组织内部提升上来的。[23] 第三份研究显示，截至 80 年代初，所有大型公司的总裁中有 26% 是创始人，19% 是创始人的儿子，21% 是内部提升上来的，35% 是外聘过来的。“现代”财阀的创始者郑周永有七个儿子，被称为“七王子”，他们在很年轻的时候就在现代的各家公司中担任领导职务。[24] 这种模式与日本的企业形成了鲜明的对比。在日本，只有很少的一部分领导是创始人或其亲属，很大一部分是由内部聘任的（且与创始家族没有关系）。[25] 财阀创始人的后代中还存在着比率较高的联姻现象。根据一份调查显示，前 100 家财阀的后代中有一半人的配偶有相似的社会背景，其余则与政府官员、军官等精英群体通婚。[26]

韩国财阀形成的历史比日本财阀或经连会短，因此在 80 年代许多公司的创始人仍然在企业掌舵也就不足为奇。韩国深受中国文
化的影响，于是我们可以预计，继承在韩国是个非常棘手的问题， 134
远比在日本严重。大多数创始人希望将他们的企业传给长子。在一份对韩国企业继承情况的调查中发现，有 65% 的企业已经是这样安排的。[27]（一个值得注意的特例是大宇集团，其制度要求不将领导权传给家庭成员。[28]）创始人子女是否接受良好教育变得极为重要，这一要求与韩国儒家思想对教育的重视高度一致。然而，与华人社会一样，如果长子无力接管大权或对此毫无兴趣，那么家庭主义的继承原则会导致一系列问题的出现。

这样的事情发生在韩国最大财阀，三星。其创始人李秉喆决定退休，而李氏有三个儿子，其中长子绝无可能接手，他显然是无法运营公司的。父亲不想将他的公司控制权交给长子，也不愿将其分成三份，因此他决定绕过长子和次子，把公司交给幼子李健熙。这样的决策在日本比较容易达成，但它违背了韩国家庭主义的做法。为了掩盖这一决定，李秉喆必须将自己绝大部分股份转移到两个家族基金会，以防止长子和次子夺权。一旦幼子安全接手后，其股份

再通过这些基金会转给他。[29] 李秉喆避免了长子无力接管的问题，维护了三星家族的财富不受分割，但其方法缺乏条理且毫无章法。

在其他不那么显眼的案例中，财阀像华人的家族企业一样分崩离析，原因就在于分割继承和家庭式继承。大韩纺织（Taehan Textile）和大韩电线（Taehan Wire）同属于 Ke Dong Sol 创立的财阀，但他的儿子在他死后将企业分割。同样，科健（Kukjae）和金阳（Chinyang）公司以前同属于一个财阀，现在由创始人的两个儿子分别持有。[30] 尽管韩国企业的规模庞大，但要在相当长时间内维持这样的规模，远比大型日本上市企业要困难。

韩国的家庭主义对韩国经济行为产生影响的另一个方面是管理风格。所有关于韩国管理方式的比较研究都指出，韩国企业倾向于以等级制、专制和集权的方式运营。[31] 这种权威型的结构与华人家族企业很像，而与协商式的日本公司管理形式和经典的美国多部 135
门公司的去中心化管理模式相去甚远。那些至今仍由创始者经营的财阀尤其如此，因为创始人往往亲自负责所有重大决定。据称，现代集团的郑周永每天早上 6:00 到 6:30 与所有海外机构的经理通话，每个星期与财阀成员公司的大约五十位总裁会晤两次。这种会议还非常注重形式。韩国一家报纸曾这样描写："集团总裁级会议的作用往往是，让总裁清楚地认识到，他们与集团主席的地位差距，相当于新聘者与他们的差距……且无论他们以前是政府要员，或者是创业集团主席的战友，当集团主席进入会议室时，所有人都必须立正，即使他不过是一个三十多岁的年轻人。"[32] 在韩国，决策的制定越专制，公司就越容易快速且坚定地向前发展，它们不会像日本式企业那样，需要在决定之前达成广泛的意见一致，而因此往往陷入停滞不前的窘境。然而，这种果断的行事风格也可能意味着，所做决策缺乏充分的参谋审核，决定在未充分了解情况时就草率做出。[33]

换句话说，韩国的财阀很像扩大的华人家族企业而非日本公司或经连会。紧密的团结形式在日本公司非常盛行，但在韩国的绝大多数公司却看不到。举例来说，韩国公司没有建立基于不成文的回报义务的终身雇用制，大公司的解聘现象比日本公司更普遍。韩国公司经理的聘用相对稳定，仅仅是因为国家稳定的经济扩展使裁员还没有成为很严重的问题。[34] 对公司负有强烈责任感的核心雇员比日本公司的少，韩国公司内有一群可有可无的边缘员工，日本公司内则没有类似的雇员。[35] 韩国公司从来没有日本或德国公司常见的那种像家长一样的管理层，他们会为员工争取广泛的福利制度。韩国没有日本那样的“恃宠”（甘え，amae）概念，即群体内成员不愿意利用对方的弱点，这一概念在日本滋养出强烈的相互依存。用一位观察家的话来说，这样的后果是，“尽管韩国人相对来说也以 136
群体为中心，但是他们也如西方人一样有很强的个人主义特点。韩国人经常开玩笑说一个韩国人可以打败一个日本人，但是一群韩国人就必定会被一群日本人击败”。[36] 韩国雇员的更替率比日本高，挖其他公司的技术工人等诸如此类的事情也比日本普遍。[37] 据说，韩国人以工作为目的的非正式社交远不及日本人频繁，韩国雇员下班后就直接回到各自的家里，而日本人则留下来与同事去喝酒。[38]

尽管韩国在语言上和种族上都非常同质化，但是与同样同质化的日本相比，它是一个阶级分明的社会。大部分韩国企业家都出自士绅（“两班”）阶层，这一阶层的开放性远不及日本的武士阶层。随着商业精英手中的财富极度膨胀，他们的子女又相互联姻，这些传统的阶级差异在某些方面越来越大。另一方面，这种阶级差距由于教育普及、统一考试的制度和军队等升迁制度的存在而有所缓和。

鉴于这一背景，韩国的劳雇关系更具对抗性也就不足为奇了，且在这一点上韩国更像北美和西欧而非日本。引用一位观察家的话来说：“韩国人对组织及同僚的感恩意识比较弱，一旦因内部摩擦导致与组织的关系紧张或破裂，韩国人不会像日本人那样有很深的罪恶感，更多的是感到愤怒和背叛。”[39] 韩国的威权统治一直持续到 20 世纪 80 年代末，威权政府曾彻底剥夺工人罢工的权利，而且强调工会干预劳资纠纷是非法的，政府在社会福利方面少有贡献，并且也没有强制雇主提供福利待遇。[40] 虽然在战后的几十年中，这使韩国工资和其他成本处于较低水平，但是它也催生了工人的反抗，而且促使工会坚持反对政府的立场。[41]

除了民族文化外，个别的企业文化也扮演了重要角色。三星的创始人李秉喆在公司内部努力营造同事平等的气氛，而现代公司的郑周永则实行专制管理。结果，三星遇到的罢工事件明显少于现代 137
公司。[42]

我们不应高估韩国的家庭主义对韩国产业结构的影响。随着农村的城市化，传统韩国家庭及其纽带已经在一定程度上衰弱了。[43] 企业规模不断扩大，大多数创始人已经无法从内部选拔能干的管理者，于是他们不得不采用制度化的聘用体系，从大学中公正地选拔有能力的职业经理。此外，大型财阀已经成为著名品牌，并被广大国人认为是民族英雄。倘若这样的大企业在继承纷争中四分五裂，这对民族自豪感将是一个重大的打击，而且还会带来负面的经济后果。[44] 因此韩国企业比华人公司有更强烈动机去保持企业的完整。

当三星或现代公司成为巨型企业时，它们就有必要维护自己的名声，这一点不难理解。但尚未解答的问题是：它们最初是如何发展成如此大规模并极有竞争力的呢？主要因素是韩国政府的行为和它模仿日本工业模式的愿望。甚至可以说，这种现象完全是受一个人的偏好所影响，即总统朴正熙，这位前军官从他 1961 年接任总统，直到 1979 年被暗杀，一直主导着韩国作为一个发展中国家的崛起。

在东亚所有快速发展的国家中，韩国有着最为活跃的政府（共产主义国家除外）。1972 年，韩国国有企业，包括整个银行部门的产值占国内生产总值的 9%，占非农业产出的 13%。[45] 其他经济则在政府的高度监管之下，政府通过控制信贷和提供补助津贴、许可权以及抵制外国竞争等手段来奖励或惩罚私营企业。1962 年，韩国政府出台了正式的规划程序，制定了一系列五年计划，这些五年计划决定了总体投资的战略导向。[46] 由于韩国企业的负债率非常高，信贷资金的发放是控制整个经济的关键，用一位观察家的话来说：“韩国的所有商人，包括最有实力者，都一直非常小心翼翼地与政 138
府保持良好的关系，确保持续获得信贷资金，同时避免税务官找麻烦。”[47]

至此，韩国政府的行为看起来与台湾并没有什么不同。台湾有一个更庞大的“国有”部门，政府掌控所有的商业银行，但其经济的主导力量依旧是中小型的生产商。韩国和台湾之间的主要区别并不是政府参与的程度，而在主导方向：蒋介石的国民党政府不希望培养大型企业，生怕它们有一天成为党的竞争者，而朴正熙的韩国政府试图创造能够与日本财阀在国际市场上对抗的民族企业。[48] 朴正熙以其他政治革命家为榜样，包括孙中山、阿塔图克（Ataturk，即凯末尔）、纳赛尔（Nasser）和日本明治时期的统治者。朴正熙显然有着列宁主义对规模的迷恋，并认为大规模是现代化的一个必要组成部分。正如他在自传宣言中解释说，他最初想打造“推动经济改革的百万富翁”，因此希望鼓励“民族资本主义”。[49] 台湾政策制定者满足于创造适当的基础设施和快速增长所需的宏观经济条件，朴正熙政权则以干预微观经济的方式鼓励特定公司和特定投资项目。[50]

韩国政府启用了许多机制来鼓励大规模经济。首先也是最重要的一个是它对信贷的控制：台湾的做法是利用高利率鼓励存款，而韩国的做法则是把大量资金投到大型财阀以提升它们的全球竞争力。信贷往往是以负利率给出，这一事实可以解释，不管这些财阀如何犹豫不决，即使在他们缺乏专业管理能力的情况下，仍然扩张成为庞大的企业集团。[51] 所谓的政策性贷款，即政府明确定向的贷款，从 1970 年的 47% 增加到 1978 年的 60%。[52] 另外，政府还可以操作信贷市场，譬如 1972 年的紧急法令（Emergency Decree）

就控制市场上的贷款额度，使得大公司的受益超过中小企业。[53]

政府采用的第二种方法是只批准数量有限的企业参与营利丰厚的出口市场。[54]这样，政府根据资本、出口量、海外机构等最低限 139
度设定了一个综合贸易公司资格标准。一旦获得资格，这个公司就可以在获得信贷、市场和执照方面享受特惠待遇。[55]最后，通过高度指令性的规划，韩国政府最终建立了一个可合理预测的国内经济环境，以保证大企业的运作，这些企业明白它们在国内市场（虽然较小）中将受到政府保护，而免受外国竞争者的威胁，而且在向国外市场出口时，也能得到政府的支持。[56]

韩国政府可以通过更直接的威权方法控制企业行为，譬如起诉失宠的企业家，让他们的生意垮掉。朴正熙认为他不仅需要韩国的百万富翁，还要有强大的国家来控制他们的行为。在 1961 年上台后的一个月，朴氏政权通过《处理非法财富积累法》，并高调逮捕了一些李承晚时代的富商。如果他们在政府控制的工业领域设立企业，并且直接出售股票给政府，那么他们就可以免被起诉，他们的财产也不会被没收。[57]政府和商界之间的紧密联系是基于恐惧和隐性的威胁，国家会利用强制力惩罚那些没有听从指挥的企业家，这比在日本程度更甚。[58]

韩国政府通过这些手段来干预经济的愿望意味着，韩国 1961 年后经济发展的大方向是为经济官僚的构想所左右，而非市场的作用。70 年代，韩国规划者决定退出劳动密集型产业，如纺织业，转而进入重工业领域，如建筑、造船、钢铁、石化等等。1976 年，74% 的制造业投资（政府的定向贷款仍占很大比重）进入了重工业；到 1979 年，这个数字超过了 80%。[59]十年之内，整个韩国的经济格局已发生转变。工业急行军导致了不可预测的后果，例如 70 年代初，总统朴正熙要求现代公司主席郑周永马上涉足造船业。以前，韩国的造船业从未建造过一万吨以上的船只，这时却突然跃到生产
26 万吨的巨型油轮。1973 年，第一艘油轮刚刚造好，就遇到了石 140

油危机，全球油轮容量过剩使市场对油轮的需求直线下跌。[60] 同样的问题也出现在石化工业，70 年代大幅新增了批量生产设备，出产能力大大超过国内需求，厂商被迫向国际市场倾销产品。

尽管政府在培养大规模工业方面扮演了极为重要的角色，但如果认为韩国没有供大规模组织成长的自发性社会基础那就大错特错了。若干种通向社群生活的桥梁让韩国人得以挣脱家庭主义的束缚。第一个桥梁跟中国南方情形类似的宗族组织。韩国极其庞大的亲戚群体意味着基于亲戚关系的用人标准可以从大量人才中选择，这样就弥补了任人唯亲的雇佣制的负面后果。

第二个桥梁是地域观念，这种现象常见于中国，但在日本却没有。韩国不同的地区都有各自的认同感，这种观念可以追溯到 7 世纪新罗王朝统一国家之前的时代。政治和商业精英大部分来自庆尚道（南方城市釜山和大丘都在这里）以及首尔地区；相比之下，来自忠清、全罗和江原各道的人相对较少。[61] 三星的创始人李秉喆就来自南方地区。尽管三星公开实施贤者为用的人事制度，但是大部分雇员仍碰巧来自南方。[62]

通向家庭之外的社群生活的第三个桥梁是大学同班。与日本一样，韩国大公司在国内大学名校招聘新人。[63] 三星除了喜欢从南方招人外，众所周知还比较青睐国立首尔大学的毕业生。同班毕业的人有比较高的团结性，这种同班情谊在他们的职场升迁中继续保持，并为未来构建网络打下基础。

第四个超越家庭的社会桥梁是军队，这是当代日本所没有的。自朝鲜战争以来，韩国实行全民兵役。服兵役为所有年轻人提供了体验集体生活的机会，退役若干年后，他们还必须保留后备役军人的身份。实际上，军队就是一个典型的大型等级式组织，许多人都 141
说他们把服役时的纪律性带进了商业生活。[64] 或者可以说，军队是工业化早期当农民首次离开土地进入城市大工厂时尤其重要的社会化力量。

最后，在韩国当代城市文化中，兴起了一批新的研究或业余爱好团体，它们像美国的此类团体一样，其内容通常是共同的兴趣或组织成员活动。这些团体提供了与家庭和工厂相分隔的社交空间。

需要特别指出的是，尽管韩国和中国有许多相同点，但是民族主义和民族身份在韩国比在中国更强烈。夹在两个强大的邻国之间，韩国一直是个隔离、封闭的国家，而过去一个世纪的经历，包括日本的殖民统治、革命、战争以及与朝鲜的斗争，增强了韩国人对自己独特的种族与民族地位的认同。很显然，在朴正熙等领袖人物的意识中，民族主义占了非常重要的位置。韩国与日本相似，追求经济成功是为了民族自尊心；民族主义成为在经济理性之外推动韩国在其领先的经济领域发展大规模工业的一大动机。

韩国境内的其他有趣的文化差异也可能对经济生活产生影响。例如韩国的企业家不同地区之间并非均匀分布，而是主要集中在特定区域。许多企业家都来自今日的（北）朝鲜和北部的某些特定区域。他们也都来自北部的首尔地区及南部的庆尚道；相比之下，忠清、全罗和江原等道很少出企业家。这些差异的原因尚不清楚，因为南北两地成功企业家的家庭背景完全不同。但是一个共同点，即这两个群体的父母背景与韩国社会其他群体都是不同的，从而赋予了他们某种局外人身份。[65]

还有一个因素是基督教对韩国经济发展的影响。除菲律宾外，韩国是东亚唯一有大量基督教信徒的国家。在日本占领时期，基督教开始在韩国兴盛，在当时信教是抵抗日本强权的一种较不危险的 142
方式。朝鲜战争以后，韩国与美国的重要战略关系为美国文化的输入提供了方便之门，宗教影响也随之而来。战争后韩国的新教徒人口如雨后春笋般增加，现在已超过总人口的 20%。大多数新信徒属于原教旨主义，如神召会（Assemblies of God）。世界上最大的五旬节派教会是首尔的全福音中心教会，拥有教友 50 万人。[66] 基督徒在国家政治和社会生活中的活跃程度与其数量不相称。韩国的第一位总统李承晚是一名基督徒。基督徒在民主抗议运动中异常活跃，最终导致 1987 年军阀政府的垮台。今天，韩国最好的三所大学都是由基督徒捐资修建的。[67]

韩国的新教徒当然也很热衷于经济生活。近年来，在美国的韩国移民有近一半人是基督徒，他们以其艰苦奋斗和精于创业而博得了好名声。但是我们却很难找到证据证明，新教徒在促进韩国经济高速发展方面所起的作用远大于其人数效应。[68] 原因可能是新教徒和儒教文化都推崇相似的经济和创业价值，因此基督徒在韩国的贡献比在拉丁美洲的作用更难以辨别。[69]

韩国的案例证明，一个有能力、有决心的政府可以采取果断行动，克服偏爱小规模组织的文化癖性，而创造符合战略发展的大规模工业。尽管韩国已经有其他的社群性来源，但是有一点很清楚，若非 1961 年以后的韩国政府如此持续、积极地干预经济，韩国工业不会如此集中。

的确，人们可以说，韩国人成功地把经济引导到了他们所需的方向上，同时通过政府补贴私人而非国有企业，避免了许多法国或意大利式产业政策的缺陷。韩国财阀之所以仍然比许多欧洲、拉美的国有企业或补贴企业更有竞争力，要感谢监督员一门心思地要求他们集中精力在海外市场进行激烈的竞争并获得成功。这些财阀需要在国外的市场条件下销售，这相当于强加给他们的纪律要求，类似的情况也出现在 20 世纪 20 年代德国的化工行业，当时它合并成一个单一的卡特尔。

通过追求大规模，韩国政府的规划者如愿以偿。今天，韩国企 143
业在全球市场上与美国人、日本人的公司竞争，涵盖资本高度密集的领域，如半导体、航空、消费性电子产品和汽车行业等，在这些领域它们远远走在了中国台湾或香港公司前面。与东南亚不同，韩国涉足这些领域主要不是靠合资企业，譬如由外国伙伴提供全套装配设备，而是通过自己土生土长的企业。韩国人取得如此成功，以致许多日本公司觉得韩国对手在半导体和钢铁等领域威胁极大。大规模财阀组织的首要优点是，集团能够迅速进入新工业领域，并通过经济规模的优势迅速达到高效生产。[70]

那么这是不是就意味着既然国家干预可以填补文化的缺陷，文化因素如社会资本和自发社会性就都不那么重要了呢？答案是否定的，原因有如下几点：

首先，从文化上说并非所有的国家都能够像韩国那样有效地实行工业政策。多年来，政府给韩国企业的大量津贴和优惠，也可能导致滥用巨款、腐化以及投资基金的分配不当。如果总统朴正熙和他的经济幕僚屈于政治压力，而不是去做他们相信有利于经济的事情，如果他们没有以出口为导向，如果他们更强调消费，或者出现腐败，今天的韩国很可能会更像菲律宾。在 20 世纪 50 年代李承晚掌权时期，韩国的经济和政治情况事实上很接近菲律宾。朴正熙虽然有错误，但他却带来了纪律严明、斯巴达式的个人作风，并对经济上的国家发展导向有清晰明确的构想。他任人唯亲，允许一定程度的腐败，但是以其他发展中国家为标准，这一切均在合理的范围之内。他自己并不铺张，而且不让商业精英将资源用于修建瑞士别墅或在法国南部度长假。[71] 朴正熙是一个独裁者，建立了令人厌恶的威权政治体制，但是作为一个经济领袖，他的成绩单要漂亮得多。换做其他人掌握同样的经济权，则可能会导致灾难。

国家大规模扶助工业有其他经济上的缺陷。市场派经济学家的最普遍的批评是，韩国的投资是政府推动的，而不是市场力量推动的，所以韩国打造了一系列白象（译按：好看却无价值的）工业， 14
诸如造船、石化等重工业。在小规模、灵活机制取胜的时候，韩国又建立了一系列集权、无弹性的企业，这些企业最终会失掉低薪这个最后的竞争优势。一些经济学家以台湾在战后时期出现的更高的整体经济发展速度为论据，来证明更小、更具竞争力的工业结构更加优越。

还有其他一些问题与文化更为相关。大规模与韩国家庭主义倾向不匹配，因此阻碍了效率的提升。韩国在迫切需要职业经理的时候（跟小规模华人企业相比），文化延缓了这种体制的引入。而且，韩国文化的信任程度相对低下，于是韩国的财阀无法像日本的经连会那样在网络组织中充分利用同等规模和多元经济。也就是说，财阀更像传统的美国联合企业而不像日本的经连会网络：整个财阀设有一个总部机构和一个集权的决策机构。在韩国工业化早期，有些经济原则尚有逻辑可言，财阀可以横向发展进入不熟悉的行业，因为这确实可以将现代管理技巧带入传统经济。但是随着经济的成熟，跨行业公司连接在一起，其背后的逻辑性不断受到质疑。财阀的规模在融资和跨领域行业占有了一定优势，但问题在于，一旦扣除中介和集权组织的其他费用，这是否仍构成韩国经济的净优势。在任何情况下，财阀的大量资金都是由政府操纵利率提供的。事实上，财阀网络中更具竞争力的成员公司因为卷入发展迟缓的伙伴的事务而牵制了自己的发展。例如，三星联合企业的所有成员中，只有三星电子是真正有实力的全球玩家。然而，这一公司却在 20 世纪 80 年代的几年间，卷入了三星创始人向儿子传递集团领导权而引发的全集团管理层大调整。[72]

政治和社会领域存在不同类型的问题。韩国的财富比台湾更集中，财富的悬殊所造成的紧张局面从长期以来动荡的韩国劳雇关系中可窥见一斑。尽管在过去的四十年中，两者的总增长相差无几， 145
但是台湾工人的平均生活水平要高于韩国工人。从 1981 年开始，韩国政府官员又一改以往强调大规模公司的想法，从大公司身上抽回一部分补助给中小型企业。然而，到这个时候，大型公司在其市场领域的地位如此牢固，一时很难撤出。如果按照韩国自己的方式，文化本身可能倾向于小型家族企业，但现在，文化本身已经开始产生一些微妙的变化：与日本一样，在大型企业工作会给人带来一种荣耀感，这使大型企业一如既往地成为韩国最优秀的年轻人的首选。[73]

财阀所有者手中掌握的高度集中的财富也带来了另一种后果，这也是台湾国民党政府早年所担心的：富有的实业家步入政界。这类事情首次发生在1993年总统大选时，现代公司创始人郑周永成为总统候选人。当然，一个罗斯·佩罗（Ross Perot，按：美国企业家，曾竞选美国总统）式的亿万富翁在民主体制中涉足政界无可厚非，但韩国企业界高度集中的财富让左右两派的政治人物都如坐针毡。在竞选中败给金泳三后，77岁的郑周永于1993年末因经济罪嫌疑而锒铛入狱。这是对所有想成为政治家的商界人士的一个警告，他们是不受政界欢迎的。[74]

尽管韩国的中国式家庭主义文化和它的大规模企业之间存在着明显的异常现象，但是韩国的情况仍然符合我的整体假设。与中国一样，韩国是家庭主义文化，在亲戚关系以外人与人之间的信任程度相对较低。因为这种文化特性，韩国政府不得不介入大规模企业的创建，因为单靠私营部门是不可能达成的。大型的韩国财阀可能比法国、意大利和拉丁美洲一些国家的国有企业运营得更有效率，但是它们仍然是津贴、贸易保护、管理以及其他政府干预行为的产物。尽管大多数国家可能相当羡慕韩国的增长纪录，但倘若它们采用韩国的手段，是否能获得成功还是个未知数。

第三部分

高信任社会与延续社会性的挑战

第13章 149

无摩擦经济

我们解释一个经济体中是否有大规模公司，为什么需要讨论诸如自发社会性等文化特征或更普遍的文化特性呢？难道现代契约制度和商业法的发明，不正是为了满足商业组织能够像家庭成员那样彼此信任的需要吗？发达工业化社会已经为经济组织创建了全面的法律架构和形形色色的司法制度，涵盖范围从小的个体业主直到大型、公开上市的跨国企业。大多数经济学家在解释现代企业的兴起时，可能还要加上理性的个人自利这一因素。那些建立在牢固的家庭关系和不成文的道德责任与义务基础上的企业，难道可以免于堕入因任人唯亲和裙带关系所导致的整体商业决策失利的境地吗？更确切地说，所谓现代经济生活的本质，不正是用规范透明的法律责任代替非正式的道德责任吗？[1]

这些问题的答案是：尽管产权和其他现代经济制度是建立现代 150
企业的必要条件，但是我们常常意识不到，后者有赖于我们往往视为理所当然的坚实的社会和文化习俗基础。对于创造现代繁荣和由其所支撑的社会福祉来说，现代制度是一个必要而非充分的条件。制度若要能够良好运行，就必须与某些传统的社会和伦理习俗相结合，当然这些习俗本身要运转良好。一纸契约可以让无信任基础的陌生人达成合作关系，但是有信任基础的合作关系要高效得多。股份公司之类的法律形式可能允许无关系的陌生人达成合作，但合作的难易程度则取决于他们在亲友关系以外的合作性。

自发社会性问题之所以尤其重要，是因为我们不能视古老的伦理习俗为理所当然。一个富足且复杂的公民社会并不是遵循先进工业化逻辑而发展的必然结果。事实正好相反，我们在后面几章中将会看到，日本、德国和美国之所以成为世界领先的工业强国，主要是因为它们自身拥有健康的社会资本和自发社会性。像美国这样的自由主义社会有个人主义和可能削弱社会的原子化倾向。先前提到，有证据显示，在过去的半个世纪中，美国成为工业强国所依赖的信任和社会习俗已经受到严重腐蚀。本书第二部分的一些事例应该为我们敲响警钟：在一个社会中，有可能出现社会资本的流失。例如，法国曾经有繁荣和复杂的公民社会，但后来却被过度集权的政府所破坏。

这一部分和第四部分中，我们将讨论高信任度的社会，这些社会有着自发社会性倾向，并且拥有密集多层的中间社团组织。在日本、德国和美国，强大而有内聚力的大规模组织主要是从私营经济中自发形成的。尽管国家偶尔会介入，以支持衰退的产业、赞助技术开发或经营像电话公司和邮政服务等国有大型经济组织，但是与第二部分的国家相比，它们干预的程度相对较低。与中国、法国、意大利这种一头是家庭、一头是政府的马鞍型组织分布相比，这些
社会有强大的中间组织。这些国家从一开始工业化到今天一直是全 15
球经济的领头羊。

从产业结构和公民社会的角度来看，与中国台湾、意大利或法国等家庭主义的社会相比，这里分析的国家之间有更多的共性。每一个国家的自发社会性有截然不同的历史根源。日本的自发社会性源自其家庭结构和封建主义的性质；德国的自发社会性与行业公会

等传统公有组织进入 20 世纪依然蓬勃发展有关；而美国的自发社会性则是其宗派性的新教信仰传统的产物。我们将在本部分最后几章中看到，这些社会的共同本质在微观和宏观层面上，以及在工人、工头和经理之间的关系中，都有着明确的体现。

在具体分析这些国家之前，我们不妨回顾一下信任和自发社会性的经济功能。毋庸置疑，契约和商法等制度是现代工业经济出现的必要条件。没有人会认为，单凭信任或道德责任就能替代它们的作用。倘若我们假定这样的法律制度已经存在，高度的信任作为经济关系的附加条件，可以减少经济学家所说的交易成本，从而提高经济效率。这些成本的发生，可能因为寻找合适的买方或卖方、合同谈判、遵守政府法规以及发生纠纷或欺诈时执行合同等行为。[2] 如果双方对彼此有着基本的信任，所有事情将更容易处理，亦无必要逐条逐款地编写冗长的合同，减少了对冲意外的必要，减少了纠纷，减少了通过诉讼解决纠纷的必要。的确，在一些高信任的关系中，各方甚至并不担心短期利润最大化，因为各方都清楚，自己在一个时期的亏损，将来另一方会给予补偿。

事实上，倘若连最起码的非正式信任感都不存在，现代经济生活是无从谈起的。正如诺贝尔奖得主、经济学家肯尼思 · 阿罗（Kenneth Arrow）所言：

> 如今，信任有着重大的实用价值。信任是重要的社会系统润滑剂。它非常高效，为人们省去了许多麻烦，因为大家对彼
> 此所说的话有着基本的信任。不幸的是，信任无法随意买卖。 152
> 如果你非得要买，则说明你已经对你所买的部分有了怀疑。信任和与之类似的价值观，如忠诚、诚实等，都是经济学家所说的“外部性”（externality）。它们是产品，它们有真实且实用的经济价值；它们提高系统的效率，使你能够生产更多的产品，或产生更多你所重视的价值。但是它们不是在公开的市场可以

买卖的，这在技术上完全不可行，甚至也没有意义。[3]

我们往往认为，最低限度的信任和诚信是理所当然的，从而忽略了它们已然渗透进日常的经济生活当中这一事实，以及其对经济生活顺利运转所起的重要作用。为什么人们不会不付账就离开饭馆或出租车？或者在美国餐馆吃饭不忘付上 15% 的小费？不付账当然是非法的，而且在一些情况下，人们因担心被发现而不敢这么做。但是，如果人们如经济学家所认为的那样，只在乎收入最大化，而不受如社会习俗或道德准则等非经济因素的制约，那么他们就应该在每次进饭馆或乘坐出租车时都会算计能否最后不付钱。如果欺骗的代价（比如当众出丑或较轻微的法律纷争）比期望的利益（一顿免费餐）要高，那么人们应该诚实地买单；如果比期望利益要低，则理应选择溜走。假若这种欺骗越来越普及，商业机构将不得不付出更高的代价。他们可能要派专人守在门口，确保顾客付完账才能离店，或者要求客户支付押金。事实是，他们一般不会这样做，这表明人们所奉行的基本诚信是基于习俗，而非刻意算计，且在整个社会中已经相当普遍。

倘若要了解信任带来的经济价值，我们不妨想象一下，一个完全没有信任的世界变成什么样子。如果我们在签订每一份合同时，都假定对方会抓住一切可乘之机行骗，那么我们势必要花大量时间准备文件，以确保其中没有法律漏洞让对方有机可乘。这样，合同将无限长而且详细，罗列出所有可能的意外情况，规范每一条能想到的责任。在合资关系上，因为害怕被人利用，我们将永远不会超出法律规定的责任范围，而且合作者的创新提案会被当作阴谋诡计。 153
此外，尽管在谈判时竭尽全力，我们依旧假定对方会耍花招或不履行他们的责任。我们也不能求助于仲裁，因为无法充分信任第三者充当的仲裁人。无论法规和方案如何累赘，一切都将依靠法律机构判决，甚至可能还会诉诸刑事法庭。

这些描述听起来越来越像美国人所面临的整体商业环境，这便是不信任在美国社会上升的一个证据。美国经济生活的一些领域更像这种完全没有信任的世界。美国人在 20 世纪 80 年代发现五角大楼购买价值 300 美元的锤子和 800 美元的马桶，这一切都最终都可以追溯到对国防承包制缺乏信任。国防承包是经济活动的一个独特区域，因为许多武器系统只出单品。因为缺乏商业竞争，因此其价格必须通过成本加成法进行谈判，而非通过市场确定。该系统自然导致操纵和偶尔的欺诈行为，这些行为抑或罪在承包商，抑或罪在签订合同的政府官员。处理这个问题的一个办法，就是信任五角大楼关键官员，削减繁文缛节，允许他们在作出采购决策时相信自己的最佳判断，这就需要我们忍受偶尔的丑闻和判断失误，权当是业务成本。事实上，一些高优先级的武器已经通过这种方式开发成功了。[4] 但日常采购则会假设系统中毫无信任可言：承包商一有机会就会欺骗纳税人，而政府官员一旦允许酌情处理，就会滥用他们的职权。[5] 成本核对必须通过大量的文书来完成，这就需要承包商和官僚聘请审计师层层跟踪。所有这些规定都大幅提升了政府采购的额外交易成本，这就是军购如此昂贵一个最重要的原因。[6]

当一个社群共同遵守一套道德价值观，并以此建立对彼此日常诚实行为的期许时，信任就产生了。从某种程度来说，这些价值观具体是什么，反倒不如它们被“共享”这个事实重要。例如，长老会教徒（Presbyterians）和佛教徒可能会发现他们与教友有许多共通之处，因此形成相互信任的道德基础。虽然情况并非总是如此，但因为某些伦理体系鼓励某种形式的信任，同时排斥其他形式的信 154
任：存在女巫和食人习俗的社会自然会有一定的内在冲突。总而言之，共同体的伦理体系的价值观要求越多，进入这个共同体的要求就越高，内部成员之间的相互信任和团结的程度也就越高，反之亦然。共同体内部的联系越紧密，成员对外的关系就越薄弱。因此，摩门教和耶和华见证人拥有比较高的入会标准，譬如要求成员节欲和什一奉献，因而会感觉到彼此间有更强的纽带，这要比卫理公会信徒和圣公会教徒更紧密，因为这两个教会几乎允许任何人进入。换句话说，具有内部关系最强的共同体，与外部的关系则最弱。因此，一个摩门教徒和非摩门教徒之间的距离，会大于卫理公会信徒和非卫理公会信徒之间的距离。

从这方面可以看出宗教改革的重大经济意义。经济历史学家罗森堡（Nathan Rosenberg）和伯泽尔（L. E. Birdzell）发现，在资本主义早期（自15世纪末起），人们不得不让企业跳出亲戚关系之外去发展，并将私人财务与企业财务分离开来。在这一方面，技术上的革新是不可或缺的，例如复式簿记。但是仅仅只有技术进步还不够：

> 对于在非亲属的基础上寻求信任和忠诚的企业形式的需求，只是更广泛商业需求的一个层面。这一兴起中的商业世界需要一套道德体系。新世界需要的是这样一种道德，它必须能够让人们信赖复杂的表征与承诺机制：例如信贷、质量说明、供货承诺、预购承诺、航海收益分配协议等等。这套道德体系还必须……为企业发展提供必不可少的超越家庭的个人忠诚，还要使代理人的自由定夺权合法化，这些代理人包括船长、在远方进行贸易的经理、商人的合作者等。封建社会的伦理体系和其他体系一样，都是围绕封建制度和军事等级制建立的，因而不能满足商人的需求。正是从宗教改革的动荡中产生了与资本主义需求和价值观相匹配的道德和宗教信仰模式。[7]

如果是由牧师而非市场规定“公正的”的产品价格，或宣布某种利率“过高”，那么宗教就成为经济发展的障碍。但是某些形式
的宗教生活在市场环境中也可能大有用处，因为宗教可以是规范市 155
场行为的一种内在化手段。

还有一个原因，有着高度群体团结和共享道德价值观的社会会比更个人主义的社会有更高的经济效益，这里涉及所谓的“搭便车”问题。许多组织产生经济学家所谓的“公共物品”，即无论对生产的贡献大小，组织的成员均能从中受益的物品。国防和公共安全就是由国家提供的公共物品的经典范例，一个人只要有公民身份，就能够从中受益。规模更小的组织也会产生可供成员公用的公共物品。例如，工会组织努力争取更高的薪水，使所有成员受益，不论他们个人有什么样的斗争表现，甚至也不管他们是否缴纳会费。

正如经济学家曼瑟尔·奥尔森（Mancur Olson）指出的，所有产生此类公共物品的组织都要在内部遭到相同的结果：组织越大，个体成员“搭便车”的倾向就越大。搭便车者受益于组织产生的公共物品，但是却不做出应有的贡献。[8] 在非常小的团体中，譬如六七个人合伙的律师事务所或会计师事务所，搭便车的问题不太严重。一个人懒散就立即会被同事注意到，不完成工作对整个团体的盈利将产生比较大而且明显的后果。但是随着组织规模的不断扩大，成员的个人行为对总产出的影响逐渐减小。与此同时，搭便车者被发现和受指责的可能性降低了。雇员上千的工厂流水线工人比小型合伙企业的雇员更容易装病或偷懒，合伙企业的成员相互依赖的程度很高。

搭便车问题是群体行为的经典难题。[9] 通常的解决方案是对成员实行某种形式的强制手段，限制他们搭便车的可能。这就是工会要求企业只雇用工会成员并要求工会成员必须缴费的理由，否则个别成员会因私利离开工会，破坏罢工，或不缴会费却从加薪协议中得到好处。当然，这也可以用来解释为什么政府借助刑事制裁让人们服兵役或缴税。

然而，如果群体内存在较高的社会团结性，那么搭便车的问题 156
还可以通过另外一种方法得到缓解。人们搭便车是因为他们首先考虑个人经济利益而非群体利益，如果他们能把自己的利益与群体的利益高度统一起来，甚或优先考虑群体利益，那么他们就不会怠工或不负责了。这就是为什么家族企业是经济组织的天然形式。许多美国父母感觉他们十几岁的孩子搭了便车但不会计较，同样，家庭成员为家族企业工作时比与陌生人合作时更有干劲，而且几乎不用过多地考虑贡献和利益的多寡。倪志伟指出，搭便车搞垮了中国在毛泽东领导下建立的农村公社。在 20 世纪 70 年代末，公社解散，农户重新作为农业生产的基本单位，这一举措释放出巨大的生产力，因为它解决了搭便车问题。[10]

如果群体的目的不是以经济目的为主，那么个体会很容易认同群体的目标而非考虑个人的狭隘私利。在军队的突击队和宗教组织这类群体中，个体将会自发地激励自己优先考虑群体利益，而非个人私利。这可能是韦伯所指出的早期清教企业家或拉丁美洲近年来的新教徒干得非常出色的一个原因：当知道上帝（而非会计）在注视我们时，我们很难再搭便车。不过即使在一般的以经济目的为主的组织中，优秀的管理者懂得向员工灌输某种自豪感，一种信念，即相信自己不仅仅是自己本身，而是更大群体的一分子。一旦员工相信公司的目的是挑战信息技术未开发的领域，而非如 IBM 前任主席约翰 · 艾克斯（John Akers）所说的股东回报最大化（这当然是事实），他们就会受到更强烈的激励来做出自己的一份努力。

尽管展示出高度信任和团结性的群体比其他团体更有经济效率，但是并不是任何形式的信任和团结都具有优势。如果忠诚超越了经济理性，那么群体团结性只会导致任人唯亲和裙带关系。倘若老板对子女或某个下属偏爱，这对企业来说并非幸事。

从整个社会的经济健康角度来看，有许多社团虽然有高度的 157
团结性，但是效率却非常低下。虽然群体和组织是任何经济行为得以进行所不可缺少的，但是并非所有的组织都是为了经济目的。许多组织从事的是财富重新分配而非财富生产，从黑手党、黑石流浪者（the Blackstone Rangers）到联合犹太求助会（United Jewish

Appeal）和天主教会，它们的目的从邪恶到神圣，但是从一个经济学家的角度来看，所有这些导致资源配置效率低下，也就是资源与其最有生产力的用途不匹配。许多重要的经济实体都是卡特尔，它们控制着市场的入口，不让其他玩家进入，以图维系自己组织的利益。现代的卡特尔不仅仅包括石油生产者和黄金、钻石供应商，还包括各种专业的协会，如美国医疗协会或全美教育协会（它们分别设立了进入医疗和教学岗位的标准），工会则控制新工人进入劳动市场。[11] 在例如美国这样的发达民主社会，几乎社会各个领域都有组织完善的利益集团在政治博弈中为之代言。这些利益集团不仅采取经济行为，而且通过寻租或者影响政治决策，来提高或保护它们的地位。

中世纪和早期现代的欧洲国家从许多方面来说都是高度共同体化的社会，层层叠叠的公共权威限制了个体的行为，这些权威来自贵族、教会、领主和地方政府。市镇的经济行为则在传统的行业公会的严格监管之下，行业公会设立成员资格，不仅限制许多新成员入会，而且限定可以从事的工作类型。在工业革命之初，许多新兴企业不得不建立在市镇外面，以摆脱行业公会设置的限制，这毋宁是对那句千古名言的讽刺——“城市的空气使人自由”（Stadtluft macht frei）。摧毁行业工会并将经济行为从权威中解放出来，成了英国和法国先进工业化进程的里程碑。

卡特尔、行业公会、专业协会、工会、政治党派、游说组织，等等，使利益组织化和清晰化，从而在一个多元化的民主社会中扮演了极其重要的政治作用。虽然它们通常是为成员的经济目的服务，寻求财富的重新分配，但是它们却很少为整个社会的广泛经济利益服务。158
由于这个原因，许多经济学家把这类集团的增加看作提高整体经济效益的障碍。而奥尔森的理论则认为，经济停滞的根源可能是稳定的民主社会中利益集团的持续繁衍。[12] 在没有外来因素的冲击时，例如战争、革命或市场开放的贸易协定等，一个社会的组织能力会不断转移到建立新的致力于重新分配的卡特尔上去，这些卡特尔使经济走向令人窒息的僵化状态。奥尔森还指出，过去一个世纪英国经济下滑的一个原因是，不像欧陆邻国，英国长期安享太平，某种程度上让破坏效率的团体持续坐大。[13]

善于建立创造财富的经济组织的社会，很可能也很善于建立重新分配财富、不利于效率的利益集团。要计算自发建立社团的积极经济效果，必须要去掉利益集团行为所带来的成本。还有一些社会善于建立利益集团，却不能建立有效的企业，在这种情况下，积极组织社团的习性则完全是一个不利条件。中世纪的欧洲在许多方面类似于这样的社会，当代某些第三世界国家亦是如此，它们拥有过多的寄生虫似的雇主集团、工会、社区组织者，却缺乏生产的企业。尽管我们已经可以认为，利益集团的繁殖使得美国的经济越来越趋于瘫痪，但仍然很难断言美国的社团习性一直就是经济或政治生活的不利条件。[14]

任何社会的社会集团都会有重叠和交叉，从这个角度看来极为团结，换个角度来看，却立即变成松散、分化、层级过多。譬如中国和意大利这样的家庭主义国家，从家庭内部看是高度共同体化的社会，但是从家庭与家庭之间的低信任和互不负责的角度来看，却是相当个人主义的，从阶级意识这点来看亦是如此。英国的工人阶 159
级与美国的工人阶级相比，一直有着更高的团结性和战斗性．而且工会成员的水平也比美国高，这一事实使得某些人认为，比起美国来英国没那么个人主义，而是更为共同体导向的社会。[15] 但正是阶级团结性深化了英国经理人和劳工之间的分歧。在这样的情况下，工人会对管理层共建一个大家庭或为共同利益而合作的想法嗤之以鼻，阶级团结反而阻碍了新劳雇关系共同体的建立，譬如工作小组或质量小组等。

相比之下，日本横向的工人阶级的团结性不如英国的强，在这方面可以说日本不如英国那么趋向于群体。[16] 日本的工人倾向于对公司而非同事有认同感；因其公司联盟的性质，日本工会被国外更好战的同类组织所鄙视。但这件事的另一面却是，日本企业有更高的纵向团结性，这就是为什么我们认为日本比英国更具有群体倾向。这种纵向的群体团结性比横向的团结性更有效地带来经济增长。

显而易见，从经济的健康来看，社会团结性并不总是有益的。用熊彼特（Schumpeter）的话说，资本主义是“创造性的毁灭”过程，在这一过程中，旧的、对经济有害的或效率低下的组织不得不重新改组或消亡，并由新的组织取而代之。经济发展需要新群体不断地取代旧群体。

传统的社会性可以说是对旧的、历史悠久的社会群体的忠诚。中世纪按照天主教会的经济教条建立的生产企业就属于这个范畴。对比而言，自发社会性是凝聚新群体的能力，同时也是在新的群体中团结一致的能力，是能够在创新组织环境下成长的能力。从经济的角度来说，自发社会性只有被用于建立创造财富的经济组织时才是有用的。而传统社会性常常被认为是经济增长的障碍。

有了总体概念以后，我们接下来将对当代国家中自发社会性能力最高的社会进行分析，那就是：日本。

第14章 161

坚如磐石

经过一个世代以来与日本企业的竞争后，美国人对日本经济的本质，以及它如何有别于美国经济有了更好的了解。但是日本经济与中国或其他任何家庭主义社会的经济的差异却模糊得多，而这些差异对于了解文化如何影响经济甚为关键。许多美国人和欧洲人都认为大多数亚洲经济体是类似的，这种观点是受到了太平洋两头“东亚奇迹”鼓吹者的影响，他们有时还会认为亚洲是一个无差别的单一文化区。事实上，就自发社会性以及社会建立和管理大规模组织的能力而言，日本更像美国而非中国。日本文化与中国文化的差异，特别是在家庭结构方面的不同，揭示出日本文化对经济生活产生的深刻影响，并阐明了日本社会与西方某些高信任社会相似的 162
文化基础。

关于日本现代工业结构，最显著的特征是大型组织长期以来在经济中占支配地位。日本在1868年明治维新以后，迅速从一个农业社会崛起成为一个现代的工业强国，这与财阀的发展密切相关，即二次世界大战以前统治日本工业的巨型家族联合企业，如三菱和住友。二战前，日本10家最大的财阀占金融领域总实收资本的

53%，占重工业总实收资本的 49%，占整个经济的 35%。[1] 二战结束时，“四大财阀”三井、三菱、住友和安田控制了日本所有行业的四分之一实收资本。[2]

财阀在美军占领时期解体，后来逐渐重组为现在的经连会（keiretsu）。日本工业在规模上持续增长，今天日本的私有经济远比华人社会的私有经济高度集中。论营业收入，日本前 10 家、20 家和 40 家最大的公司位居世界第二，仅次于美国排名相同的企业；其前 10 家企业的收入更是中国香港前 10 家企业的 20 倍，是中国台湾前 10 家企业的 50 倍。

也许有人会有异议，认为虽然日本公司平均比华人公司大许多，但是它们的规模在全球范围内比却并不大。例如表 1 是从员工人数而非营业额来评估世界十大工业国家最大企业的规模。在这张表上，日本最大的企业平均比美国、德国、英国和法国的企业小。就占产业总雇佣人数的百分比来看，日本企业在这组国家中是最不集中的，与荷兰、瑞典和瑞士等更小的欧洲国家相比，情况尤为如此。

但是这样的对比会造成误导，因为日本公司实质上是网络组织。表中涵盖的许多日本公司都是作为单独的组织计算的，如三菱重工业公司和三菱电器公司，而它们在经连会网络中是相互联系的。经连会不十分独立，但也远非集成，允许在名义上独立的组织共享资本、技术和人力资源，而这一切不对网络外企业开放。

我们不妨以丰田公司为例来说明网络对企业规模的影响，该公 163
司在 20 世纪 80 年代末是日本最大的工业公司。按销售计，丰田公司 6.5 万名工人每年生产 450 万辆汽车。同期美国通用汽车公司 75 万名工人生产了 800 万辆汽车。也就是说，通用汽车产量不到丰田的两倍，但员工却是后者的十倍以上。[3] 这背后的原因是丰田的生产能力更高。在 1987 年，丰田的高田工厂可以在 16 个工时内生产一辆汽车，而通用公司的麻省弗拉明翰工厂则需要 31 个工时。[4] 更重要的一个原因是，丰田把每辆车的装配部件都承包了出去，而

表 1. 工业总集中情况

日本与其他工业化国家，1985 年

	主要企业的平均规模（雇员数）		主要企业雇佣人数占总雇员数比例	
国别	前 10 家	前 20 家	前 10 家	前 20 家
日本	107 106	72 240	7.3	9.9
美国	310 554	219 748	13.1	18.6
西德	177 173	114 542	20.1	26.0
英国	141 156	108 010	23.1	35.3
法国	116 049	81 381	23.2	35.3
韩国	54 416	不详	14.9	不详
加拿大	36 990	26 414	15.3	21.9
瑞典	60 039	36 602	49.4	60.2
荷兰	84 884	47 783	84.5	95.1
瑞士	48 538	32 893	49.4	66.9

资料来源：F. M. Scherer and David Ross, *Industrial Market Structure and Economic Performance*, 3d ed. (Boston: Houghton Mifflin, 1990), p.63

通用公司是纵向集成公司，同时有许多零件供应商。丰田是所谓的纵向经连会的领导者，它自己只完成设计和最后的装配工作。但是它通过网络又与上百家独立的分包商和零件供应商连接在一个非正式但是持久的网络中。通过它的经连会伙伴，丰田能够以不到通用公司一半的规模和十分之一的工人数量，而获得设计、制造和企业 164
营销方面的规模经济。无论如何，丰田都是一个巨型组织。

尽管日本有许多大型公司，但可能让人感到意外的是，它也有相当规模的小型企业。其实，日本小公司经济是其工业结构更具韧性的一个证据，并已得到深入研究。根据 1930 年的普查数据，日本几乎三分之一的就业人口可以归类为独立的小企业家，制造业总产量的30%来自雇员不足5人的工厂。[5]这些企业一般是家族企业，也归家族经营，与华人的家族企业一样，它们主要是零售商店、餐馆、面馆、乡镇工业（包括金属加工领域的许多小作坊），以及纺织和陶瓷等传统手工业。许多人相信这些小型的传统企业将随着工业化的进展而消亡，就像在印度一样。但总体而言，它们没有消亡。例如，在30年代时，传统的独立小织布工厂比大型的纺织厂在扩展市场份额上更胜一筹。[6]1954至1971年间，日本制造企业的数量翻了一番，但是同一时期的美国制造企业的数目才增加了22%。[7]1967年，日本60%的制造业工人都在不足10人的小企业中工作，而在美国这一数字只有3%。[8]大卫·弗里德曼（David Friedman）甚至认为充满活力的小企业才是日本“奇迹”的实质，而非著名的巨型企业。[9]从这方面来说，日本的产业结构看似与华人社会的结构有诸多相似之处，都有星罗棋布的小型家族企业。

然而这一观点过分强调并曲解了日本小企业的重要性。虽然日本小型制造企业的数量是惊人的，但是它们中的许多并不是真正意义上的独立公司，而是在经连会网络中与大型企业联系在一起的。与美国硅谷等工业区的小企业网络相比，日本经连会网络中的关系更持久且亲密。大型企业的供应商和分包商依赖大企业并不仅仅是为了拉订单，同时还有着人员、技术以及管理建议上的需要。因为经连会网络赋予了回报性的道德责任，它们不能把产品到处随意买卖，或谋求最具竞争力的价格。事实上，它们更像是纵向集成的美 165
国企业中受控制的供应商，而非真正意义上的独立小公司。

而且，如果认为日本的小公司是日本经济的先锋，那就大错特错了，这一点与中国台湾和香港的情况不同。日本的许多小企业涉足的是相对单调乏味且效率低下的零售、餐馆和其他服务领域。在制造业中，它们集中在机床工业，不论日本还是其他国家，这个工业领域一直都适合于小规模经营。而大多数重大的技术创新和产量增加都是由大型、具有高度竞争力的出口型公司实现的。

以计算机工业为例。在这一领域，很典型，大规模并不是一个优势，而往往是一个累赘。在美国，IBM 在 20 世纪 70 年代时占全美计算机市场总额的 80%，但是它的统治地位却被一系列刚起家的小公司蚕食，其中包括数字设备公司（DEC），20 世纪 70 年代它就开始以新一代技术——微型计算机抢夺 IBM 的主机型业务。80 年代后期，数字设备公司的微型计算机市场又被更新更小的工作站厂商挖走，如太阳微系统公司（Sun Microsystems）和硅谷图形公司（Silicon Graphics）。在每一种情况下，都是大型公司的产品线和创新能力开始僵化，领先技术的开发则由小型灵活的竞争对手完成。

相反，日本的计算机工业则由四大厂家支配，即日本电气公司（NEC）、日立、富士通和东芝。在过去的一代，似乎所有本土的技术创新都是由这四家公司做出的。在日本看不到新兴的、雄心勃勃的小公司组成第二级生产商，前赴后继挑战四大公司的支配地位。由于日本工业没有这一个层级，许多大公司不得不收购美国小公司来建立新的市场落脚点（如 1990 年，富士通收购了硅谷的霍尔计算机系统公司）[10]，或与更大的公司组成联盟（如 1994 年成立的日立—IBM，以及富士通—太阳联盟）。[11] 虽然在日本一个毫无根基的小公司也偶尔可以崛起成为业界的领导（五六十年代的本田汽车公司就是一个例子），但是这样的例子少之又少。小公司也经常参与创新项目，但通常是在大合作伙伴的指导下进行的，大公司才 166
是领导和推动力的真正来源。日本小企业在经连会网络中与大公司合作的能力本身就是重大的组织创新，但是它并不与这个观点相矛盾，即无论在数量上还是在创新和推动力方面，大规模企业支配着日本经济。

日本工业结构的第二个显著特点与第一个特点是紧密相连的，即在日本经济发展早期，家族管理就被专业管理所取代。日本很快便适应了以公司形式建立企业。今天，日本有许多专业化管理、多部门、等级式、公共持股的上市公司。采用公司形式反过来又使公司向大规模发展，进而成为缔造出以规模庞大、资本密集和生产流程复杂为特点的产业的前提。

与世界上其他国家一样，日本的公司也是从家族企业起家的。尤其是那些大财阀，在战后解散之前，它们一直归家族所有，如三井家族的 11 个分支掌握了 90% 的财富，而且有正式安排以确保整体行动一致。三菱财团则由岩崎家族的两个支系控制着，控制权在两支之间交替更换，住友的股份由家族的一个首脑控制。[12]

虽然财阀至解体前都归家族所有，但是它们在此之前就已经走上了专业管理的道路。“番头”（banto，即总管），即外聘的执行官，往往与控股家族没有关系，他是被聘来掌管家族生意的。与中国形成鲜明对比的是，总管的作用在明治维新和工业化开始之前就已经非常成型了。[13] 例如到 18 世纪时,大阪的传统商人中间就签了协议，不将企业传给他们的子女，而是充分发挥总管的作用。像在传统的手工业那样，总管要经历一段学徒期，尽管他们的地位如同封建主的家臣，但是在管理决策上他们享有很大的自主权。确实，日本的一句谚语反映了日本人很早就清楚家庭主义的危害：“祖父艰苦创家业，孙辈享乐败家道。”[14] 虽然任人唯亲的现象日本也有，但是远不及中国普遍。许多大型日本公司禁止雇用姻亲亲属。公司招聘 167
通常都依据客观的标准，如大学文凭或入职考试等。[15] 关于日本企业的这种非家族性倾向，有个典型的例子，本田宗一（本田汽车公司的创始人）执意不让自己的几个儿子染指企业，以免公司成为家族王朝。[16]

管理的专业化通过若干层面实现。在明治维新前的传统家族企业中，领取薪资的总管长期被赋予最高决策权。到了 20 世纪，这些主管的教育和精明程度稳步提高。1868 年以后成立的新企业中，公司创始人可能与专业主管一起合作经营公司。虽然这种模式跟在中国一样常见，但是到了第二代人，创始人的子女则一般退居幕后，成为一个被动的股东，而实质的控制权交给拿薪资的主管。在股份公司里，专业经理经常在企业里享有股份，有时也会逐渐成为唯一股东。[17] 虽然不同的财阀在不同的时期转向专业管理（例如，在三菱集团，这一过程要比三井集团早很多），但到 20 世纪 30 年代的时候，所有家族企业已经不再把高层管理位置留给家族成员了。[18]

在日本，从家族所有向公共持股的上市公司的转换时间稍长一点。尽管财阀以及其他企业的家族业主很早就退出了管理，但是他们仍然不情愿放弃所有权和对公司的正式控制权。虽然日本早在明治时期就引入了股份公司的法律条文，但是许多家族业主仍紧握着股份。偶尔可以看到某些支系家庭和无血缘关系的雇员可以获准购买股票，但是通常数量都比较少，而且在投票权和股票处置权等方面受法律的限制，这些条款是从江户时代遗留下来的。直到有了 1893 年的《商法》和 1898 年的《民事法》，这种股东投票权的不平等性才得以消除。[19] 此后，为了避免家族控制权遭到削弱，许多家族做了一些安排，规定股票需集体持有，以此杜绝后人将股权出售给外人。在财阀家族内部通常立有协议，协议规定，投资的收益只 168
能再投资给隶属财阀的公司。[20]

家族对大型企业的拥有权随着 1945 年美国占领日本戛然而止。美国正在实施“新政”的政府官员说服麦克阿瑟将军，财阀控制权所代表的财富高度集中是不民主的，而且也是滋生日本军国主义的温床（这是他们给出的少见意识形态色彩的假设之一）。大型家族信托机构的老板被勒令将股票交给财阀解散委员会，然后公开出售。[21] 与此同时，在战前和战争期间掌管财阀运营的股东和高级管理者遭到肃清。大型企业的高层管理由此出现巨大空缺，大多由没有大额股份的年轻中层经理填补。在这些新经理的领导下，财阀网络迅速以经连会的形式重建起来，但是所有权已经高度分散了。由于土地改革（农业大地产被分割）、对个人资产高额征税，以及战败所带来的股票贬值，几乎没有哪个大财产所有者能够幸免。[22]

所有这些发展的结果，就是战后日本企业的出现，这些企业更接近于伯利（Berle）和米恩斯（Means）所描述的现代公司而非战前企业。日本企业大多数实行专业管理、由大众分散持股，因此其所有权与经营权是分开的。日本成为所有工业化国家里家族所有权比例最低的国家之一（按市场资本总额计算），1970 年家族或个人持有的所有股权只有 14%。[23] 日本工业虽然高度集中，但所有权却非常分散。大多数日本公司的股票被其他机构，如养老金基金会、银行、保险公司以及其他公司（特别是公司所属的经连会，在经连会中交叉持股现象比较普遍）持有。随着规模的不断扩大，日本公司还废除了许多家族管理企业盛行的“一言堂”式的组织体系，采用了等级制的、多部门的组织结构。

普遍使用职业经理人，甚至使日本在工业化之前就建立了相当持久的经济组织。大丸百货连锁店的源头可追溯到两个世纪以前的
下村家族，三井和住友经连会的渊源则更为古老。住友的前身是苏 169
我里右卫门于 1590 年在京都成立的一个铜制品加工作坊，后来迅速向采矿、银行业和贸易领域发展。虽然日本许多小企业不断地成立、消亡，但是大型企业却有强大而持久的生命力，它们从经连会合作伙伴处获得的相互支持又增强了这种持久的力量。企业规模庞大，加上机构的持久，意味着日本人可以轻而易举地建立品牌。他们在美国、欧洲和其他目标市场广泛地建立了营销组织，这与华人形成了鲜明的对比。

那么日本工业的大规模到底是政府政策刻意扶持的结果，还是文化因素所造成的呢？答案是，跟韩国一样，政府的确在促进大规模工业方面扮演了某种角色，但即使没有政府的干预，日本企业的规模也照样会发展壮大。在明治早期，政府在扩大一些大型财阀的家族财产方面起了非常重要的作用。1868 年之前属于地方政府的藩工业在 1869 年被废除，它们的资产实际上被私有化了。东京中央政府拥有的其他企业，在日本国家资本主义初次尝试失败几年之后，

也被私有化了。这些前国有工业成为一批大规模私有企业的核心。此外，日本政府与财阀紧密合作，向它们提供信贷并招揽生意。二战后，这种合作形式再度上演，当时日本银行（the Bank of Japan）为许多大型城市银行提供信贷担保，城市银行则将低息贷款提供给大企业客户。日本政府善于跟日本大企业携手合作的声名远播在外，它们从未像美国政府那样对大企业采取敌对态度。

日本政府对大规模工业的支持，鼓励了私有经济业已存在的规模趋势，即便没有国家扶持，它们也很可能会朝着规模化的方向继续发展下去。与韩国或法国不同，日本政府从未直接或者大幅补贴大规模工业。日本政府的扶持更多是片段性的，跟大规模工业的发展时期也不直接相关。因为有职业经理人和行政的等级制，日本企业实现了自身的制度化，它们从未遇到过像华人公司创始人去世后 170
企业崩解或创业精神丧失等问题。日本大型企业的许多独特组织特点，譬如组成网络组织、关系协议、终身雇用制、交叉持股，等等，都是日本私有经济的创新。

大型企业和行政等级制并不总是优势。前面已经谈到，日本在计算机和其他高科技领域缺乏一个层级，即富于进取心的小公司。日本四大计算机公司是刻意按照 IBM 的模式建立的，当然也都患上了 IBM 式的迟钝症，譬如对于新技术和市场缺乏敏锐的辨别力。在日本大型公司的官僚体系中决策制定慢得惊人，日本人的文化要求所有人意见必须统一，这就导致连最平常、最无关紧要的决定也必须得到半数或更多的上级主管的同意。[24] 没有复杂行政结构的小家族企业则往往能够更快捷地作出反应。

从另一方面说，大规模实现日本在关键经济领域的主导地位，否则它将被排除在这些领域之外。20 世纪 70 年代和 80 年代，日本公司向美国汽车和半导体工业发起攻击，很难想象，如果没有具备足够丰富的技术资源和资金的大型企业，这样的挑战如何才能取得成功。为了抢占市场份额，譬如 NEC 和日立等半导体公司不得不打价格战，由此导致利益空间锐减，美国竞争对手常常谴责它们倾销。[25] 这些公司之所以能够渡过这段低盈利期，是因为它们可以从譬如电子消费产品等其他盈利的部门获得补偿。此外，日本的大公司不仅自己有金库，而且得到经连会内部其他伙伴的财务支援。韩国半导体公司一直渴望能够复制这一成绩，因为它们都是集中型的大企业，集中程度甚至超过了日本。但是在没有政府大力支持的情况下，很难想象中国香港和台湾地区的企业能够做到这一点。

日本企业能够很早就超越家族企业的模式而迅速成长，是因为日本家庭与华人家庭有着迥然不同的特点。我们接下来就讨论这个问题。

第15章 171

儿子与陌生人

日本人很早就发展出不基于亲戚关系的联合习俗。尽管封建时代日本也存在氏族，且常常被拿来与中国的宗族比较，但是这些群体并不求助于血缘上的共同祖先，而是因共同效忠于一个“大名”（封建主）而联合在一起。在工业革命之前，日本人就发展出一系列非亲关系的社团，在同一时期的欧洲，类似的群体也开始出现。

日本人之所以具有强烈的自发社会性倾向，根本基础在于日本
的家庭结构。日本家庭的联系纽带远不及华人家庭强韧。在传统义
务方面，它比意大利中部的扩展家庭更小、更弱。在情感方面，日
本家庭可能不及美国家庭团结，虽然它明显地更稳定。家庭主义在
日本的明显欠缺反而促进了其他社团的发展，这在江户初期（1600— 172
1867）最为明显，并为20世纪日本高度发达的自发社会性打下了
坚实的基础。

当然，日本是一个儒家社会，与中国有着许多相同的价值观，其文化有很大一部分都源自中国。[1]日本人和中国人都把孝道视为核心价值观，子女对父母肩负着各种责任和义务，这些在西方社会则不存在。从传统上说，儿子对父母的感情应当胜过对妻子的感情。

两国文化都极力强调敬服长者，这一点在日本资历薪水制度上可见一斑。日本文化和中国文化都奉行祖先崇拜，在传统的法律制度下，家庭成员共同担负法律责任。在两国文化中，女性都要严格服从男性。

但是这两种文化的家庭观念却存在着重要的差异，这些差异对现代经济组织产生了直接影响。最重要的一个区别是，日本的家（意思是“户”）通常是指居住的房子，它与华人的“家”有本质的不同。

日本人的“户”通常对应着生物学意义上的家庭，但也不尽然。所谓“户”比较像是家庭财产的信托机构，财产由家庭成员共同使用，户主就是主要受托人。[2] 对户来说重要的是保证它的代代延续，它的组成结构允许其各个位置可暂时由实际的家庭成员作为托管人而占据，但不一定必须由有血缘关系的亲戚来担任。

例如，户主的位置一般从父亲传给长子，但是只要履行了正当的收养法律程序，长子的角色可以由任何外人担任。[3] 与中国形成鲜明对比的是，在日本，过继无血缘关系的外人是很普遍且非常容易的事。一个家庭如果没有男性继承人或儿子无能，常用的解决方案是招上门女婿，然后女婿改姓妻子家姓。这样他将继承家产，所受待遇与亲生儿子一样，即使后来这个家庭又生了儿子也不会受影响。[4] 在古代日本，家庭不像在中国那样有严重的父系观念，一些王室家庭也存在入赘婚姻（继承权和居住资格通过女性传承）。[5]
偶尔还会有领养家仆的例子。对于许多家庭来说，同住一个屋檐下 173
的家仆比远房亲戚更亲近，可以作为家属共同祭祖，死后也可以埋在家族墓地。[6]

日本文化不仅允许收养儿子，而且对任人唯亲有所提防，众多谚语警告世人小心养出懒惰或无能的儿子。有事实为证，常常会有这种情况，当亲生儿子无力承担其家庭继承权时，日本人宁可把继承权传给全然陌生的外人。这种做法在明治维新之前更加普遍，尤其是在商人和武士家庭（它们有更多的财产要传给后代）。这类家庭中，继承权传给养子而不传给亲生儿子的比例在 25% 至 34% 之间。[7] 在中国，这种情况远没有日本普遍。

在日本，在亲戚范围之外收养儿子并不是丢人现眼的事。[8] 收养家庭也不会像在中国那样觉得在众人面前抬不起头来，实际上，中国人往往抨击日本这一“淫乱”的领养风俗，认为这种对外人开放的做法是“野蛮”且“不遵礼法”的。[9] 在日本，一个人即便出身社会地位显赫的家庭，如果不是长子，成为别人家的养子也是十分常见的事。例如，1964 至 1972 年担任日本首相的左藤荣作就是过继之子，而他本人出生于一个显赫家庭（他的兄长岸信介几年前曾任首相）。[10] 回望日本历史，我们会发现许多养子跃为显贵的例子。在幕府初年再度统一日本的将军丰臣秀吉是农民的儿子，他过继到了一个贵族家庭；米泽藩的大名上杉鹰山是从另外一个大名家庭过继而来的。[11] 在日本，这样的例子不胜枚举，而在中国历史上却罕见之极。根据一份研究，在调查的四个封建领主中，武士家庭的收养比例从 17 世纪的 26.1% 上升到 18 世纪的 36.6%，19 世纪时高达 39.3%。[12]

日本家庭结构区别于中国家庭结构的第二个显著特点是长子继承制。我们已经谈到，中国几千年来一直奉行男性继承人遗产平分制度。而日本在室町时代（1338—1573）就实行了长子继承制，这 174
一制度与英国和其他欧洲国家相似。[13] 根据这个制度，家庭的大部分财产，包括房产、家族生意（如果有）都传给长子。[14] 长子对他的弟弟们负有各种责任，例如，他可能雇用弟弟到家族生意中工作或帮助弟弟建立新的生意，但是他没有义务将家庭财产分给弟弟。次子以下的儿子不能留在家里，他们必须建立自己的家庭。于是家庭很快在第二代分成主脉和支脉。此外，古代中国的一夫多妻制在日本并不常见。这并不是说日本男人更忠于自己的妻子——养情人的做法很常见——但它确实意味着富人有权继承家产的儿子数量要少一些。

长子继承制对家庭和经济生活带来了以下几点影响。首先，日本家庭通过做生意或其他形式的商业行为积累的财产，不会像在中国那样于两三代之内就消失殆尽。其次，日本家庭规模更小。在中国，联合家庭模式是理想的社会模式，几个已婚儿子与父母住在一起。尽可能避免分家，除非兄弟不和非分不可。在日本则相反，一旦长子掌管了家庭，弟弟搬出去自立成家是天经地义的事。更小的家庭意味着，日本的家不会渴望达到传统中国“大家庭”那样自给自足的程度，同时意味着更大的整体流动性，因为家庭不断地衍生出新的小家庭。[15] 正如中根千枝（Chie Nakane）指出，家庭的规模与收养之间存在着联系：华人并不需要在没有亲生儿子时过继陌生人，倘若亲生儿子不合适的话，大家庭和亲戚网为他们提供了更多的继承人选。[16] 最后，次子以下的儿子不能继承家财，这就意味着其他领域的人力资源得到不断供应，如官僚机构、军队或商业等。毫无疑问，当城市发展带来就业机会的时候，这些职位无疑加快了 175
日本城市化的进程。

日本与中国家庭的差异在取名习惯上也可看到。日本的姓氏比中国多，正如中国姓氏比韩国多一样。中国姓氏的相对较少证明了家庭和宗族组织的庞大。中国家庭的姓都很古老，许多已经沿用了两千多年。即使经过久远的年代，同村的居民仍然同姓的现象也并非不常见。家族会寻找自己失落很久的母系分支并将他们再次纳入家族主脉；支脉只要能与显赫宗族攀上丁点关系就会试图证明他们其实有着很近的姻亲关系。此外，同一辈的男子一般在他们的名字中都有一个共同的字辈。而在日本，许多家族在德川时代以前都不使用姓氏，因此即使二人是父子也没有共同的姓。家庭更容易裂变成更小的家庭，而且支脉并不觉得有很大的压力要与主脉保持关系。家庭更易分裂以及事实上更易于收养外人，使日本没有出现一两个显赫姓氏的宗族独霸一方的情况。[17]

日本的户与中国的家之间的差异也体现在更大的社会群体中。

我们已经看到，在中国，家以外就是宗族，偶尔会有更高层次的氏族“大宗祠”。虽然中国的宗族是在直系家庭外构建社会性的途径，但它仍然是基于亲戚关系的。在日本则有更为庞大的组织，称为“同族”（dōzoku），也译为“氏族”，但与中国的氏族不同的是，它们并不是建立在亲戚关系上的。[18] 它们没有地域基础，与土地所有权也没有直接的联系。[19] 它们是在日本封建战争和国内动荡时期，构建于人们自发担负的相互责任的基础之上。举例来说，这样的结果是，一名武士可能会与某村庄内的一群农民发生联系，保护他们不受强盗的掠夺，并以此换取获得农民的一份收成。藩主或大名与为他而战的武士之间也存在类似的责任关系。[20] 这些责任逐渐演化出仪式化特色，但它们不是可继承的，因此，若世代间不自发更新，这类组织就无法像中国的宗族组织那样维系下去。但是这些组织也 176
不是美国式的自发社团。尽管进入这个关系全凭自愿，但是脱离则否；相互责任所要承担的道德义务是延续终身的，从而带有宗教誓约的特点。

自日本封建时期开始，日本社会与中国社会就有着迥然不同的特点。前者的家庭相对较小而且关系脆弱，但发展出许多基于非亲戚关系的社会组织。[21] 从另一方面来说，家庭以外社团的强盛意味着家庭纽带比较脆弱，尤其是从中国人的视角来看。中根千枝曾报道：“甚至在战前，日本孩童在父母面前的表现就让到访的中国人感到惊诧，因为以中国人的标准来评价，日本孩子缺乏对父母的尊敬。”[22] 与中国家庭一样，为了应对城市化和经济增长，日本家庭发生了很大变化。[23] 然而与中国的情况不同的是，家庭的这些变化对日本社会和商业组织的影响不大，因为它们一开始就不属于家庭。

日语中的 iemoto，即“家长”，指日本社会普遍流行的家庭式社团的领导。这些团体在如剑术、射箭、茶道、歌舞伎、插花等传统艺术和工艺中起着非常重要的作用。“家元社团”（家长式的社团）由相互没有亲戚关系的人组成，但是他们的行为却仿佛亲人一样。师父扮演父亲的角色，徒弟扮演孩子的角色。家元社团的权威是等级式和家长式的，与传统家庭一样。最重要的社会关系不是平辈间的横向关系（如投拜同一个师父的徒弟之间的关系），而是长辈与晚辈之间的纵向关系。[24]这种关系与日本家庭的情况大致相同，在日本家庭中，父母与子女的关系要比兄弟姊妹之间的关系更为紧密。家元社团不是以亲戚关系为基础，在这一点上它们与现代西方自发组织相似，任何人可以申请加入。但是它们又像家庭，因为社团内部的关系不是民主的而是等级式的，加入者所担负的道德责任也是不能轻易抛弃的。社团成员的资格不能世袭，父亲不能传给儿子。[25]

人类学家许烺光（Francis Hsu）认为，家元式集团并不是传统艺术和工艺独有的特点，实际上它是日本所有组织的结构形式， 177
包括商业组织。[26]例如，日本的政治党派分成许多近于永久的派系，每个派系由党的一名高层成员领导。这些派系不像美国民主党内的黑人小组（the Black Caucus）或民主党领袖委员会（the Democratic Leadership Council）一样代表不同的意识形态或政治立场。相反，它们是家元式集团，基于领导者和追随者之间的相互责任，属于任意的个人联盟。日本的宗教组织也有着这种家元式的教众结构。在中国，人们可以随心所欲地朝拜任何寺庙或圣地；与此不同的是，大多数日本人参拜一所寺庙，就如美国人归属某一教会。他们捐款支持自己参拜的寺庙,并与住持禅师建立私人关系。[27]由此可知，宗教生活在日本比在中国更富于组织性和宗派性。

这种社会组织所构建的习俗也带入了商业领域：日本企业经常被描述为“家庭式”的，而中国企业则根本就与家庭合一。[28]日本公司是结构上的权威，其成员对它有道德责任感，与对家庭的感觉相似，但是同时它也含有自愿成分，不受亲戚关系的限制，这使它更像西方自发组织，而非中国家庭或宗族。

另外，日本的儒家学说强化了家庭在日本社会与在中国社会的地位差别。日本从 7 世纪起就是一个儒家化的国家，当时圣德太子根据儒学信条制定了十七条宪法。[29] 一些学者谈到日本儒学时，似乎都认为儒家学说为日本社会赋予了跟中国相同的规则，但实际上儒学传入日本后，在一些关键方面发展出非常不同的特点。[30] 儒家学说崇尚许多不同的德行，比较注重这些德目在实际社会关系中的体现。例如，中国正统儒家的五常中，“仁”（即人们在家庭内能够感受到的善意）和“孝”是最重要的。[31]“忠”也是中国儒家推崇的一个品德，但是它往往被认作个人品德而非社会品德，因为它是一个人对自己和对自己信念的忠诚，而非对某个政治权威的忠诚。
而且，对华人来说，“忠”还受到正义原则（即“义”）的制约。[32] 178
如果外界权威要求履行忠诚但却有违“义”的原则，“仁”的要求则让人不至于盲从。

然而，当儒学传入日本并融入其本土环境时，这些德目之间的分量对比发生了显著变化。1882 年日本帝国向军队发布的诏书可以看作日本对儒家学说诠释的一份标准文件，在诏书中，“忠”被升到首位，“仁”则根本未列入其中。[33] 此外，“忠”的含义与中国的版本对比，也有了些微妙的变化。在中国，人在道德层面上对自己负有责任，即必须遵守个人行事准则，这等同于西方所谓的个人良知。对主人的忠诚必须与这种责任感相协调。而相比之下，在日本对于领主的责任则是无条件。[34]

“忠”上升到主要地位以及“孝”的降级所产生的影响，可以通过当社会责任发生冲突的情形中看出来。在传统中国，当父亲触犯了刑法，儿子通常不会向警察或其他司法机构告发：也就是说，家庭内部关系高于与政治权威的关系。而在日本，倘若面临同一问题，儿子会感到有责任向警察告发他的父亲，也就是说，对大名的忠诚战胜了对家庭的忠诚。[35] 家庭责任的重要性赋予中国儒家与众不同的特色，虽然正统的儒家学说强调忠君，但是家庭宛若一道坚实的堤岸，保护着私有自治权不受国家控制。在日本，情况正好相反：政治权威控制了家庭，在理论上，没有任何自治领域可以免于控制。[36]

对应过去武士对大名的忠诚，在当代日本表现出来的则是，行政官或“工薪族”对公司的忠诚。在这一过程中，受聘的人不得不牺牲家庭生活：他很少待在家里或看护孩子的成长，周末甚至假期都献给了公司而非家人。

日本人从中国引入了儒家学说，并修正其信条以适应自己的政治环境。在中国，即使是皇帝的权威也不是绝对的；如果皇帝昏庸无道，其“天命”就会被废除，中国朝代更迭就是中国政治权威寿 179
命短暂的证明，最长的朝代也不过几百年。相比之下，自神话传说中建国以来，日本只有一个朝代，且没有“天命”流转这样的政治概念挑战天皇的宝座。在借鉴新儒家（neo-Confucianism，即理学）时，日本人小心翼翼让其政治要求不伤害君主和统治阶级的特权。

此外，日本政治体系的最上层是军人阶级，而中国在传统上一直由文官体制来治理。统治日本的军人阶层发展出一套自己的道德准则：武士道，即所谓的武士伦理，强调忠诚、荣誉和勇敢等武德。家庭关系严格地服从封建关系。[37] 当中国宋朝的儒学，特别是朱子学说，于德川初期传入日本时，日本人更加强调了忠诚，使它与武士道统一起来。虽然也有过忠孝孰先孰后的辩论，但是最终忠被摆到了首位。[38]

继几个世纪前日本儒学将忠提到首位，明治维新以后，日本更加努力将儒家学说作为自己的意识形态，以支持政府达到现代化和国家统一的目标。[39]19 世纪日本用儒学来塑造自身引导文化的做法，与 20 世纪 90 年代新加坡前总理李光耀的举措如出一辙。譬如 1882 年帝国发布的军人和海员训谕，以及 1890 年颁布的教育法令都使用了儒家语言来强调忠于国家的品德。[40]20 世纪初，面对劳动力短缺和技术工人流动性大的问题，日本官员和商人开始将以前主要针对上层阶级宣扬的教义，扩大到向全社会宣传。于是，忠被扩大解

释为不只是效忠国家，而且要效忠自己的公司，学校和工厂都在不
断地灌输这个原则。[41] 查尔莫斯 · 约翰逊（Chalmers Johnson）非
常正确地指出，这是为了满足日本特定历史时期国家和社会的需求
而进行的政治行为。[42] 这一举措之所以大获成功，是因为忠的概念
已经深深地根植于日本文化之中。而类似的教条能否在中国成功推 180
广则是个未知数。

中国儒家学说在日本的这些变化带来一个后果，那就是公民意识和民族主义在日本社会更为重要。我已经提到，中国家庭在某种意义上像是一道防护堡垒，以抵抗专横掠夺的政府，因此中国的家庭企业会本能地寻找办法向收税人隐瞒真实收入。而在日本情况则大不一样，家庭的力量非常弱小，各个方面的纵向权威凌驾其上。整个日本国就是一个以天皇为首的大家庭，使日本人民对它产生了道德责任和感情，这是中国皇帝永远可望而不可即的。与日本人不同，中国人对外人没有那么强烈的敌我之分，而往往通过家庭、血缘和地域来界定自我，而非国家。

日本的民族主义意识和相互信任的习性也有其黑暗面，即对非日本人不信任。在日本的外国人，如规模相当大的韩国人群体面临着这个问题，已经引起普遍的注意。对外国人的不信任也体现在日本跨国公司在其他国家的业务开展上。虽然美国成功地借鉴了日本的精益生产体制，但是从日本移植过去的工厂却未能如此成功地进入本地供应商网络。例如，日本汽车公司若想在美国建立一个装配工厂，它们往往将其网络公司的供应商一同带过去。根据一项研究，在美国装配的日本汽车的零配件大约有 90% 来自日本或日本公司驻美国的子公司。[43] 这本是预料之中的事，日本装配厂和美国分包商之间毕竟存在巨大的文化差异，但这却导致了双方不合。我再举一个例子，虽然日本的跨国公司雇用了大量本地主管来运营其海外机构，但是这些主管却很少享受到日本主管级别的待遇。为日本公司在美国的分支机构工作的美国人可能渴望在组织内部得到提升，但

是基本上没有可能调到东京总公司工作或晋升到美国分公司以外的更高职位。[44] 当然也有特例，索尼美国公司的员工多为美国本地人， 181
并享有高度的自治权，甚至常常影响日本母公司。总体而言，日本人的信任只存在于日本人范围以内。

长期以来，日本文化的另一个重要传统是，掌握实权者和名义上的掌权者不见得是同一人，这使得日本的商业关系更为灵活。这也是中日文化另一重大差异之处。在日本，真正的掌权者一般都隐身幕后，甘愿间接地统治。虽然明治维新在名义上推翻了幕府，恢复了明治天皇的王位，但它本身就是由萨摩和长洲两藩的贵族以天皇的名义推行的。无论维新前后，天皇的实权都少得可怜。实际上，日本“万世一系”的唯一原因，就是日本天皇不掌实权。而中国的情况正好相反，皇帝通常亲理朝政。在日本，权力的争夺一般发生在天皇的大臣之间，他们一方面维护表面上延续的统治及其合法性，一方面又全力夺权，于是日本才有不断发生的内战。

与日本广为盛行的收养制一样，实际掌权者与名义掌权者的分离对日本政治和商业的继承带来诸多益处。在 20 世纪 80 年代末 90 年代初，中国大陆掌握实权的领袖人物多是八十多岁的老人，他们抑或与毛泽东在长征途中并肩作战，抑或在 1949 年开始自己的职业生涯。他们绝不会把权力轻易让给年轻的领导者，于是中国政治改革的进程被推迟，直到他们去世才可以展开。[45]（类似的情况存在于朝鲜，因为其文化习俗更接近与中国而非日本；朝鲜政治长期受制于其长寿的领导人金日成。）在日本，情况则大为不同，领导人若是年迈或者不胜任，则会被温和地放置到名誉位置，实权由年轻的领导者担当。这种做法的根源当是起自传统日本农民家庭。一旦长子长大并足以担负起一家之责，家长就会让位给长子，并从正房移住到小房间，这在日本并不罕见。尽管日本人敬老，但他们更 182
加尊重本田宗一那样更识时务、主动让权给年轻有为者的老人。[46]

本书并非要追溯日本的户、家元团体、长子继承制、领养等规则的历史源头，可是许多学者在解释为什么这些制度会出现在日本而不是东亚其他国家时，往往都指向一个重要因素，即日本政治权力分散的本质。[47] 日本在现代化以前的时期，从未被一个拥有庞大官僚组织的强大中央集权政府统治过，这一点与德国和意大利北部的情况相似，但不同于意大利南部和法国。虽然日本人自诩拥有一个未曾中断的王朝，但是日本天皇的权力一直非常弱小，而且也从未像法国国王那样征服过封建贵族。权力分散在一系列互相攻伐的氏族手中，不断上演此消彼长的戏码。中央权威无力实现权力统一，但这却给小社团的兴起留下了自由空间。在 7 世纪大化改新时期，藩主以提供军事保护，向农民承诺可以免受帝国权威之迫害。[48] 与欧洲的情况相仿，长时期的内战造成自治封地的兴起，在这些自治封地中，武士提供保护来换取农民的大米，亲戚关系起不到丝毫作用。因此，这种根据交换服务建立起相互责任的概念深深扎根于日本的封建传统之中。[49] 政治权力的分散为私有经济的发展创造了条件。例如，在明治维新之前，德川时代划分出许多地方政府，它们纷纷兴办自己的工业，其中一些工业成为 1868 年后主要工业企业的基础。权力的分离使大阪和江户（东京）这样的城市脱颖而出，这些城市居住着庞大且在不断扩大、实力雄厚的商人阶层，这一情况又与欧洲相同。[50] 这样的阶层如果出现在中国，就会很快与皇权发生冲突，不得不面临收购或受制于新的法规。

毫无疑问，日本文化的其他方面对日本经济的成功也起到了非常重要的作用，其中之一就是日本佛教的独特性。正如罗伯特·贝拉（Robert Bellah）指出的，德川早期的佛教禅师石田梅岩和铃木正三的教义使世俗的经济行为神圣化，并传播了商业伦理，这与英国、荷兰和美洲的早期清教教义有共通之处。[51] 换句话说，在大致 18
相同的时期，日本的伦理道德与欧洲的新教职业伦理遥相呼应。这个现象与日本的禅宗传统密切相关，禅宗讲究在每日的世俗活动里追求完美，如剑术、射箭、木工、丝织等等，而且这一传统不是通过外在的技艺，而是通过内心的冥想来达成的。[52] 大凡看过黑泽明早期电影《七武士》的人一定记得，禅宗武士在入定冥想后，优雅地一击刺穿敌人腹部，而后者完全没有反应过来。追求完美极致是日本出口产业成功的关键，但是它的根源却是宗教，而非经济。虽然亚洲其他地区也存在日式的职业伦理，但是很少有日式追求完美的传统。不过，这些文化因素与自发社会性并无太大关联，因此我不准备在此多费笔墨。[53]

现在我们有必要了解这些文化习俗是如何在当代日本商业世界中发挥作用的。

第16章 18

终身雇用制

美国经济在过去二十年间经历了一系列痛苦的革新，一些老牌的大型公司纷纷裁员重组，其中一些就此倒闭。“企业再造”成了管理顾问以提高生产效率为由解雇员工的最新托辞。克林顿总统以及其他一些专家提醒美国人，不要再期望终身干同一份工作，他们别无选择，必须接受父辈不曾经历的动荡经济变革和职业不稳定性。

在当今的全球经济形势下，假设火星人突然占领地球，并宣布大型的美国公司不准解雇员工，那结果会怎样呢？这是一个饶有趣味的问题。经济学家恢复镇定后必然会说，这无疑等于宣布了美国经济的死刑，因为缺乏他们所谓的“要素流动”（factor mobility）， 18
劳动市场将无法适应快速变化的需求，或者无法采用更高效率的技术。但是如果火星统治者在这一点上绝不通融，而在其他问题上采取灵活态度，我们可以预想如下变化。首先，雇员会要求工作准则和工作条件方面更有弹性，因为如果某职位不再需要人手，那么公司必会积极地将员工安置在其他可以发挥其作用位置上。其次，公司会更积极地在内部培训职工学习新技术和新工作，这样被淘汰的员工不会成为公司的损失。公司本身的结构也会发生变化：它会主动进入一些不同的领域，譬如把从钢铁和纺织业下岗的员工调动到电子或营销领域。最后，会出现一些不实行终身雇用的小型企业，这是安置下岗员工的最后一招。这些变化是否能够补偿公司因不能解雇员工而损失的效益尚不清楚，但是这种变化也许会换来巨大的无形回报，即员工的忠诚，以及对怠工的强烈厌恶。

以上这段实际上描述了日本大型企业的终身雇用制。日本公司的终身雇用和高度团结是日本经济特有的两大特征之一。另一个特征我们将在下面进行讨论，即同一网络组织内公司之间长期稳定的关系。这两个习性都源自日本人在自发形成的群体里所养成的高度双向道德责任感。[1] 这种双向责任感既不是中国式的亲戚责任，也不同于法律契约责任，更像是一个宗教团体成员彼此间的道德责任，加入这种关系全凭自愿，退出则不能自作主张。

日本劳动市场以及员工与经理之间关系最能说明这种双向责任。先前提到，在华人家族企业中，非家庭雇员如果有其他选择，
通常不太愿意在家族企业中工作太久，他们知道自己无法获得完全 187
信任而作为合伙人进入管理高层，而且每时每刻都需要看雇主脸色行事也会让他们感到不自在。因此华人企业的雇员随时准备着跳槽，他们的最终目标是积累资金创办自己的企业。

对比而言，大型日本公司早在战后初期就将终身雇用制度化。[2] 当雇员受雇于某公司时，公司将与他达成持续雇用的协议，同时雇员本人则承诺不会为了更好的工作机会或更高的薪水而跳槽。尽管可能有书面合同，但协议的约束力并不在合同本身。其实，如果日本员工坚持用法律文字来进行约定，通常会被认为是极不得体的，而且会使其被彻底排除在终身雇用制外。[3] 违反非正式合约的惩罚是极为严厉的：为谋高薪而离开终身雇用制公司的雇员会被社会所抛弃，企图从别家挖人的公司也将遭到同样的下场。这些制裁的实施不是依赖法律手段而仅仅依靠道德压力。

终身雇用制将员工的大部分职业生涯都锁定在单一轨道上。日

本社会是高度平等、唯才是用的社会，但是社会流动性的机会一般一生只有一次，即年少时参加的折磨人的大学入学考试。高考是开放式的，有若干客观的分级，而各大学根据考试成绩来招收学生。大学毕业后工作的好坏很大程度上取决于学生所上的大学（而非在校的实际表现）。一旦工作后，他们很少有机会得到越级提升。公司可随意调遣员工，而员工很少在调遣中有发言权。高考落榜的学生实际上被挡在高薪的大型公司之外，当然在小公司他们还是能够找到就业机会。[4]（日本的学生甚至从进幼儿园起就面临巨大的成 18
功压力。）所有这些都与美国形成了鲜明对比，美国充满了机会，即使你已经白发苍苍，失败了也可以从头来过。

员工当然也获得了相应的报酬，但按新古典主义经济学的观点来看，这些报酬完全是非理性的。[5] 日本公司没有同工同酬的原则，薪金主要根据资历或其他与工作表现无关的因素，譬如他是否要供养大家庭等。[6] 日本公司比较大的一部分报酬是以红利形式发放的。虽然有些红利是授予个人的，但是一般来说都会给集体，作为对集体工作的奖励，譬如公司的某个部门或整个公司。也就是说，员工知道他不会被解雇，除非犯有严重错误；他还知道自己的薪酬会随着年龄上升，这跟个人工作是否更加努力没有多大关系。如果某位员工不胜任或不适合于某一项工作，公司不会解雇他，而是将其安置在内部的另一个岗位。站在管理者的角度看，劳动力是巨大的固定成本，只有在经济不景气时期，才会顶着巨大压力进行裁员。[7]

这种报酬体制似乎会为搭便车打开方便之门：任何突出的个人表现所产生的利益增值实际上都会成为作为一个整体的公司的公共好处，既然如此，对于个人来说，干脆少做一点岂不更好？其他将工作表现和薪水完全脱节的社会只有一类，即前共产主义国家。众所周知，这一做法彻底破坏了生产力和工作伦理。

在日本，终身雇用制并没有削弱生产力或破坏工作伦理，实际上还与高度的敬业精神水乳交融，这也证明了日本社会的双向责任所产生的巨大作用。这种心照不宣的终身雇用契约换来的是稳定的工作和稳步的提升，人们愿意为公司努力工作。换句话说，雇员愿意为公司竭尽全力，因为可以换来长期的福祉。这种责任感既不是正式的，又不是法律所规定的，它已经通过润物细无声的社会化过程完全内化。日本的公共教育不回避教育孩子正确的“道德”行为， 189
工作后，公司还继续为雇员提供道德教育。[8]

共产主义国家企图通过反复的宣传、说教和威吓手段，来向大型社会组织灌输类似的道德责任感。事实证明，这种意识形态威压不仅对于激励人们工作毫无效果，反倒滋生出普遍的蒙混糊弄心态，并在共产主义崩溃之后，导致了东欧和前苏联国家的工作伦理、公共精神和公民性的普遍缺失。

终身雇用制的雇员不会搭便车，原因还在于这里的道德义务是双向的。他们的忠诚和工作换来多种形式的回报，已经超越了工作保障的承诺。日本的雇主因对员工的生活采取家长式态度而闻名。上级不仅参加下属的婚礼、葬礼，甚至还充当媒人。日本老板在帮助员工渡过经济或伤亡等难关时起的作用远大于华人老板。[9] 老板经常与下属在下班后联谊。日本公司常常为员工组织体育和社交活动、郊游并提供假期。

日本公司常常被形容为宛如家庭一般。[10] 在民意调查中，对于“好工头必须像父亲对子女一样对待员工”这个观点，日本人一般都表示强烈认同。[11] 日本人比美国人更倾向于说老板“关心他们与工作无关的私事”，这个比率分别为 87% 和 50%。[12] 事实上，日本公司的道德约束力要强于家庭。日本员工普遍自愿参加公司组织的周末游玩活动，或在晚上下班后与同事小酌，而不与妻子、儿女一起尽享天伦之乐。愿意为公司而牺牲家庭利益被视作忠诚的表现，反之则被视为不道德的。公司与真正的家庭一样，其中的关系是不以人的意志为转移的：即使公司的“父亲”过于专横，员工也不会选择辞职或跳槽而炒“父亲”的鱿鱼。

扩大开来，员工与经理之间的双向责任关系还反映在日本的
工会组织上。战后日本的各工会不是根据行业来组建的，它们是公 190
司的工会，这与欧美国家大相径庭。举例来说，日立工会代表日立的所有员工，不分工种。劳工和经理对彼此的态度反映出，日本社会比美国甚至英国、法国和意大利等欧洲国家有更高的信任。这些国家的工会是富于战斗性的，且受意识形态的左右。虽然日本工会还会举行春季罢工，以此追怀 20 世纪初富有战斗精神的工会活动，但是在整体发展和公司福祉上，它们与管理层的利益一致。因而日本的工会往往成为管理层的工具，力图抚平员工对工作条件的抱怨和驯服不听管教的员工。而英国的情况却完全不同。社会学家罗纳德·多尔（Ronald Dore）在对英国和日本员工进行比较研究时发现，“在英国，工会成员和管理者虽然接受对方存在的必然性，但都拒绝完全接受它的合法性或至少是另一方所享有的权力的合法性。在双方所构想的理想社会中，往往都没有另一方”。[13]

西方管理者在看到驯良的日本工会后，都向往着与他们的员工构建这样的关系。他们极力讨好工会，企图用日式的员工与管理者间的共同利益这套说辞，来说服工会放松工作规则或在薪资上让步。但是，要使日本式的相互责任能够管用，责任和信任就必须是双向的。西方工会成员会辩解说，如果相信管理者在为管理层着想的时候也会为员工着想，那就太天真了，公司会利用工会作出的所有让步，仍然尽可能降低在工作保障和其他福利方面的开支。进行合同谈判时，管理者常常向工会代表展示他们的账本，以期证明自己不能为某一薪金要求再作让步。但是这一策略毫无作用，除非工会相信管理者的账目是真实可信的。[14] 知识就是力量，许多西方工会都有过因雇主篡改账目、夸大成本、少报利润而在讨价还价上的不愉快经历。由此可见，日式工会只能是日式管理模式的产物。

许多观察家（包括许多日本人在内）都认为，日本的终身雇佣 191
制和它所产生的劳雇关系源于一种古老的习俗，尤其是儒家传统的

忠诚。[15] 终身雇用制确实有很深的文化基础，但是文化传统和当代商业习俗之间的关系却复杂得多。[16] 目前形式的终身雇用制最早产生于二战结束时，而目前许多小型公司依然没有实施这项制度。这项制度是日本政府和雇主为了稳定劳动力供给而努力奋斗的最终结果，这一努力在 19 世纪晚期日本开始工业化时就已展开。尤其是在上个世纪之交时，技术员工常常短缺，而雇主发现自己无力留住所需要的员工。实际上，手工艺人高度流动的传统在德川时期就已经有了，这些手艺人凭心情不断地更换工作场所，他们为自己不循规蹈矩、有叛逆性、能够随心所欲出卖自己的劳动而感到光荣，随之而来的奢侈舒适且常常桀骜不驯的生活方式也让他们沾沾自喜，所有这些个性与当代日本人的个性格格不入。[17] 当时的技术员工是以行会（Oyakata），即传统同业公会的形式组织起来的，成员首先忠诚的对象是他们的行业而非雇主。[18]

稳定的雇佣制尤为重要的一个原因是私营公司要负责培训雇员基本的行业技能，因此，雇员辞职对那些在员工培训上进行了投资的公司来说是很大的损失。1897 年，在大企业中三菱公司率先提供医疗、退休等全套福利，希望依此留住员工。尽管采取了这些措施，员工跳槽的比率在随后的几年中仍然很高。以工程工业为例，一般都在 50% 以上。[19] 日本的劳雇关系并不总是平和的。工人阶层的壮大导致了一系列火药味十足的工会运动，这种状态一直持续到 1938 年军事政权解散工会。太平洋战争后，日本工业开始重建，它的领导者希望构建一个更为和谐、稳定的劳雇关系。20 世纪 40 年代末以后，在保守党政府的支持和美国的援助下（美国不愿看到左派工会的战斗性），产生了我们现在熟悉的终身雇用（nenko）制度。

终身雇用制度既然是新近的产物，这让一些观察家认为，终身 192
雇用根本不是一种由文化决定的现象，它仅仅是日本政府在特定历史时期为满足某些需求而建立的制度而已。[20] 但是这种解释误解了文化在这种制度的形成过程中所起的作用。[21] 尽管终身雇用制在日本并不是一个古老的习俗，然而它所凭借的伦理习俗在日本历史上早已存在。这种以双向的工作道德责任为基础的制度，首先必须有一个高度信任的社会。在这种制度下，企业可以轻易地利用员工和工会，同样，员工也可以轻易地搭便车。但是这两种现象在日本都不严重，这就证明双方都充分信任、彼此都将全力遵守协议。很难想象终身雇用制能够在相对低信任的社会，譬如台湾、香港、意大利南部、法国，或者像英国那样充满阶级敌意的社会存在。劳工和管理者都不信任这种制度中的设计者：前者认为那是瓦解工会团结性的阴谋，后者则认为那是不合法的公司福利。当然，这些社会的政府可以将终身雇用制法律化，许多社会主义国家就是那么做的，但结果很可能是员工和管理者都不尽力遵守协议，员工假装工作，而雇主则假装为员工谋福利。日本的制度大获成功，原因就在于这些规则已经深入员工和管理者的行为中：不用强制，员工就会自觉工作，管理者会考虑员工的利益，或者说他们不需要一个正式的权责制度来管理彼此的关系。

80 年代末期经济泡沫的破灭和 1992—1993 年间的经济衰退，以及日元升值等问题，都给终身雇用制带来了巨大压力。日本公司为了在降低成本的同时遵守雇佣承诺，不得不在许多方面采取了相应的措施。它们或将员工转移到其他事业部，或将员工调到下级公司中，或减少奖金，或提前退休，或干脆将一部分员工降为非正式员工，保留工资，但可以随时解雇他们。这些措施所导致的最严重的后果，大概是刚毕业的大学生的就业率直线下降。[22]1992 年，公司聘用新毕业大学生的比率下跌了 26%，1993 年又降低了 10%，15 万毕业生失业。[23] 一些大型公司实际上开始裁员，另外一些公 193
司则已经开始采用美式“猎头”（headhunting）策略，把劳动力富余看作挖竞争对手员工的良机。尽管如此，终身雇用制使得它们无法缩小规模或重新设计，不能像 90 年代初许多美国公司那样大批裁员，或以提高生产力为由将员工整批转手。当日本的经济以两位数增长，几乎不出现倒退和降速时，终身雇用的承诺不难遵守。而今日本经济已经成熟，开始走向相对缓慢的、长期增长的发展模式，终身雇用制是否将严重拖累日本公司生产力仍有待观望。但是即使终身雇用制不是未来的最佳制度，至少在过去它在协调就业保障和经济效益方面表现出色，而这正是让西方经济界无法理解的一个大问题。[24] 终身雇用制迄今运转良好甚至仍卓有成效的事实，证明了日本社会生活里双向责任的力量着实强大。

第17章 195

财团

因特网原本是（美国）国防部建立的电脑网络，它允许世界各地的电脑相互沟通。而最近在因特网上发生的一起事件彰显出双向责任对保证网络正常运作的重要性。热衷于建立信息高速公路的人士相信，小公司或个人组成的网络将形成新的组织模式，而这一模式，无论是对比大型的等级式公司，还是不规范的市场关系都要优越得多。倘若这样的网络要变得更有效率，唯有基于高度的信任以及网络成员共同遵守的道德行为准则才能实现。社会责任的重要性让许多构建因特网的计算机迷觉得意外，他们热爱自由，敌视任何形式的权威，但事实证明，网络在不规范和反社会行为面前是异常脆弱的。

因特网虽然是一个实体的网络，但在一定程度上，它还是一个 196
价值共享的共同体。[1] 在70年代和80年代，因特网共同体最初的成员多是政府和学术研究者，在没有正式的行政等级或者法律法规的情况下，他们在背景和兴趣方面有很大的趋同性，因而他们可以用不成文的网络规则彼此约束。因特网的用户自由地交换数据和信息，也明白自己向网络输入数据的回报是免费访问其他人的信息。

这个网络的一条最重要但又非正式的规则是：禁止利用电子邮件进行商业广告。因为如果广告泛滥，网络就会瘫痪。此外，整个系统运营成本低廉的原因是，用户牢记这些规则而且彼此信任不会违规。因特网文化虽有局限性，但有可能产生真正的经济效益。

但在 90 年代初，随着这种免费（至少是低成本）服务的消息广为人知，用户人数也随之骤增，其中一些用户认为他们不必受初始的因特网共同体的道德约束。1994 年，反广告的禁令被两名律师打破，他们轰炸式地向因特网新闻组发广告。尽管遭到长期用户的强烈抗议，但是这两名律师认为他们没有破坏任何法律或正式规则，因此他们也不必为此感到羞愧。[2] 显然，他们的行为对整个网络的生存造成了威胁，因为久而久之，其他人将会学着利用公共物品谋求私利。

或许某一天，网络改成等级模式并制定一套有强制性的正式法规，这个问题也就迎刃而解了。这样，网络的道德规则将以强制的手段由法令来维护，而非内化的双向责任感。法规可以保持因特网的生存能力，但是也将显著提高网络维护的交易成本，届时将不得不增设网络行政管理者和警察、限制访问等等。计算机病毒被不遵守社会规则的黑客带到了网络中，这已经额外地增加了运行网络的经济成本，如给计算机增设防火墙、隔离数据等。曾经的内在责任现在变成了外在的法律，伴随着法律文书的繁冗累牍；曾经是分散
式的自我管理的模式，现在则必须有中央管理机构以及附带的官僚 197
配备。

建立在相互道德责任基础上的共同体网络大概在日本得到了最全面的发展。除了终身雇用制以外，商业网络形式的经连会是日本经济的第二个与众不同的特征，它的运作完全依靠普遍的高度信任关系。[3]

经连会大致分为两大类。一种是纵向的经连会，如丰田汽车公司，由生产企业、上游分包商和供应商，以及下游的市场营销机构

组成。更普遍的另一种类型是所谓的横向或跨市场的经连会，它广泛联合不同类型的商业机构，与六七十年代盛极一时的美国联合企业，譬如海湾西方集团(Gulf + Western)或国际电报电话集团(ITT)相似。典型的跨市场经连会一般以一家大银行或其他形式的金融机构为中心，通常还包括一家综合贸易公司、一家保险公司、一家重工业生产企业、一家电子公司、一家化学公司、一家石油公司、各种日用品生产厂家、一家船运公司及其他一些零星的企业。在美国占领期结束后，财阀开始举行总裁会议，准备重振旗鼓，而所谓总裁会议（President's Council）便是指有历史渊源的公司的首脑定期会晤。经连会成员没有正式的法律纽带，虽然他们必须通过交叉持股这样一复杂制度连接在一起。

类似经连会的企业集团在许多文化中都存在。[4] 台湾和香港等华人社会中有以家庭为基础的网络组织。意大利中部的小公司则联结在一个相互依赖的复杂网络中。19 世纪末，美国有摩根和洛克菲勒托拉斯，即使在它们解体以后，公司之间长期合作以及董事跨公司参与经营的例子也很常见。波音公司今天发展到可以生产 777 客机的规模，但实际上它扮演的是系统集成者的角色，其主要业务是组合大批的独立分包商，后者完成了客机大部分零部件的生产。德国经济也包括许多以银行为中心的工业集团，它们在许多方面与日本的网络组织有共同之处。

但是，日本经连会的许多特点在其他社会中并不存在。第一个
特点是，它们都很庞大，在整个日本经济中占据了相当重要的地位。 198
台湾商业网络的平均规模为 6 家公司，与之相比，日本 6 大跨市场经连会平均联合了 31 家公司。[5] 在日本 200 家最大的工业企业当中，99 家企业与一个网络组织保持有明显的长期附属关系。不属于经连会的企业一般来说都隶属于较新的产业，还没有充足的时间来形成联盟。[6]

第二个特点是，尽管它们的整体规模巨大，跨市场经连会的单

个成员公司在日本经济的某一领域并不占有垄断地位。相反，在每一种市场领域中，只有一家成员公司参与市场竞争。由此，三菱重工、住友重工和川崎重工（第一劝银集团的成员）在重工业生产和国防工业方面相互竞争，而三菱银行、住友银行和第一劝业银行则在金融领域一争高下。[7]

第三个显著特点是，经连会的成员一般优先在内部进行贸易，即使在毫无实惠可言的情况下。经连会成员并不局限于相互之间进行贸易往来，但是它们往往与集团内成员做生意，而少与未联盟的公司打交道，对比纯粹的市场交易，他们有时要付出较高的成本或接受质量较差的货物。[8] 贸易关系的另一优惠形式是，网络中心的金融机构向成员提供低于市场利率的贷款，这实际上是一种补贴。经连会成员优先在内部进行贸易的倾向是美日贸易关系的一个主要障碍，大概也是两国产生误会的导火索。美国公司试图向日本出口商品，却无法理解为什么日本顾客宁愿多出钱给经连会伙伴，也不愿意购买美国的进口商品。日本公司本身并没有刻意排斥美国商品的意思，网络外的日本公司也会有此遭遇。但对于外国公司来说，这种做法似乎有贸易壁垒之嫌。

最后一个特点是，经连会合作伙伴之间的关系非常亲密，这反
映了它们之间高度的信任感。通用和波音等公司与其供应商保持长 199
期的合作关系，但它们依旧彼此保持距离。供应商的担心是，如果主承包商过多地了解自己的专有工艺或财务，很可能会滥用此类信息，例如向竞争对手泄密或者干脆自己进入该行业。这种不安全感减缓了更有效率的工艺传播给商业合作伙伴的速度。与此形成鲜明对比，日本主承包商为了确保效率会经常要求尽可能地审查分包商所有运作细节，这一要求被接受是因为后者相信前者不会不当地利用以此方式获得的信息。[9]

经连会成员之间的相互责任感可从著名的马自达案例中窥见一斑。马自达是汽车制造商，1974 年因石油危机，它生产的转轮式发

动机汽车的销售骤减，致使公司濒临破产。马自达是住友企业集团的一个成员，集团的主银行住友信托公司是这家汽车公司的主要债权人和股东。住友信托担负起重建马自达的重任，派遣了七名董事，并强制公司采用新的生产技术。经连会的另一些成员将订单转给马自达，零部件供应商也降低了售价，银行则提供必要的信贷。结果，马自达没有裁员就渡过了难关，只不过管理层和员工的奖金减少了而已。[10] 几年以后，克莱斯勒（Chrysler）陷入困境，而它却不能指望债权人和供应商的帮助，只能求助于美国政府。单独来看，住友经连会成员联手拯救马自达的决策完全不符合经济逻辑，至于总体行为是否符合经济逻辑，经济学家对此仍有疑义。但是这个事例的确可以说明，经连会各成员常常愿意为彼此的利益而作出牺牲。

若要了解日本网络组织经济，我们必须后退一步，更全面地观察现有的企业经济理论。按理，资本主义应当是建立在自由市场和自由竞争基础之上的，而西方公司内部的生活则是等级式和合作性的。任何在这种公司里工作的人都知道它是专制的，高高在上的首席执行官可以在董事会几乎不过问的情况下，随心所欲地把公司像军队一样指挥得团团转。与此同时，在这个等级制机构中工作的人 200
们必须相互合作，不能彼此竞争。

竞争性的自由市场与合作且专制的企业之间存在明显矛盾，这是经济学家罗纳德·科斯（Ronald Coase）20 世纪 30 年代一篇开创性论文的开篇论点。[11] 科斯指出，市场的本质是价格机制，它促使供求趋向平衡，但是在企业内部，价格机制受到压制，商品是通过指令进行分配的。如果价格机制是极有效率的，那么我们不禁要问，企业有什么存在的必要？我们可以设想，汽车可以不需要汽车公司，而完全在一个去中心化的市场中生产。企业可以将汽车设计卖给最后的装配厂，而装配厂又从分包商手中收购主要部件，同样的分包商又从其他独立的零件供应商手中购买零配件进行装配，装配好的汽车卖给独立的市场营销机构，它们又将汽车卖给批发商，最后由批发商卖给最终消费者。但是现代汽车公司的做法正好与此相反，它们前后整合，收购供应商和市场营销组织，产品根据公司决定随着生产流程而转移，而非通过市场交易。企业与市场的界限最终为何是今天这般模样？

科斯对这个问题的回答，也是大多数后来的经济学家的回答，即虽然市场能够有效地分配商品，但是也常常造成相当大的交易成本，即市场交易会带来寻找买家和卖家、协商价格、以合同形式确定生意等成本。因为有这些成本，汽车公司完全收购供应商，则比反反复复与它们在每个零配件的价格、质量以及交付日程上无休无止地争论，要经济实惠得多。

科斯的理论后来得到了全面发展，其中奥利弗·威廉姆森(Oliver Williamson) 的成果最为突出，他将其发展成为一套博大的现代公司理论。[12] 用威廉姆森的话来说，“现代公司可以被视作一系列组织性创新的产物，这些创新的目的和效果都是为了节省交易成本”。[13] 人类并不可以完全信赖，所以交易成本可能会很高。也就是说，如果人们在追求经济私利的同时又保持完全诚实，那么通过分包的形式造汽车是可行的。买方可以相信供应商会提供最惠价，不背信弃义，不向竞争对手泄密，按计划交货，力保质量等等。但是， 201
用威廉姆森的话说，人类是“机会主义”者，其特征是“有限的理性”(意指他们并不总是作出最合理的决定)。整合公司必要性在于，外界供应商并不见得会按合同约定的去做。[14]

于是，企业纵向集成以降低交易成本。它们不断扩张，直到庞大的规模所带来的成本开始超过节省下来的交易成本。也就是说，大型组织会遭遇规模所致的非经济性：组织越大，搭便车的问题就越严重。[15] 行政部门的成本加大，原因是企业官僚只注意自己死活，而不考虑如何将利润最大化。当经营者对自己公司里的事情毫无头绪的时候，公司还要承担信息成本。威廉姆森认为，20 世纪初美国公司率先成立的多部门公司是解决这个问题的创新途径，它将集成整合的节约交易成本与去中心化的独立利润中心结合在一起。[16]

应该说明的是，日本的经连会是解决规模造成的问题的另一个创新方案。经连会伙伴之间长期稳定的关系是纵向集成的替代物，在节约交易成本方面，它也取得了相似的效益。丰田可以直接收购它的一个大分包商日本电装株式会社（Nippondenso），正如通用汽车公司在20世纪20年代收购费希博德（Fisher Body）。但是，它没有这样做，因为收购不一定会降低交易成本。丰田与电装的亲密关系使其能够参与产品和质量决策，后者就像它的一个全资子公司。此外，这两家公司之间互惠义务给丰田足够信心，相信电装在将来会继续可靠地满足其需求。具有责任感的关系的长期稳定性是至关重要的，签约双方可以共商未来的发展规划、投资，也深知即使有第三者提供更优惠的价格，另一方也不会抛弃自己。[17] 而且，它们在价格上也不用多费口舌，如果一方感觉没有得到最优价格甚至短时亏损，它相信伙伴会愿意在今后给予补偿。

经连会关系出现在日本文化背景中是不难理解的。因为对彼此 202
放心，合作双方可以构建具有互惠责任感的长久关系，于是交易成本在整个日本境内都比较低。[18] 在香港或者意大利南部这种低信任的社会中，跨公司之间的交易成本比在日本要高，原因是日本签约双方相信合同能顺利履行。同时，日本经连会的成员无需负担存在于纵向集成公司中的额外的中央行政费用。

交易成本是种有效指标，让我们能够了解纵向经连会的经济效益，如丰田公司，它们在功能上与纵向集成的西方公司相同。但水平或跨市场经连会的情况又是如何呢？要知道其成员彼此并没有必要的经济联系。那么到底是什么经济动机，使每个主要的跨市场经连会都认为集团中必须有一家酿酒厂？譬如住友集团的成员喝朝日啤酒，而三菱的成员则偏爱麒麟啤酒。[19]

经连会成员的关系达到相互进行经济交易的程度时，跨市场的经连会可以获得纵向企业集团所节约的交易成本的效益。也就是说，集团成员彼此非常了解而且相互信任，购买集团成员的商品不像从陌生公司手中购买那样需要承担信息和谈判成本。[20] 一时的损失也会在日后得到补偿。

另一个经济上的考量跟银行的角色有关，银行是每一个跨市场经连会的中心。日本的股票市场已有很长的历史，但在资助日本工业方面从未起过重要的作用。这一职能是由银行和发行债券来完成的，后者是政府机构常用的手段。自日本开始工业化进程以来，大城市的银行在扶助大规模制造业的发展中扮演了关键角色。在工业化早期，财阀向非相关行业扩展大概比较说得通，尽管这些行业与其现有的利益没有天然的协同作用。它们能够将现代管理技巧带到以前完全未开发的领域，并且可以利用补贴信贷。在 50 年代的经济复苏期，城市银行是日本央行将储蓄资金注入制造业领域的工具，这是通过“超额贷款”(overloaning)程序实现的。通过操纵储备要求，以及达到保证高额而稳定的借贷活动，央行可以提供的资金利率是 203
市场无法做到的。[21]

在产业资本化的过程中，独立于经连会关系网的大银行本可以扮演相同的角色。为什么即使在超额贷款活动终结后，它们还能与某些工业客户发展长期的关系？这背后大概有这样几个原因。第一，正是这种关系的稳定性使银行取得关于客户的第一手信息。[22] 了解这一情况可以使它能够更有效地分配资金；甚至还允许银行直接干预困难客户的重组，马自达就是一例。第二，经连会允许小型但风险性高的投资，或者是较长期的投资（其回报要在遥远的未来），以比金融市场低的利率获得贷款。大公司普遍能够以比小公司更低的利率拿到贷款。[23] 经连会实际上将资金的成本在其成员中社会化，并且用从老的、比较成功的企业中获得的稳定收入，来补贴较新的、风险较大的企业。最后，经连会银行通过优先借贷原则可以充当价格清理中介，帮助那些利润因非竞争性报价而遭受不利影响的成员公司达到回报均衡，这就跟企业财务部补贴因公司内部交易导致价格扭曲而遭受损失的部门一样。

还有其他一些理据可以用来解释跨市场的经连会。例如，可以利用经连会的品牌为新产品市场建立信誉。（20 世纪）六七十年代经连会曾起到的一个非常重要的作用是，阻止或者控制进入日本的外国投资的程度。当 20 世纪 60 年代末日本政府同意开放资本市场时，许多日本公司极为害怕外国竞争对手蜂拥而入，尤其害怕美国公司进入，因为外国的跨国公司可以购买日本企业的股权。外商直接投资出口业的重要性在日本基本不受重视；跨国公司除非在当地设厂生产，否则很难在海外开拓市场。[24] 正如马克 · 梅森（Mark Mason）的研究所示，当经连会预计资本市场要开放时，内部交叉持股的程度急剧上升，从而使外商更难获取日本公司的大部分股权。[25] 这种策略取得了相当大的成功，绝大部分美国跨国公司只能购得日本公司的少数股权，即使是在法律允许它们收购的情况下。 204
譬如有一件广为人知的事，美国企业“突击兵”T. 伯恩·皮肯斯（T. Boone Pickens）未能保住他在日本汽车零配件供应商董事会中的一席之地，即使他购买了公司大部分股权，这一事件充分证明了经连会关系可以有效地用来限制外商进入日本市场。最后这个例子也说明，跨市场经连会的职能可能根本不是经济性而是政治性的。

由于日本网络组织这些独特而耐人寻味的特征，一些人遂大胆设想，网络组织作为构建现代商业生活的一种经济有效的做法，不仅适合日本，也可用于其他国家。我们不妨参考科斯和威廉姆森提出的分类，即西方经济大致包含两种工业关系：第一，市场型，在这种关系中，商品的交换是建立在完全不相干的行为者之间的协议上；第二，等级式，在这种关系中，商品根据行政指令，在同一个集团内部进行交换。但是按照公文俊平的说法，网络意味着“其内部成员的相互行为主要属于默契 / 感应型”，成员之间维持着持久但是非正式的关系。[26] 因此，网络可以获得大规模组织所达到的交易成本节约，同时又没有它所要承担的巨额开销和管理成本。一些人断定，这种模式不仅适用于经济关系，而且适用于政治关系。在政治领域，早先庞大、僵化和集权的政府结构已被证明缺乏弹性、行动迟缓，因而不能适应复杂的现代社会的需求。

网络组织不一定是日本文化独一无二的产物，这一观点有一定正确性。德国和美国这两个高信任度的社会也有各自的网络组织。尤其在德国，卡特尔和贸易协会在经济中发挥了举足轻重的作用。在美国，虽然类似的组织有违美国 20 世纪初颁布的《反托拉斯法》，但非正式的网络依然以关联公司的方式存在，它们交叉持股且董事会彼此重叠（例如化工巨子杜邦公司是通用汽车公司的主要股东，它们有共同的董事成员）。美国的采购经理也不总是如新古典主义经济学所认为的那样，总是不择手段地寻找价格最低而质量最高的供应商，根据价格信号反复更换供应商。在实际中，买方常常与自 205
己信任的供应商建立长期的合作关系，认为从长远看，这种可靠性当比最低价更重要。买方也厌恶出于短期利润考虑而抛弃一个供应商，因为他们深知信任关系的构建需要时间，且将来对方会在其他事物上做出让步。

但很难想象日本式的网络组织模式有朝一日真的能够处处通用，尤其是在自发社会性较低的低信任社会。网络组织没有总管全局的权威，如果两个成员公司无法在交易价格上达成一致，网络内并没有一个中心事务所来处理纷争。如果需要整个网络采取某种行动时，比如住友集团决定拯救马自达汽车公司时，任何单个成员按理都可以使用否决权，因为集团内需要意见统一。在日本，一致意见不难达成。在低信任社会，网络形式的组织易产生麻痹和懒散，当需要采取集体行动时，网络中的每个成员则首先会盘算如何利用网络为自己谋利，而且怀疑其他成员也会照此行事。

建立在相互道德责任感上的网络遍布整个日本经济，原因在于不相关联的人之间普遍存在着相当高的信任。这并不是说所有日本人都彼此信任，或信任遍及日本全境。日本境内也有犯罪现象，杀人、诈骗、互相欺骗亦有发生，只不过数量比美国要少。经连会网络以外的信任比内部的低。但是日本文化的某种特性使日本人很容易对他人产生责任感，并将这种责任感维持较长的时间。这说明日本的网络结构只能部分复制，即使是在其他高信任的社会中也是如此，而且这种网络根本不可能出现在低信任社会。低信任社会中的网络是以亲戚关系为基础组建的，或者只是市场关系的修正，联系在一起的公司关系脆弱且经常更换。

经连会关系和终身雇用制一样，都在 1992 年之后的日本经济
萧条时期承受了很大压力。经济好的时候，以无必要的高价格与企 206
业合作公司进行交易不算什么大事，但到了经济萧条时期，这便关乎企业生死，尤其是当网络外的公司可以给出超低报价的时候。经济萧条和日元升值的冲击使小公司如履薄冰，这些小公司往往发现经连会关系不再那么可靠，因为大型制造公司也感到自身难保，不得不将小公司推给分包商以降低自己的成本。[27] 这次衰退还降低了交叉持股的程度，工业公司尤其急于抛售与它们合作的银行的股票。[28] 外部力量也施加压力企图打破经连会关系，譬如美国出口商就急切地想打开紧闭的日本市场。经连会关系易于导致无效益，在竞争愈发激烈的全球经济中，这可能会严重阻碍日本公司成本控制能力。但是，与终身雇用制一样，90 年代初期的经济衰退似乎只是对经连会系统有所冲击，尚不足以将其打破。

在东亚，日本率先利用等级式管理结构和职业经理人，完成从家族企业模式向现代公司形式的组织模式转换。这个转换开始于日本发展初期，早在工业化开始之前。在亚洲，只有日韩两国的经济由私营大规模企业支配。因此，日本得以广泛地涉足生产工艺复杂、资本密集型的领域。

日本能够取得如此成就，原因是与中国和法国这种中间组织相对较弱的社会相比，日本社会有很强烈的自发社会性。日本人的信任范围不局限于家庭或宗族，且向各种社会中间组织延展。[29] 尤为

重要的是收养制度，日本家庭愿意将无血缘关系的陌生人吸纳到家庭中，这一特性为家族企业引进职业经理人打下了基础。在日本，无关系的人自愿组成的各种社团也可以产生信任。一个家元式组织一旦建立起来，便丧失了自愿的特性：人们不能随意中止互惠的责任关系。在日本，无亲缘关系的人进入自发组织，属彼此信任，无利益契约或其他法律文本来规定相互权责，其信任程度相当高，可
能比其他任何当代的社会都要高。由于这种强烈的双向道德责任感 207
的存在，才出现了终身雇用和经连会式的商业网络等经济现象，这在世界其他社会无迹可寻，即使是在其他有高度自发社会性的社会。

日本之后，最能彰显自发社会性的国家是德国。虽然德国社会性的文化源泉与日本不大相同，但是其效果却惊人地相似。德国很早就发展了大型组织和专业管理，它的经济也呈现非正式的网络形态，并拥有高度的企业团结性。下一章我们就来分析德国的情况。

第18章 209

德国巨人

德国经济是一个尤其有意思的案例，原因有二。首先，它在相当长的时期内一直都非常成功。在19世纪，当时的政治形势对经济发展非常有利，德国建立了统一的经济区（关税联盟），之后又统一了国家。德国后起直追并超越了当时更为发达的两个邻国，英国和法国。德国的领先地位至今未被动摇，尽管德国在两次世界大战中损失惨重。其次，虽然德国经济从未按照新古典主义经济学家所推崇的纯自由主义路线来组织，但是却一直保持了领先地位。自俾斯麦主政起，德国就一直是个高福利国家，如今福利更是耗去了国内生产总值的大半。德国经济有许多刻板现象，尤其是在劳务市场，虽没有终身雇用制，但是，解雇德国工人远比解雇美国工人困难。 210

德国与其邻居法国和意大利之间的系统性差异，就如同日本与中国之间的差异一般巨大。德国经济一直充斥着公共导向的机制，这在中欧以外无迹可寻。[1] 与日本一样，德国的这些体制也是积极的律法或行政政策的结果，但是它们同时也高度依赖德国文化的共同体主义传统。

德国和日本文化的相似之处引人深思，其中相同点可以归结为高度发达的公共团结意识，这一点很多观察家都注意到了。两国均以有序和守纪而闻名，例如都有清洁的公共场所和整洁的家居环境。两个社会的成员都乐于遵守规则，从而增强了他们自己文化群体的意识；两国人对待工作都严肃认真，但却都缺乏轻松和幽默感。对秩序的狂热有正反两种影响，好的方面是，德国人和日本人长久以来的完美主义传统，在两国经济上的例子则是有精密制造的天赋。两国都以机床和机械师而闻名，尤其是汽车和光学仪器工业，譬如莱卡（Leica）和尼康（Nikon）。但是它们本民族共同体内的内向团结性使它们对外国人都不甚友好，都因野蛮地对待被征服者而臭名昭著。在历史上，两国都在对秩序的狂热的驱动下走向独裁和权威盲从。

同时，我们也不应过分强调德国和日本的共性，尤其是二战结束后。战后德国发生非常深刻的文化变革，从而比日本更趋开放和个人主义。但无论如何，两国的文化传统产生了类似的经济结构。

还要注意的是，在东德，德国文化的连续性因为德意志民主共和国的共产主义统治而中断。许多德国人，无论东德还是西德，都在德国统一后因为柏林墙两边巨大的文化差异而感到意外。西德的 211
经理人认为，他们的土耳其裔雇员都要比共产制度下长大的东德人更具有德国优良传统，譬如强烈的工作伦理和自律。就东德人而言，他们觉得自己的愿望、焦虑以及对后共产主义世界的应对与波兰、俄罗斯和保加利亚人更为接近。因此，文化并非是一种不可改变的原始力量，它是受政治和历史演进影响而持续变化着的。

从 19 世纪 40 年代德意志各邦国急切开始工业化以来，德意志经济最大的特点就是企业规模庞大。从本书第 14 章开篇所列的表格（见本书表 1）可以看到，德国企业的绝对规模是欧洲最大的。由于德国经济整体都偏向于大规模，因此最大的 10 或 20 家的德国公司人数占就业总人口的比例低于其他欧洲国家，但是这一比例仍比美国和日本这两个同样充斥着巨型公司的经济体的比例高。

在历史上，规模上的这种差异甚至更明显。当德国法院支持大规模企业合并和卡特尔时，同时期的美国法院和政府却致力于打破托拉斯，因此化工和钢铁等关键领域的德国巨型公司比它们的国际竞争对手要明显大许多。譬如，1925 年德国最大的化工企业，包括拜耳（Bayer）、赫斯特（Hoechst）和巴斯夫（BASF）合并为康采恩，名为“IG 法本公司”（IG Farbenindustrie）。当时的德国化学工业是世界上规模最大也是最发达的，新成立的 IG 化工使其他大牌的国际竞争对手相形见绌，如美国的杜邦或今天汽巴—嘉基（Ciba-Geigy）的前身瑞士化工。随后，强大的德国钢铁工业又有很大部分组成了托拉斯联合钢铁公司（Vereinigte Stahlwerke）。这些巨型康采恩在二战后被盟军管制委员会拆散，与此同时，出于同样的理由，盟军占领军也解散了日本的财阀。联合钢铁公司被分成 13 个独立的公司，IG 法本又恢复成合并前的 3 家公司。虽然作为“利益共同体”（Interessegemeinschaften）的 IG 并未像日本的财阀那样重新联合起来，但拜耳、赫斯特和巴斯夫仍然是全球化学和制药业中的巨头。与日本一样，德国在战前也通过了一系列美国式的反托拉斯法，但 212
是这些措施未能阻碍大型寡头企业的壮大。[2]

德国之所以拥有如此众多的大公司，道理与日本以及后面将要讨论的美国一样：德国人迅速地走出家族企业的模式，走向专业管理，构建了理性的组织管理等级体制，并形成持久的制度。公司的组织形式于 19 世纪后半期在德国建立，与美国的企业先锋创建公司组织的时间相当。

欧洲其他国家直到很晚近才开始进行这种从家族企业向专业公司的转型。例如在英国，大型家族所有并经营的工商企业延续到二战以后，法国和意大利的情况亦是如此。（荷兰、瑞典和瑞士在德国转轨后不久也跟进，所以国家虽小，但也拥有许多世界知名的大公司，如壳牌、菲利浦电子、雀巢、ABB 集团等，但这已经超出了本书讨论的范围。）

许多德国企业在短短数十年间发展成巨型跨国康采恩的例子不胜枚举。例如德国实业家拉特瑙（Emil Rathenau）于 1883 年创建了德意志爱迪生（Deutsche Edison-Gesellschaft）公司，以所购买的爱迪生的专利权制造产品，后改名为德国通用电气公司（AEG），到 1900 年，它在德国有 24 个办事处，在欧洲其他地方有 37 个，在欧洲以外有 38 个。[3] 另一个德国电气设备巨人是西门子（Siemens），它的工业机构创立于柏林，钱德勒（Alfred Chandler）对此进行了这样的描述：

> 到 1913 年，柏林的西门子公司已经成为世界上单一管理组织之下最复杂最广大的工业实体。无论美国还是英国都没有其他企业可以取得如此成绩。实际上，西门子和美国通用电气在地理上的对比让人吃惊。类似复杂的工业体在美国不可能出现，除非是把通用电气在马萨诸塞州的斯克内克塔迪、纽约、林恩和皮茨菲尔德，新泽西州的哈里森，宾夕法尼亚州的伊利的所有工厂，与西电（Western Electric）在芝加哥的最大工厂（该工厂几乎生产了供全美使用的电话设备），全都集中在一起放在纽约市 125 街一带，或放在靠近华盛顿特区的希腊岩石公园一带，才差不多接近西门子在柏林的情况。[4]

英国实业家威廉·马瑟爵士（Sir William Mather）与拉特瑙同 213
时购买了爱迪生的专利，但是他却没有创建同样的企业。当时无论是在技术、专家、资金或技术工人方面，英国均不比德国逊色，但是英国却没有出现 AEG、西门子、通用和西屋（Westinghouse）这样的公司，在整个 20 世纪英国的电气设备工业一直在追赶德国和美国。[5] 施多威克糕饼公司（Stollwerck）最初是家生产巧克力的家族企业，它聘用了大批专业管理人员，19 世纪七八十年代间建立了跨欧洲和北美的市场营销机构。英国吉百利公司（Cadbury）在同一市场竞争，但一直由家族管理着，因而比施多威克公司小许多，这种情况继续了两三代的时间。[6] 英国和德国康采恩的主要不同在于企业家的素养，尤其是德国头号实业家有超凡的组织才能。

德国还存在许多公社化的经济制度，这点与日本而非欧洲最接近。这种机构中，首推以银行为中心的工业集团。与日本以及其他稍晚现代化的亚洲国家一样，德国工业在 19 世纪后半期的增长主要依赖银行的援助，而非募股。当法律允许成立私营有限责任的银行时，许多私有银行规模迅速壮大，它们与自己所熟悉的某工业联系紧密，并为之提供资金。这就是为什么“贴现银行”（Diskontogesellschaft）被称为“铁路银行”，而柏林贸易银行（Berliner Handelsgesellschaft）与电气设备工业联系紧密，达姆施塔特银行（Darmstadter）则支援黑森和图林根州的铁路建设。[7]

这些银行对特定公司和工业的投资既非短期行为，亦非刻板交易。与日本财阀的情形一样，在相当长的一段时间内，银行代表逐渐参与到客户公司的事务中。常见的做法是，银行代表列席客户公司的监事会（德国公司中有两个监督公司日常活动的董事会，监事会是其中更高级别的那个）。德国投资银行率先设立特定工业专员，负责银行与这些工业企业的关系。[8] 今天，这些以银行为中心的集团（与日本的财团一样）提供较为稳定的金融资助，这样，与靠市场募股筹集资金的美国公司相比，德国公司能够更长远地评估投资。[9] 另外，根据德国法律，恶意收购必须购买 75% 的可投票股 214
方可生效，因此持多数股权的银行就可以阻止恶意收购企图。德意志银行就成功地阻止了阿拉伯人收购戴姆勒—奔驰公司，我们在第 1 章举过这个例子。

这种以银行为中心的集团在其他发达社会中并不普遍。美国 19 世纪晚期曾经有些托拉斯也包括金融机构，用以为托拉斯内的工业企业提供资金，但是许多都在 20 世纪初的反托拉斯运动中解体了。1933 年颁布的《格拉斯—斯蒂格法》（Glass-Steagall Act）将商业行为与投资银行业分离开，从而取缔了这种托拉斯。1852 年埃米尔 · 佩雷尔和伊萨克 · 佩雷尔（Emile and Isaac Pereire）建立投资银行法国信贷公司（French Crédit Mobilier），后于 1867 年在信贷公司丑闻中垮台。英国银行不愿意为工业提供长期资助，尤其是 1878 年格拉斯哥城市银行投资失败后。这说明英国金融家和制造商之间存在深刻的社会分歧。这些制造商多来自利物浦、利兹和曼彻斯特等北方城市；工作在伦敦城里的金融家更容易被英国上层社会的文化同化，瞧不起北方小镇出来的修养不高、接受更为实用主义教育的实业家。他们往往选择安全和稳定，而非资助有长期风险的新产业，这就造成英国的电气和汽车工业从未获得过它们需要的资助数量，进而实现它们的全球竞争梦想。[10] 整个英国的经济历史有个典型特点，即经济的发展受到阶级和地位的阻碍，阶级藩篱让英国人找不到群体感，给经济发展带来了不必要的障碍。虽然德国也是个受阶级支配的社会，但是银行家和实业家之间却不存在如此的地位差异，无论是在实际生活还是在文化当中，这两大集团从来未像在英国那样彼此孤立。

德国第二种比较有公社特色的经济制度是工业卡特尔，同样的体制也出现在日本。德国的卡特尔从未像美国的卡特尔那样受到法律的禁止。当然德国也没有产生像谢尔曼和克莱顿《反托拉斯法》这种禁止公司合并的法律。事实上，当美国最高法院支持在宪法中
加人反托拉斯条款时，德国的高等法院却支持公司可实施定价、产 215
量以及市场份额等方面的协议。19 世纪末，德国的卡特尔稳步增加，从 1875 年的 4 个增加到 1890 的 106 个、1896 年的 205 个、1905 年的 387 个。[11] 这些卡特尔可以分摊研究与开发成本，或者共同参与整个行业的结构重组计划。在经济衰退时，这一形式的重要性更明显，因为各公司愿意分享市场，而非相互争夺将弱者清场出局。20 世纪 20 年代，卡特尔开始被更正式的跨公司间的组织形式，如作为“利益共同体”的 IG（上文举过 IG 法本公司的例子）或康采

恩所代替。康采恩是规模小些的交叉持股形式，由不同的家族或个人所控制。

虽然美国解散托拉斯而德国建立卡特尔、IG和康采恩，是两国立法差异产生的结果，但是法律本身却反映了潜在的文化偏见。美国一直普遍存在着对高度集中的经济力量的不信任。《谢尔曼反托拉斯法》的通过，是民众对于大企业的憎恨所致，如企图垄断美国石油市场的标准石油托拉斯，而该法案的施行是西奥多·罗斯福总统任期内民粹主义发展的里程碑。政治民粹主义得到自由主义经济意识形态的支持，相信社会福利的最大化只能依仗生气勃勃的竞争，而非大公司之间的合作。

德国则与此相反，它本身从未对规模本身产生过类似的不信任。德国工业从一开始就是面向出口的，它们常常拿自己的规模跟全球市场相比较，而非狭隘的国内市场。美国企业的竞争往往始于也止于美国境内，而德国公司在强手林立的世界有更强烈的民族认同感。由于坚持出口导向，德国国内因垄断产生的潜在无效率降到了最低，大型德国公司的诚信在与其他国家的大公司竞争中维系，而非本国公司彼此之间的竞争。

尽管德国经济由大公司支配（与日本一样），它也有众多而富有活力的小企业，即所谓的“中产阶层”（Mittelstand）。德国的家族企业与在世界其他地区同样普遍和重要。仍然掌握大型企业经营大权的德国家族数量远比美国多。[12] 但是德国家族对建立专业管理 216
型大企业从未像中国、意大利、法国甚至英国的家族那样设置障碍。

虽然在战后盟军占领期间，德国的许多大型、正规的工业联合体被迫解散，譬如卡特尔或IG，但是它们的位置以非正式的方式被实力强大的德国工商协会（Verbände）所代替，其成员包括德国雇主联合会、德国工业联合会，以及各种专业生产领域的社团。[13] 中欧以外没有现成的这种联合会。它们的活动和责任远比以政治游说为目的的经济团体如美国商会或美国制造商全国联合会广泛。德国工商协会在集体协商时扮演了工会的角色，它们确定整个行业范围内的工资、福利和工作条件，它们积极为培训和产品质量设定标准，为某特定产业领域的战略性未来发展制订长期规划。工商协会在发起讨论 1952 年《投资援助法》中起了关键作用，例如，根据这个法案，德国工业中发展较好的领域必须上缴定税金来补贴某些身处困境的领域，如煤炭、钢铁、电力和铁路。[14]

第三个具有公社特征的经济制度是德国的劳雇关系模式，这种劳雇关系模式可以归入路德维希·艾哈德（Ludwig Erhardt，**编按：德国政治家、经济学家，曾任联邦德国经济和劳动部长、总理**）所谓的战后“社会市场经济”（Sozialmarktwirtschaft）范畴。德国的工人运动一直非常强大，组织也非常健全，自 19 世纪末期起，就由社会民主党作为其政治代表。虽然马克思主义思潮在历史上一直存在于德国工人运动中，但战后时期劳雇关系达到空前的和谐。德国没有经历尖锐的阶级对抗，而尖锐的阶级矛盾是英国、法国和意大利劳雇关系的最大特点。德国工人罢工的次数在发达国家中处于最低水平，与奥地利、瑞士、日本相当。[15] 与其他国家工人运动相比，德国工会在保护不景气工业领域的工人时，没有坚持强烈的保护主义立场，基本上采取了管理者所认为的合作的态度。简而言之，德国的工人和管理者之间存在着较高的相互信任度，远胜过那些没 217
有共同体观念的社会。

这一高度的和谐主要源于工人和管理层的互惠。多年以来，这在德国已经形成了制度，德国管理者和德国政府一直像家长一样关心工人的利益。19 世纪 80 年代，俾斯麦成为欧洲实施社会保障制度的第一人（即使这一制度是他的“反社会主义立法”的产物，这一法案要求取缔社会民主党）。[16] 社会市场经济实际上起源于 20 世纪 20 年代魏玛时期。当时德国引入了各种形式的劳动立法，包括自由进行集体协商的权力、组织工人委员会的权力等等。[17] 在动荡的三四十年代间，纳粹取缔了独立的工会，建立了它们自己的“黄色”工团组织。战后，德国领导人一致同意应该建立一套新的、更具合作性的制度。社会市场经济的主要组成部分是共同决策制（Mitbestimmung）：工人代表可以在公司董事会中占有席位，了解公司信息，真正（即便是在有限范围内）参与公司管理；还包括一个在整个企业处理问题和纠纷的工人委员会网络；工业协会和工会之间的集体协商制，根据这个制度，薪金、工作时间、福利等问题都在部门或整个行业范围内统一确定[18]；最后，是内容广泛的社会福利法规，规定工人的健康福利、工作条件、工作时间、工作保障等等。整套制度由一系列中间组织协调和实施，主要是全国性质的工会和工商协会，以此排除单独的雇主或地方性工会的介入。[19]

这种互惠责任能够制度化得益于德国的思想氛围。德国思想界一直对古典主义和新古典主义经济学的原子化个人主义预设抱有不满。[20]19 世纪出现了以弗里德里希 · 李斯特（Friedrich List）为代表的国家重商主义学派，他用实力和威望字眼来定义经济目标，同时主张国家对经济实行强有力的指导。[21]二战后的“奥尔多自由主义”（ordo-liberal，或译为“秩序自由主义”）学派跟弗赖堡大学的知识分子有密切关系，这影响了社会市场经济的发展，并反对简单地回到自由放任的资本主义。该学派认为国家应该干预经济，设立
严格的法规来监管市场，以保护市场中的集团参与者的利益。[22]德 218
国保守党派的主流基督教民主联盟和巴伐利亚的基督教社会联盟从未接受过自由经济的理念，主张优厚的社会福利。支持自由经济思想的是规模小得多的自由民主党。社会市场经济开始时被视为寻找不同于纯粹市场导向的资本主义和社会主义的第三条路径的尝试，将社会市场经济落到实处的不是社会主义者，而是基督教民主党总理路德维希 · 艾哈德。[23]

德国的劳雇关系与日本极为相似，包含工人和管理层高度的互惠精神，并依赖普遍存在的高度社会信任。不过两个国家对如何理解各自的公社特色制度存在重大差异。德国工会虽然与管理层进行

了有效的合作，但它们却比日本的工会更政治化，也更独立。日本战后出现的公司工会在德国并不存在，这一形式在纳粹时期曾被推广，但结果却广受诟病，因此不再为社会所接受。

另一重大差别是，德国的制度往往整理成法律条文，尽管这不意味着德国更加制度化。在日本，终身雇用制、经连会关系以及公司提供的适当水准的私人福利并不是编入法典中的法规，它们是建立在非正式的道德责任基础上的，不是通过法院强制实施的。德国却正相反，社会市场经济的所有部分都有法律后盾，具体细致地规定了劳雇关系的条款。即使公社化的制度深深地扎根并依赖于德国公民社会的中间组织，如共同决策和集体协商，但是它们的形成是国家自上而下的政治措施的结果，而日本的公社化制度更像不借助政治决策而由民间社会使之具体化的。虽然很难说日本调节经济的程度没有德国经济深，但日本许多经济活动是在非正式的范围内完成的。例如日本的福利服务就一直是由私营公司提供，而非国家。上述制度差异造成的结果是，德国的政府福利是工业化国家中最多的一个，几乎耗去了德国一半的国内生产总值，而日本则是经合组织（OECD）成员中政府福利最少的国家之一。但就实得福利来说，219
如工作保障和其他形式的社会福利，日本和德国的距离远没有政府福利的差距那样大。

国家在组织战后德国经济中所扮演的角色符合德国政府干预经济的长期传统。与日本和其他亚洲新兴工业化国家的政府一样，德国政府在 19 世纪保护并补贴了各类产业，俾斯麦的名言“钢铁与黑麦联姻”（marriage of iron and rye），所指的就是将保护鲁尔的新钢铁工业与普鲁士的农业关税结合起来。德国政府历来都完全拥有许多工业，特别是铁路和通讯。德国政府最重要的成绩大概是建立了一流的普通高等教育体系。这个体系中的技术学校为德国经济在 19 世纪后半期的第二次工业革命中脱颖而出打下了基础，这时期出现了钢铁、化学和电气工业。[24] 在纳粹时期，政府接管了许多重要的经济领域,包括分配信贷,制定价格和工资,从事生产制造。[25]

德国政府在经济中所起的作用人所共知，也常有人对此发表评论。这些政策既不为德国独有，也不必然是具有高自发社会性的高信任社会的特点。[26] 实际上，正如我们已了解的，各种形式的经济干预已经广泛地为从台湾到法国的低信任、家庭主义、中央集权的社会所采用。德国经济生活更独特的现象则是从日常的社会生活中隐隐显露出来的，即德国企业中劳雇关系的群体导向的特质。而这种关系又跟德国的学徒制度有着非常密切的关联。这些经济关系就是下面几章的内容。不过，我们首先有必要先讨论一下他们的工厂如何体现信任关系。

第19章 221

韦伯与泰勒

要想了解德国社会的真实情况，不妨看一下士官在德国军队里的角色。早在1945年战后民主化改革之前，德国的士官就比法国、英国或美国的士官享有更大的权力，他们行使的职权在世界其他地方是保留给军官的。任何军队中士官受教育的程度一般都不高，让蓝领出身的士官而非白领尉官负责事务，缩减了军队内的地位差距，提高了团队的凝聚力，这也就是德军战斗力超凡的原因。德国下级军官和手下士兵的关系相当于工厂领班与手下工人之间的关系，同样是面对面、平等而亲密的。

在素以等级和权威而闻名的德国，小群体的关系在军队或工厂 222
能够达到如此平等，是有点让人惊讶。但是因为德国社会普遍存在高度信任，这使个人之间能够建立直接的关系，而无需第三方制定的法规和正式程序介入。要了解信任如何在最基层的车间关系中发挥作用，我们有必要更全面理解信任和正式法规之间的复杂关系。

根据马克斯·韦伯的观点和他所建立的社会学传统，现代经济生活的精髓就在于法规法律的兴起和繁衍。他最著名的一个概念就是将权威分成三种类型：传统权威、魅力权威和官僚权威。第一种形式的权威来自历史悠久的文化传承，如宗教或父权传统。第二种形式的权威来自“天赋”，这样的领袖是上帝或其他某种超自然力量拣选的。[1] 但是，现代世界的崛起离不开理性的兴起，换句话说，是以理性的手段达到有序结构的目标，而且在韦伯看来，理性的最高表现形式就是现代的官僚体系。[2] 现代官僚体系“以固定的和正式的管辖区域为原则，通常由法律和行政规定等规章制度来实现秩序化统治”。[3] 现代官僚权威的稳定性和理性来源于其法律约束性。因为透明且清晰的条例，上级无法任意妄为，而下级的权责也事先就明示出来。[4] 现代官僚体系是规范法则的社会化表现形式，并且管理着现代生活的方方面面，包括公司、政府、军队、工会、宗教组织和教育机构。[5]

依韦伯之见，现代经济世界的形成与契约的兴起同样有密切的关系。韦伯指出，契约，尤其是关乎婚姻和继承权的契约已经存在了几千年。但是他又将“身份”契约和“目的性”契约区分开来。[6] 前者意味着一个人同意以笼统松散的方式与他人建立一种关系（例如仆从或学徒），责任和职责不会有详细说明，而是遵从传统或某一身份特定关系的普遍特征。对比而言，目的性契约则是为了完成
经济交换而订立的。它们并不影响订约者广泛的社会关系，只限于 223
所涉及的特定交易。第二种类型契约的遍地开花是现代性的特征：

> 与旧式法律相比，现代基本法，特别是私法的最基本特征是大大提高了依法交易的重要性，尤其是契约可以由法律强制履行，成为保障交易者权利的手段。私法的这一特征如此典型，因此只要有私法，我们就可以将当代社会叫做“契约型”社会。[7]

前面我们在讨论经济发展阶段的时候说到（见第 7 章和第 13 章），产权法、契约和稳定的商业法体系等制度的发展，是西方崛起的关键所在。这些法律制度实际上充当了家庭和宗族内部信任的

替代物，在它们所搭建的框架中，陌生人能够合伙做生意或在市场中展开交易。

如果说规则和契约对现代商业来说普遍重要，那么同样显而易见的是，在现代工厂，规则和契约离不开对信任的需要。先来看一下医生、律师或大学教授等高级职业人的情形。这类职业人往往先接受普通高等教育，之后再接受若干年专业技术培训，然后理所应当对其专业内的事物展示出高度的判断力和进取心。此类判断本身复杂且随环境而变，因此无法预先给出具体的结论。那些获得专业认证的专家倘若自立门户，则完全不受监督，即便是在行政性的等级制机构工作，他们受到的监管也相对松弛，原因即在此。换句话说，较之非专业人士，职业人往往获得更高的信任，因而得以在一个制约较少的环境中行事。虽然他们完全可以背叛人们的信任，但在人们的概念中，职业人就是高信任、管制较少的职业典范。[8] 随着教育程度和技能水平的降低，信任的程度也不可避免地随之下降：一个技术工人，譬如经验丰富的车工，其自主权也小于职业人，而无技术的装配线工人受到的监督和管制要远超过有技术的技工。

从经济学的角度来看，能够在相对无管制的环境中行动，必然有一些明显的优势。这从“官僚化”一词的贬义中可窥一斑。如果 224
所有的员工，而不仅仅是那些技术最强的，都能够像职业人一样依照内化的标准行动和判断，并且享受同样对待，那么工厂的效率将会大大提高。超过一定限度，用创造规则来监管广泛得多的社会关系，就不再是理性高效的标志，而是社会功能失调的征兆。法规与信任的关系通常是成反比的，人们越依赖法规来规范交往，他们之间的信任度就越低，反之亦成立。[9]

多年以来，人们普遍认为，工业化的过程，尤其是大规模生产的出现，将不可避免地导致法规繁生猛长，最终会消灭工厂中的技术和信任关系。20 世纪以前，所有复杂的制造工作主要由工匠来完成。在手工业时代，一个技术工人运用某些通用工具进行生产，产品数量也不过寥寥几件。虽然工人不像职业人那样接受过“教育”，但他却是经历很长一段学徒期后才获得了这门手艺。一般来说，人们信任他能够自我督促，并给予他相当程度的自主权来依照他所认可的方式组织生产。手工生产往往适合小规模的上流消费品市场；这便是汽车在20世纪初的生产模式，那时汽车还属于奢侈品。[10]

19世纪的交通革命（火车和其他形式的交通），以及财富惠及更为广泛的人群，催生了大型国内和国际市场，于是出现了大规模生产。正如亚当·斯密指出的，“劳动分工受市场规模的限制”。随着大众市场的发展，精细分工成为提高复杂产品的生产效率的手段。如果生产环节的时间较长，那么购买昂贵的专业设备来替代技术工匠就比较合算。一块门板原先需要工匠手工打制，而如今一名普通工人只要按下大型自动化金属模压机的按钮就能压制出来。也就是说，制造业生产的日趋商品化导致生产机器逐步走向精密，同时在设备操作方面也降低了对技术工人的需求。

19世纪上半叶，纺织工业开始向大规模生产转型，而之后才慢 225
慢向其他制造领域蔓延。1913年，福特汽车公司在密歇根州高地公园建立装配工厂，标志着大规模批量生产时代的到来。[11] 在此之前，像汽车这般复杂的产品还从未有人尝试过使用批量生产。该工厂本身也是工程设计研究的成果，这一设计将汽车生产工艺分解并固定为上千道工序，汽车在移动带上被传送到一串工作站，每个站点的劳动仅限于一组单一、简单的操作，由低技术的工人反复完成。

福特的创新行为带来的增产是惊人的、革命性的，这不仅针对汽车工业，也包括其他面向大众市场的产业。“福特式”批量生产技术风靡全球，各国纷纷加以引进。20世纪20年代中期，德国工业经历了一段“理性化”时期，制造商开始寻求引进当时最“先进”的美国组织技术。[12] 列宁和斯大林恰于这个时代登上历史舞台，最终成为苏联的不幸，这些布尔什维克领导人都把工业现代化简单等同于大规模生产。他们持有越大则越强的观点，即一种虚高的福特主义，最终让苏联的工业架构变得过度集中且毫无效率，甚至一直持续到共产时代末期，而此时福特主义已然是明日黄花了。

与亨利·福特紧密相连的大规模批量生产新模式也有其理念宣传者，那就是弗雷德里克·泰勒（Frederick W. Taylor），他所著的《科学管理原理》（*The Principes of Scientific Management*）一书被奉为新工业时代的圣经。[13] 产业工程师出身的泰勒是最早支持时间及动作研究（time-and-motion studies）的人之一，这一研究旨在将工人的劳动效率最大化。他企图制定的大规模生产“法则”，是通过一种高度精细的分工，尽可能避免对装配线工人的创造性、判断力甚至技术有所需求。装配线的维护和调试交给单独的维护部门负责，至于生产线设计本身背后的控制智慧则是白领工程师和规划部门该管的。工人的效率是建立在严格的“胡萝卜加大棒”政策基础上的，即高产工人比低产工人获得更高的计件工资。

泰勒的观点具有典型的美国风格，在科学分析的名义之下，隐 226
含了若干意识形态的假设。他认为，一般工人只是古典经济学所谓的“经济人”（economic man），也就是被动、理性、孤立的个体，只会对狭隘的私利刺激产生反应。[14] 科学管理的目标是将工厂对于工人的品质要求简化到只需要服从即可。工人的所有活动，小到在生产线上该动哪条胳膊哪条腿都由生产工程师进行了具体规定。所有其他的人类属性，如创造性、能动性、革新性等等，都是由企业组织中另一部门的专家负责。[15] 泰勒主义作为科学管理理论逐渐闻名于世，他的逻辑结果必然是带来低信任的、以规章制度为基础的工厂管理体制。

泰勒制所带来的劳雇关系的后果是可预见的，且从长远看是相当有害的。依据泰勒制原理管理的工厂向工人传递的信息是，他们不会得到充分信任而被委以重任，他们的责任将以详尽的、法律性的形式呈列出来。如此一来，工会自然的反应则是要求雇主同样明确其责任和义务，因为他们也不相信雇主会设身处地考虑工人的福祉。[16]

正如不同社会中的整体信任水平有巨大差别一样，同一个社会中的整体信任水平由于特定条件或事件的影响而在不同时期也有所变化。阿尔文·古尔德纳（Alvin Gouldner）认为，在一定程度上，利益互惠可以说是几乎所有文化共通的准则。比方说，如果甲帮了乙的忙，乙就会对甲心怀感激并以某些方式来回报他。但倘若人们发现信任的回报是背叛或者被利用，群体就会进入不信任的恶性循环。[17]

20 世纪前半叶，美国重要的制造业领域，如汽车业和钢铁业，就发生过这种不信任的恶性循环。到了 70 年代，结果是对抗型的劳雇关系，其特点是过分注重法律形式。比如美国汽车工人联合会（United Auto Workers）在 1982 年与福特公司签订的全国协议内容长达四卷，每卷有 200 页，此外，各工厂还有厚厚一叠的集体协议，明文规定了工作法规、劳动条款和雇佣条件等等。[18] 这些文件过分关注工作控制，即它们关心的重点不是工资，而是特定的雇佣条件。227
其中包括工作分类制度，对每个职位都有详细的说明。工资不是与工人挂钩，而是与工作类别相连。此外，当组织成员的权利发生冲突时该怎么解决，还有资深主管享有哪些特权，都在协议里做出详细说明。在阻止工人做分类工作内容之外的事情上，地方工会尤其警惕。根据此协议，一个管道安装工如果帮助修理机器的话就会惹祸上身，即使他有时间也有这种技术，因为这不是他的分内之事。工会主管特别偏好凭资历而非技术能力来晋升人员；凭能力晋升工人的前提是对于管理层的信任，相信他们能对个人能力给出准确的判断，而这一点往往不能实现。协议规定了四级申诉程序，实际上这是在汽车工业领域建立了微型法院系统，它反映了美国社会深度立法的一面。[19] 工厂的纠纷一般无法通过非正式的集体协商手段来解决，而只能诉诸法律系统。

负责签订谈判协议的工会的立场基本上就是，如果管理层坚持依照泰勒模式将劳动分割成小而具体的任务，他们可以接受这个结果，但要求管理层也同样严格遵照规定行事。如果工人得不到信任来做出判断或担负新的责任，那么管理层也将得不到信任来分配工人新职责或对他们的技术和能力做出判断。有看法认为，20 世纪中期出现的过分注重工作控制的现象，是因为工会单方面施压的结果，这一看法是错误的。实际上，受泰勒主义和科学管理影响的管理者也喜欢这种协议，因为它可以防止工人篡取他们视为己有的管理特权。工作控制体制把经营和生产的所有决策权留给了管理者，并且告知他们明确的责任权限。[20]

关注工业发展的许多 20 世纪观察家都面临着这样一个难题，泰勒制是否如泰勒本人相信的那样，是技术推进的必然结果，还是另有其他的工厂组织形式，允许工人有更大的个人能动性和自主权。美国社会学中一个重要的学派认为，所有发达的社会最终都将走向泰勒式劳雇关系模式。[21] 现代工业社会的许多批评家都持这种观点，他们相信泰勒式劳动分工是资本主义形式的工业化的必然结果。这 228
一观点也得到了不少现代工业社会批评家的认可，例如马克思和卓别林（Charlie Chaplin），他们认为泰勒式劳动分工是资本主义形式工业化的必然产物。[22] 在这种体制下，人注定会被异化：为他服务的机器实际上成了他的主人，人逐渐沦为机器大生产系统中的一个齿轮。降低工人技能的联动影响是整个社会信任度的下降，人们将通过法律系统相互联系，而不是作为有机共同体的成员。手工业中基于技能和工作的自豪感将不复存在，能工巧匠制造的独特且花样各异的产品也将不复存在。每一次新技术革新都会产生新的恐惧，害怕它对工作的性质造成灾难性的影响。于是，当数控机器在 20 世纪 60 年代面世时，许多人就认为这些机器会夺走技术熟练的机械师的饭碗。

当工业从手工业向大规模生产转型的过程中，异化的前景让人们不禁对经济活动的本质提出了质疑。人为何而工作？是为了他们所赚的薪资，还是因为他们通过工作实现了自我价值？按照新古典经济学的传统，这个问题的答案是非常明晰的。他们不是为了工作而工作，而是为了工作中带来的收入，以供他们闲暇时花销。因此，所有的工作都是为了日后享受为目的。这种观点认为工作的本质是辛苦，其深层根源则是犹太教—基督教的传统。亚当和夏娃在伊甸园里就不必工作，用工作来养活自己是上帝对他们的惩罚。在基督教传统中，死亡被看作一生劳顿的终极解脱，因此，墓碑上的碑文常是“愿灵安息”（*Requiescat in Pace*）。[23] 依照这种工作观，手工生产向大规模生产的转变就并不算什么了，只要薪资增长了就行，这也是他们在生产方式转化后工作的最主要原因。

还有另一种传统观念与马克思颇有关系，即人是既有创造性又有消费性的生物，他们在工作中找到了控制和改造自然的乐趣。因此，除了获得报酬外，工作本身还另有一积极作用。但是工作类型
非常重要。工匠的自主性——他们所掌握的技术，以及在制造精美 229
产品过程中所展示的创造力和智慧，对满足感的产生至关重要。从这一点上看，向大规模生产方式的转变以及降低劳动力的技能要求，无异剥夺了对工人来说非常重要的东西，这是提高薪水所无法补偿的。

但是随着大规模生产方式的普及，泰勒制并不是现代工业的唯一模式已经显而易见，而且技术和手工艺也并没有消失，信任关系依然对运作良好的现代工厂起着关键作用。正如查尔斯 · 撒贝尔、迈克尔 · 皮奥里（Michael Piore）以及其他推崇灵活专业化生产的学者所指出的，手工生产技术在大规模批量生产的“外围”幸存了下来。存活的原因有几个：首先，这些用于大批量生产大宗商品的高度专业化的机器本身就无法通过批量生产制造。因其独特设计，这些设备不得不靠手工制造（这就是中部意大利的小型家族企业在机床行业取得成功的原因）。第二，消费者逐渐富裕而且受到的教

育越来越高，他们对与众不同的产品的渴望也随之增长，这使得市场日益分众化，需要更小规模的生产，因此要求制造业有像手工业一样的灵活性。

小规模手工业不仅幸存了下来，而且还展现出惊人的活力，然而，这不表示泰勒制没有继续蔓延，大多数工业化国家的绝大部分工人依旧在大规模生产的工厂工作。泰勒制的真正替代方案存在于大规模生产领域本身，如今这种生产模式之多令人称奇，并且社会信任在其中起着程度不一的作用。例如，科技的进步需要新技能，同时也摧毁旧技能。[24] 亚当 · 斯密的别针厂里，那些从事枯燥、简单、重复性工作的工人，要比那些维护机器正常运转或重新制模以生产新产品的工人更容易被机器取代。操作数控机床的熟练机械师不会被淘汰，因为倘若没有直接亲自操作的经验，就很难为这些机床编程序。这种现象导致“技术智能化”，机械技术被半机械化技术所取代，新技术要求工人拥有更高的脑力投入。[25] 而从实际情况 230
来看，几乎没有证据显示，在大规模生产工厂工作的工人因工作的非人化而憎恶他们的工作。[26]

自大规模生产开始至现在，有大量的证据说明，工人实际上并不是泰勒所想象的被动、孤立、自私的个体。20 世纪 30 年代的霍桑实验就证明，将工人分成小组加以管理对工作效率有巨大而积极的影响。[27] 结果显示，工作规则界定不那么严格，对于生产过程能够有决定权的工人，不仅效率更高，而且有着更高的工作满意度。在这类工作条件下，工人更愿意帮助他人，如果可以的话，他们还会为自己创立领导和相互协助的制度。这些实验对 20 世纪 30 年代梅奥（Elton Mayo）所谓的“人际关系”运动理论提供了有力的支持，该运动是想让工厂变得不那么严苛，而是更有公社化倾向。[28]

在各种文化中，信任和社会性并不是均匀分布的。有些文化多，有些文化少，这说明了泰勒制的成功也同样是受文化影响的。也就是说，泰勒制可能是那些低信任社会的工厂达到纪律严明的唯一途径，而高信任的社会，往往催生出基于更分散的责任和技术基础之上的管理方式，从而取代泰勒制。实际上，二战后的许多管理研究显示，梅奥的人际关系学的基本原理并不适用于所有文化，这些实验在美国的不同地区有不同的结果。[29]

证明泰勒制不是工业化的必然结果的最有力证据来自其他国家的经验。德国工厂从未纯粹地按照泰勒方式来组织，而实行将信任关系制度化，这使它与六七十年代的美国工厂相比有很大的灵活性。我们接下来就来谈一谈这些关系。

第20章 231

团队中的信任

美国大规模生产的理念伴随着两本书的德文译本而传到德国，那就是分别在1918年和1923年出版的德文版《科学管理的原理》和《福特自传》。到1922年，前者在德国的发行量高达3万册，后者在随后的几年中重印了30次，德国一时掀起了不大不小的泰勒热和福特热。[1] 福特公司高地公园工厂所展示的工作效率的巨大进步，给德国制造商留下了深刻的印象，使他们意识到有必要在自己的工厂采用大规模生产技术，而弃用20世纪20年代中期德国工业掀起的“理性化”运动。

但是，当德国工业采用大规模生产方式时，泰勒制并没有在德国的经理人和产业工程师间得到很好的反馈，更不用说工人群体了。出现在泰勒式工厂里的一些现象，如工人的去技术化、过于专门化以及蓝领工作的满意度低下，都与德国人长期以来重视“工作乐趣” 232
（Arbeitsfreude）的信念格格不入，这个信念源于德国根深蒂固的前现代行业传统。这一时期，产业工程师纷纷发表文章论述当前阶段工厂的组织模式，例如古斯塔夫·弗伦茨（Gustav Frenz）、保罗·李佩尔（Paul Rieppel）、弗里德里希·冯·戈特尔—奥特里林费德（Fredrich von Gottl-Ottlilienfeld），格茨·布里夫斯（Goetz Briefs）等人，试图将泰勒制与福特公司实际实施的制度区分开来，他们认为后者更人道。[2] 尽管在人们早期的记忆里泰勒和福特分别作为低信任、大规模生产的立法者和实施者紧密相联，但福特早期工厂实行的是一种公司家长制，根本不属于泰勒科学管理原则的范畴。在大萧条使销售和利润锐减之前，福特一直向员工提供住房补助和其他福利，并用持续增长的工资来吸引员工，还在工厂工人和管理层之间培养共同体精神。这些德国组织理论家认为泰勒制在德国水土不服，而福特模式的公司家长制才是真正有用的理性化模式。对泰勒制的诸多批评为此后十年梅奥及其人际关系学派奠定了基础。

通过 1920 年的劳工联合会立法，工人和管理者作为利益共同体的观念得以制度化。劳工联合会（Betriebesräte）制定了在整个企业范围内选举工人代表的原则，所选代表将参与企业的决策，而这之前完全是管理层独享的权力。德国工人运动较为激进的一派对劳工联合会持怀疑态度，因为他们信奉完全由工人控制企业的模式（若干布尔什维克式式的工人苏维埃成立于第一次世界大战后的革命期间），结果在两次世界大战之间，劳工联合会没有能够在企业中营造共同体的感觉。[3] 不过，这种早期的魏玛立法却开了把劳雇共同体制度化的先河，并在战后成为社会市场经济的一部分，它也显示了自大规模生产引入德国的那一刻起，德国人对概念的严肃和认真。

不管这个社会立法作为特例的命运如何，德国工厂内部关系到 20 世纪下半叶已经有了明显的共同体气氛。现代德国最有意思的一
点是两种截然不同的社会现象的共存。一方面，德国（如许多其他 233
欧洲社会一样）存在着巨大的阶级差异和社会流动障碍。多年来，德国工人遵从马克思关于阶级斗争必要性的教导，组织了力量强大、手法纯熟的工人运动，不断试图从管理者和资本所有者手中争取工

人应得的公平报酬。德国没有像日本那样的公司工会；这种所谓的“黄色”工人组织曾在纳粹时期获得过政府的支持，从此彻底丧失了名誉。但同时，德国工人阶级对自己的劳动有高度的自豪感和敬业精神，这使得德国工人并不单纯地只认同他们的社会阶级，而且还认同他们所在的产业和它的管理层。这种职业精神和天职观缓解了德国的阶级斗争倾向，产生了截然不同的一套工厂劳雇关系。

当我们抽象地思考一个更为公社化的工厂究竟是什么样时，我们并不是企图重返手工生产的模式，这对于大多数大规模现代工业来说是完全不现实的。反之，我们是指一系列非泰勒式工作组织法则。公社化的工厂并不进行细致的劳动分工，让专人进行重复操作，而是在使用工人方面保持最大限度的灵活性。每个工人将接受若干工种的培训，并根据每天特定的生产需要，从一个工作台调往另一处工作。责任将尽可能贯彻到生产科层的最底端。公社化工厂没有严格的劳动分工等级，管理者和工人之间没有森严的壁垒，也不强调地位的差异，允许高度的职位流动性，蓝领可以晋升到白领岗位。工作由团体一起完成，如有需要，工人可以彼此替换（这得益于多种技术培训）。泰勒式组织制定了等级悬殊的计件体制，个体的额外工作可获得丰厚的金钱奖励，而管理层和工人的薪水也有巨大差距，相比之下，公社化体制有相对平均的薪酬标准，奖金也是以团队为基础来发放。泰勒式体制往往是条规化的，这是因为工厂设计的产业工程师将各项工作都部署得极为细致、具体，也因为工人对此安排的反应态度。相反，公社化工厂在处理问题时，更多地采用面对面、非正式的交流渠道。此外，泰勒式工厂降低对蓝领工人技 234
术的需求，因而降低了信任的必要性；非泰勒式工厂则倾向于提高工人的技术，这样工人可以在生产流程的设计和实施阶段被委以更重要的责任。

有不少详细的个案研究将德国和其他工业化国家的工厂组织形式进行比较，结果显示德国工厂的确比其他欧洲国家的企业有着更加鲜明的上述特征。就以技术灵活性以及团队基础为例。在美国工厂引进时髦的工作团队这一做法之前，德国工厂就是以团队为基础的。德国的工会从未坚决主张过严格的劳动分工和工作规则，而严格的劳动分工恰恰是美国大规模生产和工会主义盛行时的特征。德国的工头（Meister）相比法国等国家的工头，负有更大的责任。工头和负责轮职的领班（Vorarbeiter）有权力在其管辖的团队内调动工人，让他们去从事不同的岗位。工头熟知本组工人的技能发展，根据工人在工作中的实际表现来作出判断。工人轮流在不同的岗位工作，同时也是社会化进程的一部分。这样，当一个机械师请病假的时候，或者生产中出现紧急情况，小组的主管可以调用其他岗位的工人，而不必担心自己违规。[4]

相反，法国有单一的、全国统一的工作分类制度，从非技术工人到最高管理者，这个制度给每个岗位都分配一个级别。工人被安置在各种工作上，然后凭资历向上升迁。正如典型的美国式工会控制主义一样，这种制度内也有着工人对凭技术破格晋升的抵触。这一制度普遍通用，十分具有笛卡尔风格，且颇为僵化。级别（以及依此制定的工资）是随工作而定的，而非工人本身的情况，因此，工人不在提高技术和产量上下工夫，而是钻营如何在工作等级上获得升迁。与德国形成鲜明对比的是，法国工人只有通过工作调动才能晋升，而并非自己技能的提高。于是高层职位往往具有强烈的扩张倾向，不管是否真有这个需要，而这一结果只能通过各部门高层
谈判才能达成。这意味着工人和管理者要花费大量时间在部门级讨 235
论正式的组织安排，而非在工厂内部协商如何将工人分配到最合适的岗位，并给予适当的报酬。

法国工业的工作分类制度是高度集中和条规化的，就像法国的公务员体制素来的那样。它的最大的影响是，工厂无法发展出共同体的感觉。托克维尔谈到旧制度下的特权体制时说过，“每个群体都凭其所享用的丁点特权把自己跟其他群体区分开来，甚至最微不

足道的权力也被认为是高人一等的象征”。类似的事情也发生在工业工作分类制度上，它的等级形式和形式主义导致了工人之间的孤立，迫使他们向权力中心寻找解决方案，而不是向他们的同伴。这种制度阻碍了工作团队的形成，以及应对临时调遣的灵活性。[5]

在德国，整个工作小组有时被称为“工头的团队”，而且往往有很强的团队精神。工头必须非常了解工人，因为他全凭个人的判断来评估工人。工人的奖金和未来升迁都根据这个评估。工头之所以能够胜任这项评估，是因为他本人也是从底层工人干起，一路升迁上来，因而非常熟悉他所监管的工作。在法国和美国，由于传统的工会工作控制主义的影响，每个工作岗位根据正式的、行业通用的工作分类制度，被配以特定的工种和级别，这一做法阻碍了工作小组的形成。如果工人不属于同一个工种，那么就不可能将他从一个工作岗位调至另一个工作岗位。[6] 与德国工头不同的是，法国工头据说常常头痛不已，因为他夹在工人和管理者之间，他不再是工人，但是又不为白领上司所认可。[7] 根据克罗齐耶及其他学者描述，法国人不喜欢面对面的权威关系，与此相一致的是，法国的工头也根本没有必要亲自对工人作出评估，因为工人的工资是单凭资历和工种来发放的。（同样的制度也应用在法国公立大学教授身上，跟美国大学的做法不同的是，他们的晋升不是凭学术成就，而是由教育部的官员根据官方的标准来评判。）

在德国，工人和管理层的等级划分也呈现出高度的共同体组织
特征。英国的公司也遵循泰勒模式，与德国公司比，它们将更多的 236
技术性和管理性工作从生产线上剥离出来。也就是说，德国生产线上的工人有着更高的技术和专业知识，有能力操作自己的生产线，他们所需的监管远不及英国工人。[8] 举例来说，能够为自己的数控机床编程的德国技工的比例要高于英国技工，而在英国，编程是白领阶层的技术，他们的办公地点和工人的生产线是分开的。[9] 在德国，管理工作由与被管辖工人有相同技术的人来完成，而不是由那些来

自不同阶层、自认为善于管理的人来做。

蓝领工人拥有更大的责权和技术，以及由低层次人员负责监管，这样做所产生的结果是德国较高的白领工作分界线。因此，德国白领与蓝领工人的比率远低于英国或法国。在法国，每100名蓝领工人，就对应有 42 名白领工人，而在德国只对应 36 名。每个法国工头平均监管 16 名蓝领工人，而每个德国工头则监管 25 名蓝领工人。[10] 在法国，劳动大军稳定、工人影响很大的产业与白领工作的增长有密切的关系。获得白领地位意味着在身份和收入上向前迈出了一大步，但同时也在自己与原先同事之间竖起了一道新的社会藩篱。德国则不同，它比较成功地抑制了白领的增长，在蓝领大军中成功保留了种类繁多的技术和职能。[11] 所有这一切都有益于在生产线上获得更高的团结性和灵活性。

正如人们对共同体组织化的社会所期望的那样，在德国，不同工种获得的酬金的差异比法国小。德国白领的工资是蓝领工人的 1.33 倍，而在法国为 1.75 倍。由于法国工业中白领劳工比例较高，这在整体上提高了法国工人的劳动力成本。德国较为平均的酬金与其团队工作制度有很大关系。德国的绩效奖金由组织中较低级别的主管来决定，最终依据的标准是工头对工人表现的评估。很显然，在酬金方面差异过大或变化无常，将会伤害小团体的士气，破坏工 237
人对其直接主管的信任。因此，德国的工资差异是直接建立在技术差别上的，而且从整体来看，是互相制衡的。[12] 法国工作的正式分类制度使人们把工资问题上的责任，从车间推到公司人事办公室，或推到更高级别的全行业范围的劳雇协商会上。由于没有面对面接触的必要，酬金方面出现的较大差异也就比较容易忍受。

德国管理者愿意信任蓝领工人，并委以更多责权，这与德国工人高水平的技术有紧密的联系，当然也与培养和维系这些技术的学徒制度有关。我们很难跨文化地评估绝对工业技术水平，但是通过事实比较，可以评估出它们的相对重要性，德国只有 10% 的技术工人没有任何形式的资格证书，而法国有一半以上的技术工人没有类似的资格认证。[13]学徒制为德国制造高质量的声誉提供了技术基础，而且相对于其他欧洲国家，它还大大降低了年轻人的失业率。鉴于这些原因，产业培训制度被广泛推崇，其中最有名的一次是克林顿政府在 1992 年总统大选上把德国式职业培训作为一个竞选问题来讨论。但是，德国的学徒制产生于更宽泛的教育体制环境中，很难将它们肢解并运用到国外，其发展最终依赖中欧特有的社会和文化传统的传承。

德国学徒制的范围远比在英国广泛，英国学徒制只存在于某些产业，如工程、营造、建筑等，而在法国，学徒制仅维持在传统工匠业中。[14] 大约有 70% 的德国青年是从学徒开始工作生涯的；只有 10% 的德国人没有能够完成学徒训练或高等教育。[15] 学徒期一般为两年到三年或更长，在此期间，学徒的工资大大低于正常标准。实际上，所有领域都存在学徒制，无论蓝领还是白领工作。其中服务业中包括零售规划、银行业务或文书工作。一般来说，美国及其他欧洲国家很少惯例性地为这些职位提供专业培训。在德国百货商店工作的售货员必须接受三年的培训；而在美国彭尼公司（JC 238
Penney）相同位置的职员只接受三天的在岗培训。[16] 培训的部分目的是使年轻人适应工作生活的节奏和要求，也同样接受其所在行业的特定培训，在学徒期满时，学徒经过严格的考试后才能拿到资格证书。这个证书代表着从事某个行业的资格，因而被全德国的雇主接受。与自由职业（医生、会计师、律师等）的职业证书一样，这些证书给人带来莫大的自豪。与在美国、英国或法国相比，在德国当面包烘烤师、秘书或汽车机械师，意味着要付出更多的努力和掌握更多的知识。

这个制度的执行，一来是靠大大小小的私营公司，二来还要靠政府支持的技工学校，这些学校提供一般性的工作训练。工人和公司参加这种培训计划都是自愿的，基本上所有公司都参加，而且接受政府的严格监管。培训的费用分摊在公司、各级政府部门和个人（在接受培训的同时，必须以低于市场的工资工作）身上。学徒制若要有效实行，雇主和工人必须对它的价值有高度一致的认识。公司内部培训对公司来说代价昂贵（尽管究竟有多昂贵仍有争议），且与日本不同的是，这些提供培训的公司并不能够得到这些学徒终身受雇的承诺和忠诚度。离职的比例相当高；在 20 世纪 70 年代，只有 40% 的结业学徒在获得资格证书后的 18 个月后仍留在培训他们的公司。[17]

既然学徒那么容易跳槽，占其他公司培训的便宜的诱惑必然会很大。[18] 但实际上，这一问题并不严重，究其原因有以下几点。首先，这个培训课程基本上是通用的；即使某家公司失去了一个花大量时间和精力培养的受训者，但是它确信能够从别的公司聘用到相当的接受过培训的员工。与此同时，培训通常结合了通用知识和公司特殊的技术，虽然从外面可以聘到水平相当的工人，但是受训的工人和公司之间存在着一股吸引力，能够使它们凝聚在一起。最重
要的一点是，所有雇主感到了一股很强的社会压力，使他们有责任 239
照顾好他们的雇员，给他们技术，使他们能够被雇用。没有做到这一点的公司则面临被排斥的命运，而且也不可能与它们的员工建立起相互信任的关系。这一点归根结底有很深的文化因素。德国的许多机构都为这种培训制度的成长作出了贡献，从联邦政府、州政府、地方政府、城镇、教会到各种联合会，不一而足。如果企业不参与培训计划，就是整个地拒绝文化赋予工作的价值。

如果道德压力还不足以解决问题时，劳工联合会，即在魏尔玛时期出现雏形的企业级别上的劳雇关系群体，可利用法律手段，制定法规限制雇主随心所欲地雇用和解聘工人。公司若想裁员，必须提交针对被解聘工人的补偿、再培训和重新安置的计划。这限制了搭便车者“窃取”其他公司技术工人的可能性。[19] 在阻碍劳动力流动方面，这些劳工联合会所起的作用与日本的终身雇用制相似。如

果具有同等权力的机构存在于不同的文化背景下，比如在英国或意大利，它们可能会不惜一切代价利用手中的政治权力来保住工作，而无视这对绩效的影响。（这令我们想起 20 世纪 80 年代初，亚瑟·斯卡吉尔 [Arthur Scargill] 发起的尖锐斗争和英国采矿工人反对关闭亏损矿山的运动。）这种问题之所以在德国远没有如此严重，是因为劳工联合会和管理层之间有更高的信任。[20] 劳工联合会更加清楚认识到保持公司竞争力的必要性，并常常施加压力，要求重新培训或调遣工人，以确保员工生产力的持续。与日本的制度一样，公司不能轻易解雇工人，这一事实给予公司更强的动力来重新培训工人，旨在使劳动力市场不像现实情况那么僵化。虽然德国工厂的团结精神高于其他欧洲国家，它仍然达不到日本的团结水平。

德国的产业培训制度的悖论之一是，虽然它在工厂培养出了强烈的团结意识，但将它支撑起来的广泛教育制度却仿佛比法国、美国或日本的都更加不平等得多。德国中等教育的一个显著特色是分轨制（tracking）。德国儿童读完四年小学后，学生必须从三种轨迹中选择一种：初等中学（Hauptschule），技术学校（Realschule），
文理高级中学（Gymnasium）。前两种学校的人毕业后都要进入学 240
徒行列，只有那些读完了文理高级中学的人才能继续深造，接受更高的教育。实际上，学生只要通过了高级中学毕业考试（Abitur），就有资格进入德国任何一所大学就读。这样，德国孩子在十岁时就面临着重要的教育抉择，而这一抉择将决定他们一辈子的职业。这种分轨制度反映了德国社会既有的阶级差异，并且不鼓励阶层流动。20 世纪 60 年代，出身工人阶级家庭的孩子只有 15% 选择进入文理高级中学。[21] 在法国和日本，能否上大学是由全国统一的高中毕业生联考的成绩来决定的，从理论上说，这个考试是向所有考生开放的，不考虑他们以前的教育背景。从阶级的角度来说，法国的中等教育体制更开放；在 20 世纪 60 年代，大学预科（lycées）有 40% 的学生来自工人家庭。

既然如此，为什么是法国的教育体制，而非德国的，导致了工厂内不同地位的人等级森严以至于相互难以合作呢？这个问题的很大一部分原因在于学生接受完普通教育后的培训。法国有相对开放的初级和中级教育体制，中学生毕业统一进行会考（baccalaureate）。根据这次考试的结果，贫穷但有才华的学生可以进入一流的大学，然后进入高等学院（grandes écoles），无论是在政府部门还是在私营机构，这一途径可以通向法国行政系统最高层。与其他地方一样，才华并不是均匀分布的，因此大部分人在会考中被淘汰出这个系统（在法国，有45%的高中毕业生在会考中落选，而在德国，可比数字只有10%）。[22] 与美国一样，职业教育在法国也有某种低人一等的意味，这是不能进入普通教育系统、成绩不好、上不了大学的人的选择。最终成为蓝领或低技术白领的落选者，没有多少理由为自己的工作感到骄傲，这是他们在一个对高等教育有着高期待的社会中的最终去处。与之相反的是，德国工人阶级背景的学生从小就知道他们不会上大学。但是，由学徒制向他们提供与其技术水平相当的培训职业资格证书，因此，他们不会把自己看作从普 241
通教育系统淘汰下来的人，而是看作成功地完成了严格的职业培训的人。

此外，德国职业培训体制的灵活性表现在，培训的机遇并不随学徒期的结束而关闭。除了基本的学徒培训外，还有一种中级资格培训体制，它允许大龄工人有机会提高自己的技术水平。这种中级资格培训构建了一条完全独立的社会流动的向上途径，这是在其他国家没有看到的。例如，在法国或在美国，一个人若没有上大学获得较高的文凭，就不可能获得工程师的专业证书，而这一过程往往要七年以上的时间。德国的情况就不同，成为工程师有两条途径，一是上大学，获得工程文凭，这与其他国家相同；二是通过参加中级职业培训课获得升迁。[23] 事实上，随着时间的推移，许多通向更高的教育、职业和社会地位的新途径慢慢向社会开放。于是，十岁孩子进入初级中学班的选择并不像一开始所表现的那样，会限制其一生的职业。与此同时，学徒制使三分之二的底层劳动力获得了高水平的技术，同样重要的是，这些工人对自己能力的自豪感。

有不少问题威胁着德国学徒制的未来，及其所支撑的德国工业的未来竞争力。20 世纪 80 年代初，该制度似乎处于危机状态中，因为申请学徒的年轻人数量远远超过了他们结业时的就业机遇。但是,随着 80 年代末“婴儿潮”一代过去,这个问题就不复存在了。[24] 目前的问题是，现有的学徒形式是否可以为德国提供符合未来需求的技术劳动力，尤其是在 21 世纪的信息时代。这个学徒制度充满了活力，各领域的工商协会和工会一起合作，以确保这种类型的学徒制和从业标准满足产业的需求。这种制度非常适合为中等技术产业培训工人，这些产业一直都是德国的强项，如汽车、化工、机床，
以及时其他生产资料性产品。但是目前，学徒制能否成功向知识高 242
度密集型产业提供技术工人尚无定论，如电信、半导体和计算机、生物技术等。这些技术可能要求大学体制的大扩张。[25]

不过，问题不在于学徒制是不是适合 21 世纪要求的培训机制。德国培训制度之所以引起我们的兴趣，是因为它是德国工厂通向社会化的一座重要桥梁。

通过提高工人的技术水平，学徒制使管理层能够信任工人，让他们自主工作，而且实现了更少的具体法规、更少的监管。另外，它使新工人能够很快适应所从事行业的规则以及所受训的公司的惯例。在某公司完成了三年学徒期的工人，比只受过三天培训的工人，更有可能培养出对组织的忠诚感。连地位最低的员工都发给职业资格证书，这使工人对自己的工作产生了更强烈的自豪感。当工人不再视工作如负担，抑或是换取其他物品的商品时，工厂就不再是一个那么异化的场合了，也能够更好地与工人的社会生活结合在一起。用查尔斯 · 萨贝尔的话来说：

> 德国上司（与法国上司）的看法正好相反，他们认为下属愿意也能够获得有关工作的知识和技能，以使他们能够自主工作。这样，德国上司的任务不是告诉手下如何干他们的工作，而是指点他们应该做些什么。反过来，由于没有被错综复杂的条文规范所困，德国下属必须相信自己的上司不会滥用手中的权力。德国社会是“高信任度”的社会，因为它不鼓励将构想与执行分离。[26]

1992—1993 年的经济衰退使德国产生了很高失业率，并且看来难以有所缓解。对此，许多观察家认为，这个局面的罪魁祸首是德国战后的社会市场经济。德国福利社会以惊人的速度增长，到 90 年代初，它消耗了国内生产总值的一半。德国劳动力日渐昂贵，而德国雇主身负多项强制性成本，如医疗保健、失业、培训和休假福利等，同时他们还受到严格的限制，不能随意裁员和缩小公司规模。

虽然德国和日本工业在公社化化和家长制倾向上有许多相似之 243
处，但是日本的体制仍然显得更加灵活。日本企业的群体取向大部分并没有写入法律条文，终身雇用和经连会体系都是建立在非正式的道德责任基础之上的。在削减成本方面，日本公司有更大的调遣余地，它们可以将职员调至别处，强行降低薪水（大多数是以放弃奖金的形式），或要求员工增加工作投入。日本政府在福利方面的花费也少于德国政府（在很大程度上将这个职能交给了私营企业）。与此相反，在德国，福利待遇在法律上有明文规定，并由各级政府执行。因此，在经济衰退时，它们很难进行调节。德国经济的竞争力依赖的是微妙的平衡。劳动力固然昂贵，但是却有高超的技术，而且能在世界经济中找到增值的空间。倘若技术工人创造出的增值无法与直接成本和社会成本持平，那么这个系统就会失去平衡。但是，这些公社化机构在战后却造就了卓越的经济增长纪录和高水准的社会福利，这是德国的诸多邻居所没能做到的。

在对德国的讨论做出总结，并返回到日本的工厂关系之前，我们有必要简单扼要地考察一下学徒制的历史根源。

第21章 245

局内人与局外人

现代德国经济最具讽刺意味的一点是学徒制，世人多把它捧为德国工业称霸欧洲的基石。学徒制的直接起源是中世纪的行会制度。在整个工业革命时期，行会遭到自由经济改革派的抨击，认为其代表的是迂腐守旧的传统，是现代化经济变革的绊脚石。

在西方，行会在自由制度发展过程中所扮演的角色相当复杂。行会是封闭式社团，它存在于几乎所有欧洲国家（以及大部分亚洲国家），是如美国律师协会、美国医疗协会等现代组织的前身。行会的形式或多或少略有变化，但它们大体都是通过制定标准或成员资格，来对某种行业或职业的门槛有所限制，也从而人为地提高成员的收入。行会监管产品的质量，并偶尔对成员进行培训。在中世纪末期，它们在打破庄园制度的过程中发挥了重要作用。尤其在中 246
欧，行会在帝国的自由城市扎下深根，并赢得了管理自己事务的权力，成为摆脱领主和贵族控制的独立堡垒。[1] 行会因而成为主要的中间组织，成就了中世纪后期丰富多样的公民社会。它们的存在限制了专制王权，因此在西方自由政治制度的发展中厥功至伟。

行会有自治权，还往往有巨额财富，它们对野心勃勃的王族构成了威胁，后者对它们既嫉妒又憎恨。到了 16 和 17 世纪，随着庞大中央集权的君主制在法国、西班牙等国家的崛起，行会被看作政权的竞争对手。在前面的章节中我们已经谈到，法国的君主制成功地使行会服从国家的利益，它们成为巴黎政治权威的调控附属物。但德国的情况却截然不同，它在 1871 年以前没有中央集权政府。德国政治力量的分散使大批封建社团性机构，如行会等，能够比欧洲其他国家的同类机构存活更长时间。

虽然有些人认为行会在保持行业传统、维持质量标准上扮演着至关重要的角色[2]，但是到了 18 世纪初，英国和法国出现的进步思潮却决然地改变立场，反对它们。[3] 尽管动机不同，但早期的自由主义者却接了专制君主的班，想要打压行会的权力和影响。最早的现代工厂不得不建在农村，以避开城市中对行会的限制。在英国，尤其是在 18 世纪中叶，自由主义改革派请求废黜《工匠法》（the Statute of Artificers），终止强制性加入行会的规定。[4] 在法国，以及被法国占领的欧洲其他国家，行会的独立性已经在旧制度下被完全破坏了，并在大革命时期被正式废除。

德国领土上的自由派与行会的斗争更加漫长，也更为曲折。与其他地方一样，普鲁士自由主义改革派的口号是“职业自由”（Gewerbefreibeit）。这个原则是从 1808 年开始有保留地被介绍
到德国境内的。[5] 当贸易在 1807—1812 年的施泰因—哈登贝格 247
（Stein-Hardenberg）改革影响下，在先前由法国控制地区逐渐开放时，许多日耳曼邦国在接下来的几十年一直持抵抗态度，并维护行会的特权。这个运动得到了传统手艺匠人的广泛支持，因为他们的生计受到了先进工业化的威胁。1845 年，普鲁士颁布了《一般工业条例》，该法令虽然废除了某些社团的特权，但建立了工匠师父资格制度和工商业者的经济状况调查制度。[6] 甚至当 1848 年，自由派的法兰克福国民议会在举行会议时，独立的行会组织起来，也在法兰克福举行了德国工匠联合大会，施加压力来保护行会的

特权。[7]1848 年革命失败后的十年间，好几个日耳曼邦国都收紧了行会条例。自由经济改革派一面反对行会，一面争取德国政治的自由化。虽然在 1815 年和 1848 年，自由派取得了少许进步，但是在德国统一之前或之后，它常常遭遇挫折，且从未像在法国和英国那样占据优势。

到 19 世纪末，行会的实际势力被铁路、钢铁等发展起来的新兴产业所蚕食，因为这些产业在它们的管辖范围之外。对产品质量和工匠资格的法律控制只存在于传统的手工业领域。但行会并未就此死去，仍旧一息尚存。随着德国逐渐工业化，大批工匠离开传统的手工业，转移到现代制造业领域，成为机械师或其他技术性工人，他们同时也带来了社团主义的传统。20 世纪初，德国就成立了德国技术教育委员会和德国技术工作培训研究院，为工业提供系统的行业培训。[8]1922 年工匠同盟会被法律正式承认为工匠利益的代表。[9]职业培训的基本框架建立于魏玛政权时期，服务于学徒制和技术学校，它把企业和工会视为统一的整体。之后在 1935 年，在纳粹体制下，工商协会在职业培训上开始担负法律责任，与手工业行会的规定相类似。[10]这个时期还发展了系统的工头培训制度。纳粹时期的这个特殊遗产在 1949 年联邦德国成立后未被废除，而且事实上，248
1969 年的《职业教育和培训法》延续并强化了这个制度。

由此可见，德国的行会从未像在法国那样遭到无情破坏。它们幸存了下来，并演变成现代形式，成为德国战后学徒制的基础。对比之下，英国由于（至少是部分原因）它本身的自由主义原则，在战后未能建立综合的职业培训制度。消除行会的特权不仅是自由主义改革的内容之一，英国在教育上也普遍采取了放任自流的态度，因此，在建立适应 20 世纪工业力量的现代教育制度方面，英国的反应相当迟缓。直到 1891 年．英国才实行大学教育免费，比德国要晚许多，直到进入 20 世纪后，英国的高等教育体制才调整其课程，以适应科学和技术方面的要求。[11]

德国自由主义的半截子胜利在政治层面产生了灾难性的影响。[12] 在 20 世纪初，德国政府远比英国或法国政府专制，皇帝掌握大权，他的周围则是容克（Junker）贵族。容克贵族的黩武传统和专制的社会关系为德国政治和外交政策定了基调。除了体制外，德国文化本身的公社化特征滋长了不容忍和封闭性。也就是说，联结德国人的强大纽带使他们对自己的独特文化身份有较强烈的认同感，并在 20 世纪上半叶促进了德国民族主义情绪的泛滥。历史学家还认为，德国后来的国家地位使德国人更坚定且躁动地坚持其独特的民族认同感。经过第一次世界大战战败和之后的经济灾难，德国人也把自己看作受害者，但是，强烈的文化身份却开始向极端和邪恶的方向游走。最后，在第二次世界大战中的失败和纳粹的苦难遗存迫使德国人打破封闭的公社观念，为德国社会的开放和包容性打下了基础，而这样的开放性，英国和法国社会在几代人以前就已经有了。即使在今天，与英国或法国相比，德国的民主制度更多地倾向于整体主义，较少个人主义，原因在于既有社会群体的角色已经在法律上得到确认。

但是，从政治发展角度看到的可怕后果，却有可能转化成经济现代化的有利因素。战后，虽然联邦德国废弃了大多数纳粹时期引 249
入的法律条文，但却没有不假思索地摒弃纳粹对于职业培训的立法，而是保留下来并加以发扬光大。在这方面，德国的情况与日本相仿，日本吸取了一些文化传统，如家元式社团、儒家的忠诚品德，并将它们现代化，融入新产业的综合体中。

以上的例子并不是要佐证，保存文化传统是经济现代化取得成功的前提条件。正如美国的许多移民获得成功，是因为他们将自己独特的文化传统与民主社会的自由结合在一起，同样，某些国家能够成为工业霸主，是因为它们将旧体制或文化特征与广泛的自由经济构架结合在一起。德国并非原封不动地保留了行会制度，就如同日本未能完好地保留氏族家庭结构，但是二者均没有完全依照纯粹自由原则建设全新的社会。相反，某些传承下来的旧体制与自由主义的框架达成了中和，并赋予了后者凝聚力。

的确，德国的例子说明，能够保住某些传统文化，明智抑或运气是何等重要。毕竟，现代英国社会也是自由制度和古老的文化传统的结合体，但是从经济的角度来看，英国式的结合并不那么成功。前面我说过，与德国相比较，英国对教育的态度更放任自流。这是自由主义意识形态的影响，这一意识形态是传统上流贵族文化的产物，而贵族文化对于建立现代工业经济所必需的技术和实用教育充满敌意。美国社会的自由程度不亚于英国，但是它却更早地建立普及教育制度，并建立了更为优越的高等技术教育体制。[13] 即便是进入 20 世纪后，英国的高等教育依旧是致力于古典人文主义教育，而非科学技术。工程师并不被认为是地位高尚的职业，是技术工人家庭出身的子女而非国家精英所从事的职业。上层阶级所持的观念是，受过良好教育的业余专家或者脚踏实地的修锅匠都是理想的职业，而二者都对系统的技术教育不屑一顾。[14]

马丁 · 维纳（Martin Wiener）认为，英国政治的渐进主义和包容性非常有益于自由政治制度的发展，但也因此完整地保留了公开 250
敌视现代工业社会价值的上层阶级文化，并由此产生了不良影响。[15] 英国的土地贵族非常愿意让中产阶级工业暴发户和银行家进入他们的阶层，而普鲁士的容克贵族却未有过这样的态度。但这样的接受却成了一剂毒药：具有创业精神的中产阶级非但没给贵族群体带来动力，自己反而归顺了贵族的安逸价值观。维纳提到了马科斯 · 塞缪尔（Marcus Samuel）的故事。塞缪尔是一个出身伦敦东部、雄心勃勃的犹太人，他在 19 世纪后期创建了壳牌石油公司（Shell Oil Company）。但是，塞缪尔真正的抱负并不是成为富可敌国的传奇工业家，而是在英国乡间拥有一套别墅（他在 1895 年购得），获得一个贵族头衔（1902 年他成为伦敦市长），并送子女上伊顿公学和牛津大学（这些愿望也都一一实现了）。这样一来，公司的控制权最后落在了荷兰皇家石油公司（Royal Dutch）总裁亨利 · 德特丁（Henry Deterding）的手中。德特丁更多得保留了典型中产阶级的美德，不受猎狐或者慈善社会活动的引诱。[16]

从经济的角度来看，德国人是幸运的，在经历了半个世纪的战争、革命、经济动荡、外国占领和快速的社会变革后，大批传统社会制度遭到破坏，而行会却幸存下来。普法战争结束后，普鲁士贵族失去了对德国社会的实际或象征性控制，而希特勒和国家社会主义革命更加快了这一进程。事实上，随着 1945 年的战败，德国的所有传统社会阶层都已光鲜不再。早在 19 世纪，工程师和实业家在德国就有比较受人尊重的社会地位，当整个国家集中力量恢复经济时，他们一跃成了中坚力量。

19 世纪初，英国、德国和日本都被蔑视商业、科技和发财的贵族阶级所统治。三个社会都保留了封建时代遗留下来的公社化的机构（行会、教会、寺院），和部分地方政治权威。日本在 19 世纪末，德国在 19 世纪中期，都成功地将贵族中立，它们抑或通过将统治阶级的精力转投到商业中（譬如日本），抑或直接将贵族边缘化（譬如德国）。日本和德国都同时将传统的公社性质的文化习俗或制度转化成现代工业社会的一部分，不管是以银行为中心的工业集团、经连会、工业协会，还是学徒制，如此实现了传统制度的现代化。 251
两国均成功地维持了组织问题的平衡，在建立大规模等级式企业的同时，鼓励小团队的团结性，让工厂更有人情味。

英国的做法正好相反：他们彻底除掉了许多传统公社化机构，如行会，但在建立现代企业以取代传统机构的培训和质量控制职能方面，他们又行动迟缓。英国社会表现出了高度的自发社会性的倾向。由于从未附属于某个现代化的强权统治，它在整个工业化时期一直保留了大批形式多样的中间组织，包括异议的或自由的教会（譬如贵格会、公理会和卫理会）、学校、俱乐部和文书协会等。但是它也保留了严格的阶级观念，这一观念使英国社会沟壑纵横，也使

20 世纪的英国工人和管理者不可能抱有同属一个团队的观念。即使反资本主义的英国贵族的实际势力衰落了，马克思主义的知识分子阶层保留了贵族对工业、技术和从事这些工作的人的嘲讽。对这些人来说，“制造立体产品”是可疑的行为。[17] 阶级意识和传统感使社团形式机构直到二战后才在英国迟迟全面出现。尽管英国社会不像中国或者意大利社会一样以家庭主义为主，但是直到 20 世纪中叶，许多英国大型企业都是由家族拥有并经营的。[18] 撒切尔夫人的改革在许多方面被认为是既针对反创业精神的贵族右派，又针对工会主义的左派。但撒切尔对于前者的影响，今天看来是微乎其微的。

在德国和日本经济中，共同体式的结构为何能够幸存下来，的确是一个难解之谜。在过去，日本和德国都以政府专制威权和社会等级森严而闻名。人们对这两个群体的普遍印象是他们都喜欢服从权威，但这个观点与其他刻板印象一样是不真实的，并且愈发过时。而且，我们看到，与英国、法国或美国的工厂相比，德国和日本的工厂车间显得更加平等。在德国和日本，管理层和工人之间地位的正式差异很小；工资差异也比较低；组织的较低级层握有实权，而
不仅限于总管经理人员或行政部门。这些社会从未刻意提出“人人 252
生而平等”的口号，为什么它们却在实际行动中能够更平等地对待成员呢？

答案与以下情况有关。共同体取向的社会的平等主义，往往只限于组成这个社会的同质文化群体，并不延伸至其他人，即使他们共享其社会的主流文化信念。道德共同体有明显的局内人和局外人之分，局内人受到局外人享受不到的尊重和平等对待。实际上，共同体内部人越是团结，其对局外人的敌意、冷漠和排他性就越是严重。那些正式坚持“人人生而平等”的国家必须使更多不同信仰、不同道德标准的人走到一起。代替道德共同体的是法律，代替自发性信任的则是正式的平等和合法诉讼程序。即便在正式规则之下，局内人没有受到非常公平的对待，那么局外人至少得到了更多的尊

重，并期望某天自己也成为局内人。

自二战结束后，德国的共同体文化与日本的相比，发生了更大的变化。为了对纳粹时期的暴行做出反思，德国从欧洲最不容忍的社会转变成了最开放的社会。除了收紧难民法以及针对外国人的暴力事件外，德国的许多城市，如法兰克福、汉堡，是世界上最具国际性的大都市。德国战后几届政府的政策使德国人的认同感融入到更博大的欧洲认同感中。旧式的对权威、等级、国家和民族的态度由于战争而全面消亡，德国正日渐显露出更个人主义的文化色彩。[19]

日本战后的转换就没有这么彻底。虽然国家接受了民主宪政体制，成为和平力量一员，但是日本与德国不同，它从未以同样的方式反思战争的罪恶。两国对战争的态度的差异明显地体现在教科书中，那些有名望的日本政客和学究以种种方式继续否认日本对战争应负的责任。[20] 任何人只要穿越一个大型的日本城市，就能感受到更高层次的服从；在当代日本，德国式的女权和环保运动寥寥无几，
而且势单力薄。日本没有“绿党”，除了小部分韩国人群体外，没 253
有明显的种族或少数族裔。一位正在著书比较日本人和德国人对战争的态度的荷兰作者提到，有位德国青年这样对他说：“请别过多地谈相似点，我们与日本人根本不一样。我们不会为了公司更强大而睡在公司里。我们也是人，普通人。”[21] 统计数据可以证明，这位德国青年的观点是正确的。平均来说，现在德国人工作不如日本人努力。无论韦伯所称道的德国新教徒工作伦理的力量有多强，目前，德国工人在制造业中的平均周工作时间已经降至 31 小时，而日本人为 42 小时。[22] 从一些非正式的迹象显示，德国工人休年假比日本人更自由、放松。

与日本的情况一样，20 世纪 90 年代初的经济衰退和全球竞争的总体加剧，使德国的共同体式经济机构面临更大压力，而且这一压力只会越来越大。倘若公司承诺它们将重新培训工人而非解雇，这的确是个好的原则，而且德国比它的欧洲竞争对手更有资格这样

做。但是为高技术的劳动力找到增值的市场空间并非总是能够实现，尤其是劳动力在德国非常昂贵时，去欧洲、亚洲以及其他第三世界国家寻找技术相当的劳动力，将成本降下来，这种做法越来越可行了。此外，更多德国共同体式的经济制度都是成文的法律，而且许多直接由政府推行。倘若把这种机构建立在法律上，而不是非正式的道德共识上，事务性成本将会升高，很可能还将显著增加系统的僵化程度。这意味着，德国若想迎接未来全球竞争的挑战，虽然不必改变其经济共同体性的一面，但一定要减少国家的干预。

第22章 255

高信任的工厂

如果将传统的美国制造业工厂，与高信任的、团队取向的德国工厂，以及与低信任的、官僚化管制的法国模式相比较，大多数人往往都会认为美国的情况与后者相似。毕竟，泰勒本人就是美国人，在全世界范围内，他所创建的低信任工业体制都被认为是独一无二的美国版现代性。泰勒制工厂的条规主义做派，其自命不凡的普世性，以及详细列举工人权利的工会主义工作控制方式，一切都是在效仿美国宪法。工作分类逐渐复杂化，并且逐渐蔓延到整个工厂，这也注定了此类法律关系会在美国社会得到更加广泛地传播。20 世纪美国的工业劳雇关系体制，看起来简直就是低信任社会关系的典型，譬如其阶段性的大裁员、长篇累牍的合同、充满官僚主义气息且规矩繁多的人际交往，无一不是例证。

然而，在过去的二十年间，泰勒制工厂和与之相关的工会主义
工作控制模式在美国迅速衰落，取而代之的是从日本引进的、更有 256
团队精神的工厂组织模式。倘若我们近观美国大规模生产的历史，就会发现泰勒制并不是美国工厂的缩影，反倒是一段历史时期的反常现象。换句话说，精益生产模式并非是从完全不同的社会移植过

来的异域文化习惯，而是将美国工人带回到他们此前失落的公社化工厂传统。

20 世纪初，当泰勒制传入到汽车工业中时，它的许多特点并不为美国人认可，例如对待工人的冷漠和拘泥形式，于是遭到相当程度的抵制。它成功的唯一原因是 20 世纪最初几十年间底特律特定的劳动力市场情况。当时，庞大的新工人阶级涌入汽车工业，超出了美国人共同体定义的极限。底特律在很多方面都是一座全新的城市，譬如在 1910 年，它的人口为 50 万，十年后猛增至 100 万。汽车工人很少真正出身于美国人共同体。1911 年，底特律的劳动力约为 17 万，其中有 16 万是通过雇主协会从其他地方招募来的。[1] 被吸引到汽车工业中的绝大部分新工人是移民，他们主要来自奥匈帝国、意大利、俄罗斯和其他东欧地区。（其他新兴工业亦是如此，譬如在 1907 年，位于匹兹堡的卡耐基钢铁厂的 23 337 名工人中有三分之二是移民。）[2] 根据 1915 年高地公园厂址的一项调查，该厂工人说的语言大约有 50 多种。[3] 这一情况到今天仍是如此，移民比本地人更容易为雇主所剥削。介于这些劳动力的外族背景，且往往都是短期雇工，福特及其他新兴的批量生产商自然不会把他们当作大共同体中的一分子，而是当作需要用正式的、法律性的规则来控制和训练的陌生人。

即便如此，亨利 · 福特本人还是迅速实施了一些与泰勒制无关的家长式劳工管理办法。在新的大规模生产环境中的工作往往压力巨大，且极度危险，这导致相当高的工人更换率。福特对自己工厂的情况表示不满，于是他自己提出了著名的创新之举——1914 年引入了 5 美元 1 天的计酬方案。[4] 通过这一方案，福特将其工人的薪 257
资在经济衰退时期翻了一番。之后，公司还建立了“社会部”，专门负责工人的福利。这个好管闲事的部门会派调查员到每一个工人家中调查他们的居住条件、道德行为以及例如酒后施虐等问题。如果工人的居家条件太差，公司会软硬兼施将其搬到条件更好的房子里，这是因为福特不希望他的公司像个贫民窟。[5] 另外，公司进一步设立了一系列英语培训学校课程，还刻意招聘残疾人。[6] 由此看来，理论上的泰勒制和亨利 · 福特在高地公园以及后来在红河谷工厂实际实施的制度之间有着巨大的差别。

随后，汽车工业陷入大萧条，汽车市场全面萎缩，公司大批裁员，好斗的工人与公司警卫之间发生了暴力冲突，劳雇关系就此陷入一片混乱。在 1932 年发生了臭名昭著的红河工厂冲突，导致四名工人死于枪击。[7] 二次世界大战后，经济从大萧条中复苏，但美国劳雇关系双方对峙、事事诉诸法律的模式已经确立，工作控制的工会主义做法在各个产业间蔓延开来。[8]

在美国，管理层引入高信任日式精益生产模式的速度之快，以及工人在这种生产制度下表现出来的普遍热情之高，表明泰勒制和工作控制的工会主义做法或许并非像人们所认为的那样深深扎根于美国文化之中。尽管精益生产方式给工人带来了极大的压力，但把公司当作大家庭的观念仍受到美国工人的拥护，在没有工会的精益工厂工作的工人大多都强烈反对由汽车工人联合会（United Auto Workers）设立工会。事实上，日本人一般选择在美国南方或中西部的农村设厂并非偶然，譬如本田公司的工厂就设在俄亥俄州的玛里斯维尔（Marysville）。这些地区不仅没有工会及其好斗的传统，而且聚居的是相对同质化的社群，这些社群保留了 20 世纪初期美国小镇的精神风貌。

若要了解美国工厂社会关系的演进，我们必须知道精益生产模式的实质。

精益生产又称“即时”（just-in-time）生产或“看板”生产，由丰田汽车公司加以完善，迄今为止已在工业界风行十几年了，并
从日本传播到北美、欧洲和其他第三世界国家。它已经受到广泛的 258
注意和研究，尤其是麻省理工学院的“国际汽车项目”，在此，我将大量引用他们的研究成果。[9] 许多国家都成功地实施这一模式，

这让麻省理工学院的课题研究者认识到，它不是一种受文化决定的工作方式，而是可以普遍适用的管理技巧。这个观点在一定程度上是正确的，高信任关系的确可以越过文化界限。但是精益生产模式在日本发明并非偶然，因为日本存在普遍性的社会信任。另外，麻省理工学院研究的数据本身无法说明，这种技巧在低信任国家是否也能像高信任国家那样成功实施。

精益生产模式在 20 世纪 50 年代由丰田的总生产工程师大野耐一发明。他当时所面临的问题是，丰田公司的市场太小，不足以维持长时期的生产流程，自然也不能维持高度专门化的劳动分工，即当时美国泰勒式大规模汽车生产的特点。美国厂商有雄厚的财力购买专业化设备，这些设备一旦安装完即可长期使用，他们也负担得起大量存货，以防止生产线停工待料。为了绕过这一问题，大野构想出这样一种生产系统，它的投资总额要比泰勒式大规模要低，而每个资本单位的生产效率又更高。[10]

精益生产的实质是建立一种异常紧张和脆弱的生产系统生产线，从供应到最后的装配，任何地方出现问题，整个系统都可以轻易叫停。[11] 存货压至最低水平，每个工人的工作岗位上都有一根绳索，一旦出现问题，工人可以用它来叫停整个生产线。如果工人拉了绳索，又或者供料部门未能按计划准时提供原料，整个装配线的操作将停止。精益生产流程的脆弱性因而就是一个信息反馈环路，一旦出现问题即刻通知工人或者生产工程师。这迫使操作生产线的人碰到问题就立刻解决，而不是将缺点带到最终成品中。例如安装车门一项，传统大规模生产的工人会不顾一切地把车门装好，门没有对准也不管。但在精益生产工厂，生产线会全部停顿，直到车门
问题解决为止，这个问题可能出在装配工作台上，也可能出在车门 259
供料部门的设施上。精益生产系统的设定颇有难度，但一旦开始运作则会显著地提高产品质量。质量问题在源头就得以解决，而不是等到在装配线末尾的返工车间再解决，而大多数传统大规模生产工

厂往往就是这样拖到最后才处理问题。

大野的精益生产系统将决策权更大程度地交给了装配线上的工人，我们此前讨论过的德国工厂都达不到这个水平。[12] 也就是说，它没有承袭用专业白领生产工程师来设计工厂的泰勒制传统，而是给予生产线操作工人充分的责任，让他们去决定怎样运作最好。整个小组的工人并不会受到具体且精细的指示，以操作一项简单的任务，而是被赋予了更多责权，集体决定如何解决一个更复杂的生产问题。公司给予工作小组充足的时间来讨论生产线的操作，而且一直鼓励他们就如何提高生产流程的效率提出建议。工人的工作不是像亚当 · 斯密笔下的别针厂一样，在一台复杂的机器上无数遍地重复一个简单的操作，而是用自己的判断力来帮助整个生产线的运行。这就产生了生产小组的概念，以及之后的质量小组（quality circles）。

把责权委托给工作小组限制了劳动分工：工人接受多个工种的培训，于是在需要的时候，他们可以被调遣到其他岗位工作。而且，让受到多工种训练的工人完成相对灵活的工作，可减少对专业化设备和其他高资本货物的需求。大野最先的创新之一是重新组织安放模具的程序。制造车身部件的大型冲压机的换模时间从一天降低到三分钟，而且这个程序可以完全由生产工人自己操作，不再需要换模专家。小批量生产零部件可将生产效率明显提高，因为它减少了大批存货需要花费的资金，也不需要昂贵的专业机床，而且能够在进行大批量生产之前发现质量问题。[13] 使用通用机床即可在同一条装配线上生产更多样的产品。

倘若用泰勒制标准来衡量，在精益生产系统中，最低等的装配线工人被赋予的信任是难以置信的。在传统的大规模生产工厂里，
装配线上的组织模式是不惜一切代价阻止生产线停下来。这就是存 260
货和工作台上缓冲零配件堆积如山的原因：瑕疵顺着生产线传递，最后在返工车间或终端消费者那里被发现。对工厂来说，停止生产

线是重大的损失，只有更高一级的管理者才有权这样做。但是，精益生产工厂却正好相反，每个工人只要发现问题都可以凭一根绳索将整条生产线叫停。当工厂正常运转时，拽一下普通的绳索虽然会造成生产线停顿和误工，但久而久之，生产线停工的次数就开始急剧下降。不难想象，这样的安排倘若是在一个劳雇关系不友好的工厂里，就相当于给予每个工人蓄意破坏整个生产流程的机会。

若是想让工作小组概念行之有效，管理者不得不放弃泰勒式设计，即不是将设计和生产程序分割成块并分派给专业化工程师负责，而是给予等级制度下端的工人更多的信任，将基本的生产决策权交给他们。根据麻省理工学院研究报告："只有彼此的责任感建立了，工人才会有所反应，即管理者真正看重技术工人，愿意作出牺牲来保留他们，而且愿意授权给工作团队。倘若只是在组织结构图中标明'工作组'，希望引用质量小组机制来发掘提高生产的办法，则不太可能有什么实质性变化。"[14]

只有当工人有较全面的技术，了解整个生产流程而非其中微不足道的一部分时，向下授权才能在精益生产中有效实现。因此，在培训上的投资就必须比典型的泰勒制工厂高。此外，这也意味着工厂上下的专门化程度下降。产品工程师被要求在某个生产装配线上工作，熟悉整个生产流程，而不是在一个狭窄的专业类型上工作一辈子。[15]

倘若这一体系全面展开，那么装配工厂的整个供应商和分包商网络也会被纳入进来。供应商和分包商不是通过整体并购的方式纵向组合到母公司，而是成为几个独立的组织层。供应商必须小批量地、紧凑地提供零部件，并要求与装配线上的工人一样迅速地适应变化。产品设计的责任分摊给了供应商。装配厂不要求供应商完
全按照装配厂工程师的设计蓝图生产零部件，而是针对某一零件提 261
出大致要求，允许他们自己决定设计。但是，如果在装配过程中出现质量问题，装配厂则再找供应商，要求他们在源头解决问题。这

一阶段的关系就不再是那么应付，装配厂的工程师可能对供应商自己的生产方式做出评价，并要求其对此进行改良，实际上是将精益生产模式也扩充到供应环节。这样，母公司和供应商彼此交换了大量信息——不仅仅是分工和蓝图，而是关于双方生产流程的最机密信息。信息交流往往伴随着人员的交流。整个供应商网络建立起来困难重重，但是一旦最后协调好，它则成为了一个精益生产工厂的外延。

信任关系在维持供应商网络方面极为重要，在日本经连会关系的环境中尤其如此。在纯粹由市场驱动的装配厂与供应商的关系中，买方公司有意使其供应商互相竞争，以便获取最优惠的价格、最好的质量。反过来，这又造成装配厂和供应商之间的深度不信任。后者不愿意向前者透露成本或专有的生产流程等信息，担心会因此被利用。如果供应商开发了一个工艺流程，使生产效率突飞猛进，那么他会希望自己收获经济回报，而不是将这些回报传递给客户。经连会关系却是基于装配厂和供应商之间的双向责任感之上的，双方都明确彼此将开展长期的合作关系，并不会因一点点价格差异就更换合作伙伴。只有建立了高度的相互信任感，供应商才会允许母公司的工程师了解成本信息，并就如何共享由生产效率提高所带来的经济回报发表意见。

精益生产系统显著地提高了生产效率，于是很快就被其他公司加以分析和借鉴，就像在大规模生产时代开始时，亨利 · 福特的高地公园工厂被人仿效一样。20 世纪 70 年代的石油危机之后，美国汽车工业出现严重滑坡，迫使一部分美国汽车制造商立即开始学习精益生产模式。但是，想要将高信任的生产方式引入信任度已经 262
相当低的产业是非常困难的，因为精益生产模式是与泰勒制大规模生产和工会主义的职业控制所产生的工作分类或工作规章针锋相对的。

20 世纪 80 年代初，通用汽车公司在一些厂区引入工作小组机制，力图打破高度等级化的工作分类，打造单一的生产工人群体。通用汽车的工作小组体制以奖金形式鼓励工人学习多种技术，组织多方面的生产，组成质量小组。但是汽车工人联合会却对这种工作小组方案持怀疑态度，尤其是因为通用汽车在当时没有工会的南方工厂首先采用这种方式。[16] 在日本，工人并不倚仗工作分类和书面的合同保证，因为精益生产模式扎根于终身雇用制，它给工人完全的就业安全感。汽车工人联合会则担心工作小组的目的在于侵蚀工人对工会的忠诚，而这一做法则是更长远的反工会战略的一部分，最终是要让工人放弃努力争取来的工作法则，而又无法换取任何工作保障。换句话说，精益生产模式若要成功实施，责任和义务必须是真正双向的。的确，通用汽车早期企图引入部分日本式精益生产模式，但最终以失败告终。公司并没有遵守协议：在鼓励工作小组制的同时又购买了机器人，并继续解聘工人。1981—1982 年的经济衰退给通用汽车造成了重大损失，但是随后通用汽车的总裁罗杰·史密斯（Roger Smith）却被授予 150 万美元的奖金，这对培养公司的团队感毫无帮助。[17]

其他制度的障碍也阻碍了精益生产模式在美国的应用。美国各地的地方工会官员的大量工作就是监督合同的落实；如果这些环节被废除，或交给生产工作小组来完成，那么这些官员就将面临失业。另外，许多中层管理者也不喜欢将自己对工厂的管理权交给生产工人。对于工人来说，实行精益生产模式也意味着极大的压力，他们必须负责整个小组的工作效率，在很大压力下最大限度地提高整个复杂生产流程的产出。

许多在美国设厂的日本公司将工厂设在南部或其他工会力量薄弱的地方，以此来解决工会主义的工作控制问题。当通用汽车公司最终在丰田汽车的直接帮助下建立了精益生产机制（即位于加利福 263
尼亚州费利蒙的新联合汽车制造公司），它所做的只不过是说服汽车工人联合会放弃繁琐的地方工作法规协议，而启用只把工人分成两大类的新合约。[18]

精益生产制度与参加工会的工人之间的问题，不是工人对薪水、福利或工作保障的要求（尽管所有雇主都自然地希望能够少支付一些），而是工会所坚持的细琐工作法规和工作分类将制约工作小组机制和灵活生产。实际上，无论在日本还是在美国，成功实施精益生产模式的背后都隐藏着一个交易，即用长期的工作保障换取宽松的工作法规。福特汽车公司在它的北美工厂最完备地实施了精益生产制度，总体上是因为它能够让工人中间产生出更大的信任感，而工人也相信公司会履行承诺。[19]

麻省理工学院的项目研究者认为，精益生产制不是由文化决定的，只要管理得当，它可以在任何地方实行。为了证明这个观点，他们使用了世界各地大量汽车工厂的生产力数据。这些数据显示，每个地区——日本、北美、欧洲和第三世界国家——汽车工厂的生产力有很大差异，有高有低，这个差异大于地区间的平均生产力的差异。这说明，在决定汽车工厂的生产力方面，文化因素比管理因素影响要小。因为精益生产模式并不完全产生于传统的日本文化，它是由丰田汽车公司一名工程师在特定的历史时期发明的，而且这个公司保持了巨大的效率优势，直到它的竞争对手也采取相同的模式。[20] 因此，麻省理工的研究者认为，生产力的地区差异纯粹是落后地区在采用精益生产模式方面的迟缓，使学习曲线下移。[21]

根据前面对文化和信任的讨论，我们可以预测，具有强烈自发社会性的文化，如日本和德国，将最轻松地适应精益生产模式，而家庭主义文化，如意大利、法国、香港、台湾等则将遇到较大的困难。美国则是一个复杂的中间案例：在许多方面，它是很传统的高信任社会，但同时也是有强烈的个人主义传统的社会，这使它在历史的某个阶段选择了低信任工业解决方案。表 2 是麻省理工列出的数据， 264
从中看不出与我们的预测有明显冲突的地方。

表 2. 汽车组装厂生产力比较

（单位 = 小时 / 辆）

	最高	平均
日本本土汽车工厂	13.2	16.8
在北美的日本汽车工厂	18.8	20.9
在北美的美国汽车工厂	18.6	24.9
在欧洲的美国和日本工厂	22.8	35.3
欧洲本土汽车工厂	22.8	35.5
新兴工业化国家的汽车工厂	25.7	41.0

来　源：James P. Womack, Danile T. Jones, and Danile Roos, *The Machine That Changed the World: The Story of Lean Production* (New York: HarperPerennial, 1991), p.85.

任何人看了麻省理工学院的数据，都不得不同意精益生产模式是一种管理技巧，可以跨越文化的界限，实施这个方法的任何企业都有可能提高生产力，不管它在世界的什么地方。但是，在某些国家，一些重要文化因素会阻碍精益生产模式获得更大的成功。举例来说，虽然在国家之间的生产力有较大差异，但是同样使用最佳生产模式（我们假定是精益生产）的工厂的平均生产力仍然存在着明显的地区差异。根据麻省理工的数据，日本的平均数和最高数位居第一，其次是北美，之后是欧洲，但与前者差距较大。[22]（该研究也给出了第三世界的数据，由于是许多国家的平均数，所以对我们讨论的问题没有什么参考价值。）表 2 的数据显示，设在北美的日本工厂的最高效率和北美的美国工厂的最高效率水平持平，但依旧低于日本本土工厂的最高效率。[23]

由于韩国的劳雇关系一直处于冲突状态，而且社会也更加有家
庭主义倾向，因此，韩国企业不在精益生产模式的前沿也就不足为 265
奇了。20 世纪 80 年代，当韩国汽车制造商如现代和大宇公司的产品开始进入北美市场时，它们所倚仗的是以低薪资为竞争优势的低成本大规模生产模式。虽然它们大量借用了日本的技术（譬如现代

的超越系列和三菱的柯尔特系列就完全没有差别），却并未引进精益生产机制，而是保留了传统的大规模生产方式。刚开始时，韩国汽车商的表现非常不错，但到了 1988 年，韩国本土的劳动力成本迅速上涨，并且消费者开始意识到韩国汽车不如日本竞争对手的质量好时，它们的销售业绩就出现大滑坡。[24] 当事实已经证明韩国不能单靠低薪水来竞争时，韩国本可以引进精益生产模式，但这一模式与韩国文化的对接，显然远不及其与日本文化那样来得自然。

并不是精益生产系统所有方面都像工作小组和质量小组那样成功地输出到美国。总的来说，除了那些从日本移植过来的跨国公司外，日本公司与供应商之间所奉行的经连会关系就没有被美国汽车公司照搬。美国汽车公司要么与供应商保留了纵向集成的关系，要么保持若即若离的市场关系。实际上，20 世纪 80 年代，美国汽车工业引进了一些创举，如通用汽车前副总裁伊格纳西奥 · 洛佩斯（Ignacio Lopez）对公司供应商网络进行了大变动，其目的是使用传统（而且常常是对抗性的）市场准则从供应商处获取更好的价格和质量，而不是建立稳定、长期的信任关系。现在的情况仍然如此，装配厂商试图挑起供应商之间的竞争，这反而使供应商不相信装配厂，不愿意共享生产技术和成本数据。[25] 在其他情况中，这个问题更是上升到了意识形态的高度。通用汽车的土星（Saturn）装配工厂使用精益生产模式和少存货策略，结果一个供应商的地方工会蓄意使它停产，向它示威。

麻省理工学院的项目研究者认为，既然精益生产模式比较容易地跨越了日美文化界限，那么它应该是不受文化限制的。但是这个推论成立的一个前提假设是，即竞争领域的研究人士普遍认为，日本和美国是文化的两极，日本是团队主义的代表，美国是高度个人
主义的典范。但是，事实是否如此还有待讨论。诞生于美国并传播 266
到世界各地的泰勒制工业组织模式，也许并不是美国文化的典型或必然产物。泰勒制本身可能是美国历史的一个脱轨现象，如果它被

更具共同体性质的精益生产模式所取代，美国实际上则会回到另一套、但却更正统的文化根源。要理解为什么会如此，我们必须更仔细地研究美国传统遗产的双重性，它既是个人主义的，也是团队倾向的。

第四部分

美国社会与信任危机

第23章 269

“鹰隼不群”——果真？

到了20世纪90年代，不管赞成还是反对，美国已经十分在意“多元文化主义”（multiculturalism）的问题了，从学校增设非西方语言和文化课程，到公司开展“多元化培训”研讨会，训练员工对隐性歧视的敏感度，不一而足。多元文化研究的拥护者认为，美国是一个多元社会，美国人应该意识到并更好地了解构成美国社会的诸多文化的积极贡献，尤其是那些欧洲以外的文化。多元文化论的拥护者抑或认为美国在统一的法律和政治制度之外，从来不是单一文化模式，抑或认为过去几代人之间一直占支配地位的欧洲文化是具有压迫性的，因此不应是所有美国人遵从的模式。

当然没有人会反对严肃地研究其他文化，在一个自由的社会中，
学会容忍人群间的不同是有必要的。但是，声称美国没有自己的主 270
流文化，或认为原则上它*不应该*有一主流文化以同化其多元群体，则又是另一码事了。正如本书所阐明的，一个群体是否能维持一种共享的“善恶观”（language of good and evil），对于建立信任、创造社会资本，以及由这些属性带来的所有其他积极经济收益至关重要。多元化的确可以带来真实的经济收益，但是倘若超过了某一界

限，多元化又会为交流和合作增添障碍，并对经济和政治带来十分恶劣的影响。

此外，美国也不一直是一个高度多元化的国家，仅仅由宪法和法制联结在一起。除了其通用的政治法律制度外，还另有一个重要的文化传统，使美国的社会机构具有凝聚力，完成美国的崛起并成为世界经济的霸主。这个文化起初源自某一特定的宗教和种族群体，后来脱离那些种族宗教根基，成为所有美国人广泛接受的精神。从这个角度来说，美国文化与欧洲文化区别甚大，后者深深根植于“血与土”。但是，美国人对于这个文化究竟是何物，它从何处而来，有着许多误解，在此有必要稍加阐述。

一般而言，美国人认为自己是信奉个人主义的，若是追溯到先驱时代，则可说是顽强的个人主义。但是，如果美国人真如他们所认为的那样，传统上就是个人主义的话，我们就很难解释为什么美国在 19 世纪得以迅速诞生巨型企业。一位不了解美国工业结构的来访者踏上美国的土地，在被告知美国是一个个人主义的社会后，就会认为它有许多小而寿命不长的企业；美国人太过坚持主见，不好合作，于是无法在大机构中服从命令，或者因独立意识太强而无法建立持久的私营企业；公司诞生、发展，然后衰落，周而复始。这位观察者或者认为，美国人在这方面与强调权威、等级和纪律的德国人、日本人恰好相反。

但是，与此完全相反的是，美国率先发展了现代的等级制的公
司，并在 19 世纪末产生了一些世界级大组织。创业者不断开创新 271
的企业，而且美国人似乎完全不介意在巨型官僚等级机构中工作。这种组织天分并不仅限于创建大型企业，今天，在一个呼唤规模缩减、更新、更灵活的企业组织形式（如虚拟公司）的时代，美国人又走在了前头。把美国人描绘成个人主义典范的传统看法不十分正确。

许多比较美国和日本的权威著作断言，美国是个人主义社会的

典范，在这个社会中，群体或其他大型共同体没有什么权威性。这类文献认为美国人在群体中表现不佳，或者天生不适合群体生活，原因就是他们的个人主义特性。美国人强调权利，当有必要合作时，他们彼此是通过合同和法律制度来进行联系的。在许多亚洲人（尤其是日本人）以及做亚洲研究的美国人的观念中，美国的工会主义工作控制只是广泛的个人主义文化的病症之一，至于它的好诉讼和对抗特征则已近于病态。

不仅亚洲人把个人主义视为美国的特点，美国人自己也是这样看待他们的社会的。但是，他们不是把个人主义看作一个缺点，而是看作一种近乎完美的品德，它代表创造性、开拓性、积极进取以及不向权威屈服的自豪感。因此，个人主义往往是自豪感的来源，美国人认为它是美国文明最独特、最有吸引力的地方。20 世纪 80 年代末期，当全世界公开讨论共产主义和威权政体的衰亡时，最常听到的论调是，独裁是在美国流行文化和它所颂扬的个人自由的渗透影响下消亡的。无党派总统候选人罗斯 · 佩罗之所以如此受美国人欢迎，部分原因是他为美国人树立了最佳个人主义的榜样。他在 IBM 公司工作时感到压抑，于是辞职创建了自己的公司——电子数据系统公司（Electronic Data System），创造了几十亿美元的财富。佩罗常常说的口号是：“鹰不群飞，它们永远只会只身翱翔。”

无论他们对个人主义的价值持肯定或否定态度，亚洲人和美国人似乎在一定程度上都认为，美国的个人主义与大多数亚洲国家相比，有走极端的嫌疑。这一普遍的看法只对了一半。实际上，美国 272
文化传统是双重的，除了推崇个人的个人主义倾向外，美国人也同样有着结社和参加其他形式的群体活动的强烈倾向。因此，照理应该是奉行个人主义的美国人在历史上却又一直是高度抱团的，创建了许多牢固且长久的自发组织，譬如少年棒球联盟、4H 俱乐部、全国步枪协会，全国有色人种促进会（NAACP），以及妇女投票者联盟。

美国社会一直以来就有着高度的社群团结性，这中间最了不起的是，美国是一个人种和民族多元化的社会。从种族上来说，日本和德国毕竟是单一的社会，其中屈指可数的少数民族一直被排斥在主流文化之外。虽然并不是所有同质化社会都表现了高度的自发社会性，但是种族多元性却是发展共同文化的严重障碍，譬如许多东欧、中东和南亚多民族社会就有过这样的失败案例。而美国正相反，种族加强了美国小共同体的凝聚力，却未成为（至少不是现在）社会向上流动和同化的障碍。

托克维尔对个人主义的评价更接近亚洲人而不是美国人的观点：他把个人主义视为民主社会尤其容易出现的瑕疵。他相信个人主义是自私恶习的更温和表现形式，“它使每个成员从群体中分离出来，割断自己与同胞的纽带，只将家庭和朋友圈在一起。当他形成自己的小圈子后，他最大限度地听任社会自行发展而无参与意识”。个人主义诞生于民主社会，是因为，贵族社会中用来团结人群的阶级和其他社会结构，在这类社会中都不存在，人们除了家庭之外，没有更大范围的附着对象。于是，个人主义“起初消耗着公共生活的美德；但是从长远来看，它攻击并摧毁其他所有美德，并且大量引入自私自利理念”。[1]

托克维尔相信，他在美国所观察到的市民社团网络，对于抵制个人主义以及限制它的潜在破坏力方面起着重要的作用。[2] 民主社会中，平等的个体势单力薄，需要人们聚集起来以实现重要的目标，并且在社会生活中达成合作，而社会生活实际上就是一所公共精神的大学校，它把人们从本能地专注于自我满足的私欲中摆脱出来。[3] 273
在这个方面，美国与法国的做法不同，专制的法国政府将团结公民的社团纷纷拆散，使法国人彼此孤立，成为名副其实的个人主义者。[4]

托克维尔关心的不是经济而是政治，他担心民主社会的个人主义倾向将引导人们脱离公共生活，一味追求狭隘的物质利益。一旦公民不热心政府的事务，就相当于为专制统治铺平了道路。通过教导人们合作和自我组织，一般民事中的自发社会性也会促进经济生活的繁荣。自我管理能力强的人很可能也善于为商业目的而联合在一起，谋求比单独行动大得多的实力。

个人主义深深植根于高扬个人权利的政治理论，而正是这个理论为美国《独立宣言》和《宪法》奠定了基础，所以美国人认为自己是个人主义者的观点绝非偶然。用斐迪南·滕尼斯（Ferdinand Tönnies）的话来说，这种法理结构代表了美国文明是一种现代"社会"（Gesellschaft）。但是，美国还存在产生于这个国家的宗教和文化根源的、同样古老的社群传统，它是形成这个"共同体"（Gemeinschaft）的基础。从许多方面来看，倘若个人主义传统一直占据支配地位，这种社群传统是防止个人主义冲动放任自流的中和力。美国的民主和经济之所以取得如此成功，原因不是依靠单纯的个人主义或共同体主义，而是因为这两种对立倾向的互补。

美国人的自发社会性在经济上有着重要意义，最明显的例证是 19 世纪大公司在美国的崛起。与其他国家一样，所有美国企业都是由家庭所有并自我经营的小型企业起家。在 1790 年，有 90% 的美国人在多少属于自给自足的家庭农场里工作。[5]1830 年以前，最大企业的规模与现在相比也相当小。洛厄尔（Charles Francis Lowell）在马萨诸塞州沃尔瑟姆（Waltham）的纺织厂成立于 1814 年，是当时美国最大的企业，有 300 名职工；当时美国最大的金属加工厂是政府所有的春田兵工厂（Springfiled Armory），共有 250 名职工；最大的银行是第二合众国银行（the Second Bank of the United States），总裁比德尔（Nicholas Biddle）之外，只有两名专职经理。[6]

随着 19 世纪 30 年代铁路的兴建，所有这些都发生了改变。经济史学家就铁路对美国国内生产总值的实际经济影响一直有着激烈 274
争论[7]，但有一点是毋庸置疑的，即要想运营铁路，就不得不采用不同的组织管理模式。[8]铁路本身的分散特点使它们成为首个无法由单一家族来经营的经济企业，正是它推动了第一批等级式管理型企业的产生。铁路公司的规模日趋庞大：到1891年，仅宾夕法尼亚铁路公司就有11万员工，比当时美国军队的总兵员还多。[9]铁路融资要求有规模更为庞大的金融机构，铁路货运则将越来越大的地区连成统一的市场。与早期家族运营的企业不同，铁路公司是建立在以创始人为核心的辐射式管理制度的基础之上，管理的方式更分散，中间层次的管理者被授予相当大的权力。市场的扩大为通过更细致的劳动分工发展规模经济奠定了基础，无论在生产还是营销领域。随着中西部和西部产出的谷物和牛肉被包装、运送到东部的消费市场，美国第一次有了所谓全国市场的概念。

与欧洲形成鲜明对比的是，美国的铁路公司主要由私人出资、所有、运营。虽然欧洲的铁路公司也是前沿的大规模经济组织，但是它们大部分是由政府创办，并借鉴了国家官僚机构的组织和管理方法。[10]19世纪40年代，美国政府深受腐败和政治阴谋的影响，尤其是联邦政府的权力和能力都远弱于欧洲的政府。因此，在既没有可借鉴的清晰模式也没有训练有素的管理者作为后盾的情况下，美国人如此迅速地建立起大型管理机构的确很让人佩服。

在南北战争以后，借鉴铁路公司的理性组织结构的大型商业机构如雨后春笋般出现，首先出现在分销领域，然后是在生产领域。1887年至1904年期间，美国在标准石油（Standard Oil）和美国钢铁（U.S. Steel）等公司的带头下掀起合并热潮，后者成为第一个资金超过10亿美元的美国工业企业。[11]到第一次世界大战时，美国经济的大部分产出来自大型公司。这些大公司生命力非凡，今天我们耳熟能详的一些著名品牌，不少是由19世纪末成立的公司创建 275
的，其中有通用电气（General Electric）、西屋（Westing House）、西尔斯罗巴克（Sears Roebuck）、全美现金出纳机公司（National Cash Register），柯达（Eastman Kodak）等。大众市场商品的品牌实际上是美国公司在19世纪后半叶的创造发明，分销商利用品牌商品在运输上的优先来争取更广阔的市场。生产商发现，如果他们控制了分销渠道，就能够确保产品质量、发送及服务的可靠性。这种前向整合只有在公司本身有足够大的规模，能持久经营，从而为质量赢得声誉后才可能实现。这正是今天华人公司发现很难达到的目标，但是在 19 世纪处在跟当今华人企业同样发展阶段的美国公司却轻而易举地做到了。

当然，除了文化，还有许多其他因素可解释美国公司发展的速度和规模。大多数传统的解释是，企业受经济利益的驱动，要利用技术改革所创造的规模经济，尤其是美国的国内市场如此广阔、自然资源如此丰富。美国工业历史的初期就有了产权和商业法体系。另外，宽松的管制环境、没有人为限制的国内市场也促进了美国大公司的发展，同时它们也促进了义务教育的迅速普及，以及一流高等教育和技术教育体系的建立。

如果将美国与法国或中国相比，就不难发现，美国文化并没有如人们对个人主义文化所设想的那样阻碍了大型组织的发展。大体上，美国人不抵制没有信任基础的非血亲专业化管理；当需要扩大规模获取更大利益时，他们也没有企图将企业停留在家族范围之内；被赶入大工厂或办公楼、在专制的官僚化机构中工作，也未见他们起来反抗。当然，19 世纪末 20 世纪初美国工业的劳雇关系史充满了暴力和冲突，因为工人获得了罢工、集体谈判、干预制定职业健康和安全条件的权力。但是工人赢得这些权力后，工人运动本身也随之成为这个制度的一部分。它从未像欧洲（尤其是南欧）的工会 276
一样，倒向马克思主义、无政府工团主义或其他激进的意识形态。

换句话说，美国在工业化初始阶段是信任度相对较高的社会。这并不是说美国人统统是讲道德、值得信任的。美国 19 世纪的伟大工业家和金融家，如卡耐基（Andrew Carnegie）、古尔德（Jay Gould）、梅隆（Andrew Mellon）和洛克菲勒（John D. Rockefeller），都有冷酷、贪婪的名声。这一时期充满了诓骗、欺诈和贪婪的商业行为。这一切都是在没有 20 世纪这般严格的审查制度之下进行的。但是经济系统运转得如此顺利，必须存在普遍的社会信任这一重要因素。

以 19 世纪中叶发展起来的跨州农产品贸易为例，货物销往东部要经过几个分散在不同地理位置上的批发商，每一个都要在进货、出货前收、付定金。在当时情况下，芝加哥的批发商很难与南部德克萨斯州阿比林市（Abilene）或堪萨斯州托皮卡（Topeka）的批发商敲定具体的合同，如有违约现象，更难提出诉讼。因此大部分这种贸易都依赖信任。随着铁路和电报的出现，到南北战争时期，纽约的批发商可以直接向堪萨斯或德克萨斯的生产商订购大批谷物或牛肉。这减少了预付金的数量，同时也意味着降低了风险，但是它没有消除双方对电报另一头、从未谋面的合作伙伴的必要信任。[12]换句话说，美国人可以在巨大的社会资本的帮助下降低进行大规模复杂生意的交易成本。

在政治上，美国人对集权的经济权威表示了极大的不信任。标准石油等公司掀起兼并浪潮和建立托拉斯的努力，导致了谢尔曼和克莱顿《反托拉斯法》的通过，以及宣扬打击托拉斯的西奥多·罗斯福（Theodore Roosevelt）的民粹主义。进入 20 世纪后，政府的干预使兼并风潮缓慢下来，随之而来的政府政策的改变对工业结构产生了深远影响，且一直延续到 80 年代的里根时期。在法国、意大利等中间组织薄弱的社会中，政府必须出面干预才能建立或支持大规模企业；而在美国，政府不得不进行干预以阻止公司发展得过大。美国企业的自发性不是缺乏制度而分裂或者破产，而是因为持 277
续发展，最终走向垄断或“规模不经济”，反成发展的障碍。

与日本人或德国人一样，20 世纪中期以前创建了引人注目的企业的美国创业精英，都是属于同一人种、同一宗教和同一民族的。实际上，当时所有大型美国公司的经理和董事基本是盎格鲁—撒克逊血统的白人男性新教徒，偶尔有天主教徒或非盎格鲁—撒克逊血统的欧洲人。这些董事通过互联的董事会、乡村俱乐部、学校、教会和社会活动互相熟悉，而且他们将自己带有宗教背景的行为准则强加给他们的经理和雇员。他们试图向其他人灌输自己的工作伦理和纪律，同时排斥离婚、通奸、精神不正常、酗酒，更不用说同性恋等其他非传统的行为。

虽然今天许多美国人，以及甚至越来越多的亚洲人认为美国人太个人主义了，缺乏真正的共同体意识，但是很难想象 20 世纪中期大多数批评家对美国式生活的批评竟然是过分驯顺和同质化，尤其是在商业共同体中。这个时期两大主要的社会分析，即威廉·怀特（William Whyte）的《组织人》（*The Organization Man*）和大卫·里斯曼（David Riesman）的《孤独的人群》（*The Lonely Crowd*），指出了驯顺弥漫的危险性，认为社会个体在群体中瞻前顾后，生怕越雷池一步。[13] 根据里斯曼及其合著者的观点，19 世纪建立了自己国家的美国人是由宗教或精神的内在原则引导的，因而留下了个人主义色彩，而 20 世纪 50 年代的现代美国人则由外在准则引导的，言行举止都不希望违背大众社会的尺度。

这个时期，美国式小镇逐渐衰落，因为小镇的限制过多，当时人们对此感到非常不满，但是他们现在回想起小镇的秩序井然和注重家庭时，又充满了怀念之情。20 世纪中期，也是 IBM 和它的着装规则鼎盛时期，它要求所有白领员工身穿相同的白衬衫上班。欧洲观光客常常惊叹美国看起来是比欧洲的社会更加千人一面。没有自己的贵族或封建传统可依靠，美国人只能彼此看齐，寻求行为标准。60 年代以来美国发生了社会革命——公民权利运动、性解放、女权运动、嬉皮运动，以及现在的同性恋权利运动。想要理解这些 278
运动，我们只有将其看成是美国人对 20 世纪前半叶僵化、令人窒息的美国同质性主流文化作出的自然反弹。

不少关于竞争力的文章把美国刻画成一个超级个人主义（hyperindividualistic）社会，让人读起来却觉得仿佛是对现实的漫画，似乎所有美国公司都缺乏家长观念，譬如洛伦佐（Frank

Lorenzo）领导下的大陆航空公司（Continental Airlines），管理者可随时将工作很长时间的员工解雇，而员工只要有更高薪水的工作机会也会跳槽。事实的真相是，许多日式的商业行为都不是日本独有的，而是许多社会所共有的，其中就包括美国。例如，非契约式商业关系依靠的并非法律手段，而是建立在两家互相信任的公司的非正式了解基础之上，这样的关系在美国并不少见。[14] 采购决定也不是没完没了地比较价格和质量后才做出，信任关系在买方和卖方之间起着重大作用。有许多特殊的经济领域通过信任降低了交易成本，如在多数股票经纪人的交易传统上只需口头协议就可以进行交易，而不要求预付款，许多美国公司是以家长态度来对待自己的员工的，尤其是小型的家族企业。甚至在如 IBM、AT&T 和柯达等不少大公司中，也实行终身雇用制，并通过提供丰厚的福利来赢得工人的忠诚。IBM 到 20 世纪 80 年代末才放弃终身雇用制，当时它面临危机，公司前途未卜。大多数大型的日本公司也有相同的雇佣政策，只是还未遇到这样重大的问题。

如果美国社会的群体取向或结社生活传统是如此悠长，那么为什么美国人又如此坚定地认为自己是彻底的个人主义者呢？部分原因是语义上的。通常，美国政治讨论中总要一分为二地展示自由社会的基本问题，即以个人权利平衡政府权力。但是对于个人和政府之间的各种中间组织的权威，则只能笼统地用学术词汇“公民社会” 279
泛指。美国人的确是反国家统制主义者，尽管 20 世纪美国政府越来越庞大。但是那些同样反国家统制的美国人自愿服从各种中间社会团体的权威，包括家庭、教会、本地社区、工厂、工会和职业组织等。反对政府提供某些福利服务的保守派通常认为自己信奉个人主义，但是，这些人往往同时乐于强化某个社会机构的权威，如家庭或教会。从这个方面来说，他们根本不是个人主义者，更像是非国家统制形式的共同体主义的支持者。

在李普赛特（Seymour Martin Lipset）对于美国和加拿大的比

较中，我们也可以看到同样的语言问题。李普赛特认为加拿大的文化传统与美国相比更偏向共同体主义，他把美国视为高度个人主义的国家。[15] 他所谓的“共同体主义”主要是国家统制主义。加拿大人比美国人更尊重政府的权威（联邦或省政府），他们有较大的政府部门，而且更遵守法律，缴纳更高的税，更遵纪守法，更乐于服从政府的权威。但是有一点他没有说明，即加拿大人是否更愿意让自己的个人利益服从那些中间社会团体的利益。李普赛特提供的一些证据显示并非如此，加拿大捐给慈善机构的钱明显少于美国人，因为他们不如美国人那样有强烈的宗教信仰，而且他们的私有机构缺乏活力。[16] 从这些方面看，我们可以同样说加拿大不如美国那样偏向于共同体主义。

个人与共同体之间的语义混淆也很明显地体现在创建新的宗教机构或企业时。美国诞生于宗派主义中：清教徒来到美洲新大陆是因为他们不能接受英格兰圣公会（the Church of England）的权威，并因信仰而遭受迫害。自此以后，美国人一直不断地建立新的宗教组织，从初期清教徒的公理教会、长老会，到 19 世纪的卫理会、浸信会和摩门教，再到 20 世纪的五旬节派、神圣之父和大卫狄恩支派。教派的建立常常被说成是个人主义的行为，因为新群体的成员拒绝接受已有宗教机构的权威。但是，从另一个角度来看，新的宗派常常要求其追随者牺牲个人利益服从群体利益，其纪律甚至要 280
比他们脱离的教派更严格。

同样，美国人离开公司创建自己企业的倾向也常常也被认为是个人主义的例子。当然，与日本雇员终身效忠他们的企业相比，美国人的确显得更个人主义。但是，这些新的创业者的举动很少是纯粹个人主义的。他们往往结伴离开自己打工的公司，然后又迅速地建立起有新的等级和权威的组织。这些新的组织与旧企业一样需要相同的合作精神和严明的纪律。如果在经济上取得成功，他们发展成巨型公司，并有非常持久的生命力。比尔 · 盖茨的微软公司就是一个典型的例子。情况往往就是如此，将企业带入持久状态的人一般不是创业者，因为推动制度化的人才较有团队倾向，而创业者更加个人主义，以扮演受人尊敬的角色。但是这两类人在美国文化中很容易共存，互相取长补短。每一个约瑟夫 · 史密斯（Joseph Smith）身边都有一个杨百翰（Brigham Young），每一个史蒂夫·乔布斯（Steve Jobs）身边都有一个约翰 · 斯卡利（John Sculley）。所以摩门教会和苹果公司到底是美国个人主义的典范，还是群体主义的典范？虽然很多人会认为是后者，但是在美国，它们其实同时代表了两种倾向。

如果我们把绝对的个人主义社会理解为一个“理想型”，那么它将是一个由完全独立的个体组成的社会，人与人之间的交往完全出于理性的私利计算，彼此之间毫无纽带和义务，除非是那些经过计算后产生的纽带和义务。美国通常描述的个人主义实际上不是这种意义的个人主义，而是至少扎根于家庭的个体行为。大多数美国人工作并不只是为了满足自己狭隘的私利，还为家庭去奋斗并作出牺牲。当然，一些完全独立的个人也确实存在，如没有子女的隐居百万富翁，或靠养老金独居生活的退休老人，或贫民窟的无家可归者。

尽管大部分美国人扎根于家庭，美国却从没有像意大利或者中国那样成为家庭主义社会。虽然有一些女权主义者对此持有反对意
见，但是美国的父权家庭从不像中国或者某些拉丁天主教社会那样 281
得到意识形态的支持。在美国，家庭关系常常要服从更大社会群体的要求。事实上，在种族共同体以外，亲戚关系在美国不过是促进社会性的一个较小因素，因为美国社会存在许多其他通往共同体的桥梁。美国孩子不断受到宗教团体、教会、学会、大学、军队或公司的吸引而走出家庭，融入到社会中。在中国，每个家庭像是一个独立的单元，而与之对比，在美国历史上，更为广泛的共同体拥有更大的权威。

从建国起一直到在第一次世界大战时崛起为世界首要的工业强国，美国在这期间一直都不是个人主义的社会。事实上，美国是具有高度自发社会性倾向的社会，普遍存在高度的社会信任，因而可以建立大规模经济组织，在这种组织中，非亲戚关系的人可以轻易为着共同的经济目标达成合作。美国社会存在什么样的通往社会性的桥梁，抵消了它固有的个人主义影响，从而实现了这一切呢？美国不像日本或德国那样经历过封建时代，因而没有可带到现代工业时代的文化传统，但是，它有不同于所有欧洲国家的宗教传统。

第24章 283

循道合群

美国人有着结社生活的习性，这对强有力的个人主义倾向构成了某种平衡；这种结社习性的一个最重要的来源是新教精神，它是早期移民从欧洲带到北美来的。[1] 似乎矛盾的是，这个新教精神同时又是美国个人主义的重要来源。这是一种颠覆旧有社会制度的信条，但同时又能促进新共同体的形成，成为社会团结的强大纽带。新教怎么会同时是个人主义和共同体的来源，这需要花一点笔墨来解释一下。

要理解美国生活的共同体性质的一面，我们必须首先了解个人主义的根源。20 世纪后半叶，美国经历了一场“权利革命”，这一革命为提倡个人主义行为打下了道德和政治的基础，后果是减弱了
早期的群体生活倾向。到了 20 世纪 90 年代，再没有人想到要批评 284
美国社会过于合群。与之相反的问题开始涌现，家庭分裂，各类组织在不断增加的多元化问题面前束手无策。城市和邻里街区正在消亡，社会孤立、信任缺失和犯罪弥漫的气氛日趋严重。许多人在生活中能隐约感觉到某种社群感，可一旦较真却又根本不存在。美国的权利革命所造成的个人主义后果并非偶然。这些观念并非是受来

自遥远国度的异域思想的影响，从某种意义上说，它们是美国自由主义思想某些固有倾向的必然产物。

相反，像儒家思想那样的亚洲伦理体系，将义务而非权利作为必须遵守的道德要求。即一个人出生之后，就要背上对其他人的一系列责任和义务，包括父母、兄弟、政府官员和帝王。要想成为一个道德完善的人，或者取得士绅的地位，端看他在什么程度上履行了他的这些责任和义务。这些责任和义务不是从既有的伦理准则派生出来的。从这一点看，儒家思想和古典时期的西方哲学、宗教传统殊途同归，古典政治哲学所定义的许多品德，如英勇、诚实、仁慈或公民品德，都是义务。犹太教和基督教的戒律大多也是以义务的形式出现的。

然而，托马斯·霍布斯（Thomas Hobbes）的著作使西方政治思想来了一个大转弯。他是自由哲学传统的先驱，追随者有约翰·洛克（John Locke）、托马斯·杰斐逊（Thomas Jefferson）以及美国宪法的起草人。霍布斯认为，人生来不是承担义务而是享受权利的，其中最重要的权利是生存权。[2] 无论个人要承担什么义务，都只能是作为他自愿进入公民社会的结果才能被接受。对霍布斯而言，义务完全是权利的派生物，只有在保障个人权利的时候才会履行。因此，一个人之所以有义务不伤害他人，仅仅是倘若这样做，会使他又回到自然状态，而他自身的生存权利将受到威胁。无论霍布斯、洛克和美国的国父们有多少差异，他们都接受权利第一的正义概念。用美国《独立宣言》的话来说，"人生来被赋予了某些不可剥夺的权利"，这一点是不言而喻的，人们组建政府则是为了"保障这些权 285
利"。因此，美国宪法的《权利法案》成为美国威严法律殿堂的基石，这是所有美国人为之骄傲的一点，也是为人们广泛接受的所有合法政治权威的起点。

儒家强调义务，因为它的概念是个人生存在一张既有的社会关系网中。人生来就要对别人承担义务。一个人不可能孤立地完善自已，人类最高尚的品德，如孝和仁，必须与他人发生联系才能付诸实践。社会化并不是达到私欲的手段，它本身就是生活的目标。当然，认为人类是社会性的并不是儒家独有的观点，亚里士多德把人看作天生的政治生物，“城邦国家在本质上要先于家庭以及我们每一个体”。完全自给自足的人类若非野兽，就是神灵。[3]

盎格鲁–撒克逊的自由主义观点则完全相反，其认为义务不仅是权利的派生物，而且这些权利属于孤立的、自给自足的个人。[4]霍布斯和洛克描绘的自然状态下的人是独立的，他们主要关心的问题是照顾好自己，而他们的基本社会联系则是冲突性的。社会关系不是自然的，只有在个人无法独立达成心愿时，才会借助社会关系的手段来达到。在卢梭笔下，自然状态下的孤立更趋极端，甚至家庭都不是人的生存或幸福必不可少的。虽然“个人主义”一词没有出现在美国宪法中，但“权利的主体为孤立的个人”这一命题隐含在宪法所依据的理论中。举例说，家庭纽带根本不像在儒家学说中那样享有特殊的地位。洛克《政府论》下篇第六章说到父母和孩子有互相热爱和尊重的义务，但一旦孩子有了自己理性思考的能力，父母的权威就此结束。洛克的观点与儒家思想恰好对立，父母的权威不能作为政治权威的模式，政府的权力来自人民的授意，而不是因为它构成一个“超级家庭”。[5]

早期盎格鲁–撒克逊自由主义政治理论家所讨论的处于自然状态的人，和古典经济自由主义所谓的经济人恰相对应。两者都被设定为孤立的个体，都认为个人在本性上是寻求保护自己的基本权利
(政治自由主义)或他们的“功利”(经济自由主义)。两种理论都认为，286
社会关系通过契约关系来体现，在这样的关系中，理性地追求权利或功利造就了与他人的合作。

个人主义的另一个重要来源是犹太教基督教传统（这不仅符合美国，也符合其他西方国家的情况），尤其是其中最终演变出现代新教的那条进路。[6]犹太教和基督教把上帝看作全能的、超然的立

法者，他的话超越了所有既定的社会关系。对上帝的义务超过了对所有社会权威的义务，无论是父亲还是恺撒，连亚伯拉罕都要准备好将自己的儿子献祭。上帝的律法是普世的标准，人类所有的制定法都要接受它的评判。

仅有超越的律法本身并不必然会为个人主义打下基础，因为谁来诠释律法这个问题没有定论。当然，天主教会把自己视为上帝和他子民之间的沟通者，并宣称自己的诠释是具有权威的。天主教会扮演着这个角色，在历史上批准了大量体现或至少是不违背上帝旨意的社会建制，从家庭到国家，到形形色色的神职人员、官员、统治者，以及这之间的三六九等。甚至，在天主教国家，教会本身成为共同体的主要渊源，因为它维护了自己作为人类和上帝之间的看门人的角色。

新教的宗教改革为个人带来了与上帝建立直接关系的可能。恩典不必靠优秀表现或履行一套社会义务而获得，它也可以施予罪恶最深重但信奉上帝的人。事实上，在西方个人主义具有的积极内涵大于其消极意义，这尤其体现在历史上基督徒的良心运动，即拒绝奉行以上帝的高级法名义颁布的不公正规定或命令。1517 年，马丁·路德（Martin Luther）在维滕贝格的主教堂门口张贴了《九十五条论纲》。他的行为正是新教传统的第一次个人主义行为。从长远来看，个人有与上帝建立直接关系的能力，这为所有社会关系带来了极其颠覆性的后果，因为它使个体获得了道德支持，以反对传播最广的传统和社会惯例。

儒家的角度却截然不同。它的伦理准则源于社会性制度，如家 287
庭、宗族、君王、官僚，并赋予它们道德意义。没有更高的准则来批评这些基本制度，在这样的伦理系统中，个人显得势单力薄，无力以自我的良心来判定父亲或政府官员所赋予的义务是否与更高的律法相违背，因而是否必须拒绝。此外，儒家思想并没有企图将其道德准则抽象化，并推广至全人类范围。因此，美国和中国以及其他亚洲国家在人权问题上屡屡冲突，也就不那么让人觉得意外了。现代的人权拥护者往往不是基督徒，但是他们认可基督徒的理念，即唯一的、高于一切的伦理法则的普世标准是适用于全人类的，并不受到特定文化背景的约束。

亚洲的民间信仰，譬如中国的道教和日本的神道，都没有赋予个人主义以合法性。这类泛神论的信仰崇拜多个神灵，这些神灵藏身于岩石、树木、溪流甚至于电脑芯片当中。但他们当中没有一个像犹太教基督教的上帝一样万能，而且没有任何神强大到可以裁决一切，譬如赋予儿子对父亲的违逆或者推翻既有权威的政治反抗以合法性。唯一在一定程度上允许个人主义的宗教是佛教，这一宗教同样不是一神论，并教导众生远离尘世的所有事物。佛教的力量强大到可以让儿子出家为僧侣，因此，佛教也常常被认为是和儒家价值观相对峙的。[7] 在日本，佛教像新教一样衍生出不同的教派。大体而言，这些宗派都与日本既有的社会机制和平共处，虽然有时候他们会因其独立的身份，成为抵抗政治当局的源头。[8]

霍布斯和洛克的著述都不是从基督教的视角出发，但是他们同样认可基督教的这个观点，即个人有权利根据更高原则来判断他所处的法律和社会制度是否恰当。新教徒可以根据自己对《圣经》上神意的诠释来判断。对于霍布斯或洛克来说，自然人则凭借天赋人权和理性的理解，为自己的利益作出最佳判断。以美国为例，两种思潮——新教革命和启蒙运动——都是个人主义的支持来源。

那么，新教又是凭借什么特殊的机制引导美国人走向结社生活的呢？答案与美国新教的宗派性大有关系。 28

美国宪法禁止联邦政府设立国教，但不禁止州政府这样做。个别州如马萨诸塞直到 19 世纪 30 年代才建立属于该州的教派，但是教会和政府的分离原则已经行之多年，而且备受尊重。有人会认为，建立全国性教会将产生强烈的共同体感觉，就如同在许多欧洲国家，因为它将国家和宗教认同感结合在一起，能在政治体系之外给予公民一种共同的文化。事实上，这种做法所带来的结果却是相反的。在那些教会系统完善的国家，宗教认同是强制认定而非自愿的，人们往往倾向于世俗主义，很多情况下还公然反对教权。而没有国教的国家，却能保持高度虔诚的态度信奉宗教。因此，在没有国教的美国，一边是世俗的公共生活日益发达，同时却又比有国教的欧洲国家更虔诚地信奉宗教。这一点从诸多宗教情感的衡量指数上都可以看到，譬如到教堂做礼拜或认为自己信上帝的人数，或私人向宗教组织提供的慈善捐助等。[9] 相反，天主教国家，如法国、意大利和许多拉丁美洲国家，却是暴力反宗教运动的摇篮，而到了 20 世纪，这些运动则成了马克思主义式的，且无一不是旨在消除它对社会生活的影响。路德宗是瑞典的国教，19 世纪，它加强了自己的垄断地位，甚至到了迫使瑞典浸信会教友移民的程度。到了 20 世纪，掌权的社会民主党对这一早期的正统教会作出了反应，并成为强烈的反教权主义者。今天，瑞典是欧洲最世俗化的国家之一。[10] 看来，无论是国教还是志愿教会，越少特殊教条（如天主教或新教），人们就越能保持宗教情感。

这一明显的悖论背后的原因是，倘若宗教认同是强制施予的，
逐渐就会成为大家想逃避的负担。政府越坚持让民众信教，民众就
会越发抵触它，视它如包袱，并将其对权威的其他不满情绪聚集一
起。但是在自由信教的国家里，人们只有在对精神追求感兴趣时
才加入教会。教会不再是抱怨政府或者社会的导火索，而是本身 289
就可以成为抗议的载体。自发性的宗派就如其他自发性的组织一
样，比起正统教派来说可以更为轻易地解散，它们也同样可以造
就更为虔诚的信奉。因此，美国人比欧洲人更笃信宗教，应归功
于罗塞·芬克（Roser Finke）和罗德尼·斯达克（Rodney Stark）
所谓的美国宗教“自由市场”，人们在宗教从属关系上有广泛的
选择。[11]

美国宗教生活的志愿性和开拓性特征，进一步解释了宗教信仰

为什么可以顶住越发强大的世俗化压力，并历经相当长的时间还得以不断更新。随着老教派牧师的布道变得程式化，而教义也慢慢变得宽泛粗疏，新的原教旨主义教派就会起而挑战，而新教派的入门要求则更高。当教会要求成员在情感上投入更多并改变生活方式时，成员中间更容易产生强烈的道德共同体的感觉。美国海军陆战队纪律严明，要求有基本的训练，打造出比陆军更加强烈的忠诚度和团结精神，而原教旨主义的教会也是如此，它们的成员是比主流新教宗派更加热忱的信徒。

美国已经历了多次原教旨更新时代。社会学家大卫·马丁（David Martin）指出有三次主要浪潮：最初定居美国的殖民者的清教主义，19 世纪前半叶卫理会（还有浸信会）的复兴，以及始于 20 世纪且至今仍在继续的五旬节派福音运动。[12] 早期的清教徒（包括公理会、长老会、贵格会等等）是不顺从英国国教的英国教会，他们来到北美就是为了寻求宗教自由。到 19 世纪初，这些教派（以及南方的新教圣公会）成为老派联邦主义统治集团的教会，之后又反受卫理会和浸信会所发起的福音运动的挑战，这些教派所吸引的是杰克逊时代获得选举权的底层民众。[13]（今天的卫理会信徒倘若知道，自己的前辈信徒会像今天的五旬节派信徒一样举行通宵的复活仪式，并以叫喊、祈祷、跪拜在地的仪式结束，一定会惊讶不已。）但到了 19 世纪末，已经成为当权派的一部分并且大部分信徒是共和党人的卫理会和浸信会 [14]，又反受五旬节派和其他原教旨派的挑战，
这些新兴教派所吸收的是贫困白人、黑人和其他被主流教派排斥在 29
外的民众。在每一个案例中，都是占统治地位的旧教会看不起新宗派，将它们视作未受教育的底层阶级的组织，但是它们的信徒却慢慢流失到这些新教派中去。今天在美国的原新英格兰清教徒会已经徒有虚名，而神召会（the Assemblies of God）和其他福音教会却继续以惊人的速度增长。

美国新教不同于国教的宗派特性以及它所产生的活力，应该是

理解美国社会持续活跃的结社生活的关键所在。美国宗教的志愿特征常常被认为是美国个人主义的表现。但是宗派性的新教主义每隔一段时间就会通过原教旨主义的复兴运动得到更新，于是通过一个共同的道德准则将教徒团结在一起，从而产生了极富活力的共同体生活。托克维尔 19 世纪 30 年代访问美国时，观察了很多公民社团组织，并相信这些社团对美国民主的成功起了关键作用，虽然他没有具体指出，但几乎可以肯定这些社团多是宗教性的，如戒酒协会、唱诗班、慈善组织、圣经研读会、废除死刑组织、学校、大学、医院，等等。19 世纪末访问美国时，马克斯 · 韦伯也观察到了新教宗派在促进共同体生活和民间信任方面的重要性，他相信这些特性促进了经济合作。

要理解美国宗教的志愿性和宗派性跟自发社会性的关系，也许最好的例子是摩门教（Mormon）。耶稣基督后期圣徒教会（the Church of Jesus Christ of Latter-day Saints，即摩门教派的全称）在共同的道德价值观共同体内的团结，就是一个完美案例。摩门教徒不认为自己是新教徒，他们有自己独特的（在非摩门教徒看来则是古怪的）神学道统，即天使莫罗尼在 1823 年给约瑟夫 · 史密斯的启示，他们也有自己的牺牲和奋斗史，譬如约瑟夫 · 史密斯在 1844 年被谋杀，整个教派长途跋涉跨越西部大沙漠，最后建立盐湖城。他们有自己严格的道德准则。就像韦伯时代早期的清教徒，摩门教禁止饮酒、吸烟、婚前性行为、毒品和同性恋。他们重视纪律和辛勤工作，许多摩门教徒对世俗成就都多少有些唯物的态度。[15]
尽管早期实行过一夫多妻制的做法（1890 年被教会禁止），摩门教 291
仍鼓励发展大家庭，妻子待在家里，推崇传统的强大家庭观念。[16]换句话说，当代摩门教徒体现出来的是早期清教徒的众多美德，但是现在却被美国社会其他群体视为不宽容的压迫性教派。除了遵守这些道德准则以外，对于身为摩门教徒来说，入教的要求在当代美国是标准极高的。所有摩门教青少年在 19 岁的时候都被鼓励花费两年的时间去为他们的宗教到国外布道，此后必须向教堂缴纳什一税。[17]

这些进入教派的高代价所带来的结果是非常强烈的共同体感觉。在组织方面，20 世纪初的摩门教牧师杨百翰堪称天才，他说："除了德国陆军，再没有其他组织像这样一般完美。"[18] 今天摩门教每年有超过 80 亿美元的收入，名下的投资和不动产价值达数十亿美元之多。教会通过庞大的科层机构管理着全世界近 900 万摩门教徒的需求。[19] 年轻摩门教男孩往往要在高压下培养出有关教会活动的行政技能，如组织童子军或慈善活动。[20]

尽管他们有着社会保守主义和反共政治倾向，在其整个历史上，摩门教徒已经通过各类准社会主义机构相互支持。定居在犹他州沙漠中的摩门教徒在极为恶劣的条件下，建成广泛的灌溉系统，把水资源统一收为共同体的财产。[21] 根据约瑟夫 · 史密斯的一个早期启示，上帝命令他的信徒"照顾穷人"。多年来摩门教设立了多个社会福利项目，包括《奉献法》(Law of Consecration) 和斋戒捐献制度 (the fast offering)，依照这些规定，每个成员都要捐出收入的一部分，以支持穷人，这里不是指泛泛而言的穷人，而是共同体内那些不如自己那么幸运的人。[22] 在大萧条期间建立的福利服务项目，今天仍然在运营，该项目向那些在社会上不能自理也没有家庭的人提供援助。因为该项目在一个道德共识程度高的共同体内经营，它能够提出比"未成年儿童家庭援助"之类的联邦计划更高的要求。教会提供的福利有一个附加要求，即受援助者以工作作为回报，而鼓励其尽快实现自理。摩门教有一个深入共同体内部的早期检测系 292
统，试图防止个人家庭陷入贫困。[23] 正如犹太人、华人和在美国的其他族裔一样，摩门教徒强烈的共同体感觉保证了他们能够照顾好自己的群落。虽然摩门教徒像美国社会的其他群体一样都经历过贫困和家庭破裂，他们的福利依赖比例显著低于全国平均水平。

同样，像早期的清教徒，摩门教在经济上取得了非常大的成功，这一方面归功于他们古典的清教徒工作伦理，另一方面则是因为他们作为一个群体，比美国全国人口接受了更好的教育。在美国，47% 的摩门教家庭收入超过 25 000 美元，相比之下全国的数字只有 39.5%，而 9% 的摩门教家庭收入超过 50 000 美元，而全国则只有 6%。[24] 近年来，摩门教已经在高新技术产业取得了非常大的成功。完美文书（WordPerfect，现被诺威收购）和诺威（Novell），是美国两家领先的网络国际集团软件公司，最开始都是由摩门教徒创立的。[25] 诺威的执行总裁雷 · 诺达（Ray Noorda），也是美国最富有的人之一，关于他有这么一个故事。一个潜在的业务合作伙伴有一次去拜访该公司的一名执行官，他到了德克萨斯州奥斯汀一家肮脏的旅馆，在登记处却找不到执行官的名字。他检查了注册客人名单，发现诺达的名字列在上面，原来诺达是与人同住一个房间，因为他不想支付两个房间的费用。[26] 尽管 20 世纪 80 年代的商业环境因为采矿和钢铁产量下跌而变得异常艰难，犹他州却一跃成为高新技术发展中心，这在很大程度上是因为摩门教的企业家精神。[27]

与日本人、德国人以及具有明确内外之分的所有其他共同体的情况相似，摩门教的这种极其强烈的共同体意识的不足之处是对于外人的敌视。摩门教公然歧视非裔美国人，直到 1978 年才允许他们成为祭司的成员，并且经常被指控（虽然是错误地）只在欧洲国家传福音，旨在保留摩门教徒的种族特征。[28] 虽然摩门教社会近年来在第三世界极大扩张，但摩门教在美国犹他州的大本营，按照今日美国的标准衡量，是毫无多元化可言的：几乎没有公开的同性恋、女权主义者、黑人或其他少数族裔。[29]

所以说，摩门教徒最好地诠释了美国的个人主义与共同体主义的奇怪悖论。从一个角度看，他们是高度个人主义的，拒绝所有既有的教会和教派，选择了一个新的、奇怪的信仰，并因此遭受了变 293
节者的迫害、排斥的痛苦过程。然而，从另一个角度来说，他们是高度共同体化的，可以命令成员为了教会指定的优先任务而牺牲他们私人生活时间（摩门教平均一个星期在教堂有关的活动上投入4个小时），照顾共同体中的贫弱成员，建立种类繁多且持久的社会制度。

摩门教的自发组织和共同体自助的能力，无论按照什么标准来衡量都是非凡的，比大多数新教教派广泛得多。然而其他教派也通过不那么极端的方式，促进了各种各样类似公共机构的建设，如学校、医院、慈善机构和其他社会福利机构。20世纪30年代在哈林（Harlem）的神圣之父引发的狂热就是其中一个例子。他们是新的基督教宗派，从一个更大的、更成熟的机构突破出来，通常在一个严格的或更加原教旨主义诠释的基础上形成，这赋予了他们新的精神能量，并提供了建立强大共同体的新动力。

新教宗派性的意义远远超出了其信众的来源。这种具有派系精神的新教铸造了19世纪美国文化的轮廓，其他没有志愿性质的宗教团体，如天主教徒和犹太教徒最终也发展了同样的特性。宗派宗教生活是社会自我组织的一所学校，它产生的社会资本在各种非宗教环境中也非常有用。换句话说，美国盎格鲁－撒克逊的新教文化并不仅限于美国主流白人，因为其他种族和宗教集团进入美国后，经过新教控制的公立学校体系的洗礼，之后即被同化并接受了相同的价值体系。即使它们的宗派逐渐主流化和世俗化，新教本身仍保留了组织和合作的能力。换句话说，结社的能力成为美国全民的特征，而不仅限于新教徒。

因此，宗派性的新教主义看似矛盾地成为美国个人主义和共同体的共同来源。许多人认为，个人主义冲动终将战胜共同体意识，这种看法很有见地。[30] 也就是说，不断挑战现存教会并建立新的宗派，在短时间内的确可以促进共同体意识的发展，但就长期而言，这种思维方式不仅会降低人们对既有制度的敬意，更会削弱他们对 294
所有权威本身的尊重。从长远来看，随着社会世俗化范围的扩大，当过去积累下来的社会资本被耗尽而消失后，社会性习惯也将会逐步丧失。也许宗教可以通过新一轮的原教旨主义和宗派形式来阶段性地完成更新，但总的说来，美国新教的最后遗产则是个人主义思维的陶铸成型，它不可能长时间接受某一稳定的权威或社会共识。换句话说，新教精神所产生的社会化习性也将慢慢自行消亡。

第25章 295

美国的黑人和亚裔人

当美国黑人群体中的激进分子，譬如纽约的阿尔夏普顿牧师
（Reverend Al Sharpton）等，抵制犹太人和韩国人开的商店，并要
求其信众从黑人经营的商店购物时，许多美国白人对此表示强烈不
满，并指责此类“逆向种族主义”（reverse racism）的行为。在美国，
种族或者民族分裂行径当然是不受欢迎或支持的。但问题在于，虽
然美国白人抱怨黑人种族意识过强，事实上美国黑人从未有足够强
的种族意识，因而无法构建联系紧密牢靠的经济组织。黑人领袖经
常鼓励成员购买黑人的商品，所体现的不是黑人群体自发的团结性，
而恰恰体现这一群体的弱点。其他种族群体，如犹太人、意大利人、
华人和韩国人，他们都从同族人经营的商店中购物，并不是因为受
政治领袖的鼓动，而是因为他们觉得和内部人打交道比跟外人更安
全、更舒服。虽然黑人并不喜欢从白人或亚洲人的商店买东西，但 296
他们经常没有机会从其他黑人手中购物，黑人商户与客户之间也没
有像其他美国少数族裔内部那样的信任和团结的传统。不仅白人群
体不相信黑人，而且由于种种原因，就连黑人也彼此互不信任。这
种社会内在凝聚力的缺乏与非洲文化没有任何关系，因为非洲社会

的黑人群体都拥有各种各样强大的社会团体。但今天美国出生长大的非裔美国人是从本族文化脱离的奴隶的后人。正是这一文化剥离问题成为阻碍非裔美国黑人经济发展的重要因素之一。

除了宗教的宗派特性外，种族是美国共同体的第二大来源，它弱化了 20 世纪美国政治体系固有的个人主义。19 世纪初前后几十年中，到美国的大批移民都从母国带来了浓厚的共同体传统和结构。与早期新教宗派形成的牢固共同体一样，这些种族群体具有周围的主流文化不再具备的自给自足能力。他们大多数深受母国传统社会个人主义匮乏之苦，被严格地锁定在种姓、阶级或者其他共同体结构中，无法实现流动性、创新和创业精神。到了美国后，他们发现可以将共同体和个人主义协调起来：他们从束缚他们的传统文化中解脱出来，同时又保留了足够的既有文化，以避免美国社会个体原子化的缺陷。

如人们所料，由于其母国社会传统性质不同，不同族群所展示出的自发社会性的程度也差异颇大。不少社会传统无助于促进经济的向上流动。以爱尔兰人为例，他们带来了爱尔兰不重视高等教育的传统，并倾向于将孩子送到独立的教区学校中，旨在保留他们的宗教身份。[1] 同样的障碍出现在意大利人身上，影响了 20 世纪初期他们的发展：他们过分强调家庭，于是视高等教育为家庭凝聚力 297
和收入的威胁，因此不鼓励孩子（尤其是女孩）出去上学。[2]

倘若我们比较一下亚裔美国人和非裔美国人的鲜明差异，我们就能清楚地看到种族作为自发社会性和促进经济发展的社会性的重要来源。华人、日本人、韩国人和其他亚裔移民群体都在经济上取得了非凡的成功，并在人均收入、教育、就业率以及其他几乎所有社会经济表现的指标上超越了欧洲移民。而非裔美国人却一直发展缓慢且艰苦，并且从 20 世纪 60 年代民权运动以来，黑人社群中很大一部分已经失去阵脚。

这种对比在企业所有权上尤为突出。拥有小企业是通向更高社会地位的明显捷径，尤其是当一个群体刚来到美国，或被排斥在主流经济体之外时。[3] 许多亚洲群体有很高的自雇或者自营企业的比率。在 1920 年，50% 的在美华人男性在本族餐饮或者洗衣行当中谋职或当老板，而 1940 年，在美日本男性的相关比例为 40%。[4]1973 年的一份研究显示，韩国家庭经商的比例为 25%[5]，另一份研究显示韩裔美国男性自雇职业者的比例为 23.5%，而全美平均自雇比例为 7%。[6]

相比之下，非裔美国人自雇和拥有小企业的比例均低于全美平均水平 [7]，而社会学文献中也对黑人缺乏创业者阶层这一事实多有讨论。[8] 上个世纪之交，黑人领袖布克 · 华盛顿（Booker T. Washington）和杜波依斯（W. E. B. Du Bois）觉得有义务号召黑人进入商界，挽救这一局面。数十年来，大多数美国城市中心地区的本地商店基本上不是由黑人经营，而属于黑人群体以外的人。二战后的初期，许多少数民族聚集区的商店都是犹太人创办的，在过去的一代间，他们被韩国人、越南人和其他亚裔人所取代。非裔美国人在银行业方面取得了一定的成功，并在某几个行当中兴旺起来，譬如美容院、理发店、殡仪馆等。但是，即使过去二十年间政府各部门为少数族裔提供专款资助和津贴，黑人创业者阶层仍没有发展 298
壮大的迹象。

非裔美国人无力经营自己社区的商业，一直以来是仇恨和冲突的来源。1965 年的沃茨动乱，1967 年的底特律动乱，1992 年的洛杉矶动乱，都是源于城市中心区居民攻击社区内非黑人经营的商铺。的确，在 1992 年的洛杉矶动乱中，一些动乱者是有组织有预谋地攻击韩国商铺，导致这些商铺被大量破坏和捣毁。[9] 民众对于其他族裔商铺的仇视高涨，并开始传播外人盘剥非裔美国人的阴谋论。我们之前讨论过，在华人文化和韩国文化中，家庭内部的信任度是很高的，但与外人接触时，信任度就要低很多，而日本人与非本族裔者接触时也有这样的问题。这一对待陌生者的残酷态度也常常从黑人对于亚裔商铺经营者的抱怨中听到，后者往往是一副无礼且对客户和周围社区毫无兴趣的态度。

在学术文献中，对这些群体经济表现差异的解释充满争议。对于黑人在小商业领域不佳的表现，其中较普遍的说法是将其归结于外部环境。许多人认为，将非裔美国人与华人、韩国人等群体相比较是一种误导，因为前者遭受的偏见要深得多，是无法对比的。与其他种族群体不同，黑人来到美国不是自愿的，他们被奴役所摧残，并由于种族上的差异遭受了更深的歧视。[10] 这一假设的另外一个版本则借用依附理论（dependency theory）的术语，即美国存在“双重”（dual）经济，黑人和其他少数族裔的企业被归为“边缘”（peripheral）经济，与白人占据的“核心”（core）经济相比，它们注定是规模小、技术含量低，而且彼此竞争激烈。此外，另一种更加明确的环境论认为，非裔美国人无法创业是因为他们在白人银行系统中无法获得贷款。有人认为，黑人得不到信贷，一方面完全是因为种族主义，另一方面也因为他们赤贫的背景，而他们的企业规模太小而增加了银行的信贷风险，因此，他们只能陷于贫穷的恶性循环中。

对黑人经济表现不佳的第二种解释与消费者的需求有关：相比 299
其他种族人群，黑人没有什么任何只有他们才能满足的需求。白人无法与华人竞争中国餐馆生意，但他们可以与黑人竞争，向黑人提供食品。[11] 与此相关的一个看法则认为黑人无法供应特色商品，譬如黑人的菜系从未像其他族裔的菜系那样流行于更广泛的群体。[12] 黑人企业成功的几个领域正是那些刻意迎合非裔美国人特别需求的领域，如理发店和美容院。[13]

但是，上述这些解释均不能从根本上说明为什么非裔美国人在小商业上居于弱势。[14] 外部环境的恶劣可以解释为什么黑人在公司董事会中席位不多，或在白人的企业中人数甚微，却不能解释为什么他们不能自谋职业。社会学论著中的“圈外人”理论认为，正是由于外部环境的偏见和敌视，许多少数族裔被迫自力更生，创建企业，雇用同胞，满足本族人的需求。[15] 实际上，华人和日本人在20世纪初自雇比例高的一个重要原因，正是因为他们无法在美国白人群体中找到工作。[16] 在美国，黑人承受的偏见最深是一个不争的事实，虽然亚裔移民也遭受了欧洲少数族裔未曾经历的种族敌视，但是他们被主流群体接受的程度远大于黑人。然而，这些都不能充分解释，为什么只有极少数非裔店铺卖东西给非裔美国人，或为什么很多非裔美国人自己喜欢从非黑人商铺买东西。非裔美国人不仅在“核心”经济（倘若这一经济确实存在的话）中表现不佳，他们在“边缘”经济中的表现也不怎么样。非裔美国人与拉美裔美国人对比时也是如此，按说拉美裔也处于边缘经济中，并遭受了同样的种族歧视。[17]

虽然“黑人企业特供产品的消费需求不足”这一解释不像“圈外人”理论那样存在缺陷，但是正如社会学家伊万·莱特（Ivan Light）指出，这个观点依旧经不起推敲。也就是说，虽然亚裔人垄断了自己种族的市场，但是他们也相当成功地向他们群体以外的白 300
人推销商品，而非裔美国人却做不到这一点。举例来说，1929年，在加利福尼亚的亚裔人商业机构与非亚裔人交易的现金价值，高于同年伊利诺伊州黑人交易的全部零售营业额，尽管当时黑人人口是亚裔人口的3.5倍。[18] 这一点表明亚洲人的成功，是因为他们拥有黑人群体所不具备的、更普遍的经营能力。

如果我们更进一步分析银行信贷问题，就会发现群体表现的差异不应先从外部环境寻求解释，而更应该从一个群体的内部凝聚力着手。难以得到银行信贷一直是困扰非裔美国人几代人的老大难问题，也一直是联邦政府调查的重点。虽然美国银行在对黑人借贷方面的确存有偏见，尤其是在住宅贷款方面，但这种歧视在很大程度仍无法解释黑人与亚裔人在创业比例上的差别。首先，在美国，小企业只有极少数是靠银行信贷而建立，绝大部分是靠个人的储蓄起步的。[19] 其次，19世纪中期曾有一段时期，非裔美国人建立了若干商业银行，也准备贷款给其他非裔美国人。结果这些银行均以失败告终，原因在于黑人企业没有充足的信贷需求，这证明所短缺的不是银行信贷，而是黑人企业家。[20] 最后，在 20 世纪的最初几十年，许多华人和日本人纷纷创建家族企业时，他们的贷款申请也遭到白人经营的银行系统的拒绝。如果获得信贷是小企业成功的关键，那么就很难解释为何亚裔人在这个经济类别中取得的成功甚至超过了白人。

缺乏银行信贷之所以对于亚裔美国人来说不构成障碍，是因为华人、日本人和韩国人从他们的母国文化中带来了一个密集的共同体组织网，其中之一就是周转信用协会。这些协会将同族储蓄聚于一处，并用这些钱帮助其成员建立企业。[21] 华人和日本人的这种周转信贷协会在特征上有区别。华人的“会”建立在亲戚关系基础之上，一般由同乡、同宗族或同姓者人群内部组织成立。对比而言，日本人的“赖母子”（tanomoshi）则不同，它包括来自日本相同区或县内并无血缘关系的人。[22]（类似的机构也存在于韩国人中间，称为 301
“契”。）二者的结构相似：一小批人贡献数量相等的资金作为公共基金，然后通过摇奖或者拍卖的方式分配给一个成员。随着这些协会越来越大、越来越成熟，它们发展成准信贷联合会，支付利息并发放贷款。

无论华人的“会”还是日本人的“赖母子”，此类机构都没有法律条文支撑，有时甚至没有正式规则。于是，完全有早期借贷者携整个群体存款潜逃的可能。在关系紧密的华人和日本人社群中，对于欺诈或搭便车者，在道德制裁外并没有法律制裁。如果某人违规，那么他的家人必须出面赔偿。这种非正式的系统若想运作成功，则需要组织成员对彼此高度信任，而这基于母国亲属或者同乡的既有社会关系。

华人移民和日本移民社群内的高度信任关系，和满足他们对特殊产品的需求，对于我们理解为什么华人和日本人喜欢在同族人经营的商铺购物同样重要。信任半径并不必然会辐射到整个群体。以华人为例，在华人中间，信任不会超越同宗或同乡，而且敌对的宗族社团之间常常发生冲突。一旦到了美国，同种族的信任水平比在本国高，因为他们要共同面对敌视的外界环境。不管怎么说，这些群体的文化赋予他们一个共同的道德结构，在这个结构中他们能够彼此合作，这一切都让他们从中大大受益。

这种周转信贷协会只是华人和日本人群体自发创建的诸多社会机构中的一种。19 世纪抵达美国的华人，多数是只身从中国南方某一地区而来的男工。[23] 这些华工建立了宗亲会，其区域分支组成了更大的联合组织（其中最著名的是旧金山的中华会馆，俗称“六大公司”——Six Companies）。[24] 这些宗族组织提供一系列的福利服务，例如那些求职者或者处境艰难的人一般不必到社群之外去寻求帮助。一些华人组织则扮演了相反的角色：臭名昭著的华人堂口是 302
一个犯罪团伙，它们经营赌场、妓院，以及在本地社群中勒索保护费。

与华人相比，日本人的同类组织并不十分看重亲戚关系，而往往是基于原籍地点，将来自同一个县的日本移民组织在一起，并提供同样广泛的福利服务。这些组织帮助人们找工作，照顾无法自理者，这也是为什么日裔美国人对于美国政府福利服务的依赖比率相当低的原因。[25] 对于犯罪问题，这些社团组织往往依靠团队压力予以解决，实在无法解决才求助于警察或司法机关。因此，家庭不是社会化的唯一工具，社群组织是对家庭的补充，并加强了家庭的影响。[26]

周转信贷协会对在美华人和日本人的经济发展所起的重大作用，仅限于最初几代移民。之后，其他若干文化因素取而代之。儒家传统对教育的重视，以及受到主流白人群体更广泛的接受，使得后几代移民逐渐同化，并在本种族群体以外的空间获得显著的社会升迁。宗族和同乡协会逐渐失去了中心作用，被更现代的自发组织（如日裔美国公民联盟）所取代，这些组织如今的职能与民主社会的其他利益集团没什么两样。但毫无疑问，在亚裔族群小企业的创业促进中，以文化为基础的信贷组织曾扮演了重要的历史角色。

自废除奴隶制以来，非裔美国人群体中没有创立可与华人或日本人的周转信贷协会相比的组织。黑人企业家通常独自打拼，仅靠自己微薄的存款和大家庭或朋友的一点资助创业。正如伊万·莱特所言，这不是因为非洲文化中缺乏这样的机构。各种形式的周转信用协会实际是传统社会中普遍存在的文化现象，其中也包括西非的许多地区，而大多数北美黑人奴隶最初也是在这个区域被绑架的。譬如在尼日利亚有一种与“会”或“赖母子”相似的组织，称为“埃苏苏”（esusu，译按：即“小小借贷”，susu 在当地语言中意思为“小小的”）。莱特认为这些机构随着奴隶一起带到了新大陆，但实际上美国的黑奴经历了文化剥夺。他观察到，英属西印度群岛的黑人移 303
民在美国有超群的经济表现，其中一个原因正是当地的种植园奴隶制度并未严重破坏这类非洲传统文化模式。[27] 因此，20 世纪早期来到纽约的牙买加人和特立尼达人，他们的内部社会凝聚力远远高于美国本土的黑奴后裔。换句话说，美国的奴隶制不只是剥夺了非裔美国人的个体尊严，它通过不鼓励合作行为进而瓦解了他们的社会凝聚力。北美的奴隶制让奴隶毫无节俭、理财或创业的动力。英属西印度群岛实行的奴隶制虽然极端残酷，黑人既有的非洲本土文化却基本没有被破坏，同时也未能像美国奴隶制度一样瓦解既有的社会群体。[28]

自发社会性的缺乏随着贫困程度的加深也愈发凸显，这一点正如人们所预料的，社会凝聚力匮乏和贫困之间存在因果联系。城市内的贫困人群无力组建任何形式的社团，即使是为了达成抗租之类的短期经济目标。随着个体收入的下降，家庭以外的社会组织也随之锐减，而家庭本身也开始迅速解体。当代美国下层黑人社会所代表的，可能是人类历史上受瓦解程度严重的社会之一。在这样的文化中，无论为什么目的，人们都很难达成合作，无论是抚养孩子、赚钱，还是到市政厅请愿。如果个人主义意味着不愿意或无力放低自己的个人倾向而服从更大的群体，那么底层阶级则是美国社会个人主义泛滥最严重的部分之一。

将贫困的非裔美国人全都描绘成孤立和原子化的个体是不正确的。这一局面因为一些黑人组织而得以缓解。在历史上最重要的社团是各类黑人教会和宗教团体，它们有效平衡了黑人群体遭受的分化力量。在某些特定时期，非裔美国人能够组织相对较强的中、小型商业企业，譬如在 19 世纪中期出现的黑人银行和保险公司。[29]黑人中产阶级一直在现代自发组织中都有较好的组织形式，譬如南方基督教领袖会议以及全国有色人种协进会；的确有证据显示，黑人中产阶级参加这种自发组织的比例要高于白人。[30] 许多非裔美国人街区都有一些非正式社团，旨在将亲朋好友的钱聚于一处，通过 304
馈赠或者贷款的形式帮助彼此度过困境。[31] 最后，在穷困黑人群体中，还存在这一些叛逆的街头帮派，譬如洛杉矶臭名昭著的“嗜血帮”(Bloods) 和“瘸子帮”(Crips) 以及芝加哥的“黑石帮”(Blackstone Rangers)。[32] 然而，与先前提到的爱尔兰人一样，非裔美国人的群体组织在追求政治权力上的表现，远胜于在自身社群内创建大量的、切实可行的经济组织。

非裔美国人和亚裔美国人在经济表现上呈现相反的两极，在自发社会凝聚力方面也同样截然两端。这种差别我们同样可以从欧洲移民群体如犹太人和爱尔兰人之间看到，只不过没有那么极端罢了。某个种族群体凝聚力强弱的程度，与它在经济上的发展速度以及融入广大外部社会的程度，存在着广泛的相关性。犹太人群体尤其擅长构建照顾自己本族的新组织。他们组织了大量社团，如德国犹太人希伯来联合慈善会，在 1900 年，该组织据称已照顾了社群内每一名赤贫犹太人，又譬如教育联盟，当代的“圣约之子会”(B’ nai B’ rith) 和美国犹太人大会等。自助和慈善机构提供人身保险、病患福利和丧葬费用等。[33]

犹太人的自发组织倾向在一定程度上与爱尔兰人的经历形成鲜明对比，后者在某种程度上预演了 20 世纪非裔美国人的经历。爱尔兰人的社会进步不是通过在小型商业领域的自雇模式实现的，而是通过控制或影响庞大的集权化机构来实现的，譬如市政府或天主教会。在 20 世纪初，爱尔兰人控制许多大城市的政治机器，譬如纽约、波士顿、芝加哥、水牛城（Buffalo）、密尔沃基（Milwaukee），这一切都极富传奇色彩，政治控制使警察局和市政官僚机构的大量委派职位落到了爱尔兰裔美国人手中。爱尔兰人依靠一个社会机构，即天主教会来满足他们的福利需求。与意大利人和拉丁美洲的移民不同，他们对教权不持反对态度，因为教会支持爱尔兰民族身份认同以及对抗英国统治。若是在新教徒或犹太人社群，人们往往会致力于建立较小的地方性宗教团体，而爱尔兰人的精力全部用于建立美国天主教教会，该教会多年来由爱尔兰牧师统治。另一方面，爱尔兰人在小商业领域毫无建树可言：譬如在 1909 年，波士顿的爱 305
尔兰人的人均收入高于犹太人，但是犹太人从事小型商业的人数是爱尔兰人的 9 倍。[34]

意大利人在美国的发展远快于爱尔兰人，但又不及犹太人，在群体的自我组织方面则介于两者之间。工人、小商店业主建立了一些互助社团，但是，意大利人群体却从未创立过类似于圣约之子会这样大型、关乎整个族群慈善或福利的组织。尽管意大利人也有慈善捐赠，但大多都流入了纪念馆这种富有象征意义的地方，而非持久的社会机构中。[35]

当然，除了结社的能力外，还有许多其他因素可以用于解释为什么美国不同种族群体发展速度不一，其中最重要的一点是对教育的态度。意大利人、爱尔兰人、华人、非裔美国人以及其他犯罪团伙的存在表明，社会性本身不一定产生经济效益。社会性必须与其他因素结合才能激发可带来经济效益的行为，譬如诚实、节俭、创业能力、才干以及对教育的关注。

移民群体所面临的主要问题是将他们的社会性从归属型转变为自发型。也就是说，他们带来的传统社会结构是基于家庭、种族、籍贯或其他特征之上，或者他们其他与生俱来的特征。到达美国的第一代移民构建了信贷协会、家庭餐馆、洗衣店和杂货店等小型组织运转所必需的信任。但是，到了后代移民，这些组织又成为一种制约，限制了商业机遇的范围，并使后代滞留在本族聚集圈中。对大多数成功的种族群体来说，第一代移民的子女必须学会扩大自己的社会性，使他们得以在主流商业世界或职业中获取工作机会。

移民从种族群体的一员转变为同化的主流美国人的不同速度，正说明美国社会既有种族多元化的一面，同时又有强烈的共同体倾向的一面。在其他许多社会中，移民的后代从来不被允许离开他们的种族圈。尽管种族圈内有很高的团结性，但是整个社会四分五裂、冲突不断。多元化自然可以为一个社会带来益处，但这一进程最好
是小杯慢酌的，切忌大杯狂饮，否则极有可能出现过于分化的社会， 306
这样的社会中，人们不仅无法共享更高的价值观和抱负，甚至不能说同一种语言。自发社会性只能存在于种族、民族、语言等深刻的分界线之内。如果要构建更广泛的共同体，则必须通过语言和教育的同化政策来平衡种族性。

美国总是呈现出一副复杂且时刻变化的景象。如果我们将诸如美国的宗教文化和种族特色等因素纳入考虑范围，就会发现其间有充足的空间让个人主义和群体取向的社会共存。那些只看到个人主义的人忽视了美国社会历史的重要部分。然而最近几十年来，天平迅速向个人主义倾斜，那么亚洲人等把美国视为个人主义社会的缩影也就不能说是偶然了。这一变化为美国带来了大量问题，许多将在经济领域表现出来。

第26章 307

正在消失的中间层

美国继承了两种截然不同的传统，一是高度的个人主义，二是强烈的群体和共同体取向。第二种传统弱化了美国的个人主义倾向，这种倾向深深植根于这个国家的意识形态和宪法体制，而这两种传统的并存促进了美国民主的整体成功。但是，这两种传统也成为美国社会问题的根源。美国面临的挑战是如何使这两种倾向获得更好的平衡。

没有人会否认个人主义为美国社会带来了巨大的收益，且不仅限于经济领域。虽然20世纪80年代与日本竞争时，美国经济产生过自我怀疑情绪，但到了90年代，在一系列重要的高附加值领域，美国成为无可争议的全球领导者：如计算机、半导体、航空、软件、电信和网络、金融服务、资本货物和生物技术。[1] 从此以往，科技和组织的重大变化都源于美国，而非欧洲或者日本。在过去的十年 308
间，美国出口得益于美元疲软而出现飞速增长，尤其将非商品贸易也纳入进来。事实上，如果我们不按照通常的商品贸易量计算方法，只计算美属母公司的贸易量，而不考虑它们具体位于哪个国家，那么巨额逆差就会转变成等额的全球顺差。[2]

美国的这种极具竞争实力的领先地位，在很大程度上要归功于美国公司卓越的创新和创业能量，而这一切则得益于美国人对于传统权威不服从的特点。从这个角度看，多元化是益处多多的。虽然一些人强烈反对美国持续的移民潮高峰，认为移民对美国就业和文化构成威胁，但这些移民却是美国极为重要的人力资本来源。[3] 我们不妨看一下美国主要科技公司的执行总裁名单：英特尔（Intel）的安德鲁·格罗夫（Andrew Grove）生于匈牙利，3COM 公司（网络公司的领军者）的埃里克·本哈穆（Eric A. Benhamou）生于阿尔及利亚，宝蓝公司（Borland）的菲利浦·卡恩（Philip Kahn）是生于法国、之后非法移民到美国的犹太人。他们在美国都找到了母国所缺的发挥创业能量和才华的土壤。

然而，美国人太热衷于为自己的个人主义和多元化唱赞歌，以致常忘记了物极必反的道理。美国的民主和商业均取得了极大的成功，因为它们同时吸收了个人主义和共同体之长。那些出身他国的企业家除了他们的科技天分外，若只是单有挑战权威的能力，是绝无可能获得成功的。他们同时还必须是优秀的组织者和能够建立和激活大型企业的公司人。但是很容易出现过度多元化的局面，人们在这样的社会中除了司法系统外没有任何共同点——没有共同的价值观，也因此没有信任的基础，甚至没有可供交流的共同语言。

在过去的五十年间，个人主义和共同体的平衡发生了戏剧性的变化。在 20 世纪中期构成美国公民社会的道德共同体，无论是家庭、邻里、教会，还是工厂，都遭受了冲击，而许多指标显示，美国的总体社会性在下降。

共同体生活中，最引人注意的恶化体现在家庭的解体上，自 20 世纪 60 年代以来，离婚和单亲家庭的比例呈稳步增长。这种趋势 309
带来了一个极为明显的经济后果：陷入贫困的单身妈妈数量急速上涨。严格来说，家庭不同于共同体。我们已经看到，过强的家庭主义会削弱无血缘关联的人之间的纽带，阻碍亲戚关系之外的社团生活的出现。从许多方面来说，美国家庭一直都比华人和意大利人的家庭薄弱，当然从许多方面看这也是一个经济优势，而非劣势。但美国家庭生活的恶化并不是因为其他形式的社团生活变得更加强势。实际上，家庭与社团生活都发生了衰退，因此家庭的重要性随着其他社会性的恶化也变得更为重要了，因为它成了道德共同体得以维系的唯一希望。

罗伯特·帕特南汇编的各种数据显示出美国社会性的大滑坡。[4] 自 20 世纪 50 年代以来，自发社团的成员数已然下降。虽然美国比起其他工业化国家显得更加宗教化，但参加教会组织的净人数下降了大约六分之一；工会成员比例从 32.5% 下跌至 15.8%；参加家长—教师协会的人数也从 1964 年的 1 200 万人骤跌至今天的 700 万人；在过去的二十年间，“狮子会”（Lions）、“麋鹿会”（Elks）、共济会（Masons）、青年商会（Jaycees）等兄弟会组织的流失人数从八分之一到半数不等。另外，类似的人数下滑记录也见于童子军、美国红十字会等多种组织。[5]

另一方面，在美国公共生活中，各种利益集团却稳步持续蔓延：游说组织、职业协会、贸易组织等等，谋求在政治商业领域中保护特殊的经济利益。虽然许多这样的组织都有数量庞大的会员，譬如美国退休人员协会和塞拉俱乐部（Sierra Club）等等，但是除了缴纳会费和接收新闻传单以外，这些会员之间少有互动。[6] 美国人彼此间仍然可以通过法律途径构建联系，并在契约、法律或官方权威的基础上建立组织。但那些有着共同价值观的、其成员愿意为了共同目标而牺牲私利的共同体却越来越少见了。而正是这样的道德共同体，才会产生对提高组织效率至关重要的社会信任。

比美国人参加社团人数锐减更让人吃惊的，或许是美国人在对 310
待彼此的普遍态度上的转变。根据一份长期调查研究，受访人被问到他们是否觉得“大部分人”可以信任，在 1960 年回答肯定的比例为 58%，而到了 1993 年则跌至 37%。另一份调查中，受访者被问及他们与邻居晚上串门的频率，回答“一年不止一次”的比例在1974年为74%，在1993年降至61%。[7]

除了民意调查外，社会信任的下降还可以从两项与法律有关的指标上看出来，那就是犯罪率和公民诉讼率的上升。这两项指标都反映出一些美国人的信任度在下降，而且牵连到那些对他人信任且自身也值得信任的人，就连他们也添了几分可疑。正如许多观察家指出的，美国的犯罪率明显高于其他发达国家，而且在过去的几代间稳步上升。[8] 美国的犯罪事件相对集中在贫穷的城市中心地带，而富人大部分或移至郊区，或修筑围墙以求自保。但是犯罪对共同体感觉的间接破坏可能大于直接冲击。美国城市已经被分成市中心黑人区和市郊的白人区；那种在欧洲尚存的充满文化气息且成熟的都市生活，在美国已然销声匿迹了，因为下班后市中心就变为空城。在郊区，门廊延伸到街道的住宅已然让位给围墙高耸、保卫看门的安全社区，后者成了目前普遍流行的新住宅风格。为求自我保护，父母教育孩子不要信任陌生人，即便是在人迹罕至的农村社区。

1992年路易斯安那州发生一起事件，来自日本的交换生服部刚丈（Yoshihiro Hattori）被鲁德尼·皮尔斯（Rodney Peairs）枪杀，因为服部在去往一个聚会的路上误闯了皮尔斯的前院。这件事在美国和日本受到了广泛的关注。许多日本人（也有不少美国人）都为美国不存在枪械管制而感到震惊。[9] 但真正的问题是恐惧：户主端着私家枪械严防，他对于外部世界是如此不信任，以至于任意射杀误闯他家门厅的邻家小孩，这一切便是社会割裂的景象。

美国不断增多的诉讼与美国的犯罪一样被经常评论。美国一直是“律师的国度”，但人们动不动就提起诉讼的习惯，则是在20世 311
纪后半叶才开始的。很难说美国人彼此欺诈的概率是否比以前高，但是看上去确实如此。诉讼的增加意味着，各种纠纷可以通过协商或第三方仲裁等非正式渠道来解决的越来越少。若要协商成功，双方必须相信对方的诚意，且不会不顾一切站在己方立场考虑问题。他们最起码必须相信，制造商会努力生产安全的产品，医生或医院在治疗时会选择最佳方案，商业伙伴不会蓄意欺骗或诈骗。诉讼的增加，反映了人们愈发不愿意接受社会结构里的既有权威，也不愿意在这些权威提供的环境中解决问题。

除了律师费这样的直接成本外，信任度的下降还使社会承担了高昂的间接成本。例如，近年来，许多美国企业已经停止为想要去他处谋职的员工写推荐信。之所以出现这种局面，是因为有过员工因对推荐信质量不满而成功起诉雇主的案例。既然为离职员工写推荐信对雇主没有直接收益，因此大多数人觉得干脆不写反倒安全得多。先前机制的效力完全是建立在信任基础上的：即员工相信雇主会给出客观的评估，而倘若推荐信对求职不利，员工也愿意承当后果。当然也不排除有雇主蓄意且恶意破坏跳槽员工前程的案例，但终究是个别现象，而且一个公正的评估机构所带来的益处要远大于偶然的破坏。然而，这一基于信任的非正式的体制被拖进了法律诉讼，最后终于坍塌了。主观的个人判断被官僚机构制定的客观法规取代，这些法规效率低下，而实施成本却更高昂。

美国的个人主义在以牺牲共同体精神为代价的基础上不断膨胀，这背后的原因是多方面的。最基本的一个原因就是资本主义本身。[10] 如熊彼特所述，现代资本主义是反复的“创造性破坏”过程。随着技术的向前推进，市场扩张，新的组织形式诞生。在这一过程中，旧有的社会团结形式被无情地踏碎。最初的工业革命破坏了行 312
会、村社、大家庭、家庭手工业和农民社群。今天，随着就业机会流向海外或其他任何资本能够获得最高回报的地方，持续的资本主义革命瓦解了本地社群：家庭被连根拔起移居他地，忠实的员工在裁员的名义下被解雇。20 世纪 80 年代和 90 年代间全球化竞争日趋激烈，也无疑加速了这个过程。许多如 IBM、柯达等实行公司家长制、具有慷慨福利和工作保障的美国公司也被迫裁员。（当然，这种现象不只限于美国，在 20 世纪 90 年代初的经济衰退期间，日本和德国的家长式劳雇关系也面临了严重的压力。）过去十年间，美国不断上演着一个熟悉的故事，内部纽带牢固的小型家族企业被大公司收购。新来的不苟言笑的、以冷酷无情著称的经理人被请到公司，而工作很长时间的老雇员被解雇或为自己的饭碗担忧，以往的信任气氛亦被猜疑所取代。在过去一代间，由于长期的失业，人们纷纷向西部或南部迁移寻找工作，中西部钢铁制造区域强大的传统共同体就此瓦解。制造业和肉类加工业等低技术性工作曾经是战后城市黑人居民的出路，随着这些工作的消失，很大程度上迫使黑人沦落到如今充斥着毒品、暴力和贫穷的底层地狱。

然而，资本主义对共同体生活带来的负面后果并不是故事的全部，从许多方面来说它甚至还不是最重要的部分。资本主义一直使美国人脱离他们的国家历史；从许多方面说，1850 到 1895 年间工业化带来的社会变革比 1950 年以来产生的社会变革伟大。[11] 本书暗含的一个结论是，资本主义社会组织方式的自由程度，远远超过我们的想象。诚然，无论什么时候，技术都限定了工业社会的广泛特征。没有人可以逆转铁路、电话或微型处理器所带来的影响和结果，然而在这些大致的限制中，对效率的需求并不严格限定使用某一特定的工业组织形式。我们已经讨论的这些社会，它们在发展和技术上的差异，远不及它们在总体工业结构以及劳雇关系上的不同。

资本主义能摧毁多少共同体，就能够创造多少新的共同体，战 313
后日本的财团就是证明，从许多方面说，它所构建的社会团结之源，甚至是比家庭更强大，也比它所取代的战前模式更强大。在 20 世纪 80 年代，即所谓“贪婪年代”，一些美国公司无情地解雇工人从而对共同体形成破坏时，许多其他美国公司同时又引入精益生产方式、工作小组、基于小组表现的激励制度、质量小组等等一系列工厂的革新理念。这些创新旨在打破泰勒制大规模生产车间和工会主义工作控制制度所构建的社会孤立的藩篱。顺从这些改革趋势的企业不但提高了生产力，也变得更为共同体取向。

20 世纪后半叶美国的个人主义以牺牲共同体为代价不断增长，这背后除了资本主义的性质外，还有其他重要的原因。首先，在 20 世纪 60 年代到 70 年期间，一些自由主义改革带来了意料之外的后果。贫民区大清理将贫困街区已有的许多社会网络连根拔起、铲除殆尽，取而代之的是千篇一律的、越来越危险的高层公寓单元。所谓的“好政府”（good government）运动将原先治理大部分美国都市的政治机器全部清除。这些建立在种族基础的旧政治机器往往极度腐败，但对于它们的依附者来说，它们毕竟是本地权威和共同体的来源。之后几年中，大多数重要的政治举措不是出自地方共同体，而是趋向于由更高级别的州甚至联邦政府主导。

第二个因素与自新政（New Deal）以来的福利国家体制的扩张有关，这一体制使联邦、州及地方政府接管先前隶属公民社会的许多福利工作。政府之所以将社会保障、福利、失业保险、培训等一揽子全包，是认为在工业化、城市化、大家庭变成小家庭等新趋势的冲击下，先前提供这些服务的前工业社会的有机共同体不再具备承担这些职责的能力。但是事实证明，福利国家的本意是补充民间共同体机构，结果却加速了后者的衰亡。美国的福利依赖性最突出的例子是“失依儿童家庭补助计划”（Aid to Families with 314
Dependent Children）。这原本是大萧条时期的法案，旨在帮助寡妇和单身母亲度过困难时期，重建家庭或开始新生活，而现在却成为全国大城市中心贫民区抚养孩子的出路，而无需父亲出抚养费。

当然，福利国家的崛起不过是共同体衰落的部分原因。许多欧洲社会的福利国家政策比美国更全面、更广泛，虽然那里的小家庭也岌岌可危，但是却没有如此深重的社会病态。对共同体造成了更严重威胁的，其实是美国人所坚信自己理应享有的权利数量和范围的不断膨胀，以及因此产生的所谓“权利文化”（right culture）。

基于权利的个人主义深深根植于美国的政治理论和宪法。实际上，可以这样认为，美国制度的基本倾向鼓励日益增加的个人主义。我们多次看到，与内部凝聚力形成鲜明对比的是共同体对于外人的排斥，因为将成员绑在一起的原则性力量，同时也排斥了没有共同信念的人。20 世纪中期，美国许多大型的共同体组织存在着各种各样的歧视：作为企业主联络点的乡间俱乐部不允许犹太人、黑人和妇女参加；持有强烈道德价值观的教会学校不允许其他宗派教徒的子女入学；慈善组织只对特定人群提供服务，并试图向其救济对象强加行为法则。这些共同体的排他性与权利平等原则相冲突，而政府愈发站在被排斥者一边，反对这些共同体组织。

种族歧视的不公正导致了始于 20 世纪 60 年代的民权运动。美国自由主义最伟大也是最有必要的胜利之一便是司法歧视的终结，这是由 1964 年通过的《民权法》、1965 年通过的《选举法》和法院强力执行《宪法第十四条修正案》中的平等保护条款实现的。民权运动成功地利用法院来开放公共机构，让私人组织服务公众，而这亦成为后来成为受排斥族群的战略选择，包括被控违法者、妇女、残疾人、同性恋者以及近来拉美裔之类的新移民群体。20 世纪后半叶的这场运动导致人们对宪法所规定的个人权利有了愈发宽泛的解 315
读。虽然政府所采取的每一步行动都可以通过最基本的平等原则而合法化，但它们积累起来所造成的意外后果则是使政府成为许多共同体机构的敌人。几乎所有共同体组织都感到它们的权威被削弱：城镇对于控制色情传播愈发无力；公共住房当局不能拒绝向有犯罪或吸毒记录者提供住房；公共部门甚至被禁止采取如设立禁酒检查站等无伤大雅的措施。

共同体机构面临的困境可以童子军（Boy Scout）为例说明，这一组织由基督教团体创建，旨在向男孩灌输“男子汉”品质，如勇敢、自立和刚毅。后来，它因排斥非基督徒而被犹太人起诉，又因只允许男孩参加而被妇女起诉，还因排斥同性恋童子军导师而被同性恋权利团体起诉。结果，该组织变得更加公平，排他性减低，但是在变得多元化的过程中，它失去了以往使其成为强大道德共同体的诸多特点。

在诸多现代自由民主国家中，唯独美国人发展出了一种独特的权利“文化”。宪法学者玛丽·安·格兰顿(Mary Ann Glendon)指出，虽然自二战后，大多数现代民主国家采用了美国式的权利法案，但是美国人的“权利语言”依旧保留了独特的个性。[12]对于美国人来说，权利是绝对的，不会被宪法所罗列的对共同体或他人的责任制衡或者弱化。除了列举的权力外，大部分欧洲国家的宪法或基本法，还包含与《人权宣言》类似的观点，即“每个人都赋有对共同体的义务”。[13]美国的法律中则从未有任何此类条款，明示公民有救助遭逢危难的他人或善待需要帮助的陌生人的义务。在美国，好心行善更有可能因助人形式不当而反遭起诉，而非因此受到褒奖。[14]

正如格兰顿所指出的，美国人的权利语言使美国的政治语境充斥着绝对和不妥协的特质，而这一特质完全没有存在的必要。这一特质从美国左派和右派中皆可见到。自由派极端反对限制色情，认
为这有违《宪法第一修正案》中言论自由的条款。保守派对枪械控 316
制的反应也异常激烈，所依据的则是《宪法第二修正案》中佩带武器的权利。事实上，这些权利都没有被肆无忌惮地滥用；电视台在黄金时段里播放露骨的色情片的可能性，和公民私人拥有肩背式防空导弹的可能性一样微乎其微。然而，这些权利的拥护者声称这些特定的自由无需为其他目的服务，并无视对更广泛的共同体的影响，他们强烈地抵制任何缩减，担心一旦让步就会一发不可收拾，最后迅速地转向暴政，丧失所有权利。

美国人权利语言的不妥协性有其信念基础，即相信政府的目的是保护自治领域，在这个领域中，自给自足的个体可以享受他们的自然权利，没有压迫，没有限制，对周围的人也没有责任可言。几十年来，这个自治领域发生了显著变化。例如，隐私权原本为保护社会名流和重要人物免遭摄影师和猎奇者的偷窥而制定，后来则演

变成对个人行为的广义保护，从而使得例如禁止堕胎等言论都变得违宪。[15] 美国的权利文化尤其险恶的部分，是其用堂而皇之的道德目的来粉饰低级的私利或私欲。以对色情作品的争论为例，倘若不以抽象的“言论自由”为基调，而是拿色情业者的“利益”与地方社群的利益相比较的话，这场辩论则会完全不一样。同样，如果把枪械控制的冲突解读为是与满足枪支所有者“利益”的冲突，而非佩带武器者的“权利”，那么枪支控制将更容易实现。权利，本应该是富有自由和公益精神的公民的高贵品质，如今却沦为自私个体不顾周围社群的利益而追求私欲的幌子。

最后，以共同体为代价的个人主义的扩张还与电子技术有关。虽然因特网的鼓吹者认为计算机为建立不受地理位置限制的“虚拟共同体”带来了无限的可能性，但是值得注意的是，二战以后的许多技术创新都让社会生活变得越发私人化。从前人们的娱乐都是交互的，譬如集市、同好联谊会，乃至单纯的交谈；自从有了电影和电视，娱乐变成了单向交流，人们没有了直接互动的机会。此外，
这类节目通过无线电波、录像带、电缆线放送，人们在家即可欣赏， 317
无须前往影院之类特定的公共场所。尽管从新兴网络技术中可以看到一些相反的趋势，但是虚拟共同体是否会取代面对面的共同体，这一切都有待观望。[16]

美国文化朝着越来越纯粹基于权利的个人主义发展，这一趋势对于美国社会，以及这个社会中的政策制定者、企业主管以及工人又意味着什么呢？

论到个别公司的政策，管理者需要认识到的是，在实验工作关系和劳工政策上，他们有比自己所认定的多得多的自由。精益生产就是一个典型案例。20 世纪 70 年代以前，汽车公司赚得盆满钵满，泰勒制工厂更被认定是组织现代大规模生产企业的唯一模式。它们强烈地反对将管理职权下放到车间，而同时工会也希望保持严格但称手的工作分类制度。只有当精益生产的效益显著到无法视而不见

的时候，人们才开始照搬和传播。十几年来，工作小组、与生产效率挂钩的奖金制度、粗线条的工作分工（将多种工作类别缩减到一个到几个）、质量小组等已经风行于美国的工业界，而且很明显地帮助缩短了美国人与日本人生产力之间的差距。

尽管有这些创新，但对于作为精益生产和公社化取向的工厂的核心所在的道德安排，美国管理者仍然无法完全理解。当他们观察日本时，仅看到这是一个工会组织薄弱、工人驯服、管理自治权较大的国家。但他们往往忽视了另一面：家长式的公司制度保证了员工工作饭碗、培训以及较高水平的福利，以换取员工的忠诚、卖力以及最重要的灵活性。在更偏向法律形式的德国也存在这种安排：倘若工人愿意学习新技术和新岗位，雇主会提供高水准的生活和培训条件，使那些剩余的工人转移到更能发挥其作用的不同岗位上。责任和义务是双向的，管理者若只希望工人忠诚、灵活、合作，却 318
不给予任何形式的回报，无论是工作保障、福利还是培训，那么这样的态度则是剥削。

值得注意的是，自发社会性不必永久地固定于一种组织形式，如质量小组或精益生产。事实上，结社的技艺之所以是一种重要的经济优势，是因为它与生俱来的灵活性：人们如果相互信任，善于合作，那么他们可以轻松地适应新的环境，创造出合适的新组织形式。网络和其他现代通信技术使大型企业的经营方式发生了巨大变化，例如不再需要中间管理层。世界经济的全球化创建了新的营销和生产模式，产生了截然不同的组织要求。但是，无论什么样的新型组织形式，都将最先从具有深厚的社会合作传统的社会产生。相反，在适应新的组织形式过程中，那些被源自阶级、种族、亲戚关系的不信任或其他因素分割的社会，则会遇到更多的障碍。

所有跟文化有关的问题都会碰到一样的限制，那就是即便动用政府政策，习惯和风俗的改变程度也是有限的。虽然联邦储备委员会可以改变货币总量，国会可以削减政府开销，但是政府部门若是想要人们更愿意去冒险，或更乐于社交，或更愿意彼此信任，难度则要大得多。因此，首要的商业指令应该让政府政策力求无害，尤其是在追求抽象的多元化或开放性时，不能破坏既有的共同体性质的结构。

另一个需要美国政府少添乱的问题是新移民的同化。移民对美国至关重要，但他们之所以有价值，是因为他们所带来的多样性被成功地嫁接到美国的核心制度上。正如本书所指出的，越熟悉不同文化，就越懂得它们绝不是天生平等的。一名诚实的文化多元主义者应该意识到，某些文化特性对健康的民主政治体制和资本主义经
济是无益的。这个观点并非是要排斥某些人群，只因他们的文化被 319
认为是不可接受的，而是主张通过教育向移民传递美国文化积极的方面，譬如工作伦理、社会性和公民意识等。

鉴于美国历史上的宗教和共同体之间的密切关系，美国人应该以更加宽容的姿态看待宗教，并意识到宗教潜在的社会价值。许多受过教育的人都厌恶某种形式的宗教教条，特别是基督教原教旨主义，并相信自己居于这样的教条之上。但他们要看到宗教对于提高结社技艺的社会作用。[17] 借用历史学家威廉 · 麦克尼尔（William McNeill）的话来说：

> 近来，轻蔑的马克思主义者和不耐烦的自由主义者将旧式的宗教视作 [一个弱点]。当出问题的是社会制度和财产权的时候，为什么要依靠个体和私人的道德改革？但是在 20 世纪，人们努力转变社会制度、取消或修改财产权，以保证所有人有一个良好生活的物质基础，而这一切最后远远没有达到人们的期望。很明显的是，负责分配和再分配的官僚制度或者无力避免或者导致了尖锐的社会弊病。这给自由主义和共产主义的社会改革计划画上了相当大的问号。因此，或许循序渐进的、个体化的、自下而上宗教改革的方法才是更好的选择。或许，一群

> 信仰者组成道德共同体是社会福祉所不可或缺的一部分。也许只有当这种道德共同体与市场行为的强势达成妥协，人类才能在更大范围内充分收获分工和提高生产力带来的好处，而这些正是经济学家振振有词地视作经济发展的合理目标。[18]

这一观点并不是想要在公共生活中推广宗教；回顾美国的宗教历史，其信仰一直较为强盛，正是因为没有国教。这一观点是呼吁对宗教作为文化之源应保有宽容的态度。

了解真正的文化差异非常重要，但对美国人来说却着实不易。多年来，美国经济大体能够自给自足，因而它从未因生存问题被迫去了解他国文化。至今许多美国人有一种自负的想法，其中包括大量有思想的社会科学家，即认为美国文化是普世的文化，随着他国
的现代化进程，它最终将为所有社会所共享。在这种假想中，美国 320
人错把制度当作文化。事实也确实如此，今天许多国家效仿了美国的自由民主政治体制和市场取向的经济。但是，美国文化并不是简单的政治制度与经济制度的叠加。虽然这些制度中的民主特性对美国文化的影响深远，但它们同时也受到文化的支持，而这一文化则有多重源头，譬如宗教和种族。倘若对自己的文化根源缺乏了解，那么想要理解自己与别人文化的不同之处，就更是难上加难了。

近年来出现的多元文化研究呼声，不但没有促进美国人了解其他文化的本质，反而带来了负面影响。今天美国课堂开设多元文化课程的目的，并不是要学生平实地面对和了解文化差异。倘若真是如此，也就没有人会反对这样的文化视野拓展。美国教育系统实行多元文化主义教育的问题在于，它的基本目标不是鼓励学生深入了解美国各少数人种、少数民族的非西方文化，而是要证实这些文化的正确性。对这些文化进行正面评价，似乎远比验证它们的正确性更重要。在有些情形中，它还暗含一种错误的大一统信息，认为所

有文化最终像这些多元文化课程的制定者一样，支持同样合宜的、自由的价值观；在另一些情形下，他国文化被认为是优于美国文化的。这种信条阻碍而非增进了我们对他国文化的了解。

美国人需要清楚地认识到，他们的文化不是单纯的个人主义传统，很久以来，美国人就联合起来，相互合作，并服从各式各样的共同体权威。虽然政府，尤其是联邦政府可能不是这种共同体概念的中心所在，但是服从共同体权威的能力是社会成功的关键所在。[19]这一点对左派和右派都有启示作用。美国的自由派应该意识到，当他们试图通过法律在全社会范围内推广权利平等以及对其的认可的时候，他们不能将美国社会的有机凝聚力视为理所当然。而美国的保守派则必须知道，在他们削弱政府在社会中的作用之前，要先想好如何重建公民社会，并找到照顾弱势成员的其他途径。

站在 20 世纪 90 年代中期，美国的经济前景的确非常好。经过
90 年代初期的经济衰退后，在若干重要领域，美国又诞生了一批高 32
生产能力的、占据技术领先地位的公司。信息技术相关领域的美国公司正在书写一段全新的后工业史。虽然预算赤字和人口老化仍然是未来严重的经济问题，但几十年来，美国经济前景从未有今天这般光明。

在这种情况下，对于美国社会资本衰竭所产生的经济后果，此刻要是拉响警钟，似乎有些不合时宜，不管这警告多么委婉。与其他经济病征不同，社会资本与经济表现之间的关联是间接的、微弱的。如果储蓄利率突然下调或货币供应大幅增加，利率或者通胀的后果在几年甚至几个月内就能感受到，而社会资本的消耗则是在相当长的一段时间内缓慢进行的，在人们没有意识到的时候，社会资本储备便悄然枯竭了。生来就有合作习惯的人群不会轻易失去它，即使信任的基础开始消亡。就这点看来，今日美国结社的技艺看起来仍然健康，新的团体、协会和共同体随时都在涌现。但就其对伦理习俗的影响来看，政治领域的利益集团或网络空间的“虚拟”共

同体无法取代早期价值共享的道德共同体。正如先前讨论的低信任社会所示，社会资本一旦耗尽，则需要几百年的时间才能复原，倘若还有复原的可能的话。

第五部分

丰富信任

在21世纪融合传统文化和现代体制

第27章 325

后起之秀

至此，我的论点已经鲜明，即一个社会的社会资本禀赋，对了解它的工业结构，以及它在全球资本主义劳动分工中的地位至为关键。这些议题固然重要，但是社会资本的影响却绝非止于经济范畴。社会性是对自治政治体制的重要支持，而且从许多方面来说，它本身即是最终目的。虽然社会资本看似一种无理性的习俗，且起源于宗教和传统伦理道德等“非理性”现象，但是它仍然是理性的现代经济和政治体制顺利运转所需的必要条件——对于整个现代化进程的性质来说，这是一种颇为有趣的影响。

但是，在本书最后章节讨论这些问题之前，我们必须先探讨工业结构，即企业的规模、企业在经济中的整体分布，以及单个企业的组织方式，是否确有文化根源，抑或另有一些非文化因素可以更
好地解释先前讨论的种种社会差异。拿儒家文化对中国经济发展的 326
影响来说，人们的看法已发生戏剧性的转变，先前的绊脚石[1]变成了现在的竞争力优势[2]，因此，我们应该对文化的作用持谨慎态度，如果更“吝啬”的解释行得通的话。[3]

与日本、德国和美国的大型公司相比，台湾地区、香港地区、

意大利和法国的私营企业规模相对较小，对此区别，至少有五种解释：第一，小规模是受当地市场的规模局限；第二，受社会的经济发展水平局限；第三，受发展滞后影响；第四，支撑大规模经济组织所需的法律、商业和金融制度匮乏；第五，决定规模的主要因素并非文化，而是政府行为。这些因素中，最重要的是最后一个，必须结合社会资本讨论才能给出完整的解释。

第一个观点认为，规模和工业结构最终受当地市场的大小以及技术的驱动。[4] 某一特定生产工艺的技术水平决定了它得以运行的最低效益规模。例如服饰或家具等领域，最低效益的规模相对较低，而对于较复杂的、高技术含量的工艺，譬如半导体和汽车，最低效益的规模就相当高。例如，以 20 世纪 70 年代中期的技术，很难高效地运作一个年产量不足 600 万吨的炼钢厂，它要求至少三座 250 吨氧气窑炉投入生产。[5] 同样，以今天的技术生产冰箱和汽车，每年的产量必须分别超过 80 万台和 45 万辆，否则无法达到经济效益。[6]

关于市场大小的重要性，亚当 · 斯密有句名言：“劳动分工受市场规模的限制。”也就是说，只有当需求大到足以利用最低效益规模时，才会产生规模经济。一个小公司不会投资定制一台昂贵的机床来加工特殊零部件，除非它确定大批量的零部件销售可以覆盖其成本。而且，如果可以摊到全国市场的话，广告费和销售人力之类的营销成本等都可以降低。[7] 这意味着，企业在国民经济中的规模将在很大程度上与所在国的绝对国内生产总值（GDP）的大小有 327
关：较大的经济体将产生较大的企业。

经济发展水平与企业的大小自然有些联系，但是根据我们分析的案例，这一说法可能要被打破了。从表 3 给出的数据来看，绝对 GDP 与企业的规模并没有关联。1992 年，台湾地区的 GDP 是韩国的 67%，但是台湾地区十大企业的规模只有韩国十大企业的 17%；同样，台湾地区的经济规模是日本经济规模的 5%，而它的十大私营企业规模只有日本十大私营企业的 2%。比较而言，韩国的经济总量是日本的 8.5%，而它的十大企业规模是日本十大企业规模的 11%，显示出更高水平的工业集中度。

欧洲的情况也证明，绝对 GDP 值与企业规模之间也没有关联（见表 3）。意大利的绝对 GDP 是德国的 68%，而意大利的十大私营企业规模只有德国十大私营企业规模的 33%。而在欧洲其他几个更小的经济体中，这种差异显得更为惊人，它们的经济集中度远高于德国：荷兰的 GDP 只有德国的 18%，但从就业人数而言，荷兰十大大企业的雇员人数是德国十大企业员工人数的 48%。[8] 同样，瑞典的十大企业的经济规模只有德国的 14%，员工人数却是德国十大企业的 27%。

表 3. 各国十大私营企业收入与 GDP 对比

（单位：10 亿美元，1992 年）

	前十大企业营收额	国内生产总值（GDP）
美国	755.2	6 039
日本	551.2	3 663
德国	414.3	1 789
法国	233.3	1 322
意大利	137.9	1 223
韩国	61.2	308
台湾地区	10.7	207
香港地区	24.7	86

资料来源：《1994 年国际财政统计年鉴》（*International Financial Statistics 1994 Yearbook*）（华盛顿：国际货币基金组织，1994 年）；“台湾地区情况”（Country Profile: Taiwan），《经济学家情报组》（*Economist Intelligence Unit*）（伦敦：经济学家杂志社，1994 年）；《世界实录，1993 年》（*World Factbook, 1993*），（华盛顿：中央情报局，1993 年）。

将企业规模与当地市场关联的问题在于，许多小型经济体在早 328
期就采取出口导向的生产策略；它们当地市场的大小无足轻重，因为它们的经济是面向更广阔的全球市场的。因此，韩国之所以能够成为电视机的主要生产和出口国，源于当时政府政策有意提高国内电视机售价以抑制销售。对拥有大型公司的欧洲小国，如荷兰、瑞典和瑞士来说，国际市场也同样重要。

第二种解释与第一种相关联，认为企业大小不受当地市场大小限制，而是受制于整个经济发展水平；也就是说，它与绝对 GDP 无关，而与人均数字有关。以小规模企业为主导的社会与那些拥有大型企业的社会处于相同的发展轨迹上，只不过还没有足够时间发展出现代公司结构。美国和德国经济发展初期也以家族企业为主，直到 19 世纪末期现代公司组织形式才开始发展，国民经济在发展初期一般都有大量的劳动力（因而相对廉价），但资本匮乏。随着国民经济的发展，资本不断积累，企业得以向资本和技术密集型产业投资。与此同时，工资上涨，与资本相比，劳动力开始短缺，迫使企业用资本来代替劳动力。企业此时必须向资本更密集的生产领域转移，结果这又需要有更大的工厂和更大的组织来运作。因此，企业规模首先由整体的经济发展水平所决定，反过来，经济发展的整体水平又决定了领先产业的规模。[9] 根据这种解释，所有国家和地区的企业最终将走向一致：当中国台湾和香港地区的人均收入与日本或美国的持平时，它们的工业结构将不再由小规模的家族企业支配，取而代之的也将是现代公司。[10]

这个解释的问题在于，美国和日本早在 19 世纪末就走向了专
业管理，那时它们的人均收入远低于 20 世纪 80 年代中国台湾和香 329
港的水平。事实上，在明治维新之前，即在工业化开始之前，日本就有了专业管理的传统。在香港、台湾和新加坡，较大型的家庭持有并管理的企业其运作大部分已经相当现代化，其中包括家族经理的教育水平和他们使用的技术等。多年来它们一直与日本、美国和

欧洲的公司打交道，因此很难说，它们没有现代企业管理的范式可参考。由此看来，它们未能采用同样的组织和管理技巧，不能简单地归咎于这些国家或地区发展水平的不成熟。[11]

若是拿中国台湾和韩国做比较，发展水平决定论的观点就站不住脚了。台湾地区的人均收入一直比韩国高，而且大多数经济学家认为其整体经济发展水平也胜过韩国。但是表 3 的数据显示，韩国的工业远比台湾地区集中。《财富》杂志最近排名中，亚太地区 150 家大公司中只有 1 家华人企业，而韩国有 11 家。[12] 同样的情况也出现在欧洲，19 世纪时德国的人均收入水平低于法国，但德国更先建立现代公司，在两三代内超过了法国。意大利工业结构的地区性差异也不能用发展水平的观点来解释，因为北方虽然有相对较大的公司，但在 19 世纪 70 年代工业化进程开始时，其城市化的程度不如当时的南方。这些情况显示，企业规模与人均或绝对 GDP 确有关联，但因果关系可能正好相反。也就是说，如果有创建大企业的文化基础，就可以催生出更大的市场和更快人均 GDP 增长，反之却不然。

第三种解释就是社会科学家所谓的“后发展”（late development）理论。[13] 前面的观点都认为所有的国家都遵从一个基本相同的发展道路，这个观点却认为，后发工业化国家可以借鉴早期发展者的经验教训，因而走一条不同的发展道路。有观点认为，后发展理论可以解释日本和德国经济的显著特点：譬如，政府在促进经济发展中扮演重要角色；以银行为中心的财力供给；支持高度集中的 330
工业结构，以及家长式的劳雇关系。

与发展水平的论调一样，后发展的观点也不成立，至少在企业规模和工厂组织的现象上。我们只要将德国、日本与晚于它们发展的国家或地区进行比较就一目了然，譬如意大利、韩国、中国台湾和香港。就工业结构、劳动惯例以及工厂的组织形式而言，在后发展国家（或地区）之间所存在的差异，并不低于后发展者与早期发展者之间的差异。而且日本与德国之所以相似，更重要的原因是因为它们有相似的文化因素，譬如普遍高信任的社会关系，而非二者在大致同一时期开始工业化。

第四个解释认为企业规模小是因为缺乏建立大型、专业化管理型公司所必需的体制和法律结构。许多社会在产权法、商业法和金融机构方面发展缓慢。美国在 1792 年就有了证券市场，与之相比，中国股票市场的发展最近才起步，而且比较不成熟。家族企业往往倾向用借款或者储蓄来集资；股权融资意味着需要公开报告，稀释股权，并提高对外收购的风险。按照这个说法，一旦所有这些制度都到位，那么企业的扩张将超越家庭，就像美国的例子一样。

缺乏正式制度的情况在中国最是明显。毛主义的意识形态是“资产阶级”商业法迟迟不能发展的主要原因。直至今日，中国企业家依旧面临着一个非常武断的法律环境，在这样的环境中，产权可能是一张白条，税收水平也因省份不同而变动，贿赂成为与政府官员打交道的常态。

但在海外华人聚居地，现代商业法的建立已经有了相当长的时间，譬如在香港、台湾地区和新加坡。毕竟香港从一开始就是依照英国法律运作，所以很难将其企业规模的局限归结于制度缺失。

中国社会股票市场的不成熟，可能在一定程度上限制了非家族
企业的发展。但是将华人社会与其亚洲邻国相比，我们就会发现， 331
股票市场的发展不是解释工业集中化的关键，因为在亚洲，股票市场的发展与企业规模之间没有相关性。[14] 韩国的企业虽远比台湾地区集中，但是它的股票市场却远不及台湾地区发达。[15] 韩国的股票交易所建立于 1956 年，韩国政府刻意限制股票市场的发展，以限制外国资本涌入，因此在为韩国公司融资方面，股票市场所起的作用是微不足道的。[16] 对比而言，亚洲最发达的股票交易中心在香港而不在日本，而香港的平均企业规模自二战以后一直在缩小。（亚洲最古老的股票市场是孟买股票交易所，成立于 1873 年。）香

港的股票交易可追溯到 1866 年，而香港证券交易所（Hong Kong Stock Exchange）成立于 1891 年，是香港四大交易所中最古老的一个。[17] 截至 1992 年，香港股票市场的市值为 800 亿美元，而日本股票市场为 26 000 亿美元。但就占国民生产总值（GNP）的比例来说，香港的股票市场资本总额比例大于日本（140% 比 90%）。[18] 而且香港的证券市场还在国际交易中扮演着重要角色，它是欧洲证券和亚太地区其他资产的交易中心。

总体而言，股票市场在整个亚洲扮演的角色相对来说并不重要，因为大多数亚洲公司的借债比例相当高，扩展的资金来源于借贷而非股票。日本的情况与其他亚洲国家一样，虽然日本有相对完善的证券市场，但长期以来，日本大部分的大企业对于银行借贷的依赖程度都远远超过美国公司。日本战前的财阀就是以银行或其他金融机构为中心的工业集团，由这些中心金融机构提供主要的资金来源。与同时期的德国一样，日本的这些金融机构非常成功地使财阀发展壮大，并吸纳了现代专业管理型公司的许多特点。甚至在没有成熟的股票市场时，日本人就已经将家族所有权与家族管理分离开来，而有相对发展完善的股票市场的香港却掩盖了其管理层的真相，许多大型公开上市的香港公司在上层仍然是家族管理的。倘若说台湾地区和韩国的股票市场是因为家庭主义管理的延续而发展不成熟，
这倒是更有道理一些，而不是说因为股票市场不发达而导致家族式 332
管理的延续。虽然政府努力增加股票市场的参与度，但是家族企业一直不愿意公开上市交易，担心失去公司的控制权，以及定期披露财务报告和公司情况的要求。许多家族企业偏向于将一切事情控制在家族范围内。[19]

的确，日本的经连会的部分职能是保护纵向整合所获得的规模经济，它依赖于交叉持股，因而也依赖一个完善的股票市场。但是交叉持股似乎反映的是经连会成员间的实际关系，而不是这些关系最初存在的必要金融条件。[20]

认为企业规模由政府政策决定的观点在一定程度上是成立的。各处的政府均可以通过税制、收购政策、反托拉斯法以及执行反托拉斯法的力度来影响私营企业的规模。[21] 很显然，德国的法律与美国相反，支持卡特尔以及其他大型经济实力集团的发展。日本政府和韩国政府鼓励大规模企业的形成，给予优惠的政策，特别是在信贷上。对比而言，台湾的国民党政府故意抑制大型集团的发展，以避免政治竞争者的出现。韩国政府有意效仿日本政府及财阀，因此以各种方式补贴大型私营企业。结果，韩国政府的产业政策完全盖过了文化因素。韩国的家庭结构更像中国家庭而非日本家庭，它的企业平均规模本应较小，而且工业集中程度也应较低。但是韩国在1961 年以后下决心借用日本模式来推动韩国经济迅速发展，模式的一部分就是日本的大型企业和它们的企业网络。

当然，政府干预经济的程度与私有企业规模之间没有直接联系。香港和台湾地区的企业规模都很小，然后台湾政府在金融领域的干涉程度和韩国相当。和韩国的情况一下，台湾地区（对比英国殖民政府“放任自由”思路管理下的香港）所有负责商业融资的大型银行都归“国有”，且“国有”的时间超过韩国。[22] 台湾地区和韩国都严格控制利率、汇率和资本流动，限制能够在其境内开展业 333
务的外国金融机构的数量。它们均把信贷配给“战略”领域。它们之间的主要差异是，韩国的大型联合企业在信贷分配和定向资源方面有更大的选择权，而台湾政府（在公共领域外）并不偏袒大型企业。[23]

由此看来，在韩国，国家政策在决定工业规模和产业结构方面扮演了重要角色。在日本，它鼓励大型企业的发展，但日本文化原本就有这种倾向。而在台湾地区，政府政策对工业发展诸多方面都有影响，但不涉及企业规模，而文化因素依旧扮演着重要角色。在香港地区，政府举措对于工业结构几乎没有任何影响。因此，香港是华人经济文化最纯粹的例子，即不为政府政策操控所影响。

因此，除了文化因素外，还有许多因素可以影响产业结构。但在解释处于相似发展阶段的各个社会的巨大差异时，传统的经济分析家一直低估了文化的作用，特别是自发社会性的影响。

第28章 335

重返规模

在本书中，我们已经从与经济生活相关的一个特殊文化层面来考察若干社会，即建立新社团的能力。我们深入探讨的所有社会，都在经济上取得了巨大的成功。而且本书重点讨论了亚洲，因为亚洲许多国家的地位正处于从第三世界向第一世界地位发展，而且文化被普遍认为是亚洲成功的一个重要因素。当然，本书也可以去讨论世界其他文化，但是任何比较研究都必须在广度和深度上做出取舍。不管怎样，本书已经构建了一个总体分析框架，用以理解经济社会性发展的不同途径，这个框架也同样适用于其他社会。

下面简要总结一下这个框架及其背后的支持假设。实际上，当
代世界的所有经济活动都是由要求有高度社会合作性的组织，而非 336
个人，来完成的。产权法、契约和商业法都是建立现代市场经济体系必不可少的制度，倘若再佐以社会资本和信任，商业交易的成本将会显著降低。而信任是有共同道德规范或价值的既有共同体的产物。这些共同体，至少就目前它们的成员的体验来说，并非是经济学家所认为的理性选择的产物。

有多种形式的社会资本能够使人们彼此信任并建立经济组织，

其中最明显而且最自然的就是家庭，其结果就是绝大多数企业都是家族企业，无论在历史上还是在当下。家庭的结构影响家族企业的性质：中国南部和意大利中部都有着大的扩展家庭，这成为这两个地区大规模家族王朝企业的基础。除了家庭以外，中国和韩国的宗族等亲戚关系也使信任的范围得以向外扩大。

然而，就对经济发展的影响上说，家庭既是福也是患。如果家庭主义不佐以像儒家和犹太教文化那样的对教育的重视，那么后果则是压抑人才的裙带主义和小集团的停滞不前。家庭主义如果过于强势，就会削弱其他形式的社会性。因此，在中国和意大利南部这样有着牢固家庭主义文化的社会中，非亲戚关系的人之间互不信任，也就阻碍了陌生人在经济企业中达成合作。在大多数文化中，家庭纽带和非血缘团结的力量是鱼与熊掌不可兼得。倘若非亲成员可以轻易地进入，则必然意味着家庭没有形成一个包揽一切的封闭社会。

然而，在其他社会中还存在家庭和亲戚关系以外的其他形式的社会资本。现代化以前的日本就有了各种的不以亲戚关系为基础的社会群体，因为日本的家庭结构允许没有血亲关系的外人融入家庭中。在德国，许多基于非亲戚关系的组织，譬如行会，是从封建时代遗留下来的，而在美国，组织社团的能力是新教宗教文化的产物。换句话说，除了家庭以外，在所有文化中都有不止一条通向社群生 337
活的途径，展现了高度的信任和自发社会性。

然而，许多低信任的家庭主义社会有一个共同点。中国、法国和意大利南部都均经历了一段漫长的强大政治集权时期，专制帝王、皇室或者政府都刻意清除所有权力竞争者。在这些社会中，集权专制以前存在的社会资本被消耗殆尽，如法国行会之类的社会组织被划归政府权力范围。相比之下，日本、德国和美国等具有高度信任的社会都从未经历过较漫长的中央集权统治。日本和德国所经历的封建时代，和美国精心打造的宪政结构，都使得政治权力比较分散，于是大量社会组织得以在没有政府插手的情况下繁荣发展，并成为经济合作的基础。

虽然有一类社会我们没有讨论，但它的确有存在的可能，即缺乏强大的家庭也同时缺乏强大的社团组织的社会，换句话说就是全面缺乏社会资本的社会。我们接触到的最接近这种情形的例子，就是爱德华·班菲尔德笔下的意大利南部的赤贫农民——他们的家庭都是核心家庭，既小且弱，以及当代美国大城市中心区的黑人下层阶级——在那里单亲家庭已成为普遍现象。当然，还有其他例子。俄罗斯的乡村在国家集体农场（集体农庄 kolkhoz 和国营农场 sovkhoz）之外没有什么丰富的生活，而俄罗斯的农民家庭也问题重重，羸弱不堪。许多现代非洲城市也面临着这种局面，随着快速的城市化进程，旧式的部落结构和家庭纽带土崩瓦解，但又还没有强大的、家庭关系之外的自发社团来填补。这种高度分化的社会无法为经济活动提供发展的沃土，它既不支持大型组织也不适合家族企业。贯穿这些社会一个有趣的现象则是失足社群：真实存在的社群结构都是犯罪组织。人类似乎有着天生的、普世的社会性倾向，这样的倾向如果无法从家庭或者志愿组织这类的合法社会结构得以
实现，那么就会转而以病态形式出现，譬如犯罪团伙。事实上，作 338
为社会组织的最强的形式之一，黑手党已经出现在意大利南部、美国内城、俄罗斯和许多撒哈拉以南非洲城市。

具有高度自发社会性的文化所产生的最直接的结果之一，就是构建大型现代企业的能力。当然，大型专业管理型公司的出现是受科技和市场规模等诸多因素的驱动，因为生产商和分销商永远寻求最大规模效益。但大型企业开发这种效益的能力，在很大程度上得益于既有的自发社会组织倾向的文化。日本、德国和美国三大高信任的社会率先发展出大规模、专业型管理企业，这并非偶然。法国、意大利、中国大陆以及香港、台湾地区等低信任社会，则在较晚时期才得以超越家族企业走向现代公司模式。

倘若一个社会缺乏广泛的信任和自发组织社团的倾向，则有两

种途径来建立大规模经济组织。第一种方案自古就有，即通过政府来促进经济发展，通常的形式是组织国有和国营企业。许多有强大政府的家庭主义社会希望发展大规模企业，都选择了这条途径，譬如法国、意大利和中国台湾。韩国也属于这一类别，虽然它的大型公司在理论上是属于私有，但它们在韩国经济中的支配地位则要归功于韩国政府长期的优待政策。

在低信任的社会中建立大型组织的第二种途径是，海外直接投资或与大型海外合作者建立合资企业。这一途径在本书中并未展开讨论，但它为许多发展迅速的东南亚国家所普遍采用。本书中讨论的国家大部分都回避大规模的海外直接投资，而是选择建立启用本土人才的大公司（虽然常常利用外国资本）。新加坡、马来西亚或泰国等国的最大公司名单上除了国有企业之外，还常常包括大型跨国公司的本地分部。拉丁美洲的许多国家以及一些前共产主义国家也采用这种模式。

也许有人会说，既然通过政府干预或外国投资，就可以解决私 339
有领域无力构建大规模经济组织的问题，那么从长远看，整个自发社会性的能力问题就无关紧要了。从某种意义上可以这么认为。法国的私有经济虽然不发达，但是它仍然通过国有或国家扶持的企业获得了技术强国的地位。不过对于这种论调，需要格外提请注意的是：由国家运营的公司普遍比私有公司效率低下，管理者往往依据政治标准而非市场标准来制定决策，简单的计算失误就可能导致全盘政府战略投资的方向出错。当然，在有些文化中的国营公司比在其他文化中管理得更好，而且也有一些机制来保护它们不受政治压力影响。但即使韩国或台湾的半国营公司比巴西或墨西哥的管理更完善，它们的效率和活力仍然不及私有公司。

外商直接投资亦会产生各种问题。外国的技术和管理技巧最终将渗透本地经济，但这一过程可能需要若干年的时间。与此同时，跨国企业分公司所在国还面临着一个问题，即如何使用本国人来开办并控股一些有竞争力的公司。许多快速现代化国家或地区，譬如日本、韩国和中国台湾，都允许外国资本的流入，但限制跨国企业的直接投资，使本土企业有机会朝着全球水平发展。直接投资可以立即引入技术和管理方式，但也可能会延迟建立基础设施和教育投资，而这些则是培养有实力的本土工程师、企业家和经理群体所必需的。与其他形式的依赖一样，外商直接投资往往会产生不满和嫉妒情绪，最终可能蔓延到政治领域。

自发社会性等文化因素只是促进国内生产总值整体增长的几个因素中的一个，并不总是最重要的。主流经济学家研究的问题，譬如宏观经济政策（包括财政和货币政策）、体制、国际环境、贸易壁垒等等，依旧是影响国内生产总值长期增长的首要因素。自发社会性的最重要的影响应该是在工业结构上，即国民经济中大公司与小公司的数量和重要性，它们的互动方式，网络的存在与否等等。340
在某些社会中，文化抑制了大公司的发展，而在一些社会中，它激励大公司的增长，在另一些中则催生出新的经济企业形式，如日本的企业网络组织。

反过来，工业结构又决定了国家在全球经济中的参与领域。建立大型企业的目的，是为了在资本密集型、涉及复杂的生产工艺或要求广泛分销网络的领域达到规模经济。而小公司则更善于组织劳动密集型的商业活动，存在于对灵活性、创新性及快速决策有高要求的领域。拥有巨型公司的社会向汽车、半导体、航空等产业倾斜，而那些以小企业为主的社会将重点发展服装、设计、机床和家具等产业。值得注意的是，时至今日我们都没有发现在平均规模与国内生产总值增长之间有联系。不同的社会通过大企业或者小企业途径都获得了巨大财富。中国台湾并不因为企业规模较小而不及韩国富有，而意大利的经济增长在 20 世纪 80 年代高过德国。小公司虽然在财力、技术资源和持久力方面有所不足，但他们在灵活性、快速决策、无庞大的官僚体系、创新性等方面又有优势。

大公司与小公司的力量对比随着时间的推移而发生了变化。20世纪前半叶，大多数人把高水平的工业现代化与大规模联系在一起，鉴于大规模重工业曾在 19 世纪后半叶把美国和德国推上了工业强国的前沿，世界各国政府纷纷鼓励各种大规模重工业的发展，一时在全世界成为潮流。

近年来，这种趋势开始朝相反的方向发展。美国和欧洲的国家政策近几年受到这样一种观念的引导，即认为小公司更有创新性，且能够创造更多的就业机会。今天，大多数公司试图裁员，将权力下放，使机构运作更趋灵活。在计算机产业有一个众人皆知的案例，即史蒂夫 · 乔布斯和史蒂夫 · 沃兹尼亚克（Steve Wozniak）在他们的汽车库中发明了个人电脑，掀起了一场技术革命，并在十年之中，削弱了 IBM 公司的竞争力。还有人认为，通信技术的进步使工业的分布比以前更去中心化、更分散，从而在小公司和大企业之间达 341
到平衡。

目前的小公司热潮并不比先前的大公司热潮更有理可依。[1] 在许多领域中，重要的规模经济设定了一定的最低效益标准。今天，建立一个先进的硅片生产厂需要花费十多亿美元，而过去十年间，硅片的价格一直稳步上扬。医疗、电信等领域的持续兼并和收购热潮，证明了兼并决策的执行者依然相信规模经济有利可图。事实上，小作坊式的软件生产，即由个人创业者在自家车库中编写完成具有开创性的应用程序，根本不是其他高科技领域的特点。今天，即使是编写有竞争力的软件程序也是一项官僚化且日趋大规模的工程。[2] 创建一个操作系统可能在资本密集程度上不如建立一个综合钢铁厂，但是不管怎么说，它是一种可以从规模经济中获益的行为。美国的软件工业逐渐被微软公司这个大玩家所支配，而小型新公司纷纷被吞并、收购或破产。

规模以及因此而来的小公司与大公司的相对重要性在未来可能还会发生变化，而且是以我们无法预知的方式发生。未来的规模经济的发展将依赖于目前尚未产生的技术，因而无法预测。没有人可以预知，IBM 的大规模研发优势什么时候会因决策迟缓而削弱，也没有人能预知，连续铸造技术的发展什么时候能让小型炼钢厂从传统的大型综合钢铁厂手中抢走市场份额。在将来，规模经济可能在某些领域有所减弱，而同时在另外一些领域会有所增强，因此不会出现一边倒的现象。

鉴于这些不确定性，我们也可以认为，未来组织的最佳模式将既不是小公司也不是大公司，而是集合了这二者优势的网络结构。网络组织可以利用规模经济，同时避免了大型、集权组织的庞大开销和中间成本。倘若果真如此，具有高社会信任度的社会将有天然的优势。如果网络的成员遵从一套非正式的规则，而不需要谈判、 342
裁决和执行等日常开销，则网络组织的交易成本可以大幅降低。企业网络成员之间的信任一旦破裂，它们之间的关系就不得不又落在合同上，非正式的规则也需要罗列成章，有了分歧则需要第三方来解决。至此，网络组织也不再像一个网络，而开始向市场关系或旧式的科层制公司靠近，而具体的偏向则取决于网络内成员的聚合程度强弱。

精益生产可能是网络结构在高信任社会中获得效率的最佳案例。精益生产将决策权下放到底层车间，用非正式的工厂共同体意识来取代需要集中指导的基于规则的合作。同时它还倾向于拉平整个组织内的报酬标准（它通过消除基于资历的雇佣和晋升制度达到了激励个人的目的）。奖惩政策的缺失在更高的团队努力、忠诚和团结性那里得到补偿。这种网络组织对生产效率的提高所产生的影响巨大且可以衡量，而且已经遍及市场的各个角落。

自发社会性对经济生活产生了重大的影响。它影响着国民经济的整体结构、工业格局分布、政府希望扮演的角色、工人与管理者及工人之间的相互关系。它同样对于国内生产总值有着重要的影响。我们完全可以想象，未来既有可能由复杂、成熟的大公司引领财富创造，也有可能由小巧、敏捷、创新的小公司来支配。由于我们无法预知未来技术的发展方向，因此我们不知道哪一种设想将会变成现实。我们能够肯定的是，社会性方面的文化差异将对未来经济生活产生巨大的影响，至于影响到底是怎样的，我们无法预知。

第29章 343

奇迹迭出

讨论至此，我们可以确凿地说，经济发展既不存在单一的亚洲模式，也不存在所谓的统一的“儒教挑战”威胁西方。

当然，所有东亚社会都有一些共同的文化因素。这其中包括对教育的重视和尊重，中国、日本、韩国以及其他受儒家影响的文化都有这个特点。五十年或一百年以前，尊重知识的文化并没有什么经济意义，彼时高等教育的回报相对较低，但是在今天的技术世界中，技术和教育的回报急剧上升。虽然市场本身刺激教育投资，但如果父母鞭策孩子在学校努力学习，同时政府建立教育体制帮助学生培养努力学习的习惯，那么效果会更好。

同样，所有东亚文化都有相似的工作伦理，尽管这些观念在不
同的国家有不同的根源。在日本主要源于佛教，而在韩国和中国则 344
似乎源自儒家思想。[1] 所有这些社会都顺应了世俗的劳动价值观，过去鄙视经商、赚钱或贬低日常工作尊严的贵族或宗教价值观都已消失了。

最后，在大多数亚洲社会中，在引导经济发展方向上，政府扮演了相当重要而且积极的角色。但这远远算不上亚洲发展的普遍

特色。从韩国朴正熙时代的高度参与，到香港的英殖民政府的“放任自由”，东亚各国政府的干预行为在深度和本质上有着千差万别。查莫斯·约翰逊（Chalmers Johnson）和詹姆斯·法洛斯等认为，政府干预和产业政策是亚洲“经济奇迹”的根本，但是经济成功与东亚各国政府干预之间并没有必然关系，这一事实证明，产业政策本身不是决定增长的关键。东亚在文化上与众不同的地方，是企图施行经济干预的政府更加成功地避免了不利影响。

然而在自发社会性方面，日本、中国和韩国存在着巨大的差异，这些差异催生出不同的工业结构、管理方式和组织形式。新加坡和中国大陆以及东南亚其他国家迅速崛起，并走上一条与日本相似的发展道路，只不过稍有延迟，于是，许多美国人和欧洲人往往认为，亚洲比实际看到的更为同质化。这个观点得到了东亚儒家挑战论拥护者的进一步支持。

但实际情况是，亚洲国家被分隔到世界经济的不同领域，而且这种局面还可能延续相当长的一段时间。日本和韩国因其大型企业而进入了汽车、消费电子产品和半导体等领域，直接与北美和欧洲的大型企业竞争。但这不是大多数华人社会的天然优势，他们更擅胜场的是灵活性比规模更重要的领域。事实上，亚洲有两种相对立的经济文化，一种是日本文化，另一种是华人文化。两种文化都是基于大型网络组织，但日式网络是建立在普遍社会信任基础上，而
华人网络组织则是基于家庭和亲戚关系。这些网络组织之间平常也 345
会有互动，但是它们的内部结构却朝着全然不同的方向发展。

华人社会在建立大规模私有专业管理型企业方面所经历的重重困难，在将来会转变成一个政治难题，而非经济难题。缺少大规模专业管理型企业是否会成为国内生产总值快速增长的一大障碍，这一点尚不明朗。认为华人家庭主义阻碍了经济现代化进程的观点是完全错误的，即便考虑到它缺乏组织大型机构的技术发展，这一看法也仍是错误的。事实上，同样有可能发生的情况是，在企业迅速

重组和缩小规模的时代，小型的华人家族企业会比大型日本企业发展得更好。如果这些社会的唯一目标是最大限度地增加财富总值，那么它们根本没有必要替换规模相对较小的家族企业模式。加拿大、新西兰和丹麦通过农业、原材料和其他低端技术产业增加了财富。它们貌似也并没有因为本国缺乏强大的半导体工业和航空工业而不开心。

另一方面，许多国家相信，在某些战略关键领域取得工业成功本身就是一件好事，可能因为它们相信自己比市场更了解最好的长期回报在哪里，也可能因为它们所追求的是国际威望或国家安全等非经济目的。法国和韩国就是这样的代表，它们的经济决策往往受强烈的非经济目的影响。

对于这些社会而言，自发建立大型组织倾向的匮乏可能会给它们带来最大的麻烦。如果私有部门无力自己打造战略性产业，那么国家将极有可能插手，鼓励经济朝这个方向发展。直接由国家资助的工业发展将带来各种与受市场驱动投资无关的风险。

对于中国大陆而言，国家主导的经济发展将成为一个很大的问题。中国经济有两部分，一方面是老旧而缺乏效率、且每况愈下的国有部门（其他的且不说，它拥有世界上最低效的汽车制造业），一方面是主要由小型家族企业或海外合资企业组成的新兴市场领域。在今天的中国，尚未看到一个现代化、高效率、土生土长的大型民营企业部门。在最近几年中国的总量以惊人的速度增长（1992 346
年和 1993 年每年达到约 13%），这在很大程度上是资本主义小企业部门和外国投资的推动。通过向一个巨大而缺乏效率的计划经济引入市场激励机制，这一增长速度才成为可能。目前，中国的穷困状况使它无力担心其产业的行业分布情况，现在这样惊人的增长速度足以让每个人都心存感激。中国经济还有许多基本问题有待解决，譬如建立稳定的产权和商业法系统。

但如果中国大陆下一代或两代时间内赶上台湾或香港目前的人

均收入水平，那么它会出现大问题。一系列潜在的问题对于中国观察家来说都不陌生，这些问题都可能刹住国家的未来发展，如通胀压力，基础设施缺乏，发展步伐过快导致的瓶颈，沿海省份与内陆地区的人均收入之间的巨大差距，以及大量现在埋下的、但终究会爆炸的环境定时炸弹。此外，中国也将面临发展大中型专业管理公司的问题。当香港和台湾地区沿着市场路径取得更快发展时，它们就会放弃某些能带来高度威望的制造行业而留给他人，但中国大陆则不太可能这样做，部分原因是中国作为一个大国是不会想被排挤在现代高端工业大门外的。中国的规模也决定了它最终将制定一个平衡的经济，同时包括资本和劳动密集行业。它不能指望像东亚小国那样，通过参与利基市场而达到整体高水平的发展。

但是，对于中国而言，从家族企业向现代企业的转型，将要比日本或美国的情况更加棘手，而且政府需要扮演更大的角色。最起码，中国需要通过其政治制度的基本合法性构建政治稳定，以及一个既不容易出现过度的腐败，也不轻易受外界政治影响的，有能力的政府结构。但是对于当前中国的政治体制，大多数观察家都说不清楚，它是否能够顶住由匆忙工业化所造成的巨大社会经济压力，以及中国在 21 世纪是否变成一个军事国家。一个不稳定的中国，或由紧张和反复无常的政府统治的中国，都不是一个对明智的经济
政策决策有利的环境。347

日本和中国的经济文化之间的反差，对于日本也有着重要影响。随着日本成为经济超级强国，一些日本人认为所谓的“日本模式”，即便算不上可供世界其他地区效仿的模式，起码是值得亚洲国家效仿的。[2] 事实上，日本人也确实有许多地方可供其他亚洲国家学习（更不必说北美和欧洲的竞争者），它们在过去的几十年中已经从日本的科技和管理技巧上获益良多。

但是，在产业结构方面，日本和其他亚洲文化之间存在巨大差距，有理由相信，华人社会想要采用日本的做法是非常困难的，譬

如日本的财阀体系似乎是很难移植到华人社会中去。中国的企业和企业家似乎过于个人主义，所以无法顺应这一风尚，无论怎样，他们还有以亲戚关系为基础的网络。精益生产是否能像在日本和北美一样，在中国社会成功实施，我们还不清楚。换句话说，华人要找到一条自己的通往现代性的组织路径。

第30章 349

社会工程终结之后

在世界范围内，基本制度都朝着自由民主政治和市场经济的方向趋同，这迫使我们要回答这样一个问题，即我们是否已经到达“历史的终点”？也就是说，人类历史发展的进程止步于黑格尔的资产阶级自由民主社会，而非马克思版本的社会主义。[1]

本书的一些读者可能认为，笔者的立场与前面完全不同，而且自相矛盾，因为他们相信本书反对纯粹的自由经济秩序，而拥护传统和共同体精神。这个解释与事实相去甚远。[2]本书讨论的传统文化，包括日本、中国、韩国以及欧洲专制的旧天主教文化，都无力构建现代资本主义经济秩序。韦伯常常因认为日本和中国等儒家社会无法成为成功的资本主义社会而遭抨击，但是他实际的观点可能更狭
隘一些：他希望知道为什么现代资本主义，以及现代世界的其他现 350
象，譬如自然科学和对自然的理性控制等，只出现在新教主义的欧洲，而没有出现于传统中国、日本、韩国或印度。[3]他在这一点上是完全正确的，他认为这些传统文化的许多方面不利于经济现代化。只有当从外界引入现代经济，资本主义才能够在这些社会中发展起来，在日本和中国这都是与西方接触的产物。西方先进的技术和社

会模式迫使这些社会摒弃了其传统文化中的许多关键元素。中国抛弃了“儒家政治”(political Confucianism)，整个帝国体制和附庸其上的儒者阶层；而日本和韩国摒弃了严格的传统等级制，前者不得不为武士道精神重新定向。

在过去的几代人时间中，亚洲社会经济的蓬勃发展，无一不是通过向其本土文化体系中注入自由经济主义的重要元素而实现的，包括产权制度、契约、商业法，以及西方思想中涉及理性、科学、创新和抽象化的全面影响。李约瑟(Joseph Needham)及其他学者的著作显示，中国在公元1500年的科技水平超过欧洲。[4] 然而，当时中国所缺乏的是这样一种科学方法，它通过观察和试验使得循序渐进地征服自然成为可能，而这一方法后来在欧洲得以发展。这样的科学方法本身必须经由对基础物理原理进行抽象推演，从而揭开事物之间更深层次的联系，而这对于有着多神论文化传统的亚洲则显得十分陌生。[5]

不难理解为什么华人社会里，最早实现工业化和繁荣发展的地区，包括香港、台湾和新加坡，都是受西方列强国家控制或影响，譬如英国和美国。从传统社会向自由主义国家的移民，如去美国、加拿大和英国，要比在国内的同胞发展得好很多，这并非偶然。在所有这些案例中，自由社会的组织架构都成为一种解放力量，帮助摆脱传统文化对企业家精神发展的压抑和对物质财富积累的限制。

在另一方面，大多思虑周密的政治自由主义观察家和理论家都清楚，这个理论不能自我维系，至少就其霍布斯式和洛克式的形态 351
而论，它需要那些并非起于自由主义的传统文化的支持。也就是说，如果一个社会，完全建立在为满足自己的私欲而以社会契约的方式走到一起的理性个体之上，是不可能持久维系的。针对霍布斯的批评往往谈到，这样的社会根本无力激励公民牺牲自己来保护更大的共同体，因为他们组成共同体的目的就是为了保护个人的生活。更广义地说，如果个体只是基于理性的长期自我利益而组成共同体，那么共同体将缺乏公共精神、自我牺牲精神、荣誉感、慈善以及其他所有使共同体得以运行的美德。[6] 事实上，如果家庭只是理性的、自利的个体之间的基本契约，那么我们很难想象家庭生活有任何意义。[7] 虽然，从历史上看，自由主义的兴起是为了挣脱宗教对公共生活的控制，但是大多数自由主义理论家认为，宗教信仰不能、也不应该从社会生活中剔除。虽然美国的国父们不见得都是信教者，但实际上他们都相信活跃的宗教生活、对于上帝奖惩的信仰，对美国民主制度的成功至关重要。

经济自由主义也可沿用类似的观点。现代经济是理性的、功利主义的个体在市场上互动的产物，这一点毋庸置疑。但是理性的功利最大化并不能解释，为什么有些经济体繁荣发展，而另一些经济体则停滞或衰落。人们对工作而非闲适的重视程度、人们对教育的尊重、对家庭的态度，以及他们对同胞的信任程度，都对经济生活产生直接的影响，但这些都不能用经济学家眼中的人的基本模型来得到正确的解释。唯有当个人主义经过公共精神的中和，自由民主作为一个政治制度才能得到最好地实施，同理，只有当个人主义经过共同体倾向的平衡，资本主义才得以长足发展。

如果民主制度和资本主义在佐以非自由主义的文化传统后表现最佳，那么很显然，现代性和传统在相当长的时间内可以和平共存。经济理性化和发展的过程是一种极其强大的社会动力，它可以使社会沿着某种统一的路线走向现代化。从这一个角度看，马克思—黑格尔意义上的“历史”的确存在，也就是使不同文化走向同化，推 352
动它们朝“现代性”的方向发展。但是，既然契约和经济理性能达到的效果终究有限，那么现代性的特征将永远不可能完全统一。比如某些社会可以因为经济组织在交往中彼此信任而节省大量交易成本，从而比低信任的社会效率更高，而低信任的社会则需周详的契约和执行机制。这个信任不是理性计算的结果：它源于与现代性无关的宗教或伦理习俗。换句话说，最成功的现代性模式不完全是现代的，即它们不是建立在自由经济和政治原则在全社会的普及之上。

这个问题可以用另外一种方式表现。不仅像共产主义这样的宏大意识形态工程失败了，就连其他往往由民主政府所推行的、更温和的实行社会工程的努力，也在 20 世纪末宣告失败。法国大革命为迅速的社会变革拉开了序幕。之后的二百多年里，所有欧洲社会以及许多欧洲以外的社会，从贫穷、未开化、农业的集权专制社会，转变为城市化、工业化、富裕的民主社会。在转变的过程中，政府在促成和辅助转变中扮演了重要角色（当然也有一些政府试图停止这一转变）。它们完全废除了社会等级制；它们致力于土地改革并将大片私有土地划分；它们引入现代立法机制以保护日益增长的人口的平等权利；它们建立城市，鼓励城市化；它们向全体人口普及教育，为现代复杂的、信息密集的社会提供基础设施。

但在过去的一代间，越来越多的指标显示，大规模社会工程的结果是其边际收益越来越低。1964 年，《民权法》在法律上为美国种族歧视画上了句号。但之后的事实证明，想要消除美国黑人在实质上的不平等是一个更棘手的问题。20 世纪三四十年代就有了非常明了的解决方案，即福利社会的扩张，通过重新分配收入或创造就业机会，向少数族裔开放医疗卫生、教育、就业以及其他社会福
利。到 20 世纪末，这些解决方案不仅收效甚微，而且许多情况显示， 353
这些做法反倒加深了原本想要解决的问题。上一代人以前，社会科学家普遍认为贫穷与家庭破裂在很大程度上存在因果关系，即由前者导致后者。今天，人们越来越无法确定，也很少有人相信当代美国家庭问题单凭收入平等就可以解决。我们经常看到的是，国家政策因向单身母亲提供津贴而鼓励了家庭的破裂；但远没有那么明朗的是，家庭一旦破裂后，国家政策如何重建家庭结构。

正如许多时事评论员所认为的，共产主义的坍塌以及冷战的结束并没有导致全球部落主义的高涨，抑或 19 世纪民族主义对抗情况[8]，抑或文明破碎而沦陷于极度暴力的情形。[9] 自由民主制度和

资本主义成为现代社会政治和经济的基本组织形式，也是唯一的形式。快速的经济现代化拉近了许多前第三世界国家和工业发达国家之间的距离。随着欧洲的一体化和北美自由贸易协定的签署，地区间的经济纽带日趋紧密，明显的文化界限也将不断模糊。实施关税贸易总协定（the General Agreement on Tariffs and Trade）的乌拉圭回合谈判将使自由贸易地区进一步消除国际界限。日益激烈的全球竞争也迫使各公司跨越文化界限，采用无论源自何方的“最佳方法”，譬如精益生产方式。20 世纪 90 年代出现的全球经济衰退给日本和德国带来巨大压力，迫使它们纷纷缩减极有文化特色的家长式劳工政策，转向更纯粹的自由经济模式。现代通信技术革命促进了经济全球化，以惊人的速度传播想法，从而加速了这种趋同趋势。

但在我们这个时代，即使在许多方面世界趋向同一，实质性的文化差异的压力仍然存在。现代自由政治和经济体制不仅与文化元素共存共荣，而且在许多情况下二者结合能够达成更好的效果。如果许多重要的社会遗留问题在本质上是文化问题，而且如果社会之间的主要差异不是政治、意识形态甚至体制上的差异，而是文化上的差异，那么我们可以推断，各个社会将继续保留有文化差异的领 354
域，而且在不久的将来，这些领域将逐渐凸显出来。

看似悖谬的是，使全球成为地球村的通信技术也将促使人们注意到文化的差异。自由主义有一个很强的信念，认为在表面之下，其实世界各地的人基本上都相似，而更多的交流将带来深层次的了解与合作。不幸的是，在大多数情况下，彼此熟悉催生的是轻蔑而非同情。近十年来，类似的事情就发生在美国和亚洲之间。美国人逐渐认识到，日本并不是简单的资本主义民主阵营盟友，日本以不同的方式实行资本主义和民主制度。这种了解带来的诸多后果之一，是日本研究专家中出现了修正派，他们较少同情东京政府，并认为应该采取更强硬的贸易政策。亚洲人也通过媒体对美国的犯罪、吸毒、家庭破裂等现象，以及美国社会其他问题的生动描述而对美国有所了解，许多人认定美国并不是一个吸引人的楷模。新加坡前总理李光耀就成了一个美国的亚洲修正主义的代言人，这一观点认为，自由民主并不是一个适用于儒家社会的政治模式。[10] 主要体制的趋同使得人们更加热衷于保存他们各自的文化特性。

即便这些差异无法调和，至少我们可以正视。显然，一个人不可能站在自身的角度开始严肃地研究外国文化。另一方面，在美国，进行严肃的文化比较研究的最大障碍之一，就是基于政治理由而假设所有文化一概平等。所有这种研究都要求按照某个标准来发掘文化的差异，本书就是以经济表现为标准。对于经济繁荣的追求并不是由文化决定的，而是普世的。在这样的语境中，很难不对不同社会的优点和弱点加以评价。单单说每一个社会最终会以不同的途径达成同样的目标还不够。一个社会如何达成目标以及它达成的速度，都将影响民众的幸福，而有些社会永远也无法达成目标。

第31章 355

经济生活的精神化

社会资本对经济繁荣以及所谓的竞争力至关重要，但它对经济生活的更重大的影响不像在社会和政治生活方面那么容易察觉到。自发社会性所产生的影响不容易在总收入统计资料中被捕捉。人类一方面是狭隘的、自私自利的个体，同时也是具有社会性的生灵，他不愿孤独，他需要其他人的支持和承认。当然，也有人也更愿意在低信任的泰勒制大生产工厂中工作，因为它规定了他们获得报酬所需要的最低工作标准，此外几乎没有其他要求。但是从整体看，工人不希望被看作一台大机器的螺丝钉，与经理和同事隔离，对自己的技术或组织毫无自豪感可言，而且对他们谋生的工作几乎没有权威和控制可言。埃尔顿 · 梅奥（Elton Mayo）的所有实证研究都显示，工人在以团队取向的组织中比在更为个人主义风格的组织中 356
更快乐。因此，即便低信任工厂或办公室的工作效率与高信任的不相上下，但后者是更让人有满足感的工作场所。

更进一步说，成功的资本主义经济显然是稳定的自由民主制度非常重要的支柱；当然，资本主义经济也有可能与威权政治体制共存，譬如今天的中国大陆、从前的德国、日本、韩国、台湾地区和西班牙。但是从长远看，工业化进程本身需要教育程度更高的民众、更精细的劳动分工，而二者都是民主政治制度的支持力量。因此，当今几乎所有富裕的资本主义国家都有稳定的自由民主制度。[1] 波兰、匈牙利、俄罗斯、乌克兰和其他前共产主义国家最大的问题是，他们企图在没有运作良好的资本主义经济的情况下建立民主政治制度。倘若没有公司、企业家、市场和竞争，贫困就无法消除，而民主制度的良好运作也得不到至关重要的社会支持。

有观点认为，市场本身就是培养社会性的学校，它为人们相互合作、共同谋求富裕提供机遇和诱因。但是，虽然市场确实在一定程度上也会强加自己的社会化纪律，但本书更大的主题是，一旦国家退场，社会性不会自发出现。社会合作的能力取决于既有的习俗、传统和惯例，正是这些元素本身组成了市场的结构。由此可见，更近似的说法是，与其说成功的市场经济是稳定的民主制产生的原因，不如说它们是由社会资本的既有因素共同决定的。如果社会资本雄厚，那么市场经济和民主政治都将繁盛发展，而市场实际上扮演的角色是培养社会性的学校，由此强化民主制度。威权政体的新兴工业化国家的情况尤其如此，在这些国家中，人们可以先在工厂学会新的社会性形式，然后再沿用到政治中。

关于为什么资本主义与民主制度有如此紧密的联系，社会资本的概念给出了清楚的解释。在一个健康的资本主义经济中，应该有足够的社会资本支撑整个社会，使企业、公司、网络组织等等能够自行组织起来。在没有这种自我组织的能力时，国家将进行干预，
扶助重要企业和领域，但当私有部门能够自行决策时，市场总是运 357
作得更有效率。

这种自我组织习性也正是使民主政治体制顺利运转的必要条件。只有建立在民众自治之上的法律，才能将自由制度转化为有序的自由。但倘若大众无组织、个体孤立，只能在大选时才能表达自己的观点和喜好，自由制度是不可能名副其实的。即使大多数人都

持同样的观点，他们的软弱和孤立也使他们无法清晰地表达自己的意见，从而为专制和煽动打开了方便之门。所有实质性的民主社会中，只有通过政党或其他组织形式的政治集团，社会各成员的利益和愿望才能明确地表达和代表出来。而且，只有当拥有共同利益的人能够为共同的目标达成协作，一个稳定的政党才能成形；归根结底，这一能力基于社会资本。

自发社会性是建立持久企业的关键，也是组建有效政治组织不可或缺的条件。缺乏真正的政党，政治集团只有根据多变的个人或庇护人—依附者的利益关系来建立；它们容易破裂，即使有强烈愿望也无法为共同目标达成合作。倘若一个国家的私有企业弱小，其政党系统也必定支离破碎且不稳定。如果我们拿美国和德国跟法国和意大利相比，事实其实就是这样。在后共产主义社会，譬如俄罗斯和乌克兰，私营公司和政党都薄弱或根本不存在，而选举总是在极端的个人而非前后一贯的政治规划之间蹒跚。在俄罗斯，所谓的“民主党人”在智识上都相信民主和市场，但他们缺乏建立统一政治组织所必需的社会习惯。

一个自由国家最终是一个有限国家，政府行为受到个人自由的严格制约。如果这样的社会想要避免无政府或无法治理的状态，那么在政府以下的各级社会组织就必须能够自我管理。这样的社会最终不仅仅依靠于法律，还需依靠个体的自我约束。如果他们不能彼此忍让、相互尊重，或不能遵守他们自己设定的法律，他们将需要一个强大而且强制的国家来维持社会秩序。如果他们不能为共同的目标团结，那么他们将需要一个干预性的政府来提供他们自己无法 358
提供的组织形式。马克思所设想的“国家的消亡”（withering away of the state）只可能在自发社会性极高的社会中出现，约束和基于准则的行为只可能源于内生，而不能由外部强加。社会资本很低的国家不仅容易导致弱小且缺乏效率的公司，而且也将深受政府官员腐败横生和公共管理效率低下之苦。意大利的困境就是一个例子，从北部和中部到南方，就能明显地看到社会分化和腐败之间的直接联系。

充满活力、繁荣的资本主义经济对稳定的民主制度至关重要，甚至在一个更为根本的意义上说，它关乎人类行为的最终目的。在《历史的终结与最后的人》一书中，我论述了人类的历史进程可以理解为两大力量的共同推动。[2] 第一种力量是理性的欲望，在这种欲望下，人类企图通过财富的积累来满足自己的物质需要。第二种力量也是历史进程中同样重要的动力，即黑格尔所谓的“寻求承认的斗争”，也就是说，所有人都希望自己从根本上作为自由的、道德的存在而被其他人承认。[3]

理性的欲望或多或少与新古典主义经济学所谓的理性功利最大化相对应：无止境地积累物质财富，以满足不断增长的欲望和需求。寻求承认的欲望则并没有物质目标，而只是寻求在他人的意识层面上提高对其价值的评估。所有人都相信他们有某种与生俱来的价值和尊严。当这个价值未被他人充分承认时，他们会恼怒；当他们未能达到他人的评价时，又会觉得羞愧；只有他们得到恰如其分的评价时，才会感到由衷的自豪。这种寻求承认的欲望是人类精神中异常强大的部分。恼怒、自豪和羞愧等情感，是政治生活中大部分政治热情和动机的基础。寻求承认的欲望随处可见：譬如离职员工之所以气恼，因为她觉得自己的贡献未得到充分的承认；又譬如民族主义者之所以义愤填膺，是因为他希望自己的国家以与他国平等的地位被承认；反对堕胎的人之所以愤怒，是因为他觉得无辜的生命没有获得平等的保护；热衷于女权运动或同性恋权利的活动家之所以有热情，是因为他们要求自己群体的成员受到同样的社会尊重。 359
由寻求承认的欲望产生的激情常与理性积累的欲望相冲突，例如某人不惜自由和财产报复错待他的人，再如一个国家为了国家尊严而打仗。

在这本先前出版的书中，我较深入地阐述了，通常被视作经济动机的，其实不是理性欲望，而是寻求承认的欲望的表现。自然的欲望和需求并不多且容易满足，尤其是在现代工业经济的环境下。我们工作和赚钱的动机，与这些行为所能带来的承认联系更为紧密，金钱不是物质的标志，而是社会地位或社会承认的标志。亚当 · 斯密在《道德情操论》（*Theory of Moral Sentiments*）一书中写道："让我们感兴趣的是虚荣，而非闲适或者愉悦。"[4] 工人为争取更高薪金而罢工，并不单纯因为他贪婪，想要获取所有能够得到的物质享受；相反，他是在寻求经济上的正义，即他的劳动应当取得跟他人相比公平的报偿；换句话说，他的劳动的真正价值得到承认。同样，创业家建立企业帝国，并不是因为他们想花掉他们赚来的几亿美元，而是因为他们希望被承认为新技术或服务的发明者。

如果我们把经济生活的目标理解为，并不单纯为了尽可能多地积累物质，同时也为了社会承认，那么资本主义与自由民主之间相互依存的重要关系就变得更加明晰。在现代自由民主社会以前，寻求承认的斗争在野心勃勃的帝王之间展开，他们通过征战来夺取天下。的确，黑格尔所描述的人类历史进程始于原始的"血战"，两名战士为取得对方的承认而展开战斗，最后导致一方奴役另一方。如果我们把基于宗教和民族主义情感的冲突视作寻求承认的欲望的体现，而非理性欲望或"功利最大化"的体现，或许对此能有更好的理解。现代自由民主国家为了满足人们寻求承认的欲望，将政治秩序建基于普遍且平等的承认原则之上。但是在实践中，自由民主之所以能够运转，是因为寻求承认的斗争以前是在军事、宗教或民族主义的平台上展开，而如今则是在经济层面上展开。以前帝王在
征服彼此的血战中赌上性命，现在人们则在建立工业王国的过程中 360
赌上资本。其中的基本心理诉求是相同的，只不过寻求承认的欲望通过产生财富而得到满足，而非摧毁物质价值。

在《激情与利益》（*The Passions and the Interests*）一书中，经济学家阿尔伯特 · 赫希曼（Albert Hirshman）试图用伦理革命来

解释现代资产阶级世界的诞生，即作为新兴资产阶级标志的物质收益中的“利益”，取代了贵族社会对荣耀的“激情”。[5] 早期苏格兰启蒙运动的政治经济学家，如亚当·弗格森（Adam Ferguson）、亚当·斯密（Adam Smith）和詹姆斯·斯图亚特（James Stewart），都希望尚武文化的破坏性能量能够以相应缓和的方式，导入更安全的对商业社会的追求上。事实上，这种替代也正是第一个自由主义政治理论家霍布斯所构想的，他心目中的文明社会是有意把对荣耀的热情，无论受宗教狂热还是贵族虚荣所驱使的，让位给对理性积累的追求。

无论这些早期现代的理论家有什么样的期望，现代世界所发生的事情似乎并不简单地就是尚武文化的资产阶级化，或激情被利益所取代，而且还是经济生活的精神化，并且将先前充斥于政治生活中的竞争能量导入后者。人类往往并不是从狭义的功利意义上来说的理性的功利最大化者，他们在经济活动中投入了更广泛的社会生活的道德价值。在日本，这种情况直接体现在武士阶级向资产阶级的转化，他们相当于一次性买断了自己的社会身份，从此弃武从商，把目光转向商业，而在商业领域中，他们仍然完好地保留了武士道精神。这种进程实际上也出现在其他几乎所有工业化社会中，创业机会为无数雄心勃勃的人提供了能量释放的途径，而他们先前可能只有通过发动战争或革命才能得到世人的“承认”。

在后共产主义东欧这个最明显的案例中，我们可以看到在将寻求承认的斗争向和平方向引导的过程中，资本主义经济所扮演的角色，以及随后对于民主稳定的重要性。极权工程所设想的，是对独立的民间社会的完全破坏，并另创造一个完全围绕着国家的社会主义新社会。当这样的新社会轰然坍塌的时候，除了家庭和族群以外 361
没有任何形式的共同体可言，要不就是犯罪团伙构成的失足群体。没有志愿结社这一层，个人只能更加激烈地抱定自己的先赋身份。种族提供了一种简单形式的共同体，这让他们在强大的历史力量旋涡中，可以忘却自己孤立、软弱和受害的状态。相比之下，在具有强大的公民社会的发达资本主义社会中，经济本身是社会生活的重要场所。当一个人为摩托罗拉、西门子、丰田甚至是小型的家庭干洗店工作的时候，他成为道德网络的一部分，这样的网络可以吸纳一个人的能量和雄心壮志。最有可能成功建立民主社会的东欧国家是匈牙利、波兰和捷克共和国，因为它们在整个共产主义时期都保留了初生的民间社会，并在相对较短的时间催生出资本主义私有部门。在这些地方不乏分裂性的伦理冲突，无论是波兰和立陶宛对维尔纽斯（Vilnius）的争夺，还是匈牙利和邻国的领土之争。但这些冲突还没有演化成暴力对抗，因为经济已经变得足够繁荣，为社会认同和归属感提供了新的替代来源。

政治和经济的相互依赖关系并不仅限于正在民主化的前共产主义国家。在某种程度上，美国社会资本的流失对美国民主的影响要比对经济的影响更直接。与企业一样，民主政治体制的有效运转同样基于信任，社会信任的降低将需要更多的政治干预，以及制定更多法规来规范社会关系。

本书所讨论的诸多案例，都可以作为反对过度集权化的政治权威的警世故事。许多前共产主义国家都深受公民社会窳弱之苦。中国、法国和意大利南部等普遍信任程度较低的家庭主义社会，都是过去中央君主制的产物（在法国一例中，则也是共和政府的产物），在寻求排他性权力的过程中，它们都削弱了中间社会组织的自治性。相反，展现了相对较高的普遍信任的社会，如日本和德国，在前现代末期就处于政治权力相对分散的状态下。在美国，一边是公民社团的权威江河日下，一边是政府通过司法和行政手段不断壮大，这
两个趋势紧密相关。社会资本就像棘轮，更容易朝一个方向转，反 362
方向转动则较为困难；它更容易被政府行为所破坏，一旦消亡，很难通过政府把它重建起来。至此，意识形态和体制之争已经落下帷幕，从今以后，社会资本的保存和积累将成为关注的焦点。

注　释

第1章　历史终结处的人类处境

1. 参见 Francis Fukuyama, *The End of History and the Last Man* (New York: Free Press, 1992).
2. 关于公民社会及其与民主的关系，Ernest Gellner 有极其精彩的讨论：*Conditions and Liberty: Civil Society and Its Rivals* (London: Hamish Hamilton, 1994).
3. 关于这个问题更详细的讨论，参见 Francis Fukuyama, "The Primacy of Culture," *Journal of Democracy* 6 (1995): 7-14.
4. Samuel P. Huntington, "The Clash of Civilizations?" *Foreign Affair* (1994): 22-49.
5. 按照涂尔干的说法，"社会不单单是特殊群体为了自身利益而结成的一种形式，用以规范自身行为并在其内发展以避免陷入无政府状态；而且个体发现生活在社会内是舒适的，因为无政府状态让人痛苦不堪。而且一旦个体间关系不受某种形式的监管，他还将遭受因此产生的痛苦和无序"。*The Division of Labor in Society* (New York: Macmillan, 1933), p.15.
6. 参见 Fukuyama (1992)，尤其见 chap. 21, "The Thymotic Origins of Work."
7. 关于纽柯钢铁公司的崛起，参见 Richard Preston, *American Steel* (New York: Avon Books, 1991).
8. James S. Coleman，"Social Capital in the Creation of Human Capital," *American Journal of Sociology* 94 (1988): S95-S120. 亦可参见 Robert D. Putnam, "The Prosperous Community: Social Capital and Public Life," *American Prospect* 13 (1993): 35-42; and Putnam, "Bowling Alone," *Journal of Democracy* 6 (1995): 65-78. 根据 Putnam 的说法，社会资本这个表达是 Jane Jacob 首次提到的，见她的著作 *The Death and Life of Great American Cites* (New York: Random House, 1961), p. 138.
9. Gary S. Becker, *Human Capital: A Theoretical and Empirical Analysis*, 2d ed. (New York: National Bureau of Economic Research, 1975).

第2章 “百分之二十”解决方案

1. 关于亚当·斯密这方面的信息，请参见Jerry Z. Muller, *Adam Smith in His Time and Ours* (New York: Free Press, 1992).

2. 新重商主义同意早期的马克思主义和凯恩斯主义批评者的看法，即强调国家在经济领域的重要角色。尽管如此，他们的批评不过是对这些早期攻击正统自由市场经济论的复制品。马克思主义者或多或少主张政府对经济全盘控制，政府拥有经济体制的“制高点”，他们的意图是终结“人对人的剥削”。相比之下，凯恩斯主义者对于一个强大的私营部门表示认可，但认为必须通过公共支出实现大幅政府干预，旨在维持充分就业和其他的社会福利。新重商主义浪潮专注于一些较为温和的目标，譬如在竞争激烈的市场推广高科技产业，以及提倡相互依存的全球市场。新重商主义会认为，全球竞争生成有益的经济效率，以及经济应该是出口导向型和外向型，并在大多数时候认为，福利目标只能间接地实现，譬如充分就业或公平的收入分配。他们会持有更温和的观点，即单靠市场不足以产生技术上的领先地位而实现快速的长期增长。

3. James Fallows, *Looking at the Sun: The Rise of the New East Asian Economic and Political System* (New York: Pantheon Books, 1994).

4. 关于这方面的著作，参见 Chalmers Johnson, *MITI and the Japanese Miracle* (Stanford: Stanford University Press, 1982); James Fallows, “Containing Japan,” *Atlantic Monthly* 263, no. 5 (1989): 454: “Looking at the Sun, ” *Atlantic Monthly* 272, no. 5 (1993): 69-100; “How the World Works,” *Atlantic Monthly* 272, no. 6 (1993) : 61-87; Chalmers Johnson, Laura D’Andrea Tyson, and John Zysman, *The Politics of Productivity* (Cambridge, Mass.: Ballinger Books, 1989); Laura D’Andrea Tyson, *Who’s Bashing Whom? The Conflicts in High Technology Industries* (Washington, D.C.: Institute for International Economics, 1993); Karl van Wolferen, *The Enigma of Japanese Power: People and Politics in a Stateless Nation* (London: Macmillan, 1989); Clyde Prestowitz, Jr., *Trading Places: How We Allowed Japan to Take the Lead* (New York: Basic Books, 1988).

5. 保罗·克鲁格曼（Paul Krugman）最近非常高调地认为，“亚洲奇迹”其实并不是一个奇迹，而只是代表了在相对欠发达的经济体中调动了未使用的资源，只能与欧美经济发展早期阶段的高增长周期相比。参见 “The Myth of Asia s Miracle,” *Foreign Affairs* 73 (1994): 28-44.

6. James C. Abegglen and George Stalk, Jr., *Kaisha: The Japanese Corporation* (New York: Basic Books, 1985), p.20-23.

7. Gary Becker 认为，经济学不应该被认为是一个特定主题的研究（如金钱或财富的研究），而是可以应用到广泛人类行为的方法。参见 Becker, *The Economic Approach to Human Behavior* (Chicago: University of Chicago Press, 1976), pp.3-14.

8. 对于理性选择学派的批判，参见 Donald P. Green and Ian Shapiro, *Pathologies of Rational Choice Theory: A Critique of Application in Political Science* (New Haven: Yale University Press, 1994), 以及 Chalmers Johnson and E. B. Keehn, “Disaster in the Making: Rational Choice and Asian Studies,” *National Interest*, no. 36 (1994): 14-22.

9. 关于经济解释政治的有限性，参见 James Buchanan, Vtktor Vanberg, 以及 Allan Bloom 等人的对话，见于James Nichols and Colin Wright, eds., *From Political Economy to Economics ... and Back?* (San Francisco: Institute for Contemporary Studies, 1990), pp.193-206.

10. 用 Gordon Tullock（James Buchanan 的合作者以及“公共选择”学派的创始成员之

一）的话说："大多数经济学家在对市场和政府的运作进行了一段时间的观察后往往认为，大多数人在大多数时候有一个需求曲线，其中大过一切的组成部分是自己的私欲。"引自 Steven E. Rhoads, "Do Economists Overemphasize Monetary Benefits?" *Public Administration Review* 45 (1985): 815-820. 文中有相当多的证据表明，尽管他们的理论也认同其他形式的激励，新古典经济学家认为自身物质利益才是最根本的力量。

11. Rhoads (1985), p. 816.

12. 关于新古典主义相类似的模式的批判，参见 Amitai Etzioni, *The Moral Dimension: Toward a New Economics* (New York: Free Press, 1988), pp.1-27; Etzioni, "A New Kind of Socioeconomics (vs. Neoclassical Economics)," *Challenge* 33 (1990): 31-32; and Steven E. Rhoads, "Economists on Tastes and Preferences," in Nichols and Wright (1990), pp.79-98. 参见 Neil J. Smelser and Richard Swedberg, "The Sociological Perspective on the Economy," in Smelser and Swedberg, eds., *The Handbook of Economic Sociology* (Princeton: Princeton University Press, 1994), 以及该文集中的其他几篇相关文章。.

13. 关于"功利"这个概念的另一派批判，参见 Joseph Cropsey, "What Is Welfare Economics? " *Ethics* 65 (1955): 116-125.

14. 关于这一点，参见 Steven Kelman, "'public Choice' and Public Spirit," *Public Interest* no. 87 (1987): 80-94.

15. 例如 Gary Becker 认为，"我所指的经济的方法不认为个人被纯粹的自私和功利的动机所驱动……我试图跳出经济学家们狭隘的自利假设。行为是由更为多元的价值和喜好所驱动的"。参见 Gary Becker, "Nobel Lecture: The Economic Way of Looking at Things," *Journal of Political Economy* 101 (1993): 385-409.

16. 阿马蒂亚 · 森（Amartya Sen）批判所谓"显示偏好"的概念，因为所谓显示偏好实际上是模糊的。例如，一个人可能更喜欢扔掉玻璃瓶，而不是循环使用他们，但由于强烈的道德强迫而选择后者，或只是为了形象想这样做。行为本身并不能告诉一个旁观者什么才是真正的动机。森进一步指出，显示偏好的概念让使用这一概念的人接受了一个隐藏的假设，即偏好都是利己的，而在现实中，人也有社会性的一面，而往往是因为混合动机而行事。参见 "Behaviour and the Concept of Preference," *Economics* 40 (1973): 214-259.

17. F. Y. Edgeworth, 引自 Amartya Sen, "Rational Fools: A Critique of the Behavioral Foundations of Economic theory," *Philosophy and Public Affair* 6 (1977): 317-344.

18. 参见 Kenneth Arrow 对许多经济学家的一个假设的批判，即消费者的选择是理性的。Arrow, "Risk Perception in Psychology and Economics," *Economic Inquiry* 20 (1982): 1-9.

19. 因此，我们决定买一个品牌，比如家乐氏玉米片，而不是超市自己的品牌，因为我们认为，在没有经过详细的研究之前，这就代表了更高的品质。

20. 参见 Becker (1976), p. 11.

21. Mark Granovetter, "Economic Action and Social Structure: The Problem of Embeddedness," *American Journal of Sociology* 91 (1985): 481-510.

22. 参见 World Bank, *The East Asian Miracle* (Oxford: Oxford University Press, 1993), pp.304-316.

第3章 规模与信任

1. 参见 Alvin Toffler and Heidi Toffler, *War and Anti-War: Survival at the Dawn of the 21st Century* (Boston: Little, Brown, 1993); Peter W Huber, *Orwell's Revenge: The 1984 Palimpsest* (New

York: Free Press, 1994).

2. Scott Shane, *Dismantling Utopia: How Information Ended the Soviet Union* (Chicago: Ivan Dee, 1994); Gladys D. Ganley, "Power to the People via Personal Electronic Media," *Washington Quarterly* (Spring 1991) 5-22.

3. William H. Davidow and Michael S. Malone, *The Virtual Corporation: Structuring and Revitalizing the Corporation for the 21st Century* (New York: Harper- Collins, 1992).

4. Huber (1994), pp.177-181, 193.

5. 这一观点来自于 Peter Huber 本人。参见 Peter W. Huber, Michael K Kellogg and John Thorne, *The Geodesic Network II: 1993 Report on Competition in the Telephone Industry* (Washington, D.C.: Geodesic Co., 1992), chap. 3.

6. 仅有共同体成员期望规律行为是不够的。在很多社会中，人们会假定他人会周期地欺骗自己的同伴；行为是有规律的，但却是不诚实的，并因此导致信任缺失。

7. Emile Durkheim, *The Division of Labor in Society* (New York: Macmillan 1933), pp.181-182. 关于契约是有机团结的非充分条件，参见 p. 183.

8. Lester Thurow, *Head to Head: The Coming Economic Battle among Japan, Europe, and America* (New York: Warner Books, 199.3), p.32.

9. 参见 Ronald P. Dore, *British Factory, Japanese Factory* (London: Allen and Unwin, 1973), pp. 375-376; James Fallows, *More Like Us: Making America Great Again* (Boston: Houghton Mifflin, 1989), p. 48; Seymour Martin Lipset, "Pacific Divide: American Exceptionalism—Japanese Uniqueness," in *Power Shifts and Value Changes in the Post Cold War World*, Proceedings of the Joint Symposium of the International Sociological Association's Research Committees: Comparative Sociology and Sociology of Organizations (Japan: Kibi International University, Institute of International Relations of Sophia University, and Social Science Research Institute of International Christian University, 1992), pp.41-84.

10. 下面的列表包含在八个经济体中排名前十、前二十和前四十的最大私营本土公司的营收额（以百万美元计）：

	前十	前二十	前四十
美国	755 202	1 144 477	1 580 411
日本	551 227	826 049	1 224 294
德国	414 332	629 520	869 326
法国	233 350	366 547	544 919
意大利	137 918	178 669	259 595
韩国	61 229	86 460	107 889
中国香港	24 725	30 633	35 515
中国台湾	10 705	N.A.	N.A.

数据来源：*Hoover's Handbook of American Business 1994* (Austin, Tex.: The Reference Press, 1994); *Moody's International Company Data, May 1994*; Korea Trade Center of Los Angeles; *Germany's Top 300, 1993/94 Edition* (Austin,Tex.: the Reference Press, 1994).

此表是根据所列的 8 个经济体中 100 家最大企业的数据，不包括国有企业或外国跨国公司的子公司。某些企业的所有权有些含糊不清；它们可能只是部分国有或外国独资，或真正的所有权通过控股公司和交叉持股而隐藏。

比较测量不同经济体内的公司规模有一系列的问题。我们可以测量企业收入、增值（即税前收入）、就业或总市值的大小。增值也许是在任何一年中衡量公司规模最全面的指数，虽然市值衡量的是未来收益的预期。收入作为衡量指数，并不考虑利润率和对未来的期望：在这里使用它们，是因为很难获得所有国家和企业在公司层面的盈利数据和资本化数据。

此表不包括集中度，因为他们作为公司的相对规模往往有误导。衡量一个经济体的单一部门的集中度，则是通过测量总增值、就业或 X 家顶级企业的总市值（其中 X 是一般为单一部门三到十家公司），然后除以本部门总附加值、就业或该部门的总市值。因此，对于美国钢铁业三大公司集中度将说明，美国总钢产量有多少是由三个最大的生产商生产。这一比例常用来衡量在某一特定行业的寡头垄断情况。这种分析可以扩展到国民经济中，可以通过将集中度扩大到整个经济体中规模最大的前十、二十或者更多企业。第 14 章的表 1 就展示了选定的一组国家的相关数据，这些数据是基于雇员数目情况得出的。

有人可能会倾向于认为，对比全国最大公司的绝对规模，集中率是一个更好的衡量指标，因为不难想象，国家的国内生产总值与人口以及它能够支持公司的规模之间的关系（参见 第 27 章）。在另一方面，一些欧洲小国一直有着非常大的公司。瑞士、瑞典和荷兰都有比美国、日本、德国更高的十大企业集中率。只要超过了某一最低人口值，或者整体经济发展到一定水平，经济的绝对规模和催生大企业的能力之间没有什么关系。

企业的平均规模也不是衡量国民经济催生大公司的能力的好办法。除了有大企业之外，日本的经济也缔造了非常多的小公司。倘若简单地基于企业平均规模，我们往往会得出日本公司比他国同行要小的结论。（参见第 8 章注 4）

上表中日本的数据排除了前 6 位的一般贸易企业的收入，因为在我看来，他们大部分没有新的净销售额，在美国则会被计入公司内部转账。

11. 仅举一个例子，美国经济中的大银行数量要少于日本或意大利。这完全是因为美国州际银行法。随着该法规在 1994 年被取消，美国银行的规模很可能会大幅增长。

第4章　善与恶的语言

1. Clifford Geertz, *The Interpretation of Cultures* (New York: Basic Books, 1973), pp.4-5.
2. Ian Jamieson, *Capitalism and Culture: A Comparative Analysis of British and American Manufacturing Organizations* (London: Gower, 1980), p. 9.
3. 事实上，格尔茨的观点还要更深一步，他断言根本没有所谓的“人性”，即通用于所有人类的特点。他认为，人类在完成生物进化之前就已经开始发展文化，所以人“天生”而来的特征其实就是由他们所接受的文化决定的。Geertz (1973), pp.34-3.5; 49.
4. Geertz (1973), p. 89.
5. 关于印度牛的讨论，参见 Gunnar Myrdal, Arian Drama: *An Inquiry into the Poverty of Nations* (New York: Twentieth Century Fund, 1968), 1: 89-91.
6. *Nichomachean Ethics* Book II i.8. 亚里士多德解释说，人们想要真正有道德，他们必须自已习惯于良性的行为，使其成为一种第二天性，使之本身是愉快的，如果不愉快则必须是让人引以为自豪的。参见 *Nichomachean Ethics* Book II iii.2.

7. George Stigler 和 Gary Becker 不同意约翰 · 穆勒（John Stuart Mill）的说法，认为习俗和传统需要通过经济理论加以修正，因为习惯性行为往往是最昂贵的选择："决定意味着昂贵代价，不只是因为有些人不喜欢做决定。为了做出决定，我们必须要有信息，并且必须分析这些信息。搜索信息和这些信息在新环境中的运用是非常昂贵的，于是乎习惯往往是一个更有效的方式，以处理微小的或临时环境变化，而非动用一套完整的、力求效用最大化的决定。"引自 "De Gustibus Non Est Disputandum," *American Economic Review* 67 (1977): 76-90.

8. Aaron Wildavsky and Karl Dake, "Theories of Risk Perception: Who Fears What and Why," Daedalus 199 (1990): 41-60. 另外参见 Aaron Wildavsky, "Choosing Preferences by Constructing Institutions: A Cultural theory of Preference Formation," *American Political Science Review* 81 (1987): 3-21; and Harry Eckstein, "political Culture and Political Change," *American Political Science Review* 84 (1990): 253-259.

9. Max Webber, *The Protestant Ethic and the Spirit of Capitalism* (London: Allen and Unwin, 1930).

10. 参见 Leonard Goodwin, "Welfare Mothers and the Work Ethic," *Monthly Labor Review* 95 (1972): 35-37.

11. 关于这一问题的早期讨论，参见 Alan J. Winter, *The Poor: A Culture of poverty, or a Poverty of Culture?* (Grand Rapids, Mich.: William B. Eerdmans, 1971).

12. 据托克维尔说："在 14 世纪的法国和英格兰，似乎已经有成形的'无民意，不纳税'的原则。它经常被引用；若是违背这一原则，则有暴政的嫌疑，遵守它则是照例遵守远古以来的权利。事实上，当时法国和英格兰的政治制度非常相似。但是后来两国渐行渐远，并随着时间的推移，这两个国家变得更加不同。从几乎相同的起点出发，只是朝着略有不同的方向，因此时间越久，两者分歧越大。" *The Old Regime and the French Revolution* (Garden City, N.Y: Doubleday Anchor, 1955), p. 98.

13. 这当然是过于简单化法国和英国之间的差异。另一个非常显著的因素是英格兰宗教改革的胜利，这对社团生活的加强发挥了重要作用。

14. Michael Novak, *The Catholic Ethic and the Spirit of Capitalism* (New York, Free Press, 1993). Michael Novak 介绍了天主教对现代资本主义发展的官方思想。尤其参见 Amintore Fanfani 对资本主义的批判，发表在 1935 年。

15. Novak (1993), pp.115-143, 特别指出教宗约翰 · 保罗二世的通谕，可以视作早期梵蒂冈对资本主义态度的转折点。

16. 其中包括西班牙、葡萄牙、几乎所有拉美国家，以及匈牙利、波兰和立陶宛。参见 Samuel Huntington, *The Third Wave* (Oklahoma City: University of Oklahoma Press, 1991), pp.74-85.

17. 在拉丁美洲，那些接合不那么完美的地方有着解放神学（liberation theology）的传统，这一传统公开敌视资本主义，对于自由民主的传统也经常是模棱两可的态度。

18. James Q. Wilson 对此有长篇的记录，这种道德层面有着天然的根基，即使在仍未"社会化"的婴幼儿阶段。参见 Wilson, *The Moral Sense* (New York: Free Press, 1993), pp. 121-140.

第5章 社会美德

1. 关于韦伯的假说，以下文献做出了经典的讨论和解析：R. H. Tawney, *Religion and the Rise of Capitalism* (New York: Harcourt, Brace and World, 1962); Ernst Troeltsch, *The Social Teaching of the Christian Churches*, 2 vols. (New York: Macmillan, 1950); H. H. Robertson, *Aspects of the Rise of Economic Individualism* (Cambridge: Cambridge University Press, 1933); and Kemper Fullerton, "Calvinism and Capitalism," *Harvard Theological Review* 21 (1928): 163-191. 关于韦伯的辩论，以下文献有简要说明，参见 Robert W. Green, *Protestantism and Capitalism: The Weber Thesis and Its Critics* (Lexington, Mass.: D. C. Heath, 1973).

2. 后者在 20 世纪 60 年代的例子，参见 Kurt Samuelsson, *Relation and Economic Action* (Stockholm: Svenska Bokforlaget, 1961).

3. 直到第二次世界大战结束后，阿非利卡人一直是一个以农业为主的群体，此时民族党取得政权，并开始将国家控制作为经济发展的一种手段。 但是 20 世纪 70 年代和 80 年代，英语母语人群和阿非利卡人群之间日益趋同，譬如在后者的私营部门参与方面。参见 Irving Hexham, "Dutch Calvinism and the Development of Afrikaner Nationalism," *African Affairs* 79 (1980): 197-202; Andre Du Toit, "No Chosen People," *American Historical Review* 88 (1983): 920-952; and Randall G. Stokes, "The Afrikaner Industrial Entrepreneur and Afrikaner Nationalism," *Economic Development and Cultural Change* 22 (1975): 557-559.

4. 参见 Reinhard Bendix, "The Protestant Ethic-Revisited," *Comparative Studies in Society and History* 9 (1967): 266-273 .

5. Michael Novak, *The Catholic Ethic and the Spirit of Capitalism* (New York: Free Press 1993), pp. 17-35.

6. S. N. Eisenstadt, "The Protestant Ethic Thesis in an Analytical and Comparative Framework," in S. N. Eisenstadt, ed., *The Protestant Ethic and Modernization A Comparative View* (New York: Basic Books, 1968).

7. David Martin, *Tongues of Fire: The Explosion of Protestantism in Latin America* (Oxford: Basil Blackwell, 1990), pp.50-51.

8. 除了 Martin (1992)，还可参见 Emtino Willems, *Followers of the New Faiths: Culture, Change and the Rise of Protestantism in Brazil and Chile* (Nashville, Tenn.: Vanderbilt University Press,1967); Willems, "Protestantism as a Factor of Culture Change in Brazil," *Economic Development and Cultural Change* 3 (1955):321-333; Willems, "Culture Change and the Rise of Protestantism in Brazil and Chile," in Eisenstadt, ed. (1968); Paul Turner, "Religious Conversions and Community Development," *Journal for the Scientific Study of Religion* 18 (1979): 252-260; James Sexton, "Protestantism and Modernization in Two Guatemalan Towns," *American Ethnologist* 5 (1978): 280-302; Bryan R. Roberts, "Protestant Groups and Coping with Urban Life in Guatemala," *American Journal of Sociology* 6 (1968): 753-767; Bernard Rosen, "The Achievement Syndrome and Economic Growth in Brazil," *Social Forces* 42 (1964): 341-354; and Jorge E. Maldonado, "Building 'Fundamentalism' from the Family in Latin America," in Martin E. Marty and R. Scoot Appleby, *Fundamentalisms and Society: Reclaiming the Science. the Family, and Education* (Chicago: University of Chicago Press,

1992). 关于新教福音派在拉丁美洲作用的批评性观点，参见 David Stoll, *Is Latin America Turning Protestant? The Politics of Evangelical Growth* (Berkeley: University of California Press, 1990); and Stoll, "Jesus Is Lord of Guatemala: Evangelical Reform in a Death-Squad State," in Marty and Appleby eds., *Accounting for Fundamentalisms: The Dynamic Character of Movements* (Chicago: University of Chicago Press, 1994).

9. 关于如何用量化方法测量工作伦理的影响，参见 Roger D. Congleton, "The Economic Role of a Work Ethic," *Journal of Economic Behavior and Organization* 15 (1991): 365-385.

10. 关于传统中国农民的勤劳，参见 Maurice Freedman, *The Study of Chinese Society* (Stanford: Stanford University Press, 1979), p. 22；还可以参见 Marion J. Levy, *The Family Revolution in Modern China* (Cambridge: Harvard University Press, 1949), p. 217. 关于当代美国人的工作伦理，参见 Ann Howard and James A. Wilson, "Leadership in a Declining Work Ethic," *California Management Review* 24 (1982): 33-46.

11. 有些人指出，虽然农民在春季播种和收获季节等时期辛苦工作，但他们同样有相当长的懈怠时间。因此，工厂工作的规律性在某些方面的要求不那么"硬性"，但需要与农民不同的工作伦理。

12. 关于阻碍传统第三世界国家发展的一系列文化因素，参见 Robert E. Klitgaard（他曾经任职于世界银行）的作品，如 *Tropical Gangsters* (New York: Basic Books, 1990).

13. 本文重印于 *From Max Weber: Essays in Sociology*, trans. and ed. H. H. Gerth and C. Wright Mills (New York: Oxford University Press, 1946), pp.302-322.

14. Weber (1946), p. 303. 15.

15. 引用于 Seymour Martin Lipset, "Culture and Economic Behavior: A Commentary," *Journal of Labor Economics* 11 (1993): S330-347. 还可以参见 Lipset, *Continental Divide: The Values and Institutions of the United States and Canada* (New York: Routledge, 1990), and "Values and Entrepreneurship in the Americas," in *Revolution and Counterrevolution* (New York: Basic Books, 1968).

16. Lipset (1993), pp.S336-S343.

17. Douglass C. North and Robert Paul Thomas, *The Rise of the Western World* (Cambridge: Cambridge University Press, 1973), p. 1.

18. 关于这次事故，参见 Alfred D. Chandler, *The Visible Hand: The Managerial Revolution in American Business* (Cambridge: Harvard University Press, 1977), p. 96.

19. 还可以参看 David J. Cherrington, *The Work Ethic: Working Values and Values That Work* (New York: Amacom, 1980); Seymour Martin Lipset, "The Work Ethic: Then and Now," *Journal of Labor Research* 13 (1992): 45-54; 以及 Adrian Fumham 的一系列作品，包括 *The Protestant Work Ethic: The psychology of Work-Related Belief, and Behaviours* (London: Routledge and Kegan Paul, 1990). "The Protestant Work Ethic: A Review of the Psychological Literature," *European Journal of Social Psychology* 14 (1984): 87-104; and "The Protestant Work Ethic and Attitudes towards Unemployment," *Journal of Occupational Psychology* 55 (1982): 277-285. 还可以参见 Thomas Li-ping Tang and Jen Yann Tzeng, "Demographic Correlates of the Protestant Work Ethic," *Journal of Psychology* 126 (1991): 163-170.

第6章 世界各地的结社之道

1. 按托克维尔所言："美国人无论老少，无论条件，无论性格都在不断地结社。他们不仅有所有参加人都参与的商业和制造业公司，还有其他成千上万种社团，宗教的、道德的、严肃的、无关紧要的、一般性或限制性的、超大的或者小微的。美国人结社的目的可能是娱乐，建立神学院，建立旅馆，建造教堂，赠送图书，送传教士去往不信教的区域；以这种方式，他们建立了医院，监狱和学校。若是为了传播某种真理，或者受人感召而去丰富某种情感，他们则会构建一个社团。一些伟大事迹的牵头人，在法国是政府，在英国是上流社会，而在美国则一定是社团。" *Democracy in America* (New York: Vintage Books, 1945), 2: p. 114.
2. Max Weber, "The Protestant Sects and the Spirit of Capitalism," in From Max Weber: *Essays in Sociology*, ed. and trans. by C. Wright Mills and Hans Gerth (New York: Oxford University Press, 1946), p. 310.
3. 关于 OECD 各国的福利开支对比数据，参见 Vincent A Mahler and Claudio Katz, "Social Benefits in Advanced Capitalist Countries," *Comparative Politics* 21 (1988): 37-51.
4. 参见 Seymour Martin Lipset, *Pacific Divide: American Exepectionalism—Japanese Uniqueness* (Tokyo: Kibi International University, Sophia University 1992), p. 42.
5. 虽然对于"大政府"的不信任经常在美国被认为是右派的态度，其实它有右派和左派两个版本。右派的不信任国家对经济事务的干预，反对过度监管。左派痛恨国家对于个人生活模式和其他许多个人自由的干扰，从而攻击"国家安全政府"和大企业。左派和右派在美国都有各自版本的自由主义的个人主义。
6. Gerschenkron 认为强大的政府是所有后发展国家的特征，不只是日本。参见 *Economic Backwardness in Historical Perspective* (Cambridge: Harvard University Press, 1962). 还可以参见 Chalmers Johnson, *MITI and the Japanese Miracle* (Stanford: Stanford University Press, 1982); "The State and Japanese Grand Strategy," in R. Rosecrance and A. Stein, eds., *The Domestic Bases of Grand Strategy* (Ithaca, N.Y.: Cornell University Press, 1993), pp.201-223; "The People Who Invented the Mechanical Nightingale," *Daedalus* 119 (1990): 71-90.
7. 许多人认为，美国二战后的国防预算实际上是一项产业政策，其对民用经济的某些领域，如航空航天具有重要影响。
8. 在 1868 年后的最初几年，日本政府创办并经营众多行业，特别是交通运输、采矿、工程和武器制造，与许多第三世界国家在 20 世纪的做法一样。这些企业大多亏损；几乎所有都被迅速卖掉了（往往是低价贱卖），在随后几十年中成为一些大型私人财团的基础。在成为欧洲和拉丁美洲的惯用做法一百年前，日本政府已经开始广泛的私有化。参见 William W. Lurkwood, *The Economic Development of Japan: Growth and Structural Change, 1868-1938* (Princeton: Princeton University Press, 1954), p. 15.
9. Mahler and Katz (1988), p. 38.
10. 例如，堀江保蔵（Yasuzo Horie）认为早期的创业者，譬如石川增村（Masumura Ishikawa）和大岛高任（Takato Oshima）都有一种民族意识，并有意建立国家财富。参见"Business Pioneers of Modern Japan," *Kyoto University Economic Review* 30 (1960): 1-16; and "Confucian Concept of State in Tokugawa Japan," *Kyoto University Economic Review* 32 (1962): 26-38.

11. 关于日本小型企业在历史上的重要性，参见 Lockwood (1954), pp.201-213; and David Friedman, *The Misunderstood Miracle* (Ithaca: Cornell University Press, 1988), pp.9-11.
12. Lockwood (1954), pp.578, 588.
13. 参见 Winston Davis, "Japanese Religious Affiliations: Motives and Obligations," *Sociological Analysis* 44 (1983): 131-146.
14. 关于日本有更强烈的个人主义特征，虽然这个观点不是很有说服力，参见 Kuniko Miyanaga, *The Creative Edge: Emerging Individualism in Japan* (New Brunswick, N.J.: Transaction Publishers, 1991).
15. Alexis de Tocqueville, *The Old Regime and the French Revolution* (New York: Doubleday Anchor, 1955), p. 206.
16. Edward C. Banfield, *The Moral Basis of a Backward Society* (Glencoe, III ：Free press, 1958).
17. Lawrence Harrison, *Who Prospers?* (New York: Basic Books, 1992), p. 55.

第7章　通往社会性的坦途与弯路

1. James Q. Wilson, "The Family-Values Debate," *Commentary* 95 (1992): 24-31.
2. 参见 U.S. Bureau of the Census, *Studies in Marriage and the Family*, P-23, no. 162; *Changes in American Family Life*, P-23, no. 163; *Family Disruption and Economic Hardship: The Short-Run Picture for Children* (Survey of Income and Program Participation) , P-70, no. 23; and *Poverty in the United States*, P-60, no. 163 (Washington, D.C.: US Government Printing Office, 1991).
3. 参见我的文章，"Immigrants and Family Values," *Commentary* 95 (1992): 232.
4. 关于美国家庭企业的大致演变，参见 W. Gibb Dyers, Jr., *Cultural Change in Family Firms: Anticipation and Managing Business and Family Transitions* (San Francisco: Jossey-Bass Publishers, 1986).
5. Dyers (1986).
6. 关于金宝汤（Campbell Soup）和其他大型、经久不衰的家族企业，参见 Philip Scranton, "Understanding the Strategies and Dynamics of Long-lived Family Firms," *Business and Economic History*, 2d ser. 21 (1992): 219-227.
7. Oliver Williamson, "The Vertical Integration of Production: Market Failure Consideration," *American Economic Review* 61 (1971): 112-123.
8. Adolph A. Berle and Gardner C. Means, *The Modern Corporation and Private Property* (New York: Macmillan, 1932)；还可以参见 Means, *Power Without Property, A New Development in American Political Economy* (New York: Harcourt, Brace 1959).
9. Alfred D. Chandler, *The Visible Hand: The Managerial Revolution in American Business* (Cambridge: Harvard University Press, 1977).
10. Clark Kerr, John T. Dunlop, F. Harbison, and C. A. Myers, *Industrialism and Industrial Man* (Harmondsworth: Pelican Books, 1973), p. 94.
11. 关于中国家庭的负面观点，参见 Brigitte Berger, "The Culture of Modern Entrepreneurship,"

in Brigitte Berger. ed, *The Culture of Entrepreneurship* (San Francisco: Institute for Contemporary Studies, 1991), p. 24.

12. 参见 Alexander Gerschenkron, *Economic Backwardness in Historical Perspective* (Cambridge: Harvard University Press, 1962).

13. 相反，值得注意的是，大规模、专业化管理、理性化组织的国有企业自古有之，如中国景德镇的巨型瓷器厂雇用数千名工人。在没有产权法的前工业化社会，这样的国有企业昭示了现代民营企业的形式和作用。

14. Tamara Hareven, "The History of the Family and the Complexity of Social Change," *American Historical Review* 96 (1991): 95-122; Hareven, "A Complex Relationship: Family Strategies and the Processes of Economic and Social Change," in Roger Friedland and A. F. Robinson, eds., *Beyond the Market place: Rethinking Economy and Society* (New York: Aldine de Gruyter, 1990). 还可以参见 William J. Gooar, *World Revolution and Family Patterns* (Glencoe, III：Free Press, 1959), pp.23-24，他发现许多所谓"现代"西方家庭的特征其实在工革命之前就已经存在了。

第8章 一盘散沙

1. Charles C. Kenney, "Fall of the House of Wang," *Computerworld* 26 (1992): 67-69；还可以参见 Donna Brown, "Race for the Corporate Throne," *Management Review* 78 (1989): 26-27.

2. Daniel Cohen, "The Fall of the House of Wang," *Business Month* 135 (1990): 22-31.

3. Cohen (1990), p. 24.

4. Gary Hamilton 和高承恕（Kao Cheng-shu）认为，台湾地区的小企业规模与日本和韩国相似的假设并不基于事实，实际上台湾所有制造业企业中少于 30 名工人的企业的比例低于它的亚洲邻国。然而，他们的统计，即台湾雇用人数超过 300 的大公司数量超过日本，有很大的误导性。问题在于，所有公司中某一规模的百分比，并不是衡量它们经济重要性的最佳指数；更有效的方法是衡量总增值在国内生产总值的百分比。显而易见，日本和韩国的大公司在各自经济发挥的作用要远大于台湾的公司。Hamilton and Kao, "The Institutional Foundations of Chinese Business The Family Firm in Taiwan," *Comparative Social Research: Business Institutions* 12 (1990): 135-151. 还可以参见 Samuel P. S. Ho, *Small-Scale Enterprise in Korea and Taiwan* (Washington: World Bank Staff Working Paper 384, April 1980).

5. Ramon H. Myers, "The Economic Development of the Republic of China on Taiwan, 1965-1981," in Lawrence J. Lau, *Models of Development: A Comparative Study of Economic Growth in South Korea and Taiwan* (San Francisco: Institute for Contemporary Studies, 1986), p. 29.

6. Tibor Scitovsky, "Economic Development in Taiwan and South Korea, 1965-1981," in Lau (1986), p. 146.

7. Myers in Lau (1986), p. 54. 还可以参见 Ramon H. Myers, "The Economic Transformation of the Republic of China on Taiwan," *China Quarterly* 99 (1984): 500-528.

8. Simon Tam, "Centrifugal versus Centripetal Growth Processes: Contrasting Ideal Types for

Conceptualizing the Developmental Patterns of Chinese and Japanese Firms," in Stewart R. Clegg and S. Gordon Redding, eds., *Capitalism in Contrasting Cultures* (Berlin: De Gruyter, 1990), p. 161.

9. John C. Pelzel, "Factory Life in Japan and China Today," in Albert M. Craig, *Japan: A Comparative View* (Princeton: Princeton University Press, 1979), p. 379.

10. G. L. Hicks and S. Gordon Redding, "Culture and Corporate Performance in the Philippines: The Chinese Puzzle," in R. M. Bautista and E. M. Perina, eds., *Essays in Development Economics in Honor of Harry T. Oshima* (Manila: Philippine Institute for Development Studies, 1982), p. 212.

11. 那家公司是中国石油天然气公司，是环太平洋地区的第四十一大的公司，在 1989 年以 80 亿美元的价格出售。"The Pac Rim 150," *Fortune* 122 (Fall 1990): 102-106.

12. Gustav Ranis, "Industrial Development," in Walter Galenson, ed., *Economic Growth and Structural Change in Taiwan: The Postwar Experience of the Republic of China* (Ithaca, N. Y. : Cornell University Press, 1979), p. 228.

13. Justin D. Niehoff, "The Villager as Industrialist: Ideologies of Household Manufacturing in Rural Taiwan," *Modem China* 13 (1987): 278-309.

14. Alice Amsden, "The State and Taiwan's Economic Development," in Peter B. Evans, Dietrich Rueschmeyer, and Theda Skocpol, eds., *Bringing the State Back In* (Cambridge: Cambridge University Press, 1985), pp.78-106. 根据 Amsden 自己的数据，国有企业占工业总产值的比重为从 1952 年的 57% 跌至 1980 年的 18%。

15. Robert H. SKui, *Leadership and Values: The Organization of Large-Scale Taiwanese Enterprises* (Cambridge: Harvard University Press, 1976), p. 16.

16. 关于亚洲网络组织的简介，参见 Gary G. Hamilton, William Zeile, and Wan-Jin Kim, "The Network Structures of East Asian Economies," in Clegg and Redding (1990), pp.105-129.

17. Michael L. Gerlach, *Alliance Capitalism: The Social Organization of Japanese Business* (Berkeley: University of California Press, 1992), p. 82.

18. Hamilton and Kao (1990), pp.140-142.

19. Robert Wade, "East Asian Financial Systems as a Challenge to Economics: Lessons from Taiwan," *California Management Review* 27 (1985): 106-127.

20. Hamilton and Kao (1990), pp.145-146. 还可以参见 Joel Kotkin, *Tribes* (New York: Random House, 1993), pp.165-200.

21. S. Gordon Redding, *The Spirit of Chinese Capitalism* (Berlin: De Gruyter, 1990), p. 3.

22. 许多在香港证券交易所公开上市的公司实际是通过家庭控制的。一位观察员报告说，在香港一半的大棉纺纱厂为家族所拥有，但是这实际上低于真实数据，因为家庭的所有权没有必要在企业申请时予以披露。Siu-lun Wong, "The Chinese Family Firm: A Model," *British Journal of Sociology* 36 (1985): 58-72.

23. 关于包玉刚（Y. K. Pao）的职业发展轨迹，参见 Robin Hutcheon, *First Sea Lord: The Life and Work of Sir Y. K. Pao* (Hong Kong: Chinese University Press, 1990).

24. Redding (1990), p. 151.

25. Robert Heller, "How the Chinese Manage to Keep It All in the Family," *Management Today*

(November 1991): 31-34.

26. Heller (1991), p. 34: "The Overseas Chinese," *Economist*, July 18, 1992, pp.21-24.

27. "The Overseas Chinese," p. 24.

28. Richard D. Whitley, "Eastern Asian Enterprise Structures and the Comparative Analysis of Forms of Business Organization," *Organization Studies* 11 (1990): 47-74.

29. 关于中国企业颇有启发性的研究，参见 Wellington K. K. Chan, "The Organizational Structure of the Traditional Chinese Firm and Its Modem Reform," *Business History Review* 56 (1982): 218-235, and *Merchant Mandarins and Modern Enterprise in Late Ch'ing China* (Cambridge: East Asian Research Center, 1977).

30. 关于这一点，参见 Richard Whitley, "The Social Construction of Business Systems in East Asia," *Organization Studies* 12 (1991): 1-28.

31. Redding (1990), p. 66.

32. Redding (1990), p. 36.

33. 在中国相当于"番头"的角色称为掌柜，掌柜是一个职业经理人，在某些时候业主不希望自己的角色为人所知，就指派掌柜主事。但日本文化中的番头要比中国的掌柜更为普遍。这一观点，我要感谢陈锦江（Wellington Chan）。

34. Siu-lun Wong, "The Applicability of Asian Family Value to Other Sociocultural Settings," in Peter L. Berger and Hsin-Huang Michael Hsiao, *In Search of an East Asia Development Model* (New Brunswick, N.J.: Transaction Books, 1988), p. 143.

35. Gary G. Hamilton and Nicole Woolsey Biggart, "Market, Culture, and Authority: A Comparative Analysis of Management and Organization in the Far East," *American Journal of Sociology* 94 Supplement (1988): S52-94.

36. Francis L. K. Hsu, *Iemoto: The Heart of Japan* (New York: Schenkman Publishing Co., 1975), p. 15.

37. Quoted by Wong in Berger and Hsiao (1988), p. 136.

38. For descriptions of this evolution, 参见 Wong in Berger and Hsiao (1988), pp.140-142; and Redding (1990), pp.104-106.

39. John Kao, "The Worldwide Web of Chinese Business," *Harvard Business Review* 71 (1993): 24-34.

40. Whitley (1990), p. 64.

41. Wong in Berger and Hsiao (1988), p. 139.

42. Brown (1989), pp.22-29

43. Albert Feuerwerker, *China's Early Industrialization* (Cambridge: Harvard University Press, 1958), pp.84-85.

44. 该观点见于 Redding (1990), p. 5.

45. Redding (1990), p. 229.

46. 在生产先进的微处理器和其他逻辑电路的竞争上，日本半导体厂商没有取得像英特尔和摩托罗拉等公司那样的成功；它们在生产缓存和半导体业务的大宗商品中要成功得多。然而，它们的技术复杂水平要远远高于任何其他亚洲国家。

47. W. J. F. Jenner, *The Tyranny of History: The Roots of China's Crisis* (London: Allen Lane/ Penguin, 1992), p. 81.

48. 这些官督商办工业是非常低效的。任命负责监督的官员认为自己主要责任是收税。和在私有部门一样，升迁靠的是亲属关系，而不是基于普遍性标准的基础；运行这些企业的官员往往缺乏主动性。日本政府则与之形成鲜明对比，它早早就将这些行业出售，清政府（以及各区域和地方政府）没有将这些工业私有化，反倒把它们作为税收来源。Feuerwerker (1958), pp.9-11, 22-23.

第9章 “布登勃洛克”现象

1. 关于农民家庭所面对的独生子女政策问题，参见 Elisabeth Croll, “Some Implications of the Rural Economic Reforms for the Chinese Peasant Household,” in Ashwani Saith, ed, *The Re-emergence of the Chinese Peasantry: Aspects of Rural Decollectivization* (London: Croom Helm, 1987), pp.122-123.

2. 关于儒家思想的宗教层面，参见 C. K. Yang, *Religion in Chinese Society: A Study of Contemporary Social Functions of Religion and Some of Their Historical Factors* (Berkeley: University of California Press, 1961), pp.244-277.

3. 关于儒家的理想状态，参见 Gilbert Rozman, “The East Asia Region in Comparative Perspective,” in Rozman, ed, *The East Asian Region: Confucian Heritage and Its Modern Adaptation* (Princeton: Princeton University Press, 1991), p. 24.

4. 关于传统中国社会的商人，参见 Michael R. Godley, *The Mandarin Capitalists in Nanyang: Overseas Chinese Enterprise in the Modernization of China* (Cambridge: Cambridge University Press, 1981), p. 34-37.

5. 这并不是说海外华人群体内无阶级差别。许多中国移民都是苦力劳动者，他们构成了的阶层显然与批发商和商人差别分明；他们中没有士绅阶级和官僚，在整个东南亚地区这些职位都留给地方精英。参见 Godley (1981), p. 38.

6. 关于儒家美德，参见 Michio Morishima, *Why Has Japan “Succeeded”? Western Technology and the Japanese Ethos* (Cambridge: Cambridge University Press, 1982), pp.3-4.

7. 关于西方家庭与别处的区别，参见 William Goode, *World Revolution and Family Patterns* (Glencoe, III：Free Press, 1963), p. 22.

8. Marion J. Levy, *The Rise of the Modern Chinese Business Class* (New York: Institute of Pacific Relations, 1949, hereafter 1949I), p. 1.

9. Margery Wolf, *The House of Lim: A Study of a Chinese Farm Family* (Englewood Cliffs, N.J.: Prentice-Hall, 1968), p. 23.

10. Marion J. Levy, *The Family Revolution in Modern China* (Cambridge: Harvard University Press, 1949, hereafter 1949II), pp.208-209.

11. Kyung-sup Chang, “The Peasant Family in the Transition from Maoist to Lewisian Rural Industrialization,” *Journal of Development Studies* 29 (1993): 220-244.

12. Levy (1949II), pp.213-216.

13. 从产权的角度看，任意设定税负这一事实，比税负绝对值高显得更重要。也有证据表明，清时期的税负平均值有所下降。Albert Feuerwerker, "The State and the Economy in Late Imperial China," *Theory and Society*, 13 (1984): 297-326.

14. W. J. F. Jenner, *The Tyranny of History: The Roots of China's Crisis* (London: Allen Lanelpenguin, 1992), p. 4.

15. 关于中国财产均分的做法，参见 Hugh Baker, *Chinese Family and Kinship* (New York: Columbia University Press, 1979), p. 12; Siu-lun Wong, "The Applicability of Asian Family Values to Other Sociocultural Setthigs," in Peter Berger and Hsinui Huang Michael Hsiao, *In Search of an East Asian Development Model* (New Brunswick, N.J.: Transaction Books, 1988), p. 139; Jenner (1992), p. 89; and Gordon S. Redding, *The Spirit of Chinese Capitalism* (Berlin: De Gruyter, 1990), p. 134.

16. 此外，该地块往往包括不连续、难以耕种的地带。Albert Feuerwerker, *The Chinese Economy ca. 1870-1911* (Ann Arbor: University of Michigan Press, 1969), p. 15.

17. 关于传统中国社会的领养习俗，参见 James L. Watson, "Agnates and Outsiders: Adoption in a Chinese Lineage," *Man* 10 (1975): 293-306.

18. 领养有着极其精密的规则：一个断香火的人首先会考虑过继自己兄弟的儿子；在这种情况下，长子一般有特权过继自己弟弟的儿子。如果没有子嗣可以过继，他会考虑祖父的其他子孙（即堂兄妹），如果这还不行，他可以不断扩大亲属圈进行搜索，转向更大的宗族或氏族。只有在极端情况下才可以从贫穷的外人那里买一个儿子。

19. 下面是一个领养仪式的记录："领养本族外儿子的仪式安排在一个精心制作的宴会间。不同于婚宴，客人不会送礼钱以感谢主人的热情款待。宴会的整个基调是不同的，因为领养的父亲必须赔偿他的同胞成员，让他们接受一个外人成为他们的一员。客人尽量拿无法延续自家血脉这件事情侮辱主人。席间，任何客人可以找主人借钱。主人明白这些钱是有借无还的，因为它只会让人重提今日之局面而引发尴尬……当他们离开了大厅，客人痛斥主人亵渎自己血统，并抱怨食物难吃至极。" Watson (1975), p. 298. 还可以参见 James L. Watson, "Chinese Kinship Reconsidered: Anthropological Perspectives on Historical Research," *China Quarterly* 92 (1982): 589-627.

20. 许烺光（Francis Hsu）对某些家庭兴盛而另一些衰败有所描述。参见 *Under the Ancestors' Shadow: Kinship Personalty and Social Mobility in Village China* (Garden City, N.Y: Anchor Books, 1967), pp.5-7.

21. Baker (1979), p. 131.

22. Baker (1979), pp.133-134.

23. Jenner (1992), pp.119-120.

24. 关于中国家庭的文献，参见 Hsu (1967); *Maurice Freedman, The Study of Chinese Society* (Stanford: Stanford University Press, 1979); Baker (1979); and Paul Chao, *Chinese Kinship* (London: Kegan Paul International, 1979). 关于许烺光和 Freedman 二人对于中国家庭和宗族的不同解读，参见 Siu-lun Wong, "The Applicability of Asian Family Values to Other Sociocultural Settings," in Berger and Hsiao (1988), p. 145.

25. 关于中国家庭的类别，参见 Maurice Freedman, *Chinese Lineage and Society: Fukien and Kwangtung* (London: Athlone Press, 1971), pp.43-67.

26. Tamara Hareven, "Reflections on Family Research in the People's Republic of China," *Social Research* 54 (1987): 389.

27. 参见 Shu Ching Lee, "China's Traditional Family: Its Characteristics and Disintegration," *American Sociological Review* 18 (1953): 272-280; Francis Hsu, "A Hypothesis on Kinship and Culture," in Hsu, ed., *Kinship and Culture* (Chicago: Aldine Publishing Co., 1971), p. 7.

28. Baker (1979), pp.21-22. 一夫多妻制给富有家庭的继承带来了特殊的问题。平等的继承原则只适用于某一个妻子的儿子，但她的儿子的所得取决于她在家庭中的排名。第三个或第四个妻子的儿子，或妾的儿子，所得财产依次递减。这些继承人往往需要费尽心机才能从地位更高的儿子和他们的母亲手中拿到一部分财产。较低级别的妻子死了（即化成鬼）比活着更有资格向丈夫施压，问题是如何让丈夫害怕自己死后复仇，但又不必真得自杀。

29. Baker (1979), p. 49. 在传统中国家庭，妇女的身份低于她们的儿子；因此她无权惩罚他们，必须交于他们的父亲处理。Lee (1953), p. 275.

30. Watson (1982), p. 394. 还可以参见 Baker (1979), p. 49.

31. Redding (1990), pp.54-55.

32. Baker (1979), p. 67.

33. Hui-chen Wang Liu, "An Analysis of Chinese Clan Rules: Confucian Theories in Action," in David S. Nivison and Arthur E. Wright, *Confucianism in Action* (Stanford: Stanford University Press, 1959), pp.63-96.

34. Freedman (1979), p. 241.

35. P. Steven Sangren, "Traditional Chinese Corporations: Beyond Kinship," *Journal of Asian Studies* 43 (1984): 391-415.

36. 在中国社会一直都有不基于血缘关系的传统组织。在美国的华人移民社区中就有秘密社团和堂会，即犯罪团伙，这些组织要求其成员打破他们的亲属关系，并发血誓效忠新的"家庭"。参见 Baker (1979), p.170; and Ivan Light, *Ethnic Enterprise in America* (Berkeley: University of California Press, 1972), pp.94-98.

37. 这一学说是由后孔子一个世纪的反对者墨翟提出的，但墨家的学说一直被正统儒家视为一个危险的异端。参见 Jenner (1992), p. 113.

38. 显然，儒家缺乏普世道德原则是美国人和亚洲人当前人权之争的关键所在。基督教的上帝既是单一的，又是嫉妒的；他设立一套适用于所有的人道德原则，不加任何区分。洛克的自由主义政治教义和美国缔造者同样是倡导普遍性和平等的，而美国的当代人权运动则是要把这些原则推广到那些没有普遍性义务的社会。

39. Barrington Moore, *Social Origins of Dictatorship and Democracy: Lord and Peasant in the Making of the Modern World* (Boston: Beacon Press, 1966), p. 208.

40. 参见 Redding (1990), p. 188; also Lucian W. Pye, *Asian Power and Politics: The Cultural Dimensions of Authority* (Cambridge: Harvard University Press, 1985), p. 292.

41. 关于中国家庭变化的研究综述，参见 Wei Zhangling, "The Family and Family Research in Contemporary China," *International Social Science Journal* 126 (1986): 493-509; Hareven (1987); Ming Tsui, "Changes in Chinese Urban Family Structure," *Journal of Marriage and the Family* 51 (1989): 737-747; Arland Thornton and Thomas E. Fricke, "Social Change and the Family: Comparative Perspectives from the West, China, and South Asia," *Sociological Forum* 2 (1987): 746-779; Janet W. Salaff, *Working Daughters of Hong Kong: Filial Piety or Power in the Family?* (Cambridge: Cambridge University Press, 1981).

42. Lee (1953), p. 279; Goode (1959), p. 6.

43. Jack M. Potter, *Capitalism and the Chinese Peasant* (Berkeley: University of California Press, 1968), p. 161.

44. 尤其参见 Hareven (1987), and Bernard Gallin, "Rural to Urban Migration in Taiwan: Its Impact on Chinese Family and Kinship," in David C. Buxbaum, ed., *Chinese Family Law and Social Change in Historical and Comparative Perspective* (Seattle: University of Washington Press, 1978). 关于去集体化后新式家庭的复杂性综述，参见 Martin King Whyte, "Rural Economic Reforms and Chinese Family Pat terns," *China Quarterly*, no. 130 (1992): 316-322.

45. Jenner (1992),p. 128. 另参见 Oded Shenkar and Simcha Ronen, "The Cultural Context of Negotiations: The Implications of the Chinese Interpersonal Norms," *Journal of Applied Behavioral Science* 23 (1987): 263-27.5.

46. Victor Nee, "The Peasant Household Individualism," in William L. Parish, ed., *Chinese Rural Development : The Great Transition* (Armonk, N.Y.: M. E. Sharpe, 1985), p. 185; Victor Nee, "Peasant Household Economy and Decollectivization in China," *Journal of Asian and African Studies* 21 (1986): 185-203; Victor Nee and Su Sijin, "Institutional Change and Economic Growth in China: the View from the Villages," *Journal of Asian Studies* 49 (1): 3-25; and Victor Nee and Frank W. Young, "Peasant Entrepreneurs in China's Second Economy: An Institutional Analysis," *Economic Development and Cultural Change* 39 (1991): 293-310. 倪志伟（Nee）还认为农村干部依旧扮演者重要的中间人的角色。参见 "Peasant Entrepreneurship in China," in Nee and David Stark, eds., *Remaking the Economic Institutions of Socialism: China and Eastern Europe* (Stanford: Stanford University Press, 1989), pp.171-172.

47. Jenner (1992), p. 13.

第10章　意大利的儒家主义

1. "蒙蒂格拉诺"（Montegrano）的名字是虚拟的，不过这个镇子是真实存在的；它的真实名字叫基亚罗蒙特（Chiaromonte）. Edward C. Banfield, *The Moral Basis of a Backward Society* (Glencoe, III：Free Press, 1958), pp.107, 115-116.

2. Banfield (1958), p. 85.

3. Banffield (1958), p. 7.

4. Banfield (1958), p. 88.

5. Robert D. Putnam, *Making Democracy Work: Civic Traditions in Modem Italy* (Princeton: Princeton University Press, 1993), pp.91-92. Putnam 还提供了更广泛的其他机构的数据，说明南北差距 .

6. Putnam (1993), p. 97.

7. Putnam (1993), p. 111.

8. Putnam (1993), p. 107.

9. Putnam (1993), p. 139.

10. Bevilacqua, 转引自 Paul Ginsburg 和 Putnam (1993), p. 143.

11. 这一表达也用于 Jesse Pitts 对于法国的描述。参见 Jesse R. Pitts, "Continuity and Change in Bourgeois France," in Stanley Hoffmann and Charles Kindleberger, eds., *In Search of France* (Cambridge: Harvard University Press, 1963).

12. 关于这一点 , 参见 Putnam (1993), p. 146.

13. 公民社团的集中度地图，参见 Putnam (1993), p. 97.

14. 意大利 1992 年的国内生产总值（GDP）是 12 230 亿美元；荷兰、瑞典和瑞士这一数字分别为 3 200 亿，2 470 亿和 2 410 亿美元。*International Financial Statistics 1994 Yearbook* (Washington, D. C.: International Monetary Fund, 1994).

15. "第三意大利"最初的概念详细说明，参见 Arnoldo Bagnasco, *Tre Italie: la Problematica terioriale dello sviluppo italiano* (Bologna: 11 Mulino, 1977). 其他关于意大利小规模工业化的文献，参见 Arnoldo Bagnasco and Rosella Pini, "Sviluppo economico e trasformazioni sociopolitiche nei sistemi territoriali e economia diffiis: Economia e struttura sociale," *Quaderni di Fondazion Giangiacomo Feltrimelli* no. 14 (1975); Giorgio Fua and Carlo Zacchia, *Industrzlizzazione sensa jitytture* (Bologna: Il Mulino 1983).

16. Michael J. Piore and Charles F. Sabel, *The Second Industrial Divide: Possibilities for Property* (New York: Basic Books, 1984), p. 227.

17. Sebastiano Brusco, "Small Firms and Industrial Districts: The Experience of Italy," in David Keeble and Robert Wever, *New Firms and Regional Development in Europe* (London: Croom Helm, 1982), pp.192-193. 无论在哪国生产，机床工具由于其本身的性质，生产厂家往往规模小，产量低。

18. Julia Bamford, "The Development of Small Firms, the Traditional Family and Agrarian Patterns in Italy," in Robert Goffee and Richard Sease, eds., *Entrepreneurship in Europe: The Social Processes* (London: Croom Helm, 1987), p. 8.

19. 还有第三个公司，即范思哲（Versace），计划在 1994 年上市。*New York Times*, June 13, 1994, pp. Dl-D2.

20. 关于小企业灵活的专业化范式及其在现代经济中的作用，参见 Piore and Sabel (1984); Charles Sabel, *Work and Politics: The Division of Labor in Society* (Cambridge: Cambridge University Press, 1981); Michael J. Piore and Suzanne Berger, *Dualism and Discontinuity in Industrial Societies* (Cambridge: Cambridge University Press, 1980); Charles Sabel and Jonathan Zeitlin, "Historical Alternatives to Mass Production: Politics, Markets and Technology in Nineteenth-Century Industrialization," *Past and Present* 108 (1985): 133-176.

21. 中小企业的就业没有增长这么多，也没有那么大幅度锐减。参见 Richard D. Whitley, "The Revival of Small Business in Europe," in Brigitte Berger ed., *Culture of Entrepreneurship* (San Francisco: Institute for Contemporary Studies, 1991), p. 162.

22. 一直以来，小企业就业增长最显著的国家是意大利、西班牙、葡萄牙、希腊、荷兰和丹麦。Whitley in Berger (1991), p. 170.

23. Putnam (1993), pp.156-157.

24. 关于这些观点，参见 Putnam (1993), pp.158-159.

25. 完成这一修正的最重要的学者是 Peter N. Laslett. 参见他编撰的 *Household and Family in Past Time* (Cambridge: Cambridge University Press, 1972); and "The Comparative History of Household and Family," in Michael Gordon, ed., *American Family in Social-Historical*

Perspective (New York: St. Martiris Press, 1973).

26. Bamford in Goffee and Scase (1978), p. 16. 关于 Bertalia 以及意大利中部协作耕种地区的扩展家庭更为细节的描述，参见 David I. Kertzer, *Family Life in Central Italy, 1880-1910* (New Brunswick, N.J.: Rutgers University Press, 1984). 还可以参见 David I. Kertzer and Richard P. Saller, eds., *The Family in Italy from Antiquity to the Present* (New Haven: Yale University Press, 1991).
27. Bamford in Goffee and Sease (1987), p. 17.
28. 关于扩展家庭的重要性，还见于 Piore and Sabel (1984), pp. 227-228.
29. Barmeld (1958), pp.118-119.
30. Bamford in Goffee and Sease (1978), pp.17-19; Kertzer (1984), pp.32-35.
31. Barnford in Goffee and Sease (1978), pp.19-20.
32. Putnam (1993), p. 130.
33. Putnam (1993), pp.159-160. 这种情况下，地方政府的作用是向商业网络提供基础设施支持，如培训和信息服务。这一点在讨论日本的章节中会有更详细的展开。
34. 更为详尽的讨论参见本书有关日本的章节。
35. Santo Versace, 引自 *New York Times*, June 13, 1994, p. D2.
36. Michael L. Blim, *Made in Italy: Small-Scale Industrialization and Its Consequences* (New York: Praeger, 1990), p. 258.
37. 根据 Blim (1990), pp.162-165，他所研究的 Marche 地区，二十五家鞋厂老板只有一个人拒绝雇用黑工。
38. Whitley in Berger (1991), p. 168.

第11章 法国：面对面

1. 美国和欧洲空客集团关于政府补贴的纠纷旷日持久，欧洲人始终认为，美国的私人公司，如波音公司已经从大型军用业务获益匪浅，相当于获得了一种变相的补贴。这些论点无疑有一定的正确性；然而，这并不影响我关于法国组织民营大型不力的观点。
2. Eli Noam, *Telecommunications in Europe* (New York: Oxford University Press, 1992), pp.160-161.
3. 转引自 Noam (1992), p. 147.
4. David S. Landes, "French Entrepreneurship and Industrial Growth the Nineteenth Century," *Journal of Economic History* 9 (1949): 45-61. 关于企业主家庭的描述，参见 Landes, "Religion and Enterprise: the Case of the French Textile Industry," in Edward C. Carter II, Robert Forster, and Joseph N. Moody, eds., *Enterprise, The and Entrepreneurs in Nineteenth and Twentieth-Century France* (Baltimore: Johns Hopkins University Press, 1976). 关于金属加工行业一个家庭企业的深入研究，参见 Robert J. Smith, "Family Dynamics and the Trajectory of a Family Firm: Bouchayer Enterprise of Grenoble (1868-1972)" (unpublished Paper 1994).
5. Landes (1949), p. 50.
6. Jesse R. Pitts, "Continuity and Change in Bourgeois France," in Stanley Hoffmann and Charles

Kindleberger, eds., *In Search of France* (Cambridge: Harvard University Press, 1963), pp.239-246.

7. Landes 本人后来也承认了这一点。参见 "New-Model Entrepreneurship in France and Problems of Historical Explanation," *Explorations in Entrepreneurial History*, 2d ser. 1 (1963): 56-75.

8. Patrick O' Brien 和 Caglar Keyder 认为，直到 19 世纪 70 年代，两国劳动生产率增长不相上下；直到 19 世纪 90 年代，法国才高过英国。参见 *Economic Growth in Britain and France 1780-1914: Two Paths to the Twentieth Century* (London: Allen and Unwin, 1978), pp.192-193. 还可以参见 Jean Bouvier, "Libres propos autour d' une démarche révisionniste," in Patrick Fridenson and André Straus, ed. *Le Capitalisme français XIXe- XXe siècle: Blocages et dynamismes d' une croissano* (Paris: Fayard, 1987); François Crouzet, "Encore la croissance française au XIX siècle," *Revue du nord* 54 (1972): 271-288. Crouzet (p. 274) 表明，从 1870 年到 1913 年，法国的人均产量和生产率虽然略微落后于德国，但高于英国，并且正好等于十个欧洲国家的平均水平。

9. 参见 Louis Bergeron, *Les Capitalistes en France* (1780-1914) (Paris: Gallimard, 1978).

10. 关于 Bon Marche 的发展，参见 Michael B. Miller, *The Bon Marché: Bourgeois Culture and the Depar, ent Store, 1869-1920* (Princeton: Princeton University Press, 1981).

11. Maurice Levy-Leboyer, "The Large Family Finn in the French Manufacturing Industry," in Akio Okochi and Shigeaki Yasuoka, eds., *Family Business in the Era of Industrial Growth* (Tokyo: University of Tokyo Press, 1984), pp.222-223.

12. Levy-Leboyer in Okochi and Yasuoka (1984), pp.216-217.

13. Pitts in Hoffmann and Kindleberger (1963), pp.274-277.

14. 甚至是那些反对 Landes 的历史学家看来，这一点也是千真万确的；他们认为法国经济发展并不存在迟滞。参见 Jean-Charles Asselain, *Histoire économique de la France du XVIIIe siècle à nos jours*, vol. 1: *De l' Ancien Régime a la Première Guerre mondiale* (Paris: Editions du Seuil, 1984), pp.13-19.

15. 关于这个论点，参见 Charles Kindleberger, "The Postwar Resurgence of the French Economy," in Hoffmann and Kindelberger (1963), p. 120.

16. Kindleberger in Hoffmann and Kindelberger (1963), p. 136.

17. 关于领养的问题，参见 Rhoda Metraux and Margaret Mead, *Themes in French Culture: A Price to a Study of French Community* (Stanford: Stanford University Press, 1954), pp.3-4, 69-84.

18. Michel Crozier, *The Bureaucratic Phenomenon* (Chicago: University of Chicago Press, 1964), pp.213-214.

19. Crozier (1964), p. 216.

20. Crozier (1964), p. 217.

21. 关于这个现象，参见 Stanley Hoffmann, *Decline or Renewal? France Since the 1930s* (New York: Viking Press, 1974), pp.69-70, 121.

22. Crozier (1964), p. 222.

23. 历史学家 Maurice Agulhon 的作品已经证明，在法国的社会生活中，孤立和不信任的程度从来没有像在意大利南部或当代前社会主义社会那么严重。然而，众多如雨后春笋般涌现的自发社会群体往往是Jesse Pitts所谓的“叛逆群体”，也就是其结社目的不为道德社会认可的群体。参见 Maurice Agulhon and Maryvonne Bodiguel, *Les Associations au village* (Le Paradou: Actes Sud, 1981); and Agulhon, *Le Cercle dans la France bourgeoise,1810-1848, étude d'une mutation de sociabilité* (Paris: A. Colin, 1977); and Pitts in Hoffmann and Kindleberger (1964), pp.256-262.

24. 关于现代欧洲国家的军阀起源，参见 Bruce Porter, *War and the Rise of the Nation-State* (New York: Free Press, 1993).

25. Alexis de Tocqueville, *The Old Regime and the French Revolution* (Garden City, N.Y.: Doubleday, 1955), p. 51.

26. Tocqueville (1955), p. 88.

27. Douglass C. North and Robert Thomas, *The Rise of the Western World* (London: Cambridge University Press, 1973), p. 122.

28. Tocqueville (1955), p. 91.

29. Tcurqueville (1955), pp.94-95.

30. Hoffmann (1974), p. 123.

31. Hoffmann (1974), pp.68-76.

32. Kindleberger in Hoffmann and Kindleberger (1963), pp.136-137.

33. North and Thomas (1973), p. 126.

34. 引用于 Werner Sombart, *The Quintessence of Capitalism* (New York: Dutton and Co., 1915), p. 138.

35. Tocqueville (1955), p. 70.

36. 参见 Michel Bauer and Elie Cohen, “Le Politique, l'adreanistratif, et I'exercice du Pouvoir industriel,” *Sociologie du travail* 27 (1985): 324-327.

37. Tocqueville (1955), pp.65-66.

38. 在20世纪80年代掌权时，社会党人向国有企业注资50亿美元。参见 Vivien Schmidt, “Industrial Management Under the Socialists in France: Decentralized Dirigisme at the National and Local Levels,” *Comparative Politics* 21 (1988):53-72.

39. “The Bank That couldn't Say No,” *Economist*, April 9, 1994, pp.21-24. 当然，银行和其他金融机构类似这样糟糕的判断绝不限于公共部门的公司，美国和日本银行业周期性危机足以证明这一点。在里昂信贷的案例中，但是，一些关键性的贷款是出于政治动机，这在私有部门的银行是不可能出现的。

40. Tocqueville (1955), p. 61.

41. Kindleberger in Hoffman and Kindleberger (1955), p. 157.

第12章　韩国：骨子里的中国企业

1. Young KiLee, “Conglomeration and Business Concentration in Korea,” in Jene K. Kwon, ed., Korean Economic Development (Westport, Conn.: Greenwood Press, 1989), p. 328.

2. Byong-Nak Song, *The Rise of the Korean Economy* (Hong Kong: Oxford University Press, 1990), p. 114.
3. Alice H. Amsden, *Asia's Next Giant: South Korea and Late Industrialization* (New York: Oxford University Press, 1989), p. 116.
4. Song (1990), pp.112-113.
5. Gary G. Hamilton and Nicole Woolsey Biggart, "Market, Culture, and Authority: A Comparative Analysis of Management and Organization in the Far East," *American Journal of Sociology* 94, Supplement (1988): S52-S94.
6. 关于这一时期的背景，参见 Nicole Woolsey Biggart, "Institutionalized Patrimonialism in Korean Business," in Craig Calhoun, ed., *Comparative Social Research: Business Institutions*, vol. 12 (Greenwich, Conn.: JAI Press, 1990), pp.119-120.
7. 还可以参看韩国企业家 Yon-su Kim 的叙述，Dennis L. McNamara, "Entrepreneurship in Colonial Korea: Kim Yon-su," *Modern Asian Studies* 22 (1988): 165-177; and Dennis L. McNamara, *The Colonial Origins of Korean Enterprise, 1910-1945* (Cambridge: Cambridge University Press, 1990).
8. Lee in Kwon, ed. (1989), p. 329.
9. Richard D. Whitley, "Eastern Asian Enterprise Structures and the Comparative Analysis of Forms of Business Organization," *Organization Studies* 11 (1990): 47-74.
10. 举例而言，日立是芙蓉（Fuyo）、三和（Sanwa）和第一劝业（Dai-Ichi Kangyo）经连会的总裁委员会的成员，而神户制钢（Kobe Steel）是三和和第一劝业经连会的成员。参见 Michael L. Gerlach, *Alliance Capitalism: The Social Organization of Japanese Business* (Berkeley: University of California Press, 1992), pp.82-84.
11. Tamio Hattori, "The Relationship between Zaibatsu and Family Structure: The Korean Case," in Akio Okochi and Shigeaki Yasuoka, *Family Business in the Era of Industrial Growth* (Tokyo: University of Tokyo Press, 1984), p. 132.
12. Clark Sorenson, "Farm Labor and Family Cycle in Traditional Korea and Japan," *Journal of Anthropological Research* 40 (1984): 306-323.
13. Hattori in Okochi and Yasuoka, eds. (1984), p. 133.
14. Sorenson (1984), p. 310.
15. Choong Soon Kim, *The Culture of Korean Industry: An Ethnography of Poongsan Corporation* (Tucson: University of Arizona Press, 1992), p. 13.
16. 关于家族间关系在韩国的重要性，参见 B. C. A. Walraven, "Symbolic Expressions of Family Cohesion in Korean Tradition," *Korea Journal* 29 (1989): 4-11.
17. 关于这一点，参见 Richard M. Steers Yoo Keun Shin, and Gerardo R. Ungson, *The Chaebol: Korea' s New Industrial Might* (New York: Harper & Row, 1989), pp.17, 135.
18. 关于这一点，参见 Song (1990), pp.31-34.
19. Mutsuliiko Shima, "In Quest of Social Recognition: A Retrospective View on the Development of Korean Lineage Organization," *Harvard Journal of Asiatic Studies* 50 (1990): 87-192.
20. 不是所有这些金氏和朴氏的祖先都来自同一谱系：例如金姓是在七个或八个大谱系共享。

21. Roger L. Janelli and Dawn-hee Yim Janetin, "Lineage Organization and Social Differentiation in Korea," *Man* 13 (1978): 272-289.

22. Kwang Chung Kirn and Shin Kirn, "Kinship Group and Patrimonial Executives in a Developing Nation: A Case Study of Korea," *Journal of Developing Areas* 24 (1989): 27-46.

23. Sang M. Lee and Sangjin Yoo, "The K-Type Management: A Driving Force of Korean Prosperity," *Management International Review* 27 (1987): 68-77.

24. Chan Sup Chang, "Chaebol The South Korean Conglomerates," *Business Horizons* 31 (1988):51-57.

25. Steers, Shin, and Ungson (1989), pp.37-38.

26. C. Kim (1992), p. 77.

27. C. Kirn (1992), p. 66.

28. Chang (1988), p. 53.

29. Hattori in Okochi and Yasuoka, eds. (1984), pp.137-139.

30. Hattori in Okochi i and Yasuoka, eds. (1984), p. 134.

31. Steers, Shin, and Ungson (1989), pp.38-39; and Lee and Yoo (1987), p. 75. 不过，有人认为虽然顶层的家庭管理者做出决策独裁，大多数决定不在顶层完成。参见 Alice Amsden, "The Rise of Salaried Management," in Kwon, ed. (1989), p. 363.

32. 出自 *Dong An Ilbo*, 转引自 Steers, Shin, and Ungson (1989), p. 39.

33. Steers, Shin, and Ungson (1989), p. 47.

34. Steers, Shin, and Ungson (1989), p. 123.

35. Steers, Shin, and Ungson (1989), pp.91-92. 还可以参见 C. Kirn (1992), p.134.

36. Song (1990), p. 199. Song 接着说，他并不清楚到底更大范围的韩国个人主义的文化源于何处。从前面的讨论中我们可以清楚地看到，它源于韩国家庭主义的本质。

37. Lee and Yoo (1987), p. 74.

38. C. Kirn (1992), p. 151. 对于韩国公司的另一项深入研究报告指出，工人之间怀疑和不信任程度甚深，他们不愿意将他们的意见或他们在公司内部的社会关系告知外人。参见 Roger L. Janelli and Dawn-hee Yim (Janelli), *Making Capitalism: The Social and Cultural Construction of a South Korean Conglomerate* (Stanford: Stanford University Press, 1993), pp.3-12.

39. Song (1990), pp.199-200.

40. 到了 20 世纪 80 年代后期，约 72% 的 65 岁以上人口完全依赖他们子女的供养。David I. Steinberg, "Sociopolitical Factors and Korea's Future Economic Policies," *World Development* 16 (1988): 19-34.

41. 在总统朴正熙于 1979 年被暗杀之后，工会在政治上变得活跃起来，后来在 1987 年反对总统全斗焕的军事政权中又一次活跃。在 1987 年夏天的动荡时期，韩国劳工运动发起了大约 3000 人的罢工，这对于民主正义党候选人卢泰愚的上台有着重要影响，他与全斗焕决裂，并接受号召参与总统直选。随着劳动法的自由化和 1988 年第一次相对自由的选举的呼声，被压抑的劳动力需求突然爆发也就不难理解了。罢工在 20 世纪 80 年代后期遍及整个韩国产业，单单 1987 年至 1988 年两年间，工资上涨 37%。Steers, Shin and Ungson (1989), pp.126-127.

42. 这一观点，我要感谢 Kongdan Oh.

43. Kim and Kim (1989), p. 41; Susan De Vos and Yean-Ju Lee, "Change in Extended Family Living Among Elderly People in South Korea, 1970-1980," *Economic Development and Cultural Change* 41 (1993): 377-393; Myung-hye Kim, "Transformation of Family Ideology in Upper-Middle-Class Families in Urban South Korea," in *Ethnology* 32 (1993): 69-85.

44. 也就是说，韩国公司开发品牌知名度或者其他产品的代价是高昂的。然而，我们将在下面看到，大规模或者合并对于提高效率是否有益还言之尚早；许多韩国财阀（无论是家庭或其他原因）的解体实际上可能会提高效率。

45. Leroy P. Jones and Il Sakong, *Government, Business, and Entrepreneurship in Economic Development: The Korean Case* (Cambridge: Harvard University Press, 1980), p. 148.

46. Song (1990), p. 129.

47. Edward S. Mason, ed., *The Economic and Social Modernization of the Republic of Korea* (Cambridge: Harvard University Press, 1980), pp.336-337.

48. Song (1990), p. 161; 还可以参见 Robert Wade, "East Asian Financial Systems as a Challenge to Economics: Lessons from Taiwan," *California Management Review* 27 (1985): 106-127.

49. 引自 Alice H. Amsden, *Asia's Next Giant: South Korea and Late Industrialization* (New York: Oxford University Press, 1989), p. 2.

50. Richard D. Whitley, "The Social Construction of Business Systems in East Asia," *Organization Studies* 12 (1991): 1-28.

51. 早期的财阀可能是最早推广现代管理方法的企业，因此在许多韩国传统经济领域的运营中获得了竞争优势。在负利率时有资本投资，激励这些公司购买几乎所有类型的资产。

52. Mark L. Clifford, *Troubled Tiger: Businessmen, Bureaucrats and Generals in South Korea* (Armonk, N.Y: M. E. Sharpe, 1994), chap. 9.

53. Eun Mee Kim, "From Dominance to Symbiosis: State and Chaebol in Korea," *Pacific Focus* 3 (1988): 105-121.

54. Amsden (1989), p. 17.

55. Song (1990), p. 98-100.

56. Whitley (1991), p. 18.

57. Amsden (1989), p. 72; Wade (1985), p. 122.

58. 1979 年，Yolsan 财阀与反对派的政治领袖关系暧昧，政府利用其对信贷的控制让该公司破产。Bruce Cumings, "The Origins and Development of Political Economy: Industrial Sectors, Product Cycles, and Political Consequences," *International Organization* 38 (1984): 1-40.

59. Clifford (1994), chap. 9.

60. Clifford (1994), chap. 9.

61. 关于韩国商业的区域主义，参见 Jones and Sakong (1980), pp.208-219. 区域主义也曾经在韩国政治的一个重要因素：1988 年在卢泰愚、金大中和金泳三的总统选举反映了区域性和意识形态的分裂，因为金大中来自全罗道，金泳三和卢泰愚分别代表庆尚道的南部和北部。

62. Kim and Kim (1989), pp.42-43.

63. Chan Sup Chang, "Chaebol: The South Korean Conglomerates," *Business Horizons* 31 (1988):51-57.

64. Song (1990), p. 46.

65. Jones and Sakong (1980), pp.212-219.

66. David Martin, *Tongues of Fire: The Explosion of Protestantism in Latin America* (Oxford: Basil Blackwell, 1990), p. 143.

67. Jones and Sakong (1980), pp.221-222.

68. Jones and Sakong (1980), p. 222; Martin (1990), p. 154.

69. David Martin 认为，基督教会倡导政治上清静无为，因此防止工业化工程中的系统膨胀，于是对于经济增长起到了间接作用。这一解释的唯一问题是，倘若没有新教，韩国的儒家文化很可能产生类似的效果。基督徒活跃于政治反对派，但他们终究没有带来什么经济上的恶果，破坏韩国的稳定。参见 Martin (1990), pp. 154-155.

70. Amsden (1989), p. 129.

71. 有这么一个故事，朴氏和现代公司的郑周永之间的关系得以巩固，是因为前者突然在黎明时分乘坐直升机到工作现场视察，发现后者已经在努力工作。 参见 Clifford (1994), chap. 9.

72. "Innovate, Not Imitate," *Far Eastern Economic Review*, May 13, 1994, pp.64-68.

73. "Breaking Up Is Hard to Do," *Far Eastern Economic Review*, September 29, 1988, p. 103.

74. "Paralysis in SouthKorea," *Business Week*, June 8, 1992, pp.48-49.

第13章 无摩擦经济

1. 当然这也是本世纪大多数社会学家的观点。参见 Max Weber, *General Economic History* (New Brunswick, N.J.: Transaction Books, 1981), pp.277, 338-351.

2. 此外，使得各种各样的交易成为可能，需要构建体制，这也必然产生费用，这样的费用通常是由整个社会承担的。

3. Kenneth J. Arrow, *The Limits of Organization* (New York: Norton, 1974), p. 23.

4. 这些措施包括譬如北极星潜射弹道导弹和 U-2 间谍飞机等发展项目。

5. 关于过度管制的过程，参见 *Integrating Commercial and Military Technologies for National Strength: An Agenda for Change*, Report of the CSIS Steering Committee on Security and Technology (Washington, D.C.: Center for Strategic and International Studies, 1991); and Jacques Gansler, *Affording Defense* (Cambridge : MIT Press, 1991), pp.141-214.

6. 例如，服务于一个商业公司的采购代理在理论上不会邀请所有能供应某一产品或服务的供应商投标;他们通常会在以往经验的基础上，选择声誉、质量、可靠性或价格上排名前三、四位的公司。相比之下，政府的采购代理，需要向所有潜在的供应商开放投标，并给予竞标失败方无限的取消资格权。这种监管的目的是为了防止"偏袒"。

7. Nathan Rosenberg and L. E. Birdzell, Jr., *How the West Grew Rich: The Economic Transformation of the Industrial World* (New York: Basic Books, 1986), p. 114. 关于这一点，还可以参见 James R. Beniger, *The Control Revolution: Technological and Economic Origins*

of the Information Society (Cambridge: Harvard University Press, 1986), pp.126-127.

8. 参见 Mancur Olson, *The Logic of Collective Action: Public Goods and the Theory of Collective Action* (Cambridge: Harvard University Press, 1965). 关于搭便车的问题，目前有大量的研究文献，并成为"理性选择"学派的一个中心议题。还可以参看 Russell Hardin, *Collective Action* (Baltimore: Johns Hopkins University Press, 1982); and Todd Sandler, *Collective Action: Theory and Application* (Ann Arbor: University of Michigan Press 1992).
9. 另一个经典的集体行动难题是"囚徒困境"，即两个囚犯关押在单独的囚室，彼此不能进行通信，他们面临着一个选择，如果双方选择了合作的选项，他们都能够受益，但是两人都无法知道对方会如何选择。这样看来，灌输其成员之间的相互责任意识的文化，对比将个人主义合法化的文化，会更容易找到囚徒困境的解决方案。
10. Victor Nee, "The Peasant Household Economy and Decollectivization in China," *Journal of Asian and African Studies* 21 (1986): 185-203. 倪志伟（Victor Nee）在其他地方指出："农民理性计算往往把重点放在了如何让单个家庭而非集体经济的利益最大化。这导致一个长期存在的问题，譬如 Yangbei 地区的干部抱怨村民在进行集体工作时缺乏真正的热情，远不及他们在家庭自留地劳作和做家务工作时。集体和私营部门之间的生产率差距便是 Yangbei 地区集体务农的问题核心所在。简单地说，如果集体的经济表现良好，所有的家庭都可以从中受益，那么那些更努力的家庭则担心他们付出的额外努力虽然最终惠及自己家庭，但也可能是补贴那些少下工夫的家庭……这是典型的'搭便车'困境。" Nee, "Peasant Household Individualism," in William L. Parrish, ed., *Chinese Rural Development: The Great Transformation* (Armonk, N.Y: M. E. Sharpe 1985), p. 172.
11. 关于总体上专业协会的作用的评论，参见 James Fallows, *More Like Us: Making America Great Again* (Boston: Houghton Mifflin, 1989), pp.132-146
12. Mancur Olson, *The Rise and Decline of Nations: Economic Growth, Stagflation, and Social Rigidities* (New Haven：Yale University Press, 1982).
13. Olson (1982).
14. 参见 Jonathan Rauch, *Demosclerosis: The Silent Killer of American Government* (New York: Tunes Books, 1994).
15. Ian Jamieson, *Capitalism and Culture: A Comparative Analysis of British and American Manulactunng Organizations* (London: Gower, 1980), 56-57.
16. Ronald P. Dore, *British Factory, Japanese Factory* (London: Allen and Unwin, 1973), p. 140.

第14章　坚如磐石

1. Masaru Yoshimori, "Source of Japanese Competitiveness, Part I," *Management Japan* 25 (1992): 18-23.
2. Richard E. Caves and Masu Uekusa, *Industrial Organization in Japan* (Washington, D.C.: Brookings Institution, 1976), p. 60.
3. "The Japanese Economy: From Miracle to Mid-Life Crisis," *Economist*, March 6, 1993, pp.3-13. 关于这个议题，还可以参见 Kuniyasu Sakai, "The Feudal World of Japanese Manufacturing," *Harvard Business Review* 68 (1990): 38-47. 关于日本汽车产业的集团关

系背景，参见 Koiclvi Shimokawa, "Japan's Keiretsu System: The Case of the Automobile Industry," *Japanese Economic Studies* 13 (1985): 3-31.

4. James P. Womack, Daniel T. Jones, and Daniel Roos, *The Machine That Changed the World: The Story of Lean Production* (New York: Harper Perennial, 1991), p.83. 这个数字夸大了丰田的整体生产力优势，因为弗雷明汉（Framingham）厂区是通用汽车公司的表现最差的一个。

5. William W. Lockwood, *The Economic Development of Japan* (Princeton: Princeton University Press, 1954), pp.207, 110-111.

6. Lockwood (1954), p. 206.

7. David Friedman, *The Misunderstood Miracle* (Ithaca: Cornell University Press, 1988), p. 10.

8. Caves and Uekusa (1976), p. 3.

9. 弗里德曼(Friedman, 1988)基于对日本机床行业的详细分析提出了这个宽泛的论点。但是，因其工艺生产技术，较短的生产运行期和小规模，机床产业不能代表整个制造业。

10. "Founder of Hal Computers Resigns to Be Fujitsu Consultant," *New York Times*, July 16, 1993, p. D4.

11. 参见 "Japan, US Firms Enter Microprocessor Pacts," *Nikkei Weekly*, May 2, 1994, pp.1, 19.

12. Lockwood (1954), p. 215.

13. Lockwood (1954), p. 215. 还可以参见 Shigeaki Yasuoka, "Capital Ownership in Family Companies: Japanese Firms Compared with Those in Other Countries," in Akio Okochi and Shigeaki Yasuoka, eds., *Family Business in the Era of Industrial Growth* (Tokyo: University of Tokyo Press, 1984), p. 2.

14. Yasuoka in Okochi and Yasuoka (1984), p. 9.

15. Ronald P. Dore, *British Factory, Japanese Factory* (London: Allen and Unwin, 1973), p. 270; 还可以参见 James C. Abegglen, *The Japanese Factory: Aspects of Its Social Organization* (Glencoe, Ill.: Free Press, 1958), p. 17.

16. 不让子辈参与公司运营的决定是和本田的二把手藤泽武夫一起制定的。藤泽自己也是番头出身，早早就被本田聘来专职管理公司业务。Saburo Shiroyama, "A Tribute to Honda Soichiro," *Japan Echo* (Winter 1991): 82-85.

17. 参见 Hidesasa Morkiawa 的评论，Okochi and Yasuoka (1984), p. 36.

18. 因此，住友商事株式会社当时名义上的总裁是住友家族的首领住友吉左卫门，但他将经营权授给职业经理铃木马左也。住友财阀的职业经理人还在该公司董事会任职。Michael L. Gerlach, *Alliance Capitalism: The Social Organization of Japanese Business* (Berkeley: University of California Press, 1992), pp.98-99.

19. Yasuoka in Okochi and Yasuoka (1984), pp.9-10.

20. Yasuoka in Okochi and Yasuoka (1984), pp.17-18.

21. 关于这一过程参与者的历史叙述，参见 Eleanor Hadley, *Antitrust in Japan* (Princeton: Princeton University Press, 1970).

22. Yoshimori (1992), p. 19.

23. Yoshimori (1992), p. 20. 这里部分转载了 Yoshimori 提供的表格，该表旨在对比日本、美国、英国、西德和法国的家庭持有企业比例，日本排名最低。

五国企业所有制对比

所有权构架	日本（企业百分比）	美国（市场占有百分比）	英国（销售百分比）	联邦德国（企业百分比）	法国（企业百分比）
家族和个人	14	28.5	56.25	48.0	44.3
管理层或其他	86	71.5	43.75	52.0	55.7

然而笔者认为，他的数据有不同的来源，之间也没有什么可比性。例如，他所有权类别中“家庭与个人”似乎是指所有非机构投资者，并不见得是家族企业的所有者。所有权的比例在不同的国家也有不同的衡量指标。

24. Abegglen (1958), p. 84.

25. 从美国的角度讨论这一竞争，参见 Clyde V. Prestowitz, Jr., *Trading Places: How We Allowed Japan to Take the Lead* (New York: Basic Books, 1988), pp.26-70.

第15章　儿子与陌生人

1. 关于华人和日本家庭生活和意识形态的共同点，参见 Francis L. K. Hsu, *Iemoto: The Heart of Japan* (New York: Schenkman Publishing Co., 1975), pp.25-27.

2. James I. Nakamura and Matao Miyomoto, “Social Structure and Population Change: A Comparative Study of Tokugawa Japan and Ch’ing China,” *Economic Development and Cultural Change* 30 (1982): 229-269.

3. Chie Nakane, *Kinship and Economic Organization in Rural Japan* (London: Althone Press, 1967), p. 4.

4. Nakane (1967), p. 9. 还可以参见 Hironobu Kitaoji, “the Structure of the Japanese Family,” *American Anthropologist* 73 (1971): 1036-1057.

5. Marthl Collcutt, “The Legacy of Confucianism in Japan,” in Gilbert Rozman, ed., *The East Asian Region: Confucian Heritage and Its Modern Adaptation* (Princeton: Princeton University Press, 1991), pp.122-123.

6. Hsu (1975), p. 39.

7. Jane M. Bachnik, “Recruitment Strategies for Household Succession: Rethinking Japanese Household Organization,” *Man* 18 (1983): 166-182; and John C. Pelzel, “Japanese Kinship: A ComParison,” in Maurice Freedman, ed., *Family and Kinship in Chinese Society* (Stanford: Stanford University Press, 1970).

8. 一个例外是皇室，男性不能通过领养进入皇室家庭。Shichiliei Yamamoto, *The Spirit of Japanese Capitalism and Selected Essays* (Lanham, Md.: Madison Books, 1992), p. 24. 还可参

见 Nakocnura and Miyamoto (1982), p. 254.

9. Takie Sugiyama Lebra, "Adoption Among the Hereditary Elite of Japan: Status Preservation Through Mobility," *Ethnology* 28 (1989):218.

10. Hsu (1975), p. 38.

11. Yamamoto (1992), pp.24-25.

12. R. A. Moore, "Adoption and Samurai Mobility in Tokugawa Japan," *Journal of Asian Studies* 29 (1970): 617-632.

13. Joseph M. Kitagawa, *Religion in Japanese History* (New York: Columbia University Press, 1966), p. 98.

14. Nakane (1967), p. 6.

15. Hsu (1975), pp.29-30.

16. Nakane (1967), p. 5.

17. Hsu (1975), pp.32-33.

18. Hsu (1975), p. 36.

19. Yamamoto (1992), pp.27-28.

20. 因此，譬如长州派的领导者之一山县有朋在重建明治政权中发挥了关键作用，并继续担当主要的政治家，但他也没有将自己的位置传给儿子。Yamamoto (1992), p. 28.

21. 用许烺光的话（Francis Hsu, 1975, p. 44）："日本的家，尤其是同族，其实在一定程度属于资源结社，这在中国家庭或者氏族并不存在。人类不能选择自己的父母、子女、叔叔或阿姨。但如果他们可以领养家庭或者同族以外的成人，他们肯定有更大的回旋余地。换句话说，他们享有更开放的招聘标准。"

22. Nakane (1967), p. 21. 她补充说："儿子对待退休的老年父母的态度是与中国人的习惯相左的。"

23. 关于当代日本家庭的变化，参见 Fumie Kumagai, "Modernization and the Family in Japan," *Journal of Family History* 2 (1986): 371-382; Kiyomi Morioka, "Demographic Family Changes in Contemporary Japan," *International Social Science Journal* 126 (1990): 511-522; and S. Philip Morgan and Kiyosi Hiroshima, "The Persistence of Extended Family Residence in Japan: Anachronism or Alternative Strategy?" *American Sociological Review* 48 (1983): 269-281.

24. 这是中根千枝（Chie Nakane）的著作《日本社会》的中心观点。*Japanese Society* (Berkeley: University of California Press, 1970).

25. 许烺光称这种关系为 "kin-tract"，以表明家元是汲取了亲戚群体和现代契约结社的特点。Hsu (1975), p. 62.

26. Hsu (1975), p. 69.

27. Hsu (1975), p. 69; Winton Davis, "Japanese Religious Affiliations: Motives and Obligations," *Sociological Analysis* 44 (1983): 131-146.

28. 参见 Sepp Linhark, "The Family As Constitutive Element of Japanese Civilization," in Tadao Umesao, Harurm Befu, and Josef Kreiner, eds., *Japanese Civilization in the Mordern World: Life and Society, Senri Ethnological Studies* 16 (1984): pp.51-58.

29. 关于儒家思想在日本的传播史，参见 Collcutt in Rozman (1991).

30. 可参见 Yasuzo Horie, “Confucian Concept of State in Tokugawa Japan,” *Kyoto University Economic Review* 32 (1962): 26-38. 文章强调民族主义受到儒家思想“系统化、逻辑化地推崇”。还可以参见 Yoshio Abe, “The Basis of Japanese Culture and Confucianism,” *Asian Culture Quarterly* 2 (1974): 21-28.

31. 在正统儒家思想中，仁不应该限于家庭，而应扩展到非亲属。

32. Michio Morishima, *Why Has Japan “Succeeded”? Western Technology and the Japanese Ethos* (Cambridge: Cambridge University Press, 1982), p. 4; 还 可 以 参 见 Morishima “Confucius and Capitalism,” *UNESCO Courier* (December 1987): 34-37.

33. Morishima (1982), p. 6.

34. 参见 Morishima (1982), pp.6-7，他认为“忠的含义在中国和日本是不一样的……在中国，忠意味着忠于自己的良心；在日本，虽然也有人用同样的意义，它的常见意义基本上是真诚，旨在全心服务自己的领主，甚至为了主人而牺牲自己。因此孔子所谓‘臣侍君以忠’，中国人理解为家臣为国君服务但不能有悖于良心，而日本的解释则是家臣必须为他们的主人奉献自己的一生”。

35. Morishima (1982), p. 8; 还可以参见 Lucian W. Pye, *Asian Power and Politics: The Cultural Dimensions of Authority* (Cambridge: Harvard University Press, 1985), pp. 56-57.

36. 关于中国和日本的忠和孝的相对地位的讨论，参见 Warren W. Smith, Jr., *Confucianism in Modern Japan: A Study of Confucianism in Japanese Intellectual History* (Tokyo: Hokuseido Press, 1959), p.230.

37. 据一项文献，“日本人以敬畏和钦佩之情口口相传一个有关武士的故事，他们誓死护卫武士道，宁可他们的整个家庭被敌人屠杀，也不泄漏任何可能危及领主的信息”。Johannes Thischmeier, *The Origins of Entrepreneurship in Meiji Japan* (Cambridge：Harvard University Press, 1964), p. 48.

38. Collcutt in Rozman (1991), p. 33; I. J. McMullen, “Rulers or Fathers? A Casuistical Problem in Early Modem Japan,” *Past and Present* 116 (1987): 56-97.

39. Ronald P. Dore, *British Factory, Japanese Factory* (London: Allen and Unwin, 1973), p. 396.

40. Collcuot in Rozman (1991), pp.147-151.

41. Morishima (1982), p. 105.

42. Chalmers Johnson, *MITI and the Japanese Miracle* (Starford: Stanford University Press, 1982), pp. 11-12.

43. “Inside the Charmed Circle,” *Economy January* 5, 1991, p. 54.

44. 关于日本跨国公司在美国的业务，参见 James R. Lincoln, Jon Olson, and Mitsuyo Hanada, “Cultural Effects on Organizational Structure: The Case of Japanese Firms in the United States,” *American Sociological Review* 43 (1978): 829 os7.

45. 邓小平是一个例外。自 1981 年以来，他名义上的职位一直是军事委员会主席，而他同时拥有政府和共产党内最高权力。但是，这种间接的权力统治在中国历史上没有先例。

46. 参见 Saburo Shiroyama, “Attribute to Honda Soichiro,” *Japan Echo* (Winter 1991): 82-85.

47. 参见 Barrington Moore, Jr., *Social Origins of Dictatorship and Democracy* (Boston: Beacon Press, 1966).

48. Norman Jacobs, *The Origins of Modern Capitalism in Eastern Asia* (Hong Kong : Hong Kong University Press, 1958), p. 29.

49. Richard D. Whitley, "The Social Construction of Business Systems in East Asia," *Organization Studies* 12 (1991): 1-28.

50. 关于大阪作为商业中心，参见 Thischmeier (1964), pp.14-28.

51. Robert N. Bellah, *Tokugawa Religion* (Boston: Beacon Press, 1957); Bellah, *Religion and Progress in Modern Asia* (Glencoe, Ill : Free Press, 1965); and Yamocnoto (1992).

52. 关于这背后的技能培训和佛教教义，参见 Eugen Herrigel, *Zen in the Art of Archery* (New York: Pantheon Books, 1953); and Soetsu Yanagi, *The Unknown Craftsman: A Japanese Insight into Beauty* (Tokyo: Kodansha International, 1989). 还可以参见 Francis Fukuyama, "Great Planes," *New Republic*, September 6, 1993. 关于质疑佛法是否可以作为一种提高武艺的手段，参见 Brian Bocking, "Neo-Confucian Spirituality and the Samurai Ethic," *Religion* 10 (1980): 1-15.

53. 事实上，在工艺技术完美主义和社会组织之间是有联系的。这些技能通过“家元”(iemono) 型组织得以保持活力、代代相传，在其中师父向历代弟子传授他的知识，而且往往是以非语言的方式。虽然现代组织的质量控制也可以在现代美国的商学院通过教学完成，而家元体制所带来的额外的元素则是所谓的质量意识。

第16章　终身雇用制

1. 回报性道德义务类似于 Yasusuke Murakami 和 Thomas P. Rohlen 定义的“社会交换”概念。"Social-Exchange Aspects of the Japanese Political Economy: Culture, Efficiency, and Change," in Shumpei Kumon and Henry Rosovsky, eds., *The Political Economy of Japan*, vol 2: *Cultural and Social Dynamics* (Stanford: Stanford University Press, 1992), pp. 73-77.

2. 最早描述日本战后的终身雇用制度的西方观察家是 James C. Abegglen, *The Japanese Factory: Aspects of Its Social Organization* (Glencoe, Ill.: Free Press, 1958, p. 67) ，Abegglen 的解释受到后来西方和日本的学者质疑，因为他至少忽略了日本小企业，那里并没有终身雇用的惯例。

3. Shichihei Yamamoto, *The Spirit of Japanese Capitalism and Selected Essays* (Lanham, Md.: Madison Books, 1992), p. 9.

4. Michio Morishima, *Why Has Japan "Succeeded"? Western Technology and the Japanese Ethos* (Cambridge: Cambridge University Press, 1982), p. 174.

5. Abegglen (1958), pp. 116-117.

6. Ronald P. Dore, "Industrial Relations in Japan and Elsewhere," in Albert M. Craig, ed., *Japan: A Comparative View* (Princeton: Princeton University Press, 1979), p. 340.

7. 日本的劳动市场要远比看上去更灵活得多。虽然大公司都肩负终身雇用的义务，但公司内的工人都没有硬性要求遵循职位的工作内容。事实上，专业主义作为身份象征的程度，在日本比在美国或英国更低，因此少了很多约束。例如日本工程师更不以自己的工程资质而感到荣耀，远不及他们就职的企业，因此他们更愿意转换专业，甚至完全不做工程师都可以。公司有很大的灵活性，能够调动工人，并担负再培训的责任。因此，裁员，再培训和重新雇用的过程在日本和在美国并无两样，只是前者在企业内部完成，公司担负了将工作人员从一个部门调动到另一个部门的责任。例如日本钢铁制造商 NKK 当年面临着其核心钢铁业务下滑的困境，于是它将铸造工人调配到消费品子公司。“Deep Cutbacks in Japan, Too,” *New York Times*, March 11, 1993, p. D5. 此外，日本劳动力市场的二元结构也缓解了压力，终身雇用制只是大公司的特权，并不在小公司之间广泛实行，许多大公司可以通过将不需要的工人调配到自己的子公司，他们可以支付更低的工资并最终将这些工人解雇。被大公司解雇的威胁相当于严厉的惩罚，以此激励员工努力工作。

8. Ronald P. Dore, *British Factory, Japanese Factory* (London: Allen and Unwin, 1973), p. 208; Abegglen (1958), p. 97.

9. Dore (1973), p. 220.

10. Abegglen (1958), p. 99.

11. Abegglen (1958), p. 94.

12. Seymour Martin Lipset, “Pacific Divide: American Exceptionalism-Japanese Uniqueness,” in *Power Shifts and Value Changes in the Post Cold War World*, Proceedings of the Joint Symposium of the International Sociological Association’s Research Committee: Comparative Sociology and Sociology of Organizations (Japan: Kibi International University, Sophia University, and International Christian University 1992), p. 57.

13. Dore (1973), p. 140. 道尔指出，虽然一些英国工会成员认可其所在行业的健康发展对他们至关重要，更激进的一派则希望他们的行业表现糟糕，从而加快资本主义制度的全面崩溃。

14. 参见 Dore (1973), p. 154.

15. 这一点在 Abegglen 看来尤其是真的 (Abegglen, 1958; 参见 esp. p. 100); 还可参见 Solomon B. Levine, *Industrial Relations in Postwar Japan* (Urbana, Ill.: University of Illinois Press, 1958).

16. 对于文化因素的误用的例子，参见 Dominique V. Turpin, “The Strategic Persistence of the Japanese Firm,” *Journal of Business Strategy* (January-February 1992): 49-52, 他认为，日本企业对于市场份额的重视超过利润，这一点源于日本文化价值中对于持续性的重视。但这并不能解释为什么日本没有坚持在其他行业发展，如纺织、造船等。

17. John C. Pelzel, “Factory Life in Japan and China Today,” in Craig (1979), p. 390.

18. Sanford Jacoby, “The Origins of Internal Labor Markets in Japan,” *Industrial Relations* 18 (1979): 184-196.

19. Dore (1974), p. 388.

20. 据 Chalmers Johnson 的说法：“精英开发并传播意识形态，试图说服公众，国家的社会条件是除了政治以外的任何事物所造就的，如文化、历史、语言、民族性格、气候，等等。”参见 “The People Who Invented the Mechanical Nightingale,” *Daedalus* 119 (1990): 71-90; 还可参见 Johnson, *MITI and the Japanese Miracle* (Stanford: Stanford University Press, 1982), p. 8.

21. 关于文化论与企业组织论在解释东亚的结构性的相对优势，参见 Gary G. Hamilton and Nicole Woolsey Biggart, “Market, Culture, and Authority: A Comparative Analysis of Management and Organization in the Far East,” *American Journal of Sociology* 94 (1988): S52-S94.

22. 参见 *New York Times*, June 25, 1994, p. D1.

23. "Decline in Recruiting Slows to 10% Drop," *Nikkei Weekly*, June 6, 1994, p. 3.

24. 关于日本经济模式的未来这个宏观问题，参见 Peter F. Drucker, "The End of Japan, Inc.?" *Foreign Affairs* 72 (1993): 10-15.

第17章 财团

1. 换句话说，它是 Shumpei Kumon 所谓的网络，本章节稍后定义的"基于共识或诱导的交换"。

2. 由于他们收到大量的憎恶邮件，他们的互联网服务提供商取消了他们的帐户，问题也终于得到解决。

3. 关于经连会的历史和背景进一步的说明，参见 Richard E. Caves and Masu Uekusa, *Industrial Organization in Japan* (Washington, D.C.: Brookings Institution, 1976), pp.63-70; Chalmers Johnson, "Keiretsu: An Outsider' s View," *International Economic Insights* 1 (1992): 15-17; Masaru Yoshitomi, "Keiretsu: An Insider' s Guide to Japan' s Conglomerates," *International Economic Insights* 1 (1992): 10-14; Maruyama Yoshinari, "The Big Six Horizontal Keiretsu," *Japan Quarterly* 39 (1992): 18 198; Robert L. Cutts, "Capitalism in Japan: Cartels and Keiretsu," *Harvard Business Review* 70 (1992): 48-55; James R. Lincoln, Michael L. Gerlach, and Peggy Takahashi, "Keiretsu Networks in the Japanese Economy: A Dyad Analysis of Intercorporate Ties," *American Sociological Review* 57 (1992): 561-585; Marco Orros, Gey G. Hamilton, and Mariko Suzuki, "Patterns of Inter-Firm Control in Japanese Business," *Organization Studies* 10 (1989): 549-574; Ken-ichi Imai, "Japan' s Corporate Networks," in Shumpei Kumon and Henry Rosovky, eds., *The Political Economy of Japan*. vol. 3: *Cultural and Social Dynamics* (Stanford: Stanford University Press, 1992).

4. 关于发展中国家的网络，参见 Nathaniel H. Lear, "Industrial Organization and Entrepreneurship in the Developing Countries: The Economic Groups," *Economic Development and Cultural Change* 26 (1978): 661-675.

5. Michael L. Gerlach, *Alliance Capitalism: The Social Organization of Japanese Business* (Berkeley: University of California Press, 1992), p. 82.

6. Gerlach (1992), p. 85.

7. 财阀长久以来未能取得垄断地位；参见 William W. Lockwood, *The Economic Development of Japan* (Princeton: Princeton University Press, 1954), p. 223.

8. 相关证据，参见 Gerlach (1992), pp.137-149.

9. Richard D. Whitley, "East Asian Enterprise Structures and the Comparative Analysis of Forms of Business Organization," *Organization Studies* 11 (1990): 47-74.

10. 相关论述，参见 Masaru Yoshimori, "Source of Japanese Competitiveness, Part I," *Management Japan* 25 (1992): 18-23.

11. Ronald H. Coase, "The Nature of the Firm," *Economica* 4 (1937): 386-405.

12. 参见 Oliver E. Williamson, "The Economics of Organization: The Transaction Cost Approach," *American Journal of Sociology* 87 (1981, hereafter 198la): 548-577; *The Nature of the Firm: Origins, Evolution, and Development* (Oxford: Oxford University Press, 1993); and "The

Vertical Integration of Production: Market Failure Considerations," *American Economic Review* 61 (1971): 112-123.

13. Oliver Williamson, "The Modern Corporation: Origins, Evolution, Attributes," *Journal of Economic Literature* 19 (1981, hereafter 1981b): 1537-1568.

14. 据 Williamson 所言："充斥于企业和市场的实体人，和我所关注的经济人有所不同（至少和常见的讽刺漫画所描述的不同），因为他们不精于算计，不值得信任，且行为不可靠。组织人的算计能力有限，是因为理性有限。经济人奉行机会主义，于是他们不可靠……如果经济人是完全值得信赖的，无处不在的、虽然不完全的外包仍然是可行的。"(Williamson 1981b, p. 1545; italics added).

15. Armen A. Alchian and Harold Demsetz, "Production, Information Costs, and Economic Organization," *American Economic Review* 62 (1972): 777-795.

16. Oliver E. Williamson, *Corporate Control land Business Behavior* (Englewood Cliffs, N.J. Prentice-Hall, 1970), p. 175.

17. Ronald P. Dore, "Goodwill and the Spirit of Market Capitalism," *British Journal of Sociology* 34 (1983): 459-482.

18. 这一观点见于 Masanori Hashimoto, *The Japanese Labor Market in a Comparative Perspective with the United States* (Kalamazoo, Mich.: W. E. Upjohn Institute for Employment Research, 1990), p. 66, and also by Dore (1983), p. 463.

19. 关于经连会内部的"啤酒战争"，参见 Gerlach (1992), pp.xx-xxi.

20. Whitley (1990), pp. 55-56.

21. 关于过度放贷的机制，参见 Chalmers Johnson, *MITI and the Japanese Miracle* (Stanford: Stanford University Press, 1982), pp. 203-204.

22. 参见 Ken'ichi Imai, "The Corporate Network in Japan," *Japanese Economic Studies* 16 (1987-1988): 3-37.

23. 这背后的原因，参见 F. M. Scherer and David Ross, *Industrial Market Structure and Economic Performance*, 3d ed. (Boston: Houghton Mifflin, 1990), pp. 126-130.

24. 关于这一点，参见 Dennis J. Encarnation, *Rivals Beyond Trade: American versus Japan in Global Competition* (Ithaca, N.Y: Cornell University Press, 1992).

25. Mark Mason, *American Multinationals and Japan: The Political Economy of Japanese Capital Controls, 1899-1980* (Cambridge: Council on East Asian Studies, Harvard University, 1992), pp. 205-207.

26. Shumpei Kumon, "Japan as a Network Society," in Kumon and Rosovsky (1992), p. 121.

27. 大型汽车制造商的经连会成员被告知在三年内将价格下调 15%，否则母公司可能寻求其他供应商。"Small Manufacturers Face Survival Fight," *Nikkei Weekly*, June 13, 1994, pp.1, 8.

28. 因此，新日钢铁出售了价值 96 亿的各银行股票，而松下电器和日产公司大幅减少其持有的对方股份。交叉持股的总比例下降到所有发行在外的股份 40% 以下。但这些变化并没有影响核心经连会关系。参见 "Recession Forces Firms to Dump Shares of Allies," *Nikkei Weekly*, May 2, 1994, pp.1, 12.

29. 这不见得会扩展到全国，这点恕我与 James Fallows 意见不同。参见 Fallows, *More Like Us: Making America Great Again* (Boston: Houghton Mifflin, 1989), pp. 25-26.

第18章 德国巨人

1．不过，它们与其他中欧国家相同，譬如奥地利和瑞士。

2．反垄断法的第一份草案出台于 1952 年，但由于业内的反对推迟到 1957 年才以“反竞争约束法”的形式得以通过 (Gesetz gegen Wettbewerbsbeschraenkungen)。参见 Hans-Joachim Braun, *The German Economy in the Twentieth Century* (London: Routledge, 1990), p. 180.

3．Alfred D. Chandler, *Scale and Scope: The Dynamics of Industrial Capitalism* (Cambridge, Mass.: Belknap Press & Harvard University Press, 1990), pp. 464-465.

4．Chandler (1990), p. 469.

5．Chandler (1990), pp. 276-277.

6．Chandler (1990), p. 399.

7．Alan S. Milward and S. B. Saul, *The Development of the Economies of Continental Europe, 1780-1870* (London: George Allen and Unwin, 1977), p. 425.

8．Chandler (1990), pp. 417-418.

9．当然，从长远的角度是否合理，取决于人们对于未来的实际折扣率的预期；如果预期低，最好是获取短期利润。

10．Martin J. Wiener, *English Culture and the Decline of the Industrial Spirit, 1850-1980* (Cambridge: Cambridge University Press, 1981), pp.128-129.

11．Chandler (1990), p. 423.

12．Chandler (1990), pp. 500-501.

13．Christopher S. Allen, “Germany: Competing Communitarianisms,” in George C. Lodge and Ezra F. Vogel, eds., *Ideology and National Competitiveness* (Boston: Harvard Business School Press, 1987), p. 88.

14．受质疑的法律为 *Gesetz über die Investitionshilfe der gewerblichen Wirtschaft*. Braun (1990), p. 179.

15．Ernst Zander, “Collective Bargaining,” in E. Grochla and E. Gaugler, eds., *Handbook of German Business Management*, vol.2 (Stuttgart: C. E. Poeschel Verlag, 1990), p. 430.

16．关于此项立法，参见 A. J. P. Taylor, *Bismarck: The Man and the Statesman* (New York: Vintage Books, 1967), pp. 202-203.

17．Braun (1990), p. 54.

18．参见 Klaus Chmielewicz, “Codetermination,” in *Handbook of German Business Management*, Vol. 2 (199), pp. 412-438.

19．Peter Schwerdtner, “Trade Unions in the German Economic and Social Order,” *Zeitschrift für die gesamte Staatswissenschaft* 135 (1979): 455-473.

20．这一点，参见 Allen in Lodge and Vogel, eds. (1987), pp.79-80.

21．James Fallows 和其他人已经大大夸赞李斯特（Friedrich List）的重要性，声称《国家政治经济体制》在指导德国和亚洲的经济增长上的效果要优于亚当·斯密的《国富论》。但是李斯特只是重复了几个世纪科尔伯特（Colbert）或杜尔哥（Turgot）重商主义者的格言，这些格言多是关于国家权力的核心地位以让经济手段服从于战略目标。亚当·斯密不会认为李斯特的作品有什么重要的批判性；事实上,《国富论》成书的目的就是为了批判李斯特等前辈重商主义者。Fallows 过度夸大了李斯特在德国经济思想和实践中的地位。参见 Fallows, *Looking at the Sun: The Rise of the New East Asian Economic and Political system* (New York: Pantheon Books, 1994), pp.189-190.

22. Tomas Riha, "German Political Economy: History of Alternative Economics," *International Journal of Social Economics* 12 (1985): 192-209.

23. Allen in Lodge and Vogel, eds. (1987), pp.176-177.

24. 关于工学院的成立，参见 Peter Mathias and M. M. Postan, *The Cambridge Economic History of Europe*, vol. 7: *The Industrial Economies: Capital, Labour, and Enterprise. Part I: Britain, France, Germany, and Scandinavia* (London: Cambridge University Press, 1978), pp. 458- 459.

25. 关于经济在纳粹时期独立于国家在外运营的程度，已经有很长时间的争论了。参见 Braun (1990), p. 82.

26. 最初由 Alexander Gerschenkron 发起的一个长久以来的观点是，国家在促进经济发展中的深度干预是后发展社会的普遍特征。虽然这样的说法有可取之处，不同的后发展中社会的干预程度和能力还是相去甚远的。

第19章　韦伯与泰勒

1. 关于魅力型权威的性质，参见 Max Weber, *From Max Webber: Essays in Sociology* (New York: Oxford University Press, 1946), p. 245.

2. 或者是韦伯所谓的“工具”理性，这是与目的理性不同的。关于理性与现代西方世界的兴起之间的密切联系，参见 *The Protestant Ethic and the Spirit of Capitalism* 的导论一章 (London: Allen and Unwin, 1930), pp. 13-16.

3. Weber (1946), p. 196.

4. 按照韦伯的说法，“发号施令的权威……以一个稳定的方式分布，并严格遵照规则，这些规则是有关强制、物理或神职等手段的，且置于官员的支配之下”。Webber (1946), p. 196.

5. 关于现代生活中无处不在的官僚形式，参见 Charles Lindblom, *Politics and Markets: The World's Political-Economic Systems* (New York: Basic Books, 1977), pp. 27-28.

6. Max Webber, *Economy and Society, An Outline of Interpretive Sociology* (Berkeley: University of California Press, 1978), 2: 668-681.

7. Webber (1978), p. 669.

8. 信任并不通过法律和合同就能得以实现的时候，团队会更加良好的运作，家庭就是一个最好的例子。在大多数现代社会中,国家并不严格规范父母与子女之间的关系。也就是说,它没有制定具体的规定，指引父母应该在孩子成长过程中投入多少时间，相处时间的质量如何，应该如何教育他们，灌输什么样的价值观。虽然家庭纠纷提交到法院，譬如当他们涉及违反婚约或犯有刑事罪行的时候，在其他事情上，家庭往往自行解决纠纷。这是因为，人们假定父母对他们的孩子有自然的责任感。当然，事情可能并不如此；在美国已经有关于“儿童权利”和涉及父母和孩子的民事诉讼的讨论，以及其他将法律制度延伸到家庭关系的尝试。

9. 关于这一点，参见 Alan Fox, *Beyond Contract: Work, Power and Trust Relationships* (London: Faber and Faber, 1974), pp. 30-31.

10. 关于这一范式转换，参见 Maria Hirszowicz, *Industrial Sociology: An Introduction* (New York: St. Martin's Press, 1982), pp.28-32.

11. Charles Sabel, *Work and Politics* (Cambridge: Cambridge University Press, 1981), pp. 31-33.

12. Joan Campbell, *Joy in Work, German Work: The National Debate, 1800-1945* (Princeton: Princeton University Press, 1989), pp.131-132; Hans-Joachim Braun, *The German Economy in the Twentieth Century* (London: Routledge, 1990), p. 50.

13. Frederick Winslow Taylor, *The Principles of Scientific Management* (New York: Harper Brothers, 1911). 1895 年泰勒第一次做了关于科学管理的讲座。参见 Alfred D. Chandler, *The Visible Hand: The Managerial Revolution in American Business* (Cambridge: Harvard University Press, 1977), p. 275.

14. 关于泰勒及后来对他的批评，参见 Hirszowicz (1982), p.53.

15. Fox (1974), p. 23.

16. 对于大批量生产后劳资关系的描述，参见 William Lazonick, *Competitive Advantage on the Shop Floor* (Cambridge: Harvard University Press, 1990), pp. 270-280.

17. Alvin W. Gouldner, "The Norm of Reciprocity: A Preliminary Statement," *American Sociological Review* 25 (1960): 161-278; 还可参见 Fox (1974), p. 67.

18. Harry C. Katz, *Shifting Gears: Changing Labor Relations in the U.S. Automobile Industry* (Cambridge: MIT Press, 1985), p. 13.

19. Katz (1985), pp.38-39.

20. Katz (1985), pp.39-40, 44.

21. 这一观点被吸收进 Clark Kerr, John Dunlop, Charles Myers, and F. H. Harbison, *Industrialism and Industrial Man: The Problems of Labor and Management in Economic Growth* (Cambridge: Harvard University Press, 1960); 还可参见 Dunlop et al., *Industrialism Reconsidered: Some Perspectives on a Study over Two Decades of the Problems of Labor* (Princeton, N.J.: Inter-University Study of Human Resources, 1975); and Clark Kerr, *The Future of Industrial Societies: Convergence or Diversity?* (Cambridge: Cambridge University Press, 1983).

22. 亚当·斯密在《国富论》开篇所描述的别针厂将劳动分工成更小的和更简单的任务，实际上是对现代工业社会批评的经典段落。参见 *An Enquiry in the Nature and Causes of the Wealth of Nations* (Indianapolis: Liberty Classics, 1981), pp. 14-15.

23. 关于犹太教—基督教传统，参见 Jaroslav Pelikan in Jaroslav J. Pelikan et al., *Comparative Work Ethics: Christian, Buddhist, Islamic* (Washington, D.C.: Library of Congress, 1985). 还可参见 Michael Novak, "Camels and Needles, Talents and Treasure: American Catholicism and the Capitalist Ethic," in Peter L. Berger, *The Capitalist Spirit: Toward a Religious Ethic of Wealth Creation* (San Francisco: Institute for Contemporary Studies, 1990).

24. Robert Blauner 认为存在一个倒 U 型的工作异化曲线。异化随着传统工艺产业被大规模生产工厂所取代而加深，但随后再次减轻，因为自动化程度的加深，工人需要新的技能来操作这些高度复杂的机器。Robert Blauner, *Alienation and Freedom* (Chicago: University of Chicago Press, 1973).

25. Sabel (1981), pp. 64-67.

26. 参见 Robert Blauner 的研究发现。"Work Satisfaction and Industrial Trends," in Walter Galenson and Seymour Marm Lipset, eds., *Labor and Trade Unionism* (New York: Wiley, 1960). 一项关于四国工人意见的调查研究发现，技术工人关注的是工作是否有趣或有充实感，而非技术工人更感兴趣的是工作收入。很多新人和低技能工人相信，能够在一家工厂上班就足以证明自己的社会地位。William H. Form, "Auto Workers and Their Machines: A Study of Work, Factory, and Job Satisfaction in Four Countries," *Social Forces* 52 (1973): 1-15.

27. 关于 Hawthorne 的实验，参见 Hirszowicz (1982), pp. 52-54.

28. 参见 Elton Mayo, *The Human Problems of an Industrial Civilization* (New York: Macmillan, 1933), and *The Social Problems of an Industrialized Civilization* (London: Routledge and Kegan Paul, 1962).

29. Ian Jamieson, "Some Observations on Socio-Cultural Explanations of Economic Behaviour," *Sociological Review* 26 (1978): 777-805. 关于美国管理手段受文化约束的总结性讨论，参见 A. R. Negandhi and B. D. Estafen, "A Research Model to Determine the Applicability of American Management Know-How in Differing Cultures and/or Environments," *Academy of Management Journal* 8 (1965): 309-318.

第20章 团队中的信任

1. Joan Campbell, *Joy in Work, German Work: The National Debate, 1800-1945* (Princeton: Princeton University Press, 1989), p. 133.

2. Campbell (1989), pp. 137-141.

3. 该委员会受到管理层的质疑，因为他们希望维护其特权，也受到社会党和工会的质疑，因为他们试图进行资本主义制度本身的变革，甚至受到基督教工会的质疑。在此期间唯一对理念给予毫无保留的支持只有那些与反民主运动有联系的工人协会。Campbell (1989), p. 163.

4. Marc Maurice, François Sellier, and Jean-Jacques Silvestre, *The Social Foundations of Industrial Power: A ComParison of France and Germany* (Cambridge: MIT Press, 1986), pp. 68-69, 72-73.

5. Maurice, Sellier, and Silvestre (1986), pp.74, 128-129.

6. Maurice, Sellier, and Silvestre (1986), p. 173.

7. Maurice, Sellier, and Silvestre (1986), p. 111.

8. Arndt Sorge and Malcolm Warner, *Comparative Factory Organization: An Anglo-German Comparison on Manufacturing, Management, and Manpower* (Aldershot: Gower, 1986), p. 100

9. Sorge and Warner (1986), p. 150. 正如上一章指出的，一个熟练的、懂得编程的机械师通常会通过数控设备来提高他的生产力。

10. Maurice, Sellier, and Silvestre (1986), pp. 12-13.

11. Maurice, Sellier, and Silvestre (1986), pp. 51-52.

12. Maurice, Sellier, and Silvestre (1986), p. 132.

13. Maurice, Sellier, and Silvestre (1986), pp. 14-16.

14. 有关概述，参见 Bernard Casey, "The Dual Apprenticeship System and the Recruitment and Retention of Young Persons in West Germany," *British Journal of Industrial Relations* 24 (1986): 63-81.

15. Bernard Casey, *Recent Developments in West Germany's Apprentice Training System* (London: Policy Studies Institute, 1991), p. vii

16. 参见 "German View: You Americans Work Too Hard-and for What?" *Wall Street Journal*, July 14, 1994, pp. Bl, B6.

17. Casey (1991), p. 67. 其他的研究显示，55% 的毕业生在一年后离开公司，在五年后离职的比例上升到 80% 左右。Maurice, Sellier, and Silvestre (1986), p. 44.

18. 对于试图调和学徒制与加里 · 贝克尔的人力资本模型，参见 David Soskice, *Reconciling Markets and Institutions: The German Apprenticeship System* (Wissenschaftszentrum Berlin and Oxford University, Institute of Economics and Statistics, 1992).

19. Soskice (1992), pp. 13-14. 此外，Soskice 指出，德国银行融资所支持的长期前景更愿意支持学徒制，因为雇主可从更长期的角度来审视他们的劳动力市场投资。

20. 据 Soskice (1992, p.17) 所言："我们注意到，公司所承担的不信任交易成本较低的原因，是因为工会以及工作委员会对于公司内部培训活动的意见和监督。这些活动和商业协会互为补充，特别是在中型和大型公司。他们为学徒培训的质量和市场适应能力提供了必要的担保。公司管理层和工作委员会之间有高度信任，大部分的监测活动由工作委员会而非工会负责，因此不信任程度非常低。"

21. 在手工贸易行业中（非技术工人和农业劳动者），只有 5% 的进入文理高级中学（Gymnasia），而只有不到 2% 的人完成学业。Maurice, Sellier, and Silvestre (1986), pp. 30-31.

22. Maurice, Sellier, and Silvestre (1986), pp. 31-32.

23. Maurice, Selliner, and Silvestre (1983) p. 39

24. Casey (1991), pp. 6-9

25. 或者可以这样说，规范性的培训制度是完全没有必要的：美国极具活力的计算机产业并没有就业证书体系，很多人都认为如果有这样的体制不见得是好事情。一些业内最具创新精神的企业家，像微软（Microsoft）的比尔·盖茨（Bill Gates）和 Sun 微系统公司（Sun Microsystems）的斯科特 · 麦克尼里（Scott McNeely）几乎没有正规的任何业务培训。

26. Charles Sabel, *Work and Politics* (Cambridge: Cambridge University Press, 1981), p. 23.

第21章　局内人与局外人

1. E. E. Rich and C. H. Wilson, eds., *The Economic Organization of Early Modern Europe*, The Cambridge Economic History of Europe, vol. 5 (Cambridge: Cambridge University Press, 1977), p. 466; C. Gross, *The Guild Merchant* (Oxford: Clarendon Press, 1890).

2. 例如行会负责开发商标、封印等相关标识作为早期的品牌名称。A. B. Hibbert, "The

Gilds," in M. M. Postan, E. E. Rich, and Edward Miller, eds., *Cambridge Economic History of Europe* (Cambridge: Cambridge University Press, 1963), 3: 230-280.

3. 参见 Charles Hickson and Earl E. Thompson, "A New Theory of Guilds and European Economic Development," *Explorations in Economic History* 28 (1991): 127-168; 关于对行会的不满，参见 Johannes Hanssen, *History of the German People After the Close of the Middle Ages* (New York: AMS Press, 1909), p. 108.

4. Arndt Sorge and Malcolm Warner, *Comparative Factory Organization: An Anglo-German ComParison on Manufacturing Management, and Manpower* (Aldershot: Gower, 1986), p. 184.

5. Alan S. Milward and S. B. Saul, *The Development of the Economies of Continental Europe, 1780-1870* (London: George Allen and Unwin, 1977), p. 414.

6. Milward and Saul (1977), p. 415; 也可以参见 Sorge and Warner (1986), p. 184.

7. Peter Rutger Wossidlo, "Trade and Craft," in E. Grochla and E. Gaugler, eds., *Handbook of German Business Management* (Stuttgart : C, E. Poeschel Verlag, 1990), 2: 2368-2376.

8. Sorge and Warner (1986), p. 185.

9. Wossidlo in Grochla and Gaugler, eds. (1990)

10. Sorge and Warner (1986), p. 185.

11. Sorge and Warner (1986), p. 187.

12. 对于这个问题的两个经典的分析，请参见 Fritz Stern, *The Politics of Cultural Despair: A Study in the Rise of German Ideology* (Berkeley: University of California Press, 1974); and Ralf Dahrendorf, *Society and Democracy in Germany* (Garden City, N.Y.: Doubleday 1969).

13. 很难定义什么是美国公立教育和高等教育的重要里程碑，因为这些举措都是在联邦政府层面逐个完成的。义务教育于 1852 年在马萨诸塞州出台，之后几乎所有的州政府在第一次世界大战前都实施了。相比之下，英国的公共教育直到 1880 年才出台，直到 1891 年才实行免费。

14. 关于美英两国工作态度的对比，参见 Richard Scott, "British Immigrants and the American Work Ethic," *Labor History* 26 (1985)：87-102.

15. Martin J. Wiener, *English Culture and the Decline of the Industrial Spirit* (Cambridge: Cambridge University Press, 1981), pp. 13-14.

16. Wiener (1981), pp. 146-147.

17. 引自 Wiener (1981), p. 136.

18. Alfred Chandler 认为，英国未能利用好第二次工业革命（如化工、金属加工、电气设备等）中重点行业的创业机会，是与英国商业家庭导向的本质有关。参见 Alfred Chandler, *Scale and Scope: The Dynamics of Industrial Capitalism* (Cambridge: Belknap Press of Harvard University Press, 1990), pp. 286-287.

19. 德国文化自两次世界大战以来到底有多少改变，仍然是争论的焦点。关于德国共同体主义阴暗面的猜疑仍然比比皆是，譬如其社会的封闭和不宽容性，共产主义结束后的光头党暴力更是加深了这样的怀疑。怀疑论者会认为，虽然战后德国已经有开明的难民法，但成为德国公民仍然是非常困难的。在德国生活了几代的土耳其人永远不会被认为是真正的德国人，德国不会有类似利奥波德·桑戈尔（Leopold Senghor）这样的人物，这位塞内加尔出生的诗人入选了法兰西学术院（the Académie française）。德国左翼政治依旧有着狂热的性格，最明显的是绿党，他们认为德国需要去工业化，或巴勒斯坦人的支持者，他们将以色列人比作纳粹。这表明，德国新教文化中一些强硬的部分还未消失。

20. 直到改革派首相细川护熙于 1993 年就战争道歉，日本首相才就日本在世界大战中的角色正式道歉，我们可以认为，尚未有日本政治家以维利 · 勃兰特（Willy Brandt）那样双膝下跪的姿态痛悔大屠杀。尽管德国修正主义否认大屠杀的历史，但他们被视为边缘化的疯子；相比之下，在日本，像石原慎太郎和像渡部昇一这样受人尊敬的政治家和学者仍然可以公开否认南京大屠杀是一种暴行。

21. Ian Buruma, *The Wages of Guilt: Memories of War in Germany and Japan* (New York: Farrar Straus Giroux, 1994), p. 31.

22. 这是基于德国年平均 1 604 个小时，日本年平均 2 197 小时得出的。数据来源：David Finegold, K. Brendley, R. Lempert et. al., *The Decline of the U.S. Machine-Tool Industry and Prospects for its Sustainable Recovery* (Santa Monica, Ca.: RAND Corporation MR-479/1-0STP 1994), p. 23.

第22章　高信任工厂

1. Allan Nevins, with Frank E. Hill, *Ford: The Times, the Man, the Company* (New York: Scribner' s, 1954), p. 517.
2. Nevins (1954), p. 553.
3. James P. Womack, Daniel T Jones, and Daniel Roos, *The Machine That Changed the World: The Story of Lean Production* (New York: Harper Perennial, 1991), p. 31.
4. David A. Hounshell, *From the American System to Mass Production, 1800-1932* (Baltimore: Johns Hopkins University Press, 1984), pp.258-259.
5. Nevins (1954), p. 558.
6. Nevins (1954), pp. 561-562. 对这一系统的描述还可参见 Allan Nevins and Frank E. Hill, *Ford: Expansion and Challenge, 1915-1933* (New York: Scribner' s, 1954).
7. Allan Nevins and Frank E. Hill, *Ford: Decline and Rebirth, 1933-1962* (New York: Scribner' s, 1962), pp. 32-33.
8. 关于这一时期，参见 William Lazonick, *Competitive Advantage on the Shop Floor* (Cambridge: Harvard University Press, 1990), pp. 240-251.
9. 这一项目研究发现的总结，参见 Womack, Jones, and Roos (1991).
10. 也就是说，越少的公司资金被困在融资库存，其余资金则更加富有成效。从首席财务官的角度对这个系统的说明，请参见 Shawn Tully, "Raiding a Company' s Hidden Cash," *Fortune*, August 22, 1994, pp.82-89.
11. 麻省理工学院的研究人员还描述了在日本实行的精益生产的做法，不像制造过程那样，其效率似乎比美国的做法低很多。
12. 关于这一点，参见 Lazonick (1990), pp. 288-290.
13. Womack, Jones, and Roos (1991), pp. 52-53.
14. Womack, Jones, and Roos (1991), p. 99.

15. Womack, Jones, and Roos (1991), p. 129.
16. Harry Katz, *Shifting Gears: Changing Labor Relations in the U.S. Automobile Industry* (Cambridge: MIT Press, 1985), p. 89.
17. Katz (1985), p. 175.
18. Womack, Jones, and Roos (1991), p. 83.
19. Womack, Jones, and Roos (1991), pp. 99-100.
20. 事实上，马自达经连会的支持者在 20 世纪 70 年代初重组期间坚持的改革之一是采用丰田的精益生产体系。采用之后，它的生产力大幅攀升。
21. Womack, Jones, and Roos (1991), pp. 84-88.
22. 欧洲数据不按国家分类；因此，精益生产方式在不同的欧洲国家之间实施的成功性会有很大的差异。
23. 另一种可能是，精益生产因其跨制造业的方法在某些国家遭到抵制。那些最早实施这一方式的公司，尤其是那些从外国移植而来的，往往选址在那些没有工会抗争记录的地区，或失业使工人特别顺从的地区。因此，这一生产方式最初适应良好；但随着它蔓延到老工业区，它可能会遇到更强大的文化抵制力量。
24. Womack, Jones, and Roos (1991), pp. 261-263.
25. Womack, Jones, and Roos (1991), pp. 144-146.

第23章 鹰隼不群——果真？

1. Alexis de Tocqueville, *Democracy in America* (New York: Vintage Books, 1945), 2: 104.
2. 托克维尔认为，在美国有两个因素缓解了个人主义的影响：其一是自由政治制度，它允许公民参与公共事务，其二是“正确理解自我利益”的原则，这导致人们去精心计算与同伴的合作是否符合他们的自我利益。
3. Tocqueville (1945), pp. 114 — 118.
4. 参见托克维尔在 *The Old Regime and the French Revolution* 一书中第 15 章的讨论。
5. Alfred D. Chandler Jr., *The Visible Hand: The Managerial Revolution in American Business* (Cambridge: Belknap Press of Harvard University Press, 1977), p. 51.
6. Chandler (1977), pp. 43, 58, 72. 有些种植园的奴隶人数多至一千人。
7. 尤其参见 Robert W. Fogel, *Railroads and Economic Growth* (Baltimore: Johns Hopkins University Press, 1964).
8. Chandler (1977), pp. 79, 188.
9. 当时男性的总人数为 39 492。Chandler (1977), pp. 204-205.
10. Chandler (1977), p. 205; Alan S. Milward and S. B. Saul, *The Development of the Economies of Continental Europe, 1780-1870* (London: George Allen and Unwin, 1977), pp. 378-380.
11. F. M. Scherer and David Ross, *Industrial Market Stucture and Economic Performance*, 3d ed. (Boston: Houghton Mifflin, 1990), p. 155.
12. Chandler (1977), p. 210.

13. William H. Whyte, *The Organization Man* (New York: Simon & Schuster, 1956); David Riesman, with Reuel Denny and Nathan Glazer, *The Lonely Crowd: A Study of the Changing American Character* (New Haven: Yale University Press, 1950).
14. 参见 Stewart Macaulay, "Non-Contractual Relations in Business: A Preliminary Study," *American Sociological Review* 28 (1963): 55-69.
15. Seymour Martin Lipset, *Continental Divide: The Values and Institutions of the United States and Canada* (New York: Routledge, 1990), pp. 3-10.
16. Lipset (1990), p. 46-56.

第24章　循道合群

1. 其他一些因素也用来解释美国人乐于结社的原因，譬如开疆拓土迫使早期的定居者彼此依靠。很显然，美国的联邦制也推动了地方自治。
2. 参见Leo Strauss, *The Political Philosophy of Thomas Hobbes: Its Basis and Genesis* (Chicago: University of Chicago Press, 1952); 参见我对此的讨论，*The End of History and the Last Man* (New York: Free Press, 1992), pp. 153-161.
3. Aristotle, *Politics* I i.11-12.
4. 关于这一点，参见 Mary Ann Glendon, *Rights Talk: The Impoverishment of Political Discourse* (New York: Free Press, 1991), pp. 67-69.
5. John Locke, *The Second Treatise of Government* (Indianapolis: Bobbs-Merrill, 1952), pp. 30-44.
6. 关于这个大论题，参见 Louis Dumont, "A Modified View of Our Origins: the Christian Beginnings of Modem Individualism," *Religion* 12 (1982): 1-27; 还可参见 Robert N. Bellah et al., "Responses to Louis Dumont's 'A Modified View of Our Origins'" *Religion* 12 (1982): 83-91.
7. 公元 6 世纪佛教文化入侵中国达鼎盛时期尤其如此。参见 W. J. F.Jenner, *The Tyranny of History: The Roots of China's Crisis* (London: Allen Lane/penguin, 1992), pp. 113-114.
8. 参见 Joseph M. Kitagawa, *Religion in Japanese History* (New York: Columbia University Press, 1966), pp. 100-130.
9. 尤其参见 Seymour Martin Lipset and Jeff Hayes, "Individualism: A Double-Edged Sword," *Responsive Community*, 4 (1993-1994): 69-81.
10. David Martin, *Tongues of Fire: The Explosion of Protestantism in Latin America* (Oxford: Basil Blackwell, 1990), p. 14.
11. 这一耳熟能详的观点见于 Roger Finke and Rodney Stark, "How the Upstart Sects Won America: 1776–1850," *Journal for the Scientific Study of Religion* 28 (1989): 27-44.
12. Martin (1990), p. 20.
13. Seymour Martin Lipset, "Religion and Politics in America, Past and Present," *Revolution and Counterrevolution* (New York: Basic Books, 1968), pp. 309-312.
14. Lipset (1968), p. 314.

15. Thomas F. O'Dea, *The Mormons* (Chicago: University of Chicago Press, 1957), pp. 143, 150. 据摩门教史学家 Leonard J. Arrington，约瑟夫 · 史密斯 112 条启示录中有 88 条是关于经济事务的。严格地说，有摩门教教义的许多方面避开财富且促进经济平等，这与韦伯研究的早期清教徒的情况一致。

16. 摩门教徒家庭的子女数的平均值是 4.61，是美国全国平均数的两倍。美国犹他州青少年期未婚生子的比率不到的全国平均水平的三分之一：每 1 000 个存活的新生儿中有 48 个，而全国平均数为 155。Darwin L. Thomas, "Family in the Mormon Experience," in William V. Antonio and Joan Aldous eds., *Families and Religions: Conflict and Change in Modern Society* (Beverly Hills, Calif.: Sage Publications, 1983), p. 276; and H. M. Bahr, ed., *Utah in Demographic Perspective: Regional and National Contrasts* (Provo, Utah: Family and Demographic Research Institute, Brigham Young University, 1981), p. 72.

17. 在实际情况中，只有一半的年轻摩门教男性进行布道，而女性的比例更小。

18. Quoted in "Mormon Conquest," *Forbes*, December 7, 1992, p. 78.

19. "Building on Financial Success," *Arizona Republic*, July 13, 1991.

20. Malise Ruthven, "The Mormon's Progress," *Wilson Quarterly* 15 (1991): 23-47.

21. Bryce Nelson, "The Mormon Way," *Geo* 4 (May 1982): 79-80.

22. Albert L. Fisher. "Mormon Welfare Programs: Past and Present," *Social Science Journal* 15 (1978): 75-99. 禁食奉献（fast offering）最终证明是行不通，因为它需要教会成员把全部收入捐给教会，由教会返回其认为合适的部分。这仍然是一些摩门教社区的理想。

23. Tucker Carlson, "Holy Dolers: The Secular Lessons of Mormon Charity," *Policy Review*, no. 59 (Winter 1992): 25-31.

24. Ruthven (1991), pp. 36-37.

25. 摩门教徒富有企业家精神，但并不一定意味着他们总是做得很好。WordPerfect 被其私人业主出售给 Novell 的部分原因是他们一直无法引入现代金融体系。对于诺达（Noorda）而言，当第一次试图避免 Novell 的债务，他最初无法从盐湖城任何银行得到贷款，因为摩门教义主张避免债务。"Mormon Conquest," p. 80.

26. Gary Poole, "Never Play Poker with This Man," *Unix World* 10 (August 1993): 46-56.

27. 关于犹他州在 20 世纪 80 年代的低落，参见 Greg Critser, "On the Road: Salt Lake City, Utah," *Inc.* (January 1986): 23-24; 关于新技术的发展，参见 Sally B. Donnelly, "Mixing Business with Faith," *Time*, July 29, 1991, p. 22-24.

28. 随着近年来摩门教在第三世界的传道有所增加，这种做法已发生很大变化。

29. 摩门教预计到 2000 年，西班牙语的摩门教徒将超过英语为母语的摩门教徒；非欧洲摩门教大社区将出现于波利尼西亚（Polynesia）、菲律宾和非洲。摩门教徒在犹他只有 100 万，而全球有 900 万。

30. 据一位作者所言，"无论社会流动还是地域流动，个体流动都在宗派团体获得支持，这样的团体提供了一种通常在家庭中无法经历的社会交往和个人成长经历，同时也要求投身教义，与自己过往一刀两断，并将忠诚献给宗派团体。虽然门派内部的权威和社会凝聚力高，其最终的影响是加强了个人主义，而非群体的忠诚度。" Barbara Hargrove, "The Church, the Family, and the Modernization Process," in Antonio and Aldous, eds. (1983), p. 25.

第25章 美国的黑人和亚裔人

1. 一些学者指出，爱尔兰是唯一没有建立中世纪伟大的大学的欧洲国家。参见 Nathan Glazer and Daniel Patrick Moynihan, *Beyond the Melting Pot: The Negroes, Puerto Ricans, Jews, Italians, and Irish of New York City*, 2d ed. (Cambridge: MIT Press, 1970), p. 232.
2. Glazer and Moynihan (1970), p. 197.
3. 美国移民自谋职业的比例是 7.2%，而本国人的比例是 7.0%；在 1980 年以来的新移民群体中，这一比例为 8.4%。Michael Fix and Jeffrey S. Passel, *Immigration and Immigrants: Setting the Record Straight* (Washington, D.C.: Urban Institute, 1994), p. 53.
4. 这些人包括少数族裔企业员工，不只是业主。Ivan H. Light, *Ethnic Enterprise in America: Business and Welfare Among Chinese, Japanese, and Blacks* (Berkeley: University of California Press, 1972), pp. 7, 10.
5. Pyong Gap Min and Charles Jaret, "Ethnic Business Success: The Case of Korean Small Business in Atlanta," *Sociology and Social Research* 69 (1985): 412-435.
6. Eui-hang Shin and Shin-kap Han, "Korean Immigrant Small Business in Chicago: An Analysis of the Resource Mobilization Processes," *Amerasia* 16 (1990): 39-60. 类似的数据，请参见 Ivan Light and Edna Bonacich, *Immigrant Entrepreneurs: Koreans in Los Angeles, 1965-1982* (Berkeley: University of California Press, 1988), p. 1.
7. Light (1972), p. 3.
8. 参见 Robert H. Kinzer and Edward Sagarin, *The Negro in American Business* (New York: Greenberg, 1950); *E. Franklin Frazier, Black Bourgeoisie* (New York: Collier Books, 1962); James Q. Wilson, *Negro Politics: The Search for Leadership* (Glencoe：Free Press, 1960); Glazer and Moynihan (1970), pp. 24-44.
9. 关于黑人和亚裔之间的冲突，参见 Light and Bonacich (1988), pp. 318-320.
10. 关于这一争议，参见 Nathan Glazer., "Blacks and Ethnic Groups: The Difference, and the Political Difference It Makes," *Social Problems* 18 (1971): 444-461.
11. Kinzer and Sagarin (1950), pp. 144-145.
12. John Sibley Butler, *Entrepreneurship and Self Help Among Black Americans: A Reconsideration of Race and Economics* (Albany, N.Y: State University of New York, 1991), p. 147.
13. Butler（1991）试图通过其参选经验驳斥有关非洲裔企业家精神薄弱的传统观点；黑人群体强大的创业传统一直被低估，这也是他想记录在案的。然而，尽管这一传统的确没有得到足够的重视，他列举成功的黑人企业家的个案都是轶事，且无法解释为什么广泛的统计数据表明黑人群体的商业阶层要比其他群体薄弱。
14. 关于"环境"论的批判，参见 Thomas Sowell, *Race and Culture* (New York: Basic Books, 1994).
15. 这类理论的例子，参见 Werner Sombart, *The Quintessence of Capitalism* (New York : Dutton, 1915), pp. 302-303; Everett E. Hagen, *On the Theory of Social Change: How Economic Growth Begins* (Homewood, Ill.: Dorsey Press, 1962); Edna Bonacich, "A Theory of Middleman Minorities," *American Sociological Review* 38 (1972): 583-594; and Jonathan

H. Turner and Edna Bonacich, "Toward a Composite Theory of Middleman Minorities," *Ethnicity* 7 (1980): 144-158.

16. Light (1972), p. 7.

17. Kenneth L. Wilson and Alejandro Portes, "Immigrant Enclaves: An Analysis of the Labor Market Experiences of Cubans in Miami," *American Journal of Sociology* 86 (1980): 295-319; and Kenneth L. Wilson and W. A. Martin, "Ethnic Enclaves: A ComParison of the Cuban and Black Economies in Miami," *American Journal of Sociology* 88 (1982): 138-159.

18. Light (1972), pp. 15-18.

19. Light (1972), p. 19.

20. Light (1972), pp. 55-57.

21. 关于轮流信贷协会，参见 Light (1972), pp. 19-44; 也可以参见 William Peterson, "Chinese Americans and Japanese Americans," in Thomas Sowell, *Essays and Data on American Ethnic Groups* (Washington, D.C.: Urban Institute, 1978), pp. 80--81.

22. Light (1972), pp. 27-30.

23. Victor Nee and Herbert Y Wong, "Asian-American Socioeconomic Achievement: The Strength of the Family Bond," *Sociological Perspectives* 28 (1985): 281-306.

24. Peterson in Sowell (1978), p. 79.

25. 大萧条期间，华裔和日本裔消费的救助金要比任何黑人或白人的金额低得多。某一联邦福利机构试图帮助因战争搬迁的日本家庭，却发现即使在这种情况下也没有什么人领取救助。Peterson in Sowell (1978), pp. 79-80.

26. Peterson in Sowell (1978), p. 93.

27. Thomas Sowell, "Three Black Histories," *Wilson Quarterly* (Winter 1979): 96-106.

28. Light (1972), pp. 30-44.

29. 参见 Butler (1992), pp. 124-126, and Light (1972), pp. 47-58.

30. 关于非裔美国人群体的早期民间协会的描述，参见 James Q. Wilson, *Negro Politics: The Search for Leadership* (New York: Free Press, 1960), pp. 295-315.

31. 参见 Carol Stack in Andrew J. Cherlin, *Marriage, Divorce, Remarriage* (Cambridge: Harvard University Press, 1981), p. 108. 相对于轮流信贷协会，这些组织的功能有时更是轮流的消费团体，因为这些钱不是用于产出性的投资业务，而只是日常消费需求（这对穷人来说显然是最紧要的）。这类组织中不言而喻的道义慷慨却稀释了储蓄，使建立小企业需要的简单资本积累愈发困难。

32. 为什么黑人组织的犯罪团伙不可能转向生产用途，相关书评，参见 Nathan Glazer in "The Street Gangs and Ethnic Enterprise," *Public Interest*, no. 28 (1972): 82-89. 部分原因可能是，这些团伙甚至作为犯罪组织也不是非常有效；与华人的堂会或意大利黑手党，以及其他族裔的犯罪团伙不同，黑人组织并不鼓励犯罪荣誉意识，并且团伙内部也因为不信任而四分五裂。Glazer 所评论的作品中就提到黑人下层阶级企图自组织但惨遭失败的例子。

33. Kessler-Harris and Virginia Yans-McLaughlin in Sowell (1978), pp.122-123.

34. Thomas Sowell, *Ethnic America: A History* (New York: Basic Books, 1981), pp. 35-36.

35. Glazer and Moynihan (1970), pp. 192-194; also Kessler-Harris and Yans-McLaughlin in Sowell (1978), p. 121.

第26章 正在消失的中间层

1. 企业网络的例子可以参见“High-Tech Edge Gives US Firms Global Lead in Computer Networks,” *Wall Street Journal*, September 9, 1994, pp. A1, A10.

2. 参见 Dennis Encarnation, *Rivals Beyond Trade: America Versus Japan in Global Competition* (Ithaca, N.Y.: Cornell University Press, 1992), pp.190-197; also DeAnne Julius, *Global Companies and Public Policy: The Growing Challenge of Foreign Direct Investment* (London: Royal Institute of International Affairs, 1990).

3. 参见 Jagdish Bhagwati and Milind Rao, “Foreign Students Spur US Brain Gain,” *Wall Street Journal*, August 31, 1994, p. Al2.

4. Robert D. Putnam, “Bowling Alone,” *Journal of Democracy* 6 (1995): 65-78.

5. Putnam (1995), pp. 69-70.

6. 美国退休人员协会在 1993 年成员数为 3 300 万，是排在天主教之后的世界上最大的私人组织。Putnam (1995), p. 71.

7. Putnam (1995), p. 73.

8. 在某些情况下，某些观察家认为，20 世纪 80 年代末 90 年代初增长放缓，城区暴力犯罪下降，这些证据表明，问题并不像美国公众想象的那么严重。但是，与其他发达国家相比，这些趋势并没有影响美国犯罪的总体规模。

9. 关于这一反应的叙述，参见 *New York Times*, May 28, 1993, p. B7.

10. 这种批判在左派颇受欢迎，很多人会认为里根和布什时代的一些政策加剧了这一问题。对于这个论点的例子，参见 Barry Schwartz, *The Costs of Living: How Market Freedom Erodes the Best Things of Life* (New York: Norton, 1994).

11. 在 19 世纪中叶，绝大部分的美国人仍然生活在农场；到 20 世纪末，大部分人已迁徙到城市，并以各种不同的方式参与了工业化经济。国家的整体教育水平，种族和宗教的融合，甚至于服饰风格都发生了极大的改变。尽管世人普遍的印象是这些变化在 20 世纪稳步加速，一百多年后发生的这些变化远不及早年那般激烈。

12. Mary Ann Glendon, *Right Talk: The Impoverishment of Political Discourse* (New York: Free Press, 1991).

13. Glendon (1991), p. 13.

14. Glendon (1991), pp. 76-89.

15. Glendon (1991), pp. 48-61.

16. 帕特南也给出了类似的观点，参见 Putnam (1995), p. 75.

17. 美国以外的国家中，最好的例子就是拉丁美洲。不过，基于所有可用的时政数据，似乎北美基督教原教旨主义者正在构建所缺失的民主资本主义中心的社会基础，马克斯 · 韦伯指出，他们在 16、17 世纪的欧洲也曾有过这样的举措。虽然左翼政府的政策能够在一夜之间逆转且有先例可言，拉丁美洲缓慢且大规模转信新教有望带来长期的社会变革，这类变革的程度远比任何政治革命来得更加深刻。

18. William H. McNeill, “Fundamentalism and the World of the 1990s,” in Martin E. Marty and R. Scott Appleby eds., *Fundamentalisms and Society: Reclaiming the Sciences, the Family,*

and Education (Chicago: University of Chicago Press, 1993), p. 568.

19. 为了某些目的，这显然如此，换言之就是战争。

第27章　后起之秀

1. 对于 20 世纪前三分之二的时间，汉学家和东亚研究的学生几乎一致认为，中国的儒家思想是阻挠资本主义和经济现代化的巨大障碍。这一观点中最有名的书恐怕要算马克斯·韦伯关于中国的研究，该书最初写于 1919 年，之后出版了英文版，名为《中国的宗教：儒教和道教》。韦伯断言，虽然儒家思想和新教一样，是一个"理性"的道德体系，但它的理性并没有催生出"真正在道德和理性的意义上征服和掌管世界的无止境任务"，反倒是"适应世界"，也就是保存传统。换句话说，儒家的社会无力创发或足以适应资本主义工业化所需的巨大的社会变革。

   20 世纪 90 年代以来，关于儒学的经济影响的总体评估已经发生了巨大变化。对于韦伯来说，他很自然会悲观地看待中国的经济前景，他写书时正值中国历史上的衰败和军阀割据时期。但七十多年后，中华人民共和国是世界上经济增长最快的国家，几乎所有中国以外的华人社会也经历了两代人间极其快速的经济增长。今天，传统的观点认为儒家是东亚"经济奇迹"的源泉，很多的文献也在讨论所谓"儒家对西方的挑战"。当代评论家审视了儒家的不同方面，比如它对教育的重视和所谓儒家职业伦理，他们认为这个信仰体系一直是经济活力的关键所在。实际上，通过许多案例，评论家指出，被韦伯视为经济发展的核心阻碍的华人家庭，是华人力量的源泉。

   关于 *The Religion of China* 一书的讨论，参见 Mark Elvin, "Why China Failed to Create an Endogenous Industrial Capitalism: A Critique of Max Weber's Explanation," *Theory and Society* 13 (1984): 379-391; and Gary G. Hamilton and Cheng-shu Kao, "Max Weber and the Analysis of East Asian Industrialization," *International Sociology* 2 (1987): 289-300. 关于中国发展的文化制约的代表性讨论，参见 Joseph Needham, *Science and Civilization in China*, 尤其见 vol. 1: *Introductory Orientations* (Cambridge: Cambridge University Press, 1954); Mark Elvin, *The Pattern of the Chinese Past: A Social and Economic Interpretation* (Stanford: Stanford University Press, 1973); Michael R. Godley, *The Mandarin Capitalists from Nanyang: Overseas Chinese Enterprise in the Modernization of China* (Cambridge: Cambridge University Press, 1981), esp. pp.37-38; and Marie-Claire Bergère, "On the Historical Origins of Chinese Underdevelopment," *Theory and Society* 13 (1984): 327-337.

2. 关于"儒家的挑战"的文献，参见 Roderick McFarquhar, "The Post-Confucian Challenge," *Economist* (1980): 67-72; Roy Hofheinz, Jr., and Kent E. Calder, *The Eastasia Edge* (New York: Basic Books, 1982); Peter L. Berger and Hsin-huang Michael Hsiao, *In Search of an East Asian Development Model* (New Brunswick, NJ.: Transaction Books, 1988); Michael H. Bond and Geen Hofstede, "The Cash Value of Confucian Values," *Human Systems Management* 8 (1989): 195-200; Bond and Hofstede, "Confucius Connection: From Cultural Roots to Economic Growth," *Organizational Dynamics* (1988): 5-21. 对于华人家庭对华人企业发展的作用的积极评价，参见 Joel Kotkin, *Tribes: How Race, Religion, and Identity Determine Success in the New Global Economy* (New York: Random House, 1993), p. 188.

3. 对于文化解释论的重要性，尤其是日本研究，持怀疑态度的作品，参见 Winston Davis's chapter in Samuel P. Huntington and Myron Weiner, eds., *Understanding Political*

Development (Boston: Little, Brown, 1987).

4. 参见 Richard Caves, "International Differences in Industrial Organization," in Richard Schmale ; and Robert D. Willig, eds., *Handbook of Industrial Organization* (Amsterdam: Elsevier Science Publishers, 1989), p. 1233. 关于这一文献，我要感谢 Henry Rowen.
5. Frederick M. Scherer and David Ross, *Industrial Market Structure and Economic Performance*, 3d ed. (Boston: Houghton Mifflin, 1990), p. 102.
6. Scherer and Ross (1990), p. 109.
7. 此外，大公司往往享受更低的资本成本，这是由于投资者方面认为其风险较低。Scherer and Ross (1990), pp. 126-130.
8. 这些数字是用第 14 章表 1 中的雇佣统计推算出来的。
9. 在像美国这样高度发达的经济体中，这一解释因为某些异常情况而变得复杂，许多领域的美国公司，倘若单单考虑最佳规模，实际上比我们预计的要大很多。参见 Scherer and Ross (1990), p. 140, 图 4.6，该图表明，香烟、面料织造、油漆、鞋、钢铁、蓄电池产业中排名前三的企业的平均市场份额超过了所规定的最小有效规模。Scherer 和 Ross 对于这种反常情况给出的解释是，市场结构是纯粹由历史机遇来决定的。也就是说，一个行业最开始的时候，在某一特定时间内企业可以大小相同，但单从纯粹的偶然因素考虑，随着时间的推移，各个企业自然会发展成不同规模。这显然不足以解释，为什么产业集中度变化在不同的社会一直如此。参见 Scherer and Ross (1990), pp. 141-146.
10. Caves in Schmalensee and Willig, eds. (1989), p. 1234. 作者指出，在不同国家，类似的产业会有类似的产业集中度水平，这意味着随着国家技术水平的拉升，产业结构将变得更加一致。虽然这一说法确凿无疑，本书的论点一直认为，不同的社会在不同的行业而出类拔萃，这并不取决于发展水平，而是取决于每个社会构建大规模机构的能力。
11. 这一观点见于 S. Gordon Redding, *The Spirit of Chinese Capitalism* (Berlin: De Gruyter, 1990), p. 4.
12. "The Pac Rim 150," *Fortune* 122 (Fall 1990): 102-106.
13. "后发假说"有很多作者讨论过，其中包括 Alexander Gerschenkron, *Economic Backwardness in Historical Perspective* (Cambridge: Harvard University Press, 1962); Ronald Dore, "Industrial Relations in Japan and Elsewhere," in Albert M. Craig, ed., *Japan: A Comparative View* (Princeton: Princeton University Press, 1979), pp. 325-335; and Chalmers Johnson, *MITI and the Japanese Miracle* (Stanford: Stanford University Press, 1982), p. 19.
14. 日本有较发达的股票市场。东京证券交易所成立于 1878 年，在第二次世界大战期间暂时关闭，并在 1949 年美国占领下再次营业。参见 *Tokyo Stock Exchange 1994 Fact Book*, (Tokyo: Tokyo Stock Exchange, 1994), p. 89.
15. 台湾证券交易所成立于 1961 年，之后增长速度非常缓慢，到 1980 年只有 102 家上市公司。Ching-ing Hou Liang and Michael Skully, "Financial Institutions and Markets in Taiwan," in Michael T. Skully, ed., *Financial Institutions and Markets in the Far East: A Study of China, Hong Kong, Japan, South Korea, and Taiwan* (New York: St. Martiris Press, 1982), pp. 191-192.
16. Sang-woo Nam and Yung-chul Park, "Financial Institutions and Markets in South Korea," in Skully (1982), pp. 160-161.
17. Michael T. Skully, "Financial Institutions and Markets in Hong Kong," in Skully (1982), p. 63.

18. Matthew Montagu-Pollack, "Stocks: Hong Kong, Indonesia, Japan, Malaysia, the Philippines, Singapore, South Korea, Taiwan, Thailand," *Asian Business* 28 (1992): 56-65. 这当然是 1989 年至 1991 年东京股市暴跌之后的事情，其总市值缩水了约 60%。

19. Nam and Park in Skully (1982), p. 160.

20. 20 世纪 60 年代，日本政府屈服于外国的压力，放宽有关外国直接投资的规则，此后交叉持股水平才大幅增加，这一事实尤其可以说明问题。换句话说，交叉持股是一种防止外资收购的保护机制；对经连会来说，以保持其完整性的网络组织，实现规模经济，交叉持股是没有必要的。

21. 参见 Scherer and Ross (1990), pp. 146-151.

22. 大多数韩国银行 1980 年至 1983 年间完成了去国有化。参见 Robert Wade, "East Asian Financial Systems as a Challenge to Economics: Lessons from Taiwan," *California Management Review* 27 (1985): 106-127.

23. Wade (1985), p. 121.

第28章　重返规模

1. 参见 Gary Stix and Paul Wallich, "Is Bigger Still Better?" *Scientific American* 271 (March 1994): 109.

2. 然而软件生产远不及其他工程领域那么系统化。参见 W. Wayt Gibbs, "Software's Chronic Crisis," *Scientific American* 271 (September 1994): 86-95.

第29章　奇迹迭出

1. 参见 Winston L. King, "A Christian and a Japanese-Buddhist Work-Ethic Compared," *Religion* 11 (1981): 207-226.

2. 日本评论家抑或认为日本的文化和制度是独一无二、无可复制的，抑或认为日本是亚洲其他地区学习的典范。关于西方的日本独特性（nihonjinron）研究文献的批判，参见 Peter N. Dale, *The Myth of Japanese Uniqueness* (New York: St. Martin s Press, 1986).

第30章　社会工程终结之后

1. 参见 Francis Fukuyama, *The End History and the Last Man* (New York: Free Press, 1992).

2. 此外，本书中几乎所有的有关文化对经济行为的重要性的论点在我的早期作品已有提及。参见 Fukuyama (1992), chaps. 20, 21; and "The End of History?" *National Interest*, no. 16 (Summer 1989): 3-18, 我在该文讨论了韦伯假说和文化的影响。这一观点见于 David Gellner, "Max Weber: Capitalism and the Religion of India," *Sociology* 16 (1982): 526-543.

4. Joseph Needham, *Science and Civilization in China* (Cambridge: Cambridge University Press, 1958), vol 1.

5. 该观点见于 Ernest Gellner, *Plough, Sword, and Book: The Structure of Human History* (Chicago: University of Chicago Press, 1988), pp. 39-69. 也可以参见 Robert K Merton, "Science, Religion, and Technology in Seventeenth Century England," *Osiris* 4 (1938): 360-632.
6. 在本质上，这是将政治理解为"理性选择"的问题所在。参见 Steven Kelman, "Public Choice' and Public Spirit," *Public Interest*, no. 87 (1987): 80-94.
7. 家庭生活可以通过这些元素来理解，参见 Gary S. Becker, *A Treatise on the Family* (Cambridge: Harvard University Press, 1981).
8. John J. Mearsheimer, "Back to the Future: Instability in Europe After the Cold War," *International Security* 15 (Summer 1990): 5-56.
9. 参见 Robert Kaplan, "The Anarchy," *Atlantic* 273 (February 1994): 44-81; and Hans Magnus Enzenberger, *Civil Wars: From L.A. to Bosnia* (New York: New Press, 1994).
10. 参见 Fareed Zakaria 对 Lee 的采访，*Foreign Affairs* 73 (1994): 109-127.

第31章　经济生活的精神化

1. 关于民主与发展的关系，参见 Seymour Martin Lipset, "Some Social Requisites of Democracy: Economic Development and Political Legitimacy," *American Political Science Review* 53 (1959): 69-105. 关于李普塞特假说的文献综述基本上同意这一观点，参见 Larry Diamond, "Economic Development and Democracy Reconsidered," *American Behavioral Scientist* 15 (March-June 1992): 450-499.
2. 关于这一观点的综述，参见 Francis Fukuyama, *The End of History and the Last Man* (New York: Free Press, 1992), pp. xi-xxiii.
3. 参见 Fukuyama (1992), pp. 143-180.
4. Adam Smith, *The Theory of Moral Sentiments* (Indianapolis: Liberty Classics, 1982), p. 50.
5. Albert O. Hirschman, *The Passions and the Interests: Political Arguments for Capitalism Before It's Triumph* (Princeton: Princeton University Press, 1977).

参考文献

Abe, Yoshio, "The Basis of Japanese Culture and Confucianism (2)," *Asian Culture Quarterly* 2 (1974): 21–28.

Abegglen, James C., *The Japanese Factory: Aspects of Its Social Organization* (Glencoe, Ill.: Free Press, 1958).

Abegglen, James C. and Stalk, George Jr., *Kaisha: The Japanese Corporation* (New York: Basic Books, 1985).

Agulhon, Maurice, *Le Cercle dans la France bourgeoise: 1810–1848: étude d'une mutation de sociabilité* (Paris: A. Colin, 1977).

Agulhon, Maurice and Bodiguel, Maryvonne, *Les associations au village* (Le Paradou: Actes Sud, 1981).

Alchian, A. A. and Demsetz, H., "Production, Information Costs, and Economic Organization," *American Economic Review* 62 (1972).

Amsden, Alice H., *Asia's Next Giant: South Korea and Late Industrialization* (New York/Oxford: Oxford University Press, 1989).

Arrow, Kenneth J., "Risk Perception in Psychology and Economics," *Economic Inquiry* (1982): 1–9.

______,*The Limits of Organization* (New York: W. W. Norton, 1974).

Ashton, T. S., *The Industrial Revolution, 1760–1830* (London: Oxford University Press, 1948).

Asselain, Jean-Charles, *Histoire économique de la France du XVIIIe siècle a nos jours* (Paris: Editions du Seuil, 1984).

Bachnik, Jane M., "Recruitment Strategies for Household Succession: Rethinking Japanese Household Organization," *Man* 18 (1983): 160–182.

Bagnasco, Arnoldo, *Tre Italie: la problematica territoriale dello sviluppo italiano* (Bologna: Il Mulino, 1977)

Bagnasco, Arnoldo, and Pini, R., "Sviluppo economico e trasformazioni sociopolitche dei sistemi territoriali a economia diffus: Economia e struttura sociale," *Quaderni Fondazione Feltrinelli* no 14 (1975).

Bahr, H. M., ed., *Utah in Demographic Perspective: Regional and National Contrasts* (Provo, Utah: Brigham Young University, 1981).

Baker, Hugh, *Chinese Family and Kinship* (New York: Columbia University Press, 1979).

Banfield, Edward C., *The Moral Basis of a Backward Society* (Glencoe, Ill.: Free Press, 1958).

Bauer, Michel and Cohen, Elie, "Le politique, l'administratif, et l'exercice du pouvoir industriel," *Sociologie du Travail* 27 (1985): 324–327.

Bautista, R. M. and Perina, E. M., eds., *Essays in Development Economics in Honor of Harry T. Oshima* (Manila: Philippine Institute for Development Studies, 1982).

Becker, Gary S., *A Treatise on the Family* (Cambridge: Harvard University Press, 1981).

______, *Human Capital: A Theoretical and Empirical Analysis,* second edition (New York: National Bureau of Economic Research, 1975).

______, "Nobel Lecture: The Economic Way of Looking at Behavior," *Journal of Political Economy* 101 (1993): 385–409.

______, *The Economic Approach to Human Behavior* (Chicago: University of Chicago Press, 1976).

Bellah, Robert N., *Religion and Progress in Modern Asia* (Glencoe, Ill.: Free Press, 1965)

______, "Responses to Louis Dumont's 'A Modified View of Our Origins, The Christian Beginnings of Modern Individualism,'" *Religion* 12 (1982): 83–91.

______, *Tokugawa Religion* (Boston: Beacon Press, 1957).

Bendix, Reinhard, "The Protestant Ethic—Revisited," *Comparative Studies in Society and History* 9 (1967): 266–273.

Beniger, James R., *The Control Revolution: Technological and Economic Origins of the Information Society* (Cambridge: Harvard University Press, 1986).

Berger, Brigitte, ed., *The Culture of Entrepreneurship* (San Francisco: Institute for Contemporary Studies, 1991).

Berger, Peter L., *The Capitalist Spirit: Toward a Religious Ethic of Wealth Creation* (San Francisco: Institute for Contemporary Studies, 1990).

Berger, Peter L. and Hsiao, Hsin-Huang Michael, *In Search of an East Asian Development Model* (New Brunswick, N.J.: Transaction Books, 1988).

Bergère, Marie-Claire, "On the Historical Origins of Chinese Underdevelopment," *Theory and Society* 13 (1984): 327–337.

Bergeron, Louis, *Les capitalistes en France (1780–1914)* (Paris: Gallimard, 1978).

Berle, Adolph A., *Power without Property: A New Development in American Political Economy* (New York: Harcourt, Brace, 1959).

Berle, Adolph A. and Means, Gardner C., *The Modern Corporation and Private Property* (New York: Macmillan, 1932).

Blauner, Robert, *Alienation and Freedom* (Chicago: University of Chicago Press, 1973).

Blim, Michael L., *Made In Italy: Small-Scale Industrialization and Its Consequences* (New York: Praeger, 1990).

Bocking, Brian, "Neo-Confucian Spirituality and the Samurai Ethic," *Religion* 10 (1980): 1–15.

Bonacich, Edna, "A Theory of Middleman Minorities," *American Sociological Review* 38 (1972): 583–594.

Bond, Michael H. and Hofstede, Geert, "The Cash Value of Confucian Values," *Human Systems Management* 8 (1989): 195–200.

Braun, Hans-Joachim, *The German Economy in the Twentieth Century* (London and New York: Routledge, 1990).

Brown, Donna, "Race for the Corporate Throne," *Management Review* 78 (1989): 22–29.

Buruma, Ian, *The Wages of Guilt: Memories of War in Germany and Japan* (New York: Farrar, Straus, Giroux, 1994).

Butler, John Sibley, *Entrepreneurship and Self-Help Among Black Americans: A Reconsideration of Race and Economics* (Albany, N.Y.: State University of New York, 1991).

Buxbaum, David C., ed., *Chinese Family Law and Social Change in Historical and Comparative Perspective* (Seattle: University of Washington Press, 1978).

Calhoun, Craig, ed., *Comparative Social Research: Business Institutions* 12 (Greenwich, Conn.: JAI Press,1990).

Campbell, Joan, *Joy in Work, German Work. The National Debate, 1800–1945* (Princeton: Princeton University Press, 1989).

Carlson, Tucker, "Holy Dolers: The Secular Lessons of Mormon Charity," *Policy Review* 59 (1992): 25–31.

Carter, Edward, Forster, Robert and Moody, Joseph N., eds., *Enterprise and Entrepreneurs in Nineteenth- and Twentieth-Century France* (Baltimore: Johns Hopkins University Press, 1976).

Casey, Bernard, *Recent Developments in West Germany's Apprenticeship Training System* (London: Policy Studies Institute, 1991).

______, "The Dual Apprenticeship System and the Recruitment and Retention of Young Persons in West Germany," *British Journal of Industrial Relations* 24 (1986): 63–81.

Caves, Richard E. and Uekusa, Masu, *Industrial Organization in Japan* (Washington, D.C.: Brookings Institution, 1976).

Center for Strategic and International Studies, *Integrating Commercial and Military Technologies for National Strength: An Agenda for Change.* Report of the CSIS Steering Committee on Security and Technology (Washington, D.C.: Center for Strategic and International Studies, 1991).

Chan, Wellington K. K., *Merchants, Mandarins and Modern Enterprise in Late Ch'ing China* (Cambridge: Harvard East Asian Research Center, 1977).

______, "The Organizational Structure of the Traditional Chinese Firm and Its Modern Reform," *Business History Review* 56 (1982): 218–235.

Chandler, Alfred D., *Scale and Scope: The Dynamics of Industrial Capitalism* (Cambridge: Harvard University Press/Belknap, 1990).

______, *The Visible Hand: The Managerial Revolution in American Business* (Cambridge: Harvard University Press, 1977).

Chang, Chan Sup, "Chaebol: The South Korea Conglomorates," *Business Horizons* 31 (1988): 51–57.

Chang, Kyung-sup, "The Peasant Family in the Transition from Maoist to Lewisian Rural Indistrialization," *Journal of Development Studies* 29 (1993): 220–244.

Chao, Paul, *Chinese Kinship* (London: Kegan Paul International, 1983).

Cherlin, Andrew J., *Marriage, Divorce, Remarriage* (Cambridge: Harvard University Press, 1981).

Cherrington, David J., *The Work Ethic: Working Values and Values that Work* (New York: Amacom, 1980).

Clegg, Stewart R. and Redding, S. Gordon, *Capitalism in Contrasting Cultures* (Berlin: Walter de Gruyter, 1990).

Clifford, Mark L., *Troubled Tiger: Businessmen, Bureaucrats and Generals in South Korea* (Armonk, N.Y.: M. E. Sharpe, 1994).

Coase, Ronald H., "The Nature of the Firm," *Economica* 6 (1937): 386–405.

Cohen, Daniel, "The Fall of the House of Wang," *Business Month* 135 (1990): 22–31.

Coleman, James S., "Social Capital in the Creation of Human Capital," *American Journal of Sociology,* 94 Supplement (1988): S95-S120.

Congleton, Roger D., "The Economic Role of a Work Ethic," *Journal of Economic Behavior and Organization* 15 (1991): 365–385.

Conroy, Hilary and Wray, Harry, eds., *Japan Examined: Perspectives on Modern Japanese History* (Honolulu: University of Hawaii Press, 1983).

Craig, Albert M., ed. *Japan: A Comparative View* (Princeton: Princeton University Press, 1979).

Critser, Greg, "On the Road: Salt Lake City, Utah," *Inc.* (January 1986).

Cropsey, Joseph, "What is Welfare Economics?" *Ethics* 65 (1955): 116–125 .

Crouzet, François, "Encore la croissance française au XIX siècle," *Revue du nord* 54 (1972): 271–288.

Crozier, Michel, *The Bureaucratic Phenomenon* (Chicago: University of Chicago Press, 1964).

Cumings, Bruce, "The Origins and Development of the Northeast Asian Political Economy: Industrial Sectors, Product Cycles, and Political Consequences," *International Organization* 38 (1984): 1–40.

Cutts, Robert L., "Capitalism in Japan: Cartels and Keiretsu," *Harvard Business Review* 70 (1992): 48–55.

D'Antonio, William V. and Aldous, Joan, eds., *Families and Religions: Conflict and Change in Modern Society* (Beverly Hills, Ca.: Sage Publications, 1983).

Dahrendorf, Ralf, *Society and Democracy in Germany* (Garden City, N.Y.: Doubleday, 1969).

Dale, Peter N., *The Myth of Japanese Uniqueness* (New York: St. Martin's Press, 1986).

Davidow, William H. and Malone, Michael S., *The Virtual Corporation: Structuring and Revitalizing the Corporation for the 21st Century* (New York: HarperCollins, 1992).

Davis, Winston, "Japanese Religious Affiliations: Motives and Obligations," *Sociological Analysis* 44 (1983): 131–146.

De Vos, Susan and Lee, Yean-Ju, "Change in Extended Family Living Among Elderly People in South Korea," *Economic Development and Cultural Change* (1993): 377–393.

Diamond, Larry, "Economic Development and Democracy Reconsidered," *American Behavioral Scientist* 15 (1992): 450–499.

Dore, Ronald P., *British Factory, Japanese Factory* (London: Allen and Unwin, 1973).

______, "Goodwill and the Spirit of Market Capitalism," *British Journal of Sociology* 34 (1983): 459–482.

Drucker, Peter F., "The End of Japan, Inc.?" *Foreign Affairs* 72 (1993): 10–15.

Du Toit, Andre, "No Chosen People," *American Historical Review* 88 (1983).

Dumont, Louis, "A Modified View of Our Origins: The Christian Beginnings of Modern Individualism," *Religion* 12 (1982): 1–27.

Dunlop, John, Harbison, F. et. al., *Industrialism Reconsidered: Some Perspectives on a Study over Two Decades of the Problems of Labor* (Princeton: Inter-University Study for Human Resources, 1975).

Durkheim, Emile, *The Division of Labor in Society* (New York: Macmillan, 1933).

Dyer, W. Gibb, *Cultural Change in Family Firms: Anticipating and Managing Business and Family Transitions* (San Francisco: Jossey-Bass Publishers, 1986).

Eckstein, Harry, "Political Culture and Political Change," *American Political Science Review* 84 (1990): 253–259.

Eisenstadt, S. N., ed., *The Protestant Ethic and Modernization: A Comparative View* (New York: Basic Books, 1968).

Elvin, Mark, *The Pattern of the Chinese Past: A Social and Economic Interpretation* (Stanford: Stanford University Press, 1973).

______, "Why China Failed to Create an Endogenous Industrial Capitalism: A Critique of Max Weber's Explanation," *Theory and Society* 13 (1984): 379–391.

Encarnation, Dennis, *Rivals Beyond Trade: American v. Japan in Global Competition* (Ithaca, N.Y.: Cornell University Press, 1992).

Enzenberger, Hans Magnus, *Civil Wars: From L.A. to Bosnia* (New York: New Press, 1994).

Etzioni, Amitai, "A New Kind of Socioeconomics (vs. Neoclassical Economics)," *Challenge* 33 (1990): 31–32.

______, *The Moral Dimension: Toward a New Economics* (New York: Free Press, 1988).

Fallows, James, *Looking at the Sun: The Rise of the New East Asian Economic and Political System* (New York: Pantheon Books, 1994).

______, *More Like Us: Making America Great Again* (Boston: Houghton Mifflin, 1989).

Feingold, David, Brendley, K., Lempert, R., et. al., *The Decline of the US Machine-Tool Industry and Prospects for its Sustainable Recovery* (Santa Monica, Ca.: RAND Corporation MR-479/1-OSTP, 1994).

Feuerwerker, Albert, *China's Early Industrialization* (Cambridge: Harvard University Press, 1958).

______, *The Chinese Economy ca. 1870–1911* (Ann Arbor, Mich.: University of Michigan Press, 1969).

______, "The State and the Economy in Late Imperial China," *Theory and Society* 13 (1984): 297–326.

Fisher, Albert L., "Mormon Welfare Programs," *Social Science Journal* 25 (1978): 75–99.

Fix, Michael and Passel, Jeffrey S., *Immigration and Immigrants* (Washington, D.C.: Urban Institute, 1994).

Fogel, Robert W., *Railroads and Economic Growth* (Baltimore: Johns Hopkins University Press, 1964).

Form, W. H., "Auto Workers and their Machines: A Study of Work, Factory, and Job Statisfaction in Four Countries," *Social Forces* 52 (1973): 1–15.

Fox, Alan, *Beyond Contract: Work, Power and Trust Relationships* (London: Faber and Faber, 1974).

Frazier, E. Franklin, *Black Bourgeoisie* (New York: Collier Books, 1962).

Freedman, Maurice, *Chinese Lineage and Society: Fujian and Guangdong* (London: Althone, 1966).

______, Maurice, *The Study of Chinese Society* (Stanford: Stanford University Press, 1979).

______, *Family and Kinship in Chinese Society* (Stanford: Stanford University Press, 1970).

Fricke, Thomas E. and Thornton, Arland, "Social Change and the Family: Comparative Perspectives from the West, China, and South Asia," *Sociological Forum* 2 (1987): 746–779.

Fridenson, Patrick and Straus, André, *Le Capitalism français 19e-20e siècles: blocages et dynamismes d'une croissance* (Paris: Fayard, 1987).

Friedland, Roger and Robertson, A. F., *Beyond the Marketplace: Rethinking Economy and Society* (New York: Aldine de Gruyter, 1990).

Friedman, David, *The Misunderstood Miracle* (Ithaca, N.Y.: Cornell University Press, 1988).

Fua, Giorgio and Zacchia, Carlo, *Industrilizzazione senza fratture* (Bologna: Il Mulino, 1983).

Fukuyama, Francis, *The End of History and the Last Man* (New York: Free Press, 1992).

______, "The End of History?" *National Interest* (1989): 3–18.

______, "Great Planes," *New Republic* (1993): 10–11.

______, "Immigrants and Family Values," *Commentary* 95 (1993): 26–32.

______, "The Primacy of Culture," *Journal of Democracy* 6 (1995): 7–14.

Fullerton, Kemper, "Calvinism and Capitalism," *Harvard Theological Review* 21 (1928): 163–191.

Furnham, Adrian, *The Protestant Work Ethic: The Psychology of Work-Related Beliefs and Behaviors* (London: Routledge and Kegan Paul, 1990).

______, "The Protestant Work Ethic and Attitudes Towards Unemployment," *Journal of Occupational Psychology* 55 (1982): 277–285.

______, "The Protestant Work Ethic: A Review of the Psychological Literature," *European Journal of Social Psychology* 14 (1984): 87–104.

Galenson, Walter, ed., *Economic Growth and Structural Change in Taiwan* (Ithaca, N.Y.: Cornell University Press, 1979).
Galenson, Walter, and Lipset, Seymour Martin, eds., *Labor and Trade Unionism* (New York: Wiley, 1960).
Ganley, Gladys D., "Power to the People via Personal Electronic Media," *Washington Quarterly* (1991): 5–22.
Gansler, Jacques, *Affording Defense* (Cambridge: MIT Press, 1991).
Geertz, Clifford, *The Interpretation of Cultures* (New York: Basic Books, 1973).
Gellner, David, "Max Weber: Capitalism and the Religion of India," *Sociology* 16 (1982): 526–543.
Gellner, Ernest, *Conditions of Liberty: Civil Society and its Rivals* (London: Hamish Hamilton, 1994).
______, *Plough, Sword, and Book: The Structure of Human History* (Chicago: University of Chicago Press, 1988).
Gerlach, Michael L., *Alliance Capitalism: The Social Organization of Japanese Business* (Berkeley: University of California Press, 1992).
Gerschenkron, Alexander, *Economic Backwardness in Historical Perspective* (Cambridge: Harvard University Press, 1962).
Gibbs, W. Wayt, "Software's Chronic Crisis," *Scientific American* 271 (1994): 86–95.
Glazer, Nathan, "Black and Ethnic Groups: The Difference and the Political Difference It Makes," *Social Problems* 18 (1971): 444–461.
______, "The Street Gangs and Ethnic Enterprise," *Public Interest* (1972): 82–89.
Glendon, Mary Ann, *Rights Talk: The Impoverishment of Political Discourse* (New York: Free Press, 1991).
Godley, Michael R., *The Mandarin Capitalists from Nanyang: Overseas Chinese Enterprise in the modernization of China 189* (Cambridge: Cambridge University Press, 1981).
Goffee, Robert and Scase, Richard, eds., *Entrepreneurship in Europe: The Social Processes* (London: Croom Helm, 1987).
Goode, William, *World Revolution and Family Patterns* (Glencoe, Ill.: Free Press, 1963).
Goodwin, Leonard, "Wefare Mothers and the Work Ethic," *Monthly Labor Review* 95 (1972): 35–37.
Gordon, Michael, ed., *American Family in Social-Historical Perspective* (New York: St. Martin's Press, 1973).
Gouldner, Alvin W., "The Norm of Reciprocity: A Preliminary Statement," *American Sociological Review* 25 (1960): 161–178.
Granovetter, Mark, "Economic Action and Social Structure: The Problem of Embeddedness," *American Journal of Sociology* 91 (1985): 481–510.
Green, Donald, and Shapiro, Ian, *Pathologies of Rational Choice Theory: A Critique of Applications in Political Science* (New Haven: Yale University Press, 1994).
Green, Robert W., *Protestantism, Capitalism, and Social Science: The Weber Thesis Controversy* (Lexington, Mass.: D. C. Heath, 1973).
Grochla E., and Gaugler, E., eds., *Handbook of German Business Management,* (Stuttgart: C. E. Poeschel Verlag, 1990).
Gross, C., *The Guild Merchant* (Oxford: Clarendon Press, 1980).

Hadley, Eleanor, *Antitrust in Japan* (Princeton: Princeton University Press, 1970).

Hagen, Everett E., *On the Theory of Social Change: How Economic Growth Begins* (Homewood, Ill.: Dorsey Press, 1962).

Hamilton, Gary G. and Biggart, Nicole W., "Market, Culture, and Authority: A Comparative Analysis of Mangement and Organization in the Far East," *American Journal of Sociology* 94 (1988): S52–S94.

Hamilton, Gary G. and Kao, Cheng-shu, "The Institutional Foundations of Chinese Business: The Family Firm in Taiwan," *Comparative Social Research* 12 (1990): 135–151.

______, "Max Weber and the Analysis of East Asian Industrialization," *International Sociology* 2 (1987): 289–300.

Hanssen, Johannes, *History of the German People After the Close of the Middle Ages* (New York: AMS Press, 1909).

Hardin, Russell, *Collective Action* (Baltimore: Johns Hopkins University Press, 1982).

Hareven, Tamara K., "The History of the Family and the Complexity of Social Change," *American Historical Review* 96 (1991): 95–122.

______, "Reflections on Family Research in the People's Republic of China," *Social Research* 54 (1): 663–689.

Harrison, Lawrence E., *Who Prospers? How Cultural Values Shape Economic and Political Success* (New York: Basic Books, 1992).

Hashimoto, Masanori, *The Japanese Labor Market in a Comparative Perspective with the U. S.: A Transaction-Cost Interpretation* (Kalamazoo, Mich.: W.E.Upjohn Institute for Employment Research, 1990).

Heller, Robert, "How the Chinese Manage to Keep It All in the Family," *Management Today* (1991): 31–34.

Herrigel, Eugen, *Zen in the Art of Archery* (New York: Pantheon Books, 1953).

Hexham, Irving, "Dutch Calvinism and the Development of Afrikaner Nationalism," *African Affairs* 79 (1980): 197–202.

Hickson, Charles and Thompson, Earl E., "A New Theory of Guilds and European Economic Development," *Explorations in Economic History* 28 (1991): 127–168

Hirschman, Albert O., *The Passions and the Interests : Political Arguments for Capitalism before its Triumph* (Princeton: Princeton University Press, 1977).

Hirschmeier, Johannes, *The Origins of Entrepreneurship in Meiji Japan* (Cambridge: Harvard University Press, 1964).

Hirszowicz, Maria, *Industrial Sociology: An Introduction* (New York: St. Martin's Press, 1982).

Ho, Samuel P. S., *Small-Scale Enterprises in Korea and Taiwan* (Washington, D.C.: World Bank, Staff Research Working Paper 384, April 1980).

Hoffmann, Stanley, *Decline or Renewal? France since the 1930s* (New York: Viking Press, 1974).

Hoffmann, Stanley, Kindleberger, Charles et. al., *In Search of France* (Cambridge, MA: Harvard University Press, 1963).

Hofheinz, Roy Jr. and Calder, Kent E., *The Eastasia Edge* (New York: Basic Books, 1982).

Hofstede, Geert and Bond, Michael H., "The Confucius Connection: From Cultural Roots to Economic Growth," *Organizational Dynamics* (1988): 5–21.

Horie, Yasuzo, "Business Pioneers in Modern Japan," *Kyoto University Economic Review* 30 (1961): 1–16.

______, "Confucian Concept of State in Tokugawa Japan," *Kyoto University Economic Review* 32 (1962): 26–38.

Hounshell, David A., *From the American System to Mass Production 1800–1932* (Baltimore: Johns Hopkins University Press, 1984).

Howard, Ann and Wilson, James A., "Leadership in a Declining Work Ethic," *California Management Review* 24 (1982): 33–46.

Hsu, Francis L. K., *Iemoto: The Heart of Japan* (New York: Schenkman Publishing Co., 1975).

Hsu, Francis L. K., *Under the Ancestors' Shadow: Kinship, Personality and Social Mobility in China* (Stanford, Ca.: Stanford University Press, 1971).

______, *Kinship and Culture* (Chicago: Aldine Publishing Co., 1971).

Huber, Peter, *Orwell's Revenge: The 1984 Palimpsest* (New York: Free Press, 1994).

Huber, Peter, Kellogg, Michael et. al., *The Geodesic Network II: 1993 Report on Competition in the Telephone Industry* (Washington, D.C.: The Geodesic Company, 1994).

Huntington, Samuel P., *The Third Wave: Democratization in the Late Twentieth Century* (Oklahoma City: University of Oklahoma Press, 1991).

______, "The Clash of Civilizations?" *Foreign Affairs* 72 (1993): 22–49.

Huntington, Samuel P. and Weiner, Myron, eds., *Understanding Political Development* (Boston: Little, Brown and Co., 1987).

Hutcheon, Robin, *First Sea Lord: The Life and Work of Sir Y. K. Pao* (Hong Kong: Chinese University Press, 1990).

Imai, Ken'ichi, "The Corporate Network in Japan," *Japanese Economic Studies* 16 (1986): 3–37.

Jacobs, Jane, *The Death and Life of Great American Cities* (New York: Random House, 1961).

Jacobs, Norman, *The Origins of Modern Capitalism in Eastern Asia* (Hong Kong: Hong Kong University Press, 1958).

Jacoby, Sanford, "The Origins of Internal Labor Markets in Japan," *Industrial Relations* 18 (1979): 184–196.

Jamieson, Ian, *Capitalism and Culture: A Comparative Analysis of British and American Manufacturing Organizations* (London: Gower, 1980).

______, "Some Observations on Socio-Cultural Explanations of Economic Behaviour," *Sociological Review* 26 (1978): 777–805.

Janelli, Roger L., *Making Capitalism: The Social and Cultural Construction of a South Korean Conglomorate* (Stanford: Stanford University Press, 1993).

Janelli, Roger L. and Janelli, Dawn-hee Yim, "Lineage Organization and Social Differentiation in Korea," *Man* 13 (1978): 272–289.

Jenner, W. J. F., *The Tyranny of History. The Roots of China's Crisis* (London: Allen Lane/The Penguin Press, 1992).

Johnson, Chalmers, *MITI and the Japanese Miracle* (Stanford: Stanford University Press, 1982).

______, "Keiretsu: An Outsider's View," *Economic Insights* 1 (1990): 15–17.

______, “The People Who Invented the Mechanical Nightingale,” *Daedalus* 119 (1990): 71–90.

Johnson, Chalmers, and Keehn, E. B., “A Disaster in the Making: Rational Choice and Asian Studies,” *National Interest* no. 36 (1994): 14–22.

Johnson, Chalmers, Tyson, Laura D’Andrea et. al., *The Politics of Productivity* (Cambridge: Ballinger Books, 1989).

Jones, Leroy P. and Sakong, I., *Government, Business, and Entrepreneurship in Economic Development: The Korean Case* (Cambridge: Harvard University Press, 1980).

Julius, DeAnne, *Global Companies and Public Policy: The Growing Challenge of Foreign Direct Investment* (London: Royal Institute of Intl Affairs, 1990).

Kao, John, “The Worldwide Web of Chinese Business,” *Harvard Business Review* 71 (1993): 24–34.

Kaplan, Robert, “The Anarchy,” *Atlantic* 273 (February, 1994): 44–81.

Katz, Harry and Sabel, Charles, “Industrial Relations and Industrial Adjustment in the Car Industry,” *Industrial Relations* 24 (1984): 295–315.

Katz, Harry, *Shifting Gears: Changing Labor Relations in the US Automobile Industry* (Cambridge: MIT Press, 1985).

Keeble, David and Wever, E., eds., *New Firms and Regional Development in Europe* (London: Croom Helm, 1982).

Kelman, Steven, “‘Public Choice’ and Public Spirit,” *Public Interest* (1987): 80–94.

Kenney, Charles C., “Fall of the House of Wang,” *Computerworld* 26 (1992): 67–68.

Kerr, Clark, Dunlop, John et. al., *Industrialism and Industrial Man: The Problems of Labor and Management in Economic Growth* (Cambridge: Harvard University Press, 1960).

Kertzer, David I., ed., *Family Life in Central Italy, 1880–1910: Sharecropping, Wage Labor, and Coresidence* (New Brunswick, N.J.: Rutgers University Press, 1984).

Kertzer, David I. and Saller, Richard P., *The Family in Italy from Antiquity to the Present* (New Haven: Yale University Press, 1991).

Kim, Choong Soon, *The Culture of Korean Industry: An Ethnography of Poongsan Corporation* (Tucson: The University of Arizona Press, 1992).

Kim, Eun Mee, “From Dominance to Symbiosis: State and Chaebol in Korea,” *Pacific Focus* 3 (1988): 105–121.

Kim, Kwang Chung and Kim, Shin, “Kinship Group and Patrimonial Executives in a Developing Nation: A Case Study of Korea,” *Journal of Developing Areas* 24 (1989): 27–45.

Kim, Myung-hye, “Transformation of Family Ideology in Upper-Middle-Class Families in Urban South Korea,” *Ethnology* 32 (1993): 69–85.

King, Winston L., “A Christian and a Japanese-Buddhist Work-Ethic Compared,” *Religion* 11 (1981): 207–226.

Kinzer, Robert H. and Sagarin, Edward, *The Negro in American Business: The Conflict Between Separation and Integration* (New York: Greenberg, 1950).

Kitagawa, Joseph M., *Religion in Japanese History* (New York: Columbia University Press, 1966).

Kitaoji, Hironobu, “The Structure of the Japanese Family,” *American Anthropologist* 73 (1971): 1036–57.

Klitgaard, Robert E., *Tropical Gangsters* (New York: Basic Books, 1990).

Kotkin, Joel, *Tribes: How Race, Religion, and Identity Determine Success in the New Global Economy* (New York: Random House, 1993).

Krugman, Paul, "The Myth of Asia's Miracle," *Foreign Affairs* 73 (1994): 28–44.

Kumagai, Fumie, "Modernization and the Family in Japan," *Journal of Family History* 11 (1986): 371–382.

Kumon, Shumpei and Rosovsky, Henry, eds., *The Political Economy of Japan. Vol. 3: Cultural and Social Dynamics* (Stanford: Stanford University Press, 1992).

Kwon, Jene K., *Korean Economic Development* (Westport, Conn.: Greenwood Press, 1989).

Landes, David S., "French Entrepreneurship and Industrial Growth in the Nineteenth Century," *Journal of Economic History* 9 (1949): 45–61.

Landes, David S., "New-Model Entrepreneurship in France and Problems of Historical Explanation," *Explorations in Entrepreneurial History,* Second Series 1 (1963): 56–75.

Laslett, Peter N., and Wall, Richard, eds., *Household and Family in Past Time* (Cambridge: Cambridge University Press, 1972).

Lau, Lawrence J., *Models of Development: A Comparative Study of Economic Growth in South Korea and Taiwan* (San Francisco: Institute for Contemporary Studies, 1986).

Lazonick, William, *Competitive Advantage on the Shop Floor* (Cambridge: Harvard University Press, 1990).

Lebra, Takie Sugiyama, "Adoption Among the Hereditary Elite of Japan: Status Preservation Through Mobility," *Ethnology* 28 (1989): 185–218.

Lee, Sang M. and Yoo, S., "The K-Type Management: A Driving Force behind Korean Prosperity," *Managment International Review* 27 (1987): 68–77.

Lee, Shu-Ching, "China's Traditional Family, Its Characteristics and Disintigration," *American Sociological Review* 18 (1953): 272–280.

Lee, W. R. and Rosenhaft, Eve, *The State and Social Change in Germany, 1880–1980* (New York, and Oxford, Berg, 1990).

Leff, Nathaniel H., "Industrial Organization and Entrepreneurship in the Developing Countries: The Economic Groups," *Economic Development and Cultural Change* 26 (1978): 661–675.

Levine, Solomon B., *Industrial Relations in Postwar Japan* (Urbana, Ill.: University of Illinois Press, 1958).

Levy, Marion J., *The Family Revolution in Modern China* (Cambridge: Harvard University Press, 1949).

Levy, Marion J., *The Rise of the Modern Chinese Business Class* (New York: Institute of Pacific Relations, 1949).

Light, Ivan H., *Ethnic Enterprise in America* (Berkeley: University of California Press, 1972).

Light, Ivan H. and Bonacich, Edna, *Immigrant Entrepreneurs: Koreans in Los Angeles, 1965–1982* (Berekeley: The University of California Press, 1988).

Lincoln, James R., Olson, Jon et. al., "Cultural Effects on Organizational Structure: The Case of Japanese Firms in the United States," *American Sociological Review* 43 (1978): 829–847.

Lincoln, James R., Gerlach, Michael L. et. al.,, "Keiretsu Networks in the Japanese Economy: A Dyad Analysis of Intercorporate Ties," *American Sociological Review* 57 (1992): 561–585.

Lindblom, Charles, *Politics and Markets: The World's Political-Economic Systems* (New York: Basic Books, 1977).

Lipset, Seymour Martin, *Continental Divide: The Values and Institutions of the United States and Canada* (New York & London: Routledge, 1990).

______, "Culture and Economic Behavior: A Commentary," *Journal of Labor Economics* 11 (1993): S330–347.

______, *Revolution and Counterrevolution* (New York: Basic Books, 1968).

______, "Pacific Divide: American Exceptionalism—Japanese Uniqueness," in *Power Shifts and Value Changes in the Post Cold War World,* Proceedings of The Joint Symposium of the International Sociological Association's Research Committees: Comparative Sociology and Sociology of Organizations (Japan: Kibi International University, Institute of International Relations of Sophia University, and Social Science Research Institute of International Christian University, 1992)

______, "Some Social Requisites of Democracy: Economic Development and Pol Legitimacy," *American Political Science Review* 53 (1959): 69–105.

______, "The Work Ethic, Then and Now," *Journal of Labor Research* 13 (1992): 45–54.

Lipset, Seymour Martin and Hayes, Jeff, "Individualism: A Double-Edged Sword," *Responsive Community* 4 (1993): 69–81.

Locke, John, *The Second Treatise of Government* (Indianapolis: Bobbs-Merrill, 1952).

Lockwood, William W., *The Economic Development of Japan: Growth and Structural Change, 1868–1938* (Princeton: Princeton University Press, 1954).

Macaulay, Stewart, "Non-Contractual Relations in Business: A Preliminary Study," *American Sociological Review* 28 (1963): 55–69.

Mahler, Vincent A. and Katz, Claudio, "Social Benefits in Advanced Capitalist Countries," *Comparative Politics* 21 (1988): 38–59.

Martin, David, *Tongues of Fire. The Explosion of Protestantism in Latin America* (Oxford: Basil Blackwell, 1990).

Marty, Martin E. and Appleby, R. Scott, eds., *Accounting for Fundamentalisms: The Dynamic Character of Movements* (Chicago: University of Chicago Press, 1994).

______, eds., *Fundamentalisms and Society. Reclaiming the Sciences, the Family, and Education* (Chicago: University of Chicago Press, 1993).

Mason, Edward S., *The Economic and Social Modernization of the Republic of Korea* (Cambridge: Harvard University Press, 1980).

Mason, Mark, *American Multinationals and Japan: The Political Economy of Japanese Capital Controls, 1899–1980* (Cambridge: Harvard University Press, 1992).

Mathias, Peter and Postan, M. M., eds., *The Cambridge Economic History of Europe, Vol. VII: The Industrial Economies: Capital, Labour, and Enterprise. Part I: Britain, France, Germany, and Scandinavia* (London: Cambridge University Press, 1978).

Maurice, Marc, Sellier, Francois et. al., *The Social Foundations of Industrial Power: A Comparison of France and Germany* (Cambridge: MIT Press, 1986).

Mayo, Elton, *The Human Problems of an Industrial Civilization* (New York: Macmillan, 1933).

Mayo, Elton, *The Social Problems of an Industrial Civilization* (London: Routledge and Kegan Paul, 1962).

McFarquhar, Roderick, "The Post-Confucian Challenge," *Economist* (1980): 67–72.

McMullen, I. J., "Rulers or Fathers? A Casuistical Problem in Early Modern Japanese Thought," *Past and Present* 116 (1987): 56–97.

McNamara, Dennis L., *The Colonial Origins of Korean Enterprise, 1910–1945* (Cambridge: Cambridge University Press, 1990).

______, *"Entrepreneurship in Colonial Korea: Kim Yon-su," Modern Asian Studies* 22 (1988): 165–177.

Mead, Margaret and Metraux, Rhoda, *Themes in French Culture: A Preface to a Study of French Community* (Stanford: Stanford University Press, 1954).

Mearsheimer, John J., "Back to the Future: Instability in Europe after the Cold War," *International Security* 15 (1990): 5–56.

Merton, Robert K., "Science, Religion, and Technology in Seventeenth Century England," *Osiris* 4 (1938): 360–632.

Miller, Michael B., *The Bon Marché: Bourgeois Culture and the Department Store, 1869–1920* (Princeton: Princeton University Press, 1981).

Milward, Alan S. and Saul, S. B., *The Development of the Economies of Continental Europe 1780–1870* (London: George Allen and Unwin, 1977).

Min, Pyong Gap and Jaret, Charles, "Ethnic Business Success: The Case of Korean Small Business in Atlanta," *Sociology and Social Research* 69 (1985): 412–435.

Miyanaga, Kuniko, *The Creative Edge: Emerging Individualism in Japan* (New Brunswick, NJ: Transaction Publishers, 1991).

Montagu-Pollack, Matthew, "Stocks: Hong Kong, Indonesia, Japan, Malaysia, Philippines, Singapore, South Korea, Taiwan, Thailand," *Asian Business* 28 (1992): 56–65.

Moore, Barrington Jr., *Social Origins of Dictatorship and Democracy* (Boston: Beacon Press, 1966).

Moore, R. A., "Adoption and Samurai Mobility in Tokugawa Japan," *Journal of Asian Studies* 29 (1970): 617–632.

Morgan, S. Philip and Hiroshima, Kiyoshi, "The Peristence of Extended Family Residence in Japan: Anachronism or Alternative Strategy?" *American Sociological Review* 48 (1983): 269–281.

Morioka, Kiyomi, "Demographic Family Changes in Contemporary Japan," *International Social Science Journal* 126 (1990): 511–522.

Morishima, Michio, "Confucius and Capitalism," *UNESCO Courier* (1987): 34–37.

Morishima, Michio, *Why Has Japan Succeeded? Western Technology and the Japanese Ethos* (Cambridge: Cambridge University Press, 1982).

Moynihan, Daniel P. and Glazer, Nathan, *Beyond the Melting Pot: The Negroes, Puerto Ricans, Italians, and Irish of New York City* (Cambridge: MIT Press, 1963).

Muller, Jerry Z., *Adam Smith in His Time and Ours: Designing the Decent Society* (New York: Free Press, 1992).

Myers, Ramon H., "The Economic Transformation of the Republic of China on Taiwan," *China Quarterly* 99 (1984): 500–528.

Myrdal, Gunnar, *Asian Drama. An Inquiry into the Poverty of Nations.* 3 vols. (New York: Twentieth Century Fund, 1968).
Nakamura, James I. and Miyamoto, Matao, "Social Structure and Population Change: A Comparative Study of Tokugawa Japan and Ch'ing China," *Economic Development and Cultural Change* 30 (1982): 229–269.
Nakane, Chie, *Japanese Society* (Berkeley: University of California Press, 1970).
Nakane, Chie, *Kinship and Economic Organization in Rural Japan* (London: Althone Press, 1967).
Nee, Victor, "The Peasant Household Economy and Decollectivization in China," *Journal of Asian & African Studies* 21 (1986): 185–203.
Nee, Victor and Sijin, Su, "Institutional Change and Economic Growth in China: The View From the Villages," *Journal of Asian Studies* 49 (1990): 3–25.
Nee, Victor and Stark, David, eds., *Remaking the Economic Institutions of Socialism: China and Eastern Europe* (Stanford: Stanford University Press, 1989).
Nee, Victor and Wong, Herbert Y., "Asian American Socioeconomic Achievement: The Strength of the Family Bond," *Sociological Perspectives* 28 (1985): 281–306.
Nee, Victor and Young, Frank W., "Peasant Entrepreneurs in China's "Second Economy": An Institutional Analysis," *Economic Development and Cultural Change* 39 (1991): 293–310.
Needham, Joseph, *Science and Civilization in China. Vol. I: Introductory Orientations* (Cambridge: Cambridge University Press, 1954).
Negandhi, A. R. and Estafen, B. D., "A Research Model to Determine the Applicability of American Management Know-How in Differing Cultures," *Academy of Management Journal* 8 (1965): 309–318 .
Nelson, Bryce, "The Mormon Way," *Geo* 4 (1982): 79–80 .
Nevins, Allan and Hill, Frank E., Ford: *Decline and Rebirth 1933–1962* (New York: Charles Scribner's Sons, 1962).
Nevins, Allan and Hill, Frank E., Ford: *Expansion and Challenge 1915–1933* (New York: Charles Scribner's Sons, 1954).
Nevins, Allan and Hill, Frank E., Ford: *The Times, the Man, the Company* (New York: Charles Scribner's Sons, 1954).
Nichols, James. and Wright, Colin, eds., *From Political Economy to Economics . . . and Back?* (San Francisco: Institute for Contemporary Studies, 1990).
Niehoff, Justin D., "The Villager as Industrialist: Ideologies of Household Manufacturing in Rural Taiwan," *Modern China* 13 (1987): 278–309.
Nivison, David S. and Wright, Arthur F., eds., *Confucianism in Action* (Stanford: Stanford University Press, 1959).
Noam, Eli, *Telecommunications in Europe* (New York and Oxford: Oxford University Press, 1992).
North, Douglass C. and Thomas, Robert P., *The Rise of the Western World: A New Economic History* (Cambridge: Cambridge University Press, 1973).
Novak, Michael, *The Catholic Ethic and the Spirit of Capitalism* (New York: Free Press, 1993).
O'Brian, Patrick and Keyder, Caglar, *Economic Growth in Britain and France*

1780–1914: Two Paths to the Twentieth Century (London: George Allen and Unwin, 1978).

O'Dea, Thomas F., *The Mormons* (Chicago: University of Chicago Press, 1957).

Okochi, Akio and Yasuoka, Shigeaki, eds., *Family Business in the Era of Industrial Growth* (Tokyo: University of Tokyo Press, 1984).

Olson, Mancur, *The Logic of Collective Action. Public Goods and the Theory of Groups* (Cambridge: Harvard University Press, 1965).

______, *The Rise and Decline of Nations* (New Haven: Yale University Press, 1982).

Orrù, Marco, Hamilton, Gary et. al., "Patterns of Inter-Firm Control in Japanese Business," *Organization Studies* 10 (1989): 549–574.

Parish, William L., ed., *Chinese Rural Development: The Great Transformation* (Armonk, N.Y.: M.E. Sharpe, 1985).

Pelikan, Jaroslav J., Kitagawa, Joseph et. al., *Comparative Work Ethics: Christian, Buddhist, Islamic* (Washington, D.C.: Library of Congress, 1985).

Piore, Michael J. and Berger, Suzanne, *Dualism and Discontinuity in Industrial Societies* (Cambridge: Cambridge University Press, 1980).

Poole, Gary A., "'Never Play Poker With This Man'," *UnixWorld* 10 (1993): 46–54.

Porter, Bruce, *War and the Rise of the Nation-State* (New York: Free Press, 1993).

Postan, M. M., Rich, E. E., and Miller, Edward, eds., *Cambridge Economic History of Europe,* Vol. 3 (Cambridge: Cambridge University Press, 1963).

Potter, Jack M., *Capitalism and the Chinese Peasant* (Berkeley: University of California Press, 1968).

Preston, Richard, *American Steel* (New York: Avon Books, 1991).

Prestowitz, Clyde V., Jr., *Trading Places: How We Allowed Japan to Take the Lead* (New York: Basic Books, 1988).

Putnam, Robert D., *Making Democracy Work: Civic Traditions in Modern Italy* (Princeton: Princeton University Press, 1993).

______, "Bowling Alone: America's Declining Social Capital," *Journal of Democracy* 6 (1995): 65–78.

______, "The Prosperous Community," *American Prospect* (1993): 35–42.

Pye, Lucian W., *Asian Power and Politics: The Cultural Dimensions of Authority* (Cambridge: Harvard University Press, 1985).

Rauch, Jonathan, *Demosclerosis: The Silent Killer of American Government* (New York: Times Books, 1994).

Redding, S. Gordon, *The Spirit of Chinese Capitalism* (Berlin: De Gruyter, 1990).

Rhoads, Steven E., *The Economist's View of the World: Government, Markets, and Public Policy* (Cambridge: Cambridge University Press, 1985).

______, "Do Economists Overemphasize Monetary Benefits?," *Public Administration Review* (1985): 815–820.

Rich, E. E., and Wilson, C. H., eds., *The Economic Organization of Early Modern Europe,* in *The Cambridge Economic History of Europe,* Vol. 5 (Cambridge: Cambridge University Press, 1977).

Richter, Rudolf, ed., *Zeitschrift für die gesamte Staatswissenschaft* 135 (1979): 455–473.

Riesman, David, Glazer, Nathan et. al., *The Lonely Crowd* (New Haven: Yale University Press, 1950).

Riha, Thomas, "German Political Economy: History of an Alternative Economics," *International Journal of Social Economics* 12 (1985).

Roberts, Bryan R., "Protestant Groups and Coping with Urban Life in Guatemala," *American Journal of Sociology* 6 (1968): 753–767

Robertson, H. H., *Aspects of the Rise of Economic Individualism* (Cambridge: Cambridge University Press, 1933).

Rose, Michael, *Re-working the Work Ethic: Economic Values and Socio-Cultural Politics* (New York: Schocken Books, 1985).

Rosen, Bernard, "The Achievement Syndrome and Economic Growth in Brazil," *Social Forces* 42 (1964): 341–354

Rosenberg, Nathan and Birdzell, L. E., *How the West Grew Rich* (New York: Basic Books, 1986).

Rozman, Gilbert, ed., *The East Asian Region: Confucian Heritage and Its Modern Adaptation* (Princeton: Princeton University Press, 1991).

Ruthven, Malise, "The Mormon's Progress," *Wilson Quarterly* 15 (1991): 23–47.

Sabel, Charles and Zeitlin, Jonathan, "Historical Alternatives to Mass Production: Politics, Markets and Technology in Nineteenth-Century," *Past and Present* 108 (1985): 133–176.

Sabel, Charles and Piore, Michael J., *The Second Industrial Divide* (New York: Basic Books, 1984).

Sabel, Charles, *Work and Politics* (Cambridge: Cambridge University Press, 1981).

Saith, Ashwani, ed., *The Re-Emergence of the Chinese Peasantry: Aspects of Rural Decollectivation* (London: Croom Helm, 1987).

Sakai, Kuniyasu, "The Feudal World of Japanese Manufacturing," *Harvard Business Review* 68 (1990): 38–47.

Salaff, Janet W., *Working Daughters of Hong Kong: Filial Piety or Power in the Family?* (Cambridge: Cambridge University Press, 1981).

Samuelsson, Kurt, *Religion and Economic Action* (Stockholm: Svenska Bokforlaget, 1961).

Sandler, Todd, *Collective Action: Theory and Applications* (Ann Arbor: University of Michigan Press, 1992).

Sangren, P. Steven, "Traditional Chinese Corporations: Beyond Kinship," *Journal of Asian Studies* 43 (1984): 391–415.

Scherer, Frederick M. and Ross, David, *Industrial Market Structure and Economic Performance*. Third Edition (Boston: Houghton Mifflin Co., 1990).

Schmalensee, Richard and Willig, Robert D., eds., *Handbook of Industrial Organization* (Amsterdam: Elsevier Science Publishers, 1989).

Schmidt, Vivien, "Industrial Management under the Socialists in France: Decentralized Dirigisme at the National and Local Levels," *Comparative Politics* 21 (1988): 53–72.

Schumpeter, Joseph A., *The Theory of Economic Development* (Cambridge: Harvard University Press, 1951).

Schwartz, Barry, *The Costs of Living: How Market Freedom Erodes the Best Things of Life* (New York: Norton, 1994).

Scott, Richard, "British Immigrants and the American Work Ethic in the Mid-Nineteenth Century," *Labor History* 26 (1985): 87–102.

Scranton, Philip, "Understanding the Strategies and Dynamics of Long-lived Family Firms," *Business and Economic History* 21 (1992): 219–227.

Sen, Amartya K., "Behavior and the Concept of Preference," *Economics* 40 (1973): 214–259.

______, "Rational Fools: A Critique of the Behavioral Foundations of Economic Theory," *Philosophy and Public Affairs* 6 (1977): 317–344.

Sexton, James, "Protestantism and Modernization in Two Guatemalan Towns," *American Ethnologist* 5 (1978): 280–302.

Shane, Scott, *Dismantling Utopia: How Information Ended the Soviet Union* (Chicago: Ivan Dee, 1994).

Shima, Mutsuhiko, "In Quest of Social Recognition: A Retrospective View on the Development of Korean Lineage Organization," *Harvard Journal of Asiatic Studies* 50 (1990): 30–78.

Shimokawa, Koichi, "Japan's Keiretsu System: The Case of the Automobile Industry," *Japanese Economic Studies* 13 (1985): 3–31.

Shin, Eui-Hang and Han, Shin-Kap, "Korean Immigrant Small Business in Chicago: An Analysis of the Resource Mobilization Processes," *Amerasia* 16 (1990): 39–60.

Shiroyama, Saburo, "A Tribute to Honda Soichiro," *Japan Echo* (1991): 82–85.

Silin, Robert H., *Leadership and Values: The Organization of Large Scale Taiwanese Enterprises* (Cambridge: Harvard University Press, 1976).

Skocpol, Theda, Evans, Peter B. et. al., eds., *Bringing the State Back In* (Cambridge: Cambridge University Press, 1985).

Skully, Michael T., ed., *Financial Institutions and Markets in the Far East. A Study of China, Hong Kong, Japan, South Korea* (New York: St. Martin's Press, 1982).

Smelser, Neil J. and Swedberg, Richard, eds., *The Handbook of Economic Sociology* (Princeton: Princeton University Press, 1994).

Smith, Adam, *An Inquiry into the Nature and Causes of the Wealth of Nations* (Indianapolis: Liberty Classics, 1981).

Smith, Adam, *The Theory of Moral Sentiments* (Indianapolis: Liberty Classics, 1982).

Smith, Warren W., *Confucianism in Modern Japan* (Tokyo: Hokuseido Press, 1959).

Sombart, Werner, *The Jews and Modern Capitalism* (New York: E.P. Dutton, 1913).

______, *The Quintessence of Capitalism* (New York: Dutton and Co., 1915).

Song, Byong-Nak, *Rise of the Korean Economy* (Hong Kong: Oxford University Press, 1990).

Sorenson, Clark, "Farm Labor and Family Cycle in Traditional Korea and Japan," *Journal of Anthropological Research* 40 (1984): 306–323.

Sorge, Arndt and Warner, Malcolm, *Comparative Factory Organizatin: An Anglo-German Comparison on Manufacturing, Management, and Manpower* (Aldershot: Gower, 1986).

Soskice, David, "Reconciling Markets and Institutions: The German Apprenticeship System," Wissenschaftszentrum Berlin and Oxford University, Institute of Economics and Statistics, 1992.

Sowell, Thomas, *Essays and Data on American Ethnic Groups* (Washington, D.C.: Urban Institute, 1978).

______, *Ethnic America: A History* (New York: Basic Books, 1981).
______, Thomas, *Race and Culture: A World View* (New York: Basic Books, 1994).
______, Thomas, "Three Black Histories," *Wilson Quarterly* (Winter 1979): 96–106.
Stark, Rodney and Finke, Roger, "How the Upstart Sects Won America: 1776–1850," *Journal for the Scientific Study of Religion* 28 (1989): 27–44.
Steers, Richard, Shin, Y. et. al., *The Chaebol: Korea's New Industrial Might* (New York: Harper Business, 1989).
Steinberg, David, "Sociopolitical Factors and Korea's Future Economic Policies," *World Development* 16 (1988): 19–34.
Stern, Fritz, *The Politics of Cultural Despair: A Study in the Rise of German Ideology* (Berkeley: University of California Press, 1974).
Stigler, George and Becker, Gary S., "De Gustibus Non Est Disputandum," *American Economic Review* 67 (1977): 76–90.
Stix, Gary, and Wallich, Paul, "Is Bigger Still Better?" *Scientific American* 271 (March 1994): 109.
Stokes, Randall G., "The Afrikaner Industrial Entrepreneur and Afrikaner Nationalism," *Economic Development and Cultural Change* 22 (1975): 557–559.
Stoll, David, *Is Latin America Turning Protestant? The Politics of Evangelical Growth* (Berkeley: University of California Press, 1990).
Strauss, Leo, *The Political Philosophy of Thomas Hobbes: Its Basis and Genesis* (Chicago: University of Chicago Press, 1952).
Tang, Thomas Li-ping and Tzeng, J. Y., "Demographic Correlates of the Protestant Work Ethic," *Journal of Psychology* 126 (1991): 163–170.
Tawney, R. H., *Religion and the Rise of Capitalism* (New York: Harcourt, Brace and World, 1962).
Taylor, A. J. P., Bismarck: *The Man and Statesman* (New York: Vintage Books, 1967).
Taylor, Frederick Winslow, *The Principles of Scientific Management* (New York: Harper Brothers, 1911).
Thurow, Lester, *Head to Head: The Coming Economic Battle Among Japan, Europe, and America* (New York: Warner Books, 1993).
Tocqueville, Alexis de, *Democracy in America.* 2 vols. (New York: Vintage Books, 1945).
______, *The Old Regime and the French Revolution* (New York: Doubleday Anchor, 1955).
Toffler, Alvin and Toffler, Heidi, *War and Anti-War: Survival at the Dawn of the 21st Century* (Boston: Little, Brown and Co., 1993).
Troeltsch, Ernst, *The Social Teaching of the Christian Churches* (New York: Macmillan, 1950).
Tsui, Ming, "Changes in Chinese Urban Family Structure," *Journal of Marriage and the Family* 51 (1989): 737–747.
Tu, Wei-Ming, *Confucian Ethics Today* (Singapore: Curriculum Development Institute of Singapore, 1984).
Tully, Shawn, "Raiding a Company's Hidden Cash," *Fortune* 130 (1994): 82–89.
Turner, Jonathan H. and Bonacich, Edna, "Toward a Composite Therory of Middleman Minorities," *Ethnicity* 7 (1): 144–158.

Turner, Paul, "Religious Conversions and Community Development," *Journal for the Scientific Study of Religion* 18 (1979): 252–260

Turpin, Dominique, "The Strategic Persistence of the Japanese Firm," *Journal of Business Strategy* (1992): 49–52.

Tyson, Laura D'Andrea, *Who's Bashing Whom? Trade Conflicts in High-Technology Industries* (Washington, D.C.: Institute for International Economics, 1993).

Umesao, Tadao, Befu, Harumi et. al., eds., "Japanese Civilization in the Modern World: Life and Society," *Senri Ethnological Studies* 16 (1984): 51–58.

U.S. Bureau of the Census, *Changes in American Family Life,* P-23, no. 163, (Washington: U.S. Government Printing Office, 1991).

______, *Family Disruption and Economic Hardship: The Short-Run Picture for Children (Survey of Income and Program Participation)*, p-70, no. 23 (Washington: U.S. Government Printing Office, 1991).

______, *Poverty in the United States,* P-60, no. 163 (Washington: U.S. Government Printing Office, 1991).

______, *Studies in Marriage and the Family,* P-23, no. 162 (Washington: U.S. Government Printing Office, 1991).

van Wolferen, Karel, *The Enigma of Japanese Power: People and Politics in a Stateless Nation* (London: Macmillan, 1989).

Vogel, Ezra F. and Lodge, George C., eds., *Ideology and National Competitiveness* (Boston: Harvard Business School Press, 1987).

Wade, Robert, "East Asian Financial Systems as a Challenge to Economics: Lessons from Taiwan," *California Management Review* 27 (1985): 106–127.

Walraven, B.C.A., "Symbolic Expressions of Family Cohesion in Korean Tradition," *Korea Journal* 29 (1989): 4–11.

Watson, James L., "Agnates and Outsiders: Adoption in a Chinese Lineage," *Man* 10 (1975): 293–306.

Watson, James L., "Chinese Kinship Reconsidered: Anthropological Perspectives on Historical Research," *China Quarterly* 92 (1982): 589–627.

Weber, Max, *From Max Weber: Essays in Sociology* (New York: Oxford University Press, 1946).

______, *General Economic History* (New Brunswick, N.J.: Transaction Books, 1981).

______, *The Protestant Ethic and the Spirit of Capitalism* (London: Allen and Unwin, 1930).

______, *The Religion of China: Confucianism and Taoism* (New York: Free Press, 1951).

Whitley, Richard D., "Eastern Asian Enterprise Structures and the Comparative Analysis of Forms of Business Organization," *Organization Studies* 11 (1990): 47–74.

______, Richard D., "The Social Construction of Business Systems in East Asia," *Organization Studies* 12 (1991): 47–74.

Whyte, Martin King, "Rural Economic Reforms and Chinese Family Patterns," *China Quarterly* No. 130 (1992): 316–322.

Whyte, William H., *The Organization Man* (New York: Simon and Schuster, 1956).

Wiener, Martin J., *English Culture and the Decline of the Industrial Spirit, 1850–1980* (Cambridge: Cambridge University Press, 1981).

Wildavsky, Aaron, "Choosing Preferences by Constructing Institutions: A Cultural Theory of Preference Formation," *American Political Science Review* 81 (1987): 3–21.

Wildavsky, Aaron and Drake, Karl, "Theories of Risk Perception: Who Fears What and Why?" *Daedalus* 119 (1990): 41–60.

Willems, Emilio, *Followers of the New Faiths: Culture, Change and the Rise of Protestantism in Brazil and Chile* (Nashville: Vanderbilt University Press, 1967).

______, "Protestantism as a Factor of Culture Change in Brazil," *Economic Development and Cultural Change* 3 (1955): 321–333.

Williamson, Oliver E., *Corporate Control and Business Behavior* (Englewood Cliffs, N.J.: Prentice-Hall, 1970).

______, Oliver E., "The Economics of Organization: The Transaction Cost Approach," *American Journal of Sociology* 87 (1981): 548–577.

______, "The Modern Corporation: Origins, Evolution, Attributes," *Journal of Economic Literature* 19 (1981): 1537–156.

______, *The Nature of the Firm: Origins, Evolution and Development* (Oxford: Oxford University Press, 1993).

______, "The Vertical Integration of Production: Market Failure Considerations," *American Economic Review* 61 (1971): 112–123.

Wilson, James Q., "The Family-Values Debate," *Commentary* 95 (1992): 24–31.

______, *The Moral Sense* (New York: Free Press, 1993).

______, *Negro Politics: the Search for Leadership* (Glencoe, Ill.: Free Press, 1960).

Wilson, Kenneth L. and Martin, W. A., "Ethnic Enclaves: A Comparison of the Cuban and Black Economies in Miami," *American Journal of Sociology* 88 (1982): 138–159.

Wilson, Kenneth L. and Portes, Alejandro, "Immigrant Enclaves: An Analysis of the Labor Market Experiences of Cubans in Miami," *American Journal of Sociology* 86 (1980): 295–319.

Winter, J. Alan, *The Poor: A Culture of Poverty, or a Poverty of Culture?* (Grand Rapids, Mich.: William B. Eerdmans, 1971).

Wolf, Margery, *The House of Lim* (New York: Appleton, Century, Crofts, 1968).

Womack, James P., Jones, D. et. al., *The Machine that Changed the World: The Story of Lean Production* (New York: Harper Perennial, 1991).

Wong, Siu-lun, "The Chinese Family Firm: A Model," *British Journal of Sociology* 36 (1985): 58–72.

World Bank, *The East Asian Economic Miracle* (Oxford: Oxford University Press, 1993).

Yamamoto, Shichihei, *The Spirit of Japanese Capitalism and Selected Essays* (Lanham, Md.: Madison Books, 1992).

Yanagi, Soetsu, *The Unknown Craftsman. A Japanese Insight into Beauty* (Tokyo and New York: Kodansha International, 1989).

Yang, C. K., *Religion in Chinese Society: A Study of Contemporary Social Functions of*

Religion and Some of Their Historical Factors (Berkeley: University of California Press, 1961).

Yoshimori, Masaru, "Sources of Japanese Competitiveness. Part I," *Management Japan* 25 (1992): 18–23.

Yoshinari, Maruyama, "The Big Six Horizontal Keiretsu," *Japan Quarterly* 39 (1992): 186–199.

Yoshitomi, Masaru, "Keiretsu: An Insider's Guide to Japan's Conglomerates," *Economic Insights* 1 (1990): 15–17.

Zhangling, Wei, "The Family and Family Research in Contemporary China," *International Social Science Journal* 126 (1986): 493–509.

索　引

（按汉语拼音顺序排列，页码参加本书边码）

G

理想国译丛

imaginist [MIRROR]

001 没有宽恕就没有未来
[南非]德斯蒙德·图图 著

002 漫漫自由路：曼德拉自传
[南非]纳尔逊·曼德拉 著

003 断臂上的花朵：人生与法律的奇幻炼金术
[南非]奥比·萨克斯 著

004 历史的终结与最后的人
[美]弗朗西斯·福山 著

005 政治秩序的起源：从前人类时代到法国大革命
[美]弗朗西斯·福山 著

006 事实即颠覆：无以名之的十年的政治写作
[英]蒂莫西·加顿艾什 著

007 苏联的最后一天：莫斯科，1991 年 12 月 25 日
[爱尔兰]康纳·奥克莱利 著

008 耳语者：斯大林时代苏联的私人生活
[英]奥兰多·费吉斯 著

009 零年：1945，现代世界诞生的时刻
[荷]伊恩·布鲁玛 著

010 大断裂：人类本性与社会秩序的重建
[美]弗朗西斯·福山 著

011 政治秩序与政治衰败：从工业革命到民主全球化
[美]弗朗西斯·福山 著

012 罪孽的报应：德国和日本的战争记忆
[荷]伊恩·布鲁玛 著

013 档案：一部个人史
[英]蒂莫西·加顿艾什 著

014 布达佩斯往事：冷战时期一个东欧家庭的秘密档案
[美]卡蒂·马顿 著

015 古拉格之恋：一个爱情与求生的真实故事
[英]奥兰多·费吉斯 著

016 信任：社会美德与创造经济繁荣
[美]弗朗西斯·福山 著

017 国家构建：21 世纪的国家治理与世界秩序
[美]弗朗西斯·福山 著

018 我们的后人类未来：生物技术革命的后果
[美]弗朗西斯·福山 著